Nächste Ausfahrt Zukunft

과학으로 쓰는 긍정의 미래

과학으로 쓰는 긍정의 미래

초판 1쇄 인쇄일 2018년 8월 21일 **초판 1쇄 발행일** 2018년 8월 27일

지은이 랑가 요게슈바어 | **옮긴이** 이미옥 | **감수** 이정모
펴낸이 박재환 | **편집** 유은재 김예지 | **관리** 조영란
펴낸곳 에코리브르 | **주소** 서울시 마포구 동교로 15길 34 3층(04003) | **전화** 702-2530 | **팩스** 702-2532
이메일 ecolivres@hanmail.net | **블로그** http://blog.naver.com/ecolivres
출판등록 2001년 5월 7일 제10-2147호
종이 세종페이퍼 | **인쇄 · 제본** 상지사 P&B

ISBN 978-89-6263-185-2 03300

책값은 뒤표지에 있습니다. 잘못된 책은 구입한 곳에서 바꿔드립니다.

과학으로 쓰는 긍정의 미래

랑가 요게슈바어 지음 | 이미옥 옮김 | 이정모 감수

에코리브르

매일 보고 싶은 프랑크 시르마허(Frank Schirrmacher, 1959~2014: 독일 저널리스트, 수필가—옮긴이)에게 바칩니다.

나는 구하지 않고—발견한다.
구한다는 것—그것은 이미 있는 것에서부터 출발한다.
발견한다는 것—그것은 이미 잘 알고 있는 것에서 새로운 것을 발견하고자 원함이다.
발견한다는 것—그것은 완전히 새롭다!
새로운 것은 또한 변한다. 모든 길은 열려 있고,
무엇을 발견할지는 미지수다.
발견이란 용감한 시도이며, 신성한 모험이다!

그처럼 불확실한 시도를 감행할 수 있는 사람은 안전하지 않은 곳에서 오히려 안전할 수 있다는 것을 아는 사람이며, 불확실하고 누군가가 안내해주지 않는 곳으로 갈 줄 아는 사람이고, 어두울 때는 보이지 않는 별에게 자신을 맡기는 사람이며, 목표에 의해 움직이지 인간적으로 편협하고 답답한 목표를 선택하지 않는 사람이다.

이처럼 내부와 외부에서 얻을 수 있는 모든 새로운 인식에 대해 열려 있는 자세: 이것이야말로 새로운 가능성이 열려 있는 상태에서 놓아버릴지 모른다는 온갖 두려움을 안고서도 그 가능성을 놓지 않는 현대인의 본질이다.

-파블로 피카소[1]

머리말

존재했던 모든 것은 새로운 시대라는 뜨거운 숨결 앞에서 사라진다.

-슈테판 츠바이크

어렸을 적에 나는 무지개를 잡고 싶었다. 살금살금 기어가서 무지개를 잡으려고 달렸지만, 무지개는 늘 나보다 더 빨랐고, 마치 수줍음 많은 동물처럼 나와 거리를 두었다. 내가 무지개에 얼마나 가까이 다가가든 상관없이, 무지개는 닿을 수 없는 그 무엇이었다. 마치 자신의 비밀은 자신만이 간직하길 원하는 것 같았다.

미래라는 주제도 이와 비슷하다. 우리가 아무리 많은 지식으로 무장하고 미래에 대해 토론하더라도, 아무리 정교하게 미래에 일어날 발전 하나하나를 예언하려 노력하더라도, 미래는 자신의 정체를 파악하게끔 내버려두지 않는다. 무작정 무지개를 쫓아갔던 시기가 훨씬 지난 훗날, 나는 무지개는 손으로 잡을 수 없는 시각적 현상이라는 사실을 알았다. 햇빛은 무수한 빗방울로 인해 분광색(分光色)으로 쪼개지면서 이 색깔들을 반사한다. 무지개의 형태는 태양, 물방울, 관찰자를 통해 만들어지는 고정된 각도로부터 생겨난다. 이와 같은 고정된 각도는 우리를 더 가까이 다가갈 수 없게 하며, 무지개만이 갖고 있는 유일한 특징이다. 무지개는 실제로 존재하지 않지만, 우리는 시각적 상호 작용으로 인해 나타나는 자기만의 무지개를 본다. 만일 두 사람이 함께 무지개를 바라보며 감탄하고 있다고 치자. 이때 각자는 엄밀히 말해서, 서로 다른 무지개를 보는 것이라고 할 수 있다.

미래도 이렇게 차이가 날 수 있다. 어떤 사람은 미래로부터 엄청난 기회를 기대하는 반면, 또 다른 사람은 암울한 디스토피아(dystopia)를 예측하고 두려움에 떨 수 있다. 만일 미래의 세계가 대체적으로 지금보다 더 나을지 묻는다면, 대다수 사람은 오히려 더 나쁜 방향으로 발전하게 될 거라고 확신할 것이다. 이와 관련해 여러 나라의 국민을 대상으로 조사한 결과에 따르면, 독일의 경우 질문에 응답한 사람 가운데 4퍼센트(!)만이 미래에 자신들의 삶이 더 향상될 것이라 믿었다.[1] 미국인, 프랑스인, 영국인, 덴마크인도 독일인과 비슷한 정도로 미래를 비관적으로 보았다.

왜 우리는 이렇듯 불확실하게 미래를 내다보는 것일까? 인간은 정말 적극적으로 기술 발전을 이룩함으로써 스스로 멸망하는 시대로 나아가고 있는 것일까? 언젠가 기계가 우리를 지배하고, 발전이 오히려 인류에게 위협으로 다가올까? 우리의 미래는 이렇듯 형편없는 시대일까, 아니면 이런 암울하기 짝이 없는 시각은 오로지 한정된 우리의 견해에서 비롯된 결과일 뿐일까?

역사를 되돌아보면 새로운 것은 항상 초반에 방향을 잃게 만들었다. 기차나 자동차가 세상에 나타났을 때도 처음에는 의심과 두려움이 팽배했다. 현대 사회에도 뿌리 깊은 불안이 자리를 잡고 있다. 그러나 우리가 사는 시대는 변화하는 속도가 너무 빨라서 이른바 터보모던(turbomodern)의 시대라 부를 수 있다. 이런 시대에는 과거와 미래의 연결이 완전히 끊어지고 만다. 문학을 가르치는 한스 울리히 굼브레히트(Hans Ulrich Gumbrecht) 교수는 이렇게 말했다. 미래는 "우리에게 더 이상 가능성을 열

어주는 지평선이 아니라, 점차 모든 예언을 차단하고 우리에게 위협으로 다가올 수 있는 차원이다".[2]

나는 이 책에서 우리의 현재가 디지털화로 인해 일종의 과도기 상태가 되어버린 상황을 서술할 것이다. 내일이면 우리는 새로운 세상에 깨어날 것이므로, 현재란 곧 유효 기간이 끝난 모델이 되어버린다. 무엇이 바뀌고, 무엇이 남을까? 새로운 것은 우리를 어디로 데려갈까? 어떤 법칙이 이런 변화를 결정할까? 미래에 우리가 차지할 수 있는 자리는 어디일까? 아니면, 우리는 어제에서 모레로 지나갈 때 사라져버리는 접착제 세대에 속할까?

이 모든 것은 결코 추상적인 질문이 아니다. 나는 매우 구체적인 사례를 들어 보여줄 텐데, 가령 알고리즘이 프로세스만 변화시킬 뿐 아니라 점점 우리의 행동에도 영향을 주고 있다. 심지어 알고리즘은 우리 사회를 뒤흔들고 민주주의를 위험에 빠뜨릴 수도 있다.

삶의 거의 모든 영역에서 우리는 점점 더 불확실을 체험하고 있다. 사실 독일만 하더라도 물질적으로 매우 풍요롭지만, 미래에 대한 불명료한 두려움이 사람들에게 확산되어 있다. 2015년 실시한 조사에서는 다음과 같은 결과가 나왔다. "독일의 경우 설문에 답한 사람들 중 57퍼센트가 새로운 사업 아이디어의 발전과 제품의 세계가 바뀌는 속도를 따라가기 힘들다고 했다. 또한 전 세계 사람들도 끊임없이 신속하게 바뀌는 기술 세계에 회의적이라고 한다. 요컨대 27개국 3만 3000명을 대상으로 실시한 조사에 따르면 51퍼센트는 변화가 너무 빠르다고 대답했다."[3] 오늘날에는 미래 자체가 시험대에 오른 것처럼 보인다.

과학 전문 기자인 나는 수년 전부터 이와 같은 변화의 근원을 직접 관찰해왔다. 스웨덴의 인공지능 연구소, 폐허가 되어버린 일본의 핵발전소,

한국의 복제 연구소를 살펴보고 하노버에서는 운전자 없이 달리는 자율 주행 자동차의 모형을 보았다. 나는 진보가 일으키는 초기 변화를 직접 목격할 때도 많았고, 새로운 것이 어떻게 퍼져나가 우리 삶을 지배하는지 추적하기도 했다. 내 시각은 바로 이와 같은 직접적 관찰과 체험으로 이뤄져 있다고 해도 과언이 아니다.

이제야말로 미래에 대해 경고하고 온갖 두려움을 갖기보다 변하는 세상에 새롭고 신선한 시선을 던져야 할 때다. 나는 바로 이와 같은 생각을 이 책에서 서술할 것이다. 개인적으로 겪었던 많은 경험을 바탕으로 디지털화로 인한 세계의 변혁이나 언론의 변화를 주시한다. 그뿐만 아니라 점점 글로벌화하는 세계에 대한 우리 시선의 배경에 대해 질문을 던지고, 여성의 새로운 역할이나 오래된 문화유산의 가치에 대해서도 관찰할 것이다. 이렇듯 다양한 주제를 다루면서 나는 깜짝 놀랄 만한 공통점을 마주쳤다. 예를 들어 실리콘밸리에 일고 있는 붐(boom)과 진공 펌프가 나오게 된 역사 사이에는 놀랄 만한 유사점이 있다.

이렇듯 변혁의 세상에서는 우리의 걱정을 불러일으키는 발견을 만나게 되는데, 나는 이런 점에 대해서도 상세하게 다루고 싶다. 몇몇 영역에서는 현재 진행되고 있는 과정을 조금 더 깊이 생각하고 시급하게 바꾸어야만 하는 시점이 되었다. 하지만 심사숙고한 진보는 엄청난 기회를 품고 있을 수 있다. 즉 우리는 역사상 처음으로 자신의 세계를 직접적인 방법으로 바꿀 수 있게 되었다. 우리보다 앞서 살았던 조상 세대는 뭔가 새로운 것이 세상에 도래할 때까지 인내심을 갖고 연습하며 수백 년은 아닐지라도 수십 년 정도는 기다려야 했다. 하지만 우리는 새로운 자유를 선물 받았다.

따라서 만일 시각을 바꿀 용기가 있다면, 우리는 새로운 것을 겪으면서 전도유망한 기회를 발견할 수 있다. 아주 멋진 요인들로 인해 우리는 충분히 낙관적이어도 좋다. 우리는 세상을 직접 만들어가는 창조자가 될 것이고, 바로 여기에 우리의 기회가 있다.

차례

01

새로운 것

미래—시각의 문제

고장 난 커피머신

"이 멍청한 커피머신이 뭣 때문에 마이크로프로세스가 필요하다는 거야? 나한테는 너무 복잡하다고!" 내 아내는 커피머신이 더 이상 작동하지 않자 또다시 수리 센터에 보내야 해서 매우 화가 난 상태였다.

나는 플러그를 뽑은 다음 조금 기다렸다가 다시 꽂았다. 이렇게 하면 다시 작동하는 경우가 많지만, 이번에는 커피머신에 불이 전혀 들어오지 않았다. 원두를 넣어달라는 표시도 없고, 원두를 넣어도 윙 소리가 들리지 않고, 물이 쿨럭쿨럭 떨어지는 소리도 없었다. 부근에 있는 전기 제품 가게에서도 고칠 수 없다고 했다. 1년 반 전에도 이해할 수 없는 원인으로 커피를 만들지 못해 수리를 보냈는데 그때와 똑같았다.

나는 하는 수 없이 전기 오븐에 물을 끓였다. 커피용 주전자에 물을 담아 종이 필터에 부었다. 이렇게 해도 되었다! 커피 향이 느껴지는 동안, 이런 의문이 들었다. 우리는 왜 전자동 기계를 만들었을까? 이런 커피머신은 멋져 보이고, 반짝반짝 은빛을 뽐낸다. 원두는 그 자리에서 신선하게 갈리고, 그러면 버튼 하나로 우리는 진한 커피를 마실지 연한 커피를 마실지 선택할 수 있다. 그리고 커피 잔을 머신 밑에 갖다 두면 끝이다.

하지만 우리 집 커피머신은 이런 요술을 부릴지도 모르고 평범한 커피조차 만들어내지 못한다. 나는 수동으로 준비한 커피 필터에 물을 부었다. 물이 필터를 통과하면서 내는 소리는 예전부터 익숙하다. 처음에 물은 재빨리 흘러들지만 이내 점점 느려지고, 마침내 물이 떨어지기 시작한다. 물에 젖은 커피가 필터를 통과해 흘러나온다. 이때 커피는 꽃을 재배하는 축축한 옥토(沃土)처럼 보인다.

그런데 전자동 커피머신의 경우는 커피가 만들어지는 과정을 잘 모르고 있다는 사실이 언뜻 떠올랐다. 원두를 갈고, 물을 데우고, 일정한 양을 필터로 거르는 이 모든 과정이 우리에겐 보이지 않게 작동한다. 내가 아는 것은 오로지 마지막에 나오는 결과물일 뿐이다. 어쩌면 그렇게 해야 모든 커피는 뭔가 작지만 하나의 기적처럼 여겨질 수 있나보다. 커피머신은 지극히 편리한 물건임에도 나는 옛날부터 해오던 방식이 더 좋다. 직접 커피를 내리는 핸드드립을 해보면, 커피를 만드는 과정에 참여할 수 있다. 그것도 적극적으로 참여해 커피의 상태를 조절할 수 있다. 하지만 커피머신의 경우는 그냥 버튼만 누르면 그만이다.

주체와 객체라는 질서가 문득 떠오른다. 즉 전자동 커피머신이 명령을 내리고, 나는 복종해야만 한다. 기계는 물을 더 채우라는 요구를 할 때도 많다. 그런 요구야 얼마든지 들어줄 수 있지만, 녹색 디스플레이에 이런 문구가 뜰 때면 슬프다. '찌꺼기를 비우시오.' 저번에 커피를 만들고 남은 찌꺼기가 슬러지(sludge) 통에 남아 있으니 그걸 버려야 한다는 뜻이다. 핸드드립으로 커피를 만들 때는 드리퍼에서 커피 물이 뚝뚝 떨어지므로 역시 비워줘야 한다. 그래서 나는 그걸 싱크대로 가져가다 갈색 물을 바닥에 흘릴 때가 자주 있다. 당연히 더러워진 바닥도 닦아야 한다. 나만 이런 일을 당하는 게 아니라 많은 사람이 똑같다. 유일하게 우리에게 맡겨진 이런 사소한 일조차 제대로 할 수 없으니 마치 전자동 커피머신이 이렇게 속삭이는 듯하다. '그것 봐, 인간들아. 너희는 나보다 훨씬 서투르다고. 온 사방에 커피를 떨어뜨리기 전에 나한테 맡기는 게 나을 거야!'

우리 가족 중 그 누구도 '찌꺼기를 비우시오'라는 표시를 좋아하는 사람은 없다. 이는 마치 카드놀이를 하다가 스스로 죽기를 선택하는 플레이어와 비슷하다. 특히 황당스러운 점은 이런 요구가 언제 디스플레이에 뜰지 누구도 알 수 없다는 것이다. 그 전엔 경고 메시지도 없고, 어떤 징후도 없다. 완전히 예기치 않은 상황에서 우연히 나타난다. 그것도 대부분 급할 때 말이다. 첫 번째 커피 잔은 아무런 문제없이 채웠는데, 그다음 잔을 준비하려 하자 갑자기 '찌꺼기를 비우시오'라는 지시가 뜬다. 커피를 기다리던 사람은 이런 식으로 홀대를 받는다.

"또 이러네! 왜 항상 나야!" 나는 아내의 목소리를 듣는다. 우리는 이 문제 때문에 자주 싸우는데, 내 커피가 나오고 아내 차례가 되면 '찌꺼기를 비우시오'로 끝이 나기 때문이다. 아내는 내가 '찌꺼기를 비우시오'라는 문구를 봤을 거라며 나를 마구 몰아세운다. 하지만 내가 물을 채워 넣을 때 그런 지시는 분명 없었다. 그러니 아내 차례 때 그런 지시가 나온다는 걸 나도 도대체 이해할 수 없다. 게다가 이 커피머신이 누군가를 차별할 의도로, 가령 여자를 차별하려는 의도로 그러는 거라고는 생각하지 않는다. 말을 하지 않아서 그렇지 나 역시 아내만큼 자주 당했다. 몇 번을 당했는지 기록해둘 걸 그랬다.

'찌꺼기를 비우시오'라는 표시가 이른 아침에 뜨면 가장 불쾌하다. 이런 순간이면 나는 전자동 커피머신에 온갖 저주를 퍼붓는다. 터무니없는 짓일까? 새날이 밝아서 일어났는데, 눈을 뜨고 처음으로 마주한 전자동 커피머신으로부터 지시나 받다니. '찌꺼기를 비워. 안 그러면 커피는 없어!' 사실 나는 아침이면 좀 투덜거리는 편인데, 이건 어머니로부터 물려받은 성격이다. 어머니는 아침에 일어나면 늘 이렇게 말했다. "나하고 말은 해도 되지만, 아무것도 묻지는 마라." 하지만 전자동 커피머신은 질문은커녕 오히려 나를 압박한다. 그것도 일어나서 마시는 첫 번째 커피를 두고.

전자동 커피머신은 점점 과도한 기술에 포위당하고 있는 우리의 세계를 보여주는 단순한 예에 불과하다. 오늘날의 자동차 엔진은 나사를 풀 수 없는 케이스에 담겨 있다. 심지어 헤드라이트조차 특수한 도구가 없으면 갈아 끼울 수 없다. 그래서 어쩔 수 없이 자동차 수리업체에 가야 한다.

스마트폰 역시 나사 같은 것을 아무리 찾아봐도 없다. 기술 발전이 너무 빠르게 진행되어 수리를 할 필요도 없다. 플라스틱 부분이 깨지거나 막이 찢어져도 수리하기 힘들다. 우리 소비자는 진보가 일어나는 내면의 세계로부터 배제되어 있으며, 버튼을 누르거나 마우스를 사용하는 사람으로 전락했다. 이 모든 일은 우연이 아니라 의도적으로 생겨난다. 즉 애플사를 건립한 스티브 잡스는 그 누구도 매킨토시 컴퓨터를 평범한 드라이버로 열어볼 수 없게 만들라고 지시했다.[1] 애플사에 소속된 사람이 아닌 외부인은 그 누구도 이 컴퓨터 내부를 들여다봐서는 안 된다는 것이다. 새로운 시대의 마법사는 숨은 패를 보여줘서는 안 된다. 기계의 마법은 내부가 어떻게 이뤄져 있는지 비밀로 남아야 효력이 있는 까닭이다.

우리는 그야말로 1세대 혹은 2세대 만에 독자적이고 자급자족에 능한 사람에서 종속적인 소비자가 되고 말았다. 이것이 바로 진보가 보여주는 하나의 특징이며, 세계는 지금처럼 빠른 속도로 심도 있게 발전한 경험이 지금껏 없었다.

우리의 어머니, 할머니, 증조할머니는 미래를 천천히 진행되는 과정으로 체험했다. 그들의 세상은 과거에 뿌리를 두었고, 현재와 미래는 이미 주어져 있는 것으로부터 성장할 것이라고 확신할 수 있었다. 따라서 사람들은 적응할 시간이 충분했다. 시간의 항구성이 오래된 것과 새로운 것이 지속되게 연결해주었다.

전기 같은 혁신이 사회에 전파되기까지는 그야말로 수십 년이 필요했다. 1882년 전기로 불을 켜는 가로등이 베를린 라이프치히가(街)에 처음으로 등장했다. 이로부터 30년 후에는 베를린 가구의 3.5퍼센트가, 1920년대 말에는 베를린 시민 절반이 전기를 사용했다.[2] 심지어 최초의 전기 가로등 도입 후 50년이 지난 후에도 베를린 시민 중 25퍼센트가 전기의 혜택을 받지 못했다.[3] 새로운 것이 세상을 지배하려면 몇 세대가 지나야 할 때도 많았다. 개인의 노령화 과정과 세계의 변화 과정은 동시에 일어나는 경향이 있었다. 기술의 주기는 인간의 세대와 비슷하게 움직였다. 미래는 과거로부터 불쑥 성장하곤 했다. 마치 수십 년 뒤 숲에서 자신만의 확고한 자리를 차지하기 위해 위로 쑥쑥 자라나는 어린 나무처럼 말이다.

그런데 어제만 하더라도 우리의 그리움과 희망을 투사하던 미래로부터 그사이 '파괴적' 변화가 생겨났고, 이 과정에서 혁신이라는 것이 현실을 그야말로 급격하게 몰아내고 있다. 그 누구도 이런 변화를 인지하지 못한다. 어느 날 갑자기 마른하늘에 번개가 치듯 우리의 현실을 때릴 때에야 비로소 인식한다.

최초의 스마트폰은 2007년에 도입되었다. 이로부터 10년이 지나자 전 세계 인구의 절반이 이 물건을 사용하게 되었다. 예전에 사용하던 전화는 이와 달랐다. 1억 명의 사람이 예전 전화기를 사용할 때까지 75년이라는 세월이 걸렸다. 그런데 휴대전화는 16년이 걸렸다. 페이스북은 4.4년, 왓츠앱(WhatsApp)과 인스타그램은 2.2년, 그리고 사용자가 100만 명을 돌파하기까지 온라인 비디오게임 캔디 크러시 사가(Candy Crush Saga)는 고작 1.3년밖에 걸리지 않았다.[4] 페이스북 사용자는 SNS 도입 후 6년 만에 10억 명 이상이 되었다. 이와 같은 변화의 속도는 매우 새로운 성질의 것이다. 이처럼 전 세계가 초고속으로 성장하면서 강력해진 네트워크 효과는 10년도 채 안 되는 세월 동안 사회 전반의 사업 분야를 강타하며 변화시키고 있다.

우리가 앞으로도 계속해서 존속하리라 간주했던 것들이 와해되고 있다. 즉 지금까지의 노동 세계가 무너지고, 경제 분야 전반이 흔들리고 있다. 하룻밤 사이에 어떤 직업은 사라지고 다른 직업이 등장하는가 하면, 새로운 커뮤니케이션이 가족 관계도 변화시키고 있다. 갑자기 노화 과정이 빨라지고, 많은 것이 어지러울 정도로 빠르게 발전함으로써 망가지고 있다.

우리는 과거에 한 번도 경험해보지 못한 변혁을 겪고 있다. 앞으로 다가올 것을 준비할 수 있는 안전한 공간도 없으며, 새로운 것이 다가오기 전에 그 장단점을 곰곰이 생각할 만한 시간도 없다. 지구상에 있는 모든 산업 국가는 동시에 이와 같은 발전을 체험하고 있다. 이런 점에서 보면 우리는 뉴욕, 베를린, 두바이, 싱가포르, 도쿄, 상하이 같은 대도시의 차이를 알 수 없다.

디지털 혁명의 효력은 거의 모든 영역에 미치고 있다. 바이러스처럼 의학 분야를 파고들고 있으며 금융 분야, 미디어 매체, 기계 제조나 서비스 업종에도 마찬가지다. 이렇듯 디지털 혁명이 사회 모든 영역에 파고들 때 상호 효력을 증폭시키는 과정이 일어나는데, 이로 인해 변혁의 속도는 또

다시 가속화된다. 유전자 연구 개발과 재료공학의 발전에 미치는 디지털화의 영향, 혹은 의학 분야에서 이뤄지는 전자공학적 세밀화 작업은 변혁의 속도가 훨씬 빠른 사례로 꼽을 수 있다. 혁신은 노동 방식을 바꾸고, 이는 또 다른 혁신을 촉진한다. 하나가 다른 것의 조건이 되고, 이렇게 해서 우리는 진보가 가져다주는 새로운 종류의 공명 효과를 경험한다. 따라서 어떤 예언을 한다는 게 상당히 어렵다. 아무도 상호 영향을 주는 결과를 미리 말하기는 어렵기 때문이다.

미래는 변화를 의미한다. 전자화 덕분에 한층 많은 사람이 읽고 쓰는 법을 배웠고, 이로써 우리 사회의 교육에도 영향을 주었다. 냉장고의 사용으로 영양가 있는 음식을 훨씬 잘 섭취하게 되었다. 이런 것들은 대단하지만, 오늘날의 복잡한 변화와 비교해보면 사실 간단한 사건에 속한다. 고작 몇 십 년 전만 하더라도 전화 부스 안에서 이런 구호를 읽을 수 있었다. '통화는 짧게!' 끊임없이 커뮤니케이션에 노출되어 있는 오늘날 이와 같은 표현은 아주 오래된 과거의 유물처럼 여겨지고, 기술 혁신이 우리 자신의 행동에 얼마나 빨리 영향을 주는지 분명하게 보여준다. 미래의 사람들은 다르게 생각하고 느낄 것이며, 꿈과 이상도 다를 것이다. 사용하는 언어, 습관과 자신을 바라보는 시각도 다를 것이다. 미래 사람들 사이의 왕래 또한 오늘날과는 완전히 다를 것이다. 따라서 미래를 예언하기란 불가능해 보인다.

만일 우리를 그룹으로 나눈다면, 요컨대 '디지털 원주민'이나 '디지털 이주민', X세대나 Y세대 혹은 Z세대로 나눈다면, 우리 사회를 연결해주던 요소가 사라질 것이다. 나이 차이가 약간만 있어도 이것이 각각의 그룹이 갖고 있는 기호나 기대, 행동의 현격한 차이로 이어진다는 뜻이다. 그야말로 몇 년 만에 새로운 행동 패턴을 당연시하는 것이다. 예를 들어,

온라인 거래는 도심의 구조를 어떻게 바꿀까? 우리는 새로 생겨나는 것이 갖고 있는 막강한 힘을 과소평가한다. 어머니들은 이제 더 이상 딸을 이해하지 못하고, 우리 아버지들이 품었던 꿈은 아찔한 속도로 무너지고 있다.

개인적인 사항을 디지털을 통해 분석하고, 은행의 신용 대출부터 배우자 선택에 이르기까지 모든 분야에 알고리즘이 파고들었다. 아울러 발전하는 의학으로 인해 인간상이 근본적으로 변하고 있다. 이런 모든 변화는 사실 우리에게 물어보지도 않은 채 일어난다. 미래가 갑자기 우리 앞에 떡하니 나타난 것이다.

우리가 사물의 변화 과정에 영향을 미칠 수 있을까? 아니면 우리는 숨어 있는 논리에 붙들린 포로에 불과할까? 이런 논리는 모든 결과를 결정짓고, 어떤 예외도 용납하지 않는 힘을 가졌다. 우리 모두가 미래를 의무적으로 받아들여야만 할까? 우리가 미래상을 직접 만들어낼 수 있을까? 아니면 미래가 스스로를 창조하고, 우리를 미지의 세계로 여행이나 떠나는 승객으로만 다룰까?[5]

우리는 이처럼 어제와 내일 사이에서, 견해의 고수와 갱신 사이에서, 오래된 것과 새로운 것 사이에서 끔직한 불협화음을 경험하고 있다. 오래된 규칙과 관례는 사회적 토론을 거치지 않은 채 타당성을 잃어간다. 우리는 수많은 전통과 관습으로 이뤄진 믿음직한 집에서 쫓겨나 갑자기 방향을 잃고 진보라는 거리에 우두커니 서 있다. 새로운 인류는 "아직 태어나지 않은 상태에서 태어났다는 것을 알아야 하고"(피카소), 많은 사람은 그와 같은 모순적 요구를 감당할 수 없다.

많은 사람이 새로운 물결의 가장자리에 머물러 있는가 하면, 또 많은 사람은 절망에서 뛰쳐나온다. 정말 희한하지 않은가? 우리는 이런 변화를 마치 지진이나 화산 폭발 같다고 생각하는 듯하다. 진보는 많은 사람에게 자연의 법칙처럼 보인다. 진보가 따르는 규칙은 어떻게든 되돌릴 수 없는 것 같다. 한때 미국의 과학 기술 정책을 담당했던 물리학자 존 깁슨(John Gibbons)은 1990년대에 이미 이런 말을 했다. "온라인을 사용하든가, 아니면 죽든가." 조금이라도 주저하거나 더 좋은 시기를 기다리는 행위는 불안을 낳고, 개인이든 기업이든 국가든 제때 동참하지 못하면 경제적으로 홀대를 받을 수 있다는 얘기다. 우리는 진보가 우리를 어디로 데려갈지도 모른 채 그 뒤꽁무니만 따라가는 셈이다.

몇 년 전 인간 유전자의 비밀이 밝혀졌고, 신체가 지닌 개인적 비밀도 허물어졌다. 우리는 고객 정보를 암묵적으로 허락하고, 일자리를 영혼도 없는 기계한테 양보한다.

우리가 누릴 수 있는 자유라는 공간은 점점 좁아지고, 노동 과정 또한 점점 양적으로 계산 및 평가를 받는다. 우리 삶은 개별 과정으로 분화되고, 각각의 과정은 그야말로 끝까지 개량된다. 우리는 전 세계적으로 경쟁을 펼치는 가운데 점점 통제권을 양보하고 있다. 우리는 획일적이고 융통성 없이 일해야만 하고, 철저한 투명성을 지향하는 까닭에 우리와 기계를 구분해주던 마지막 특징마저 사라질 지경이다. 우리는 자유가 중요하다는 계몽도 그만두고, 개인에게 변화를 창조할 힘이 있다고 계몽하는 노력도 그만둔 것일까? 그게 아니라면, 그와 같은 계몽이 자체의 법칙을 주장하며 우리를 훨씬 차원 높은 논리의 포로로 만들까?

의심할 바 없이 역사상 이렇듯 극단적 변혁과 검열이 난무했던 시기는 찾아볼 수 없다. 계산 가능성, 효율성 혹은 효능이 그 자체로 하나의 가치로 발전해서 자동으로 작동하고 있다. 경제는 '더 높게, 더 빨리, 더 넓게'라는 목표를 끝까지 추구한다. 시간관념도 우리의 심장 박동이 아니라 기계에 의해 정해진다. 즉 초단타 매매(high-frequency trading), 적시 생산(just-in-time-production), 패스트 레인(fast lane: 빠르고 바쁜 삶의 방식을 일컫는 말—옮긴이), 고속 배송(express delivery), 하이스피드(highspeed), 24/7(하루 24시간 일주일 7일, 곧 연중무휴를 일컫는 말—옮긴이) 등등 잠시도 숨 돌릴 겨를조차 없고, 생각할 시간도 없으며, 멈출 수도 없다. 진보는 '더 빨리'라는 의미이지만, 그래서 남는 시간에 무엇을 한다는 것일까?

우리 집 커피머신은 여전히 고장 난 상태라 수리 센터로 보냈다. 그래서 예전에 하던 방식으로 커피를 만들어 마신다. 마이크로프로세스도 없고 커피 자동 기계도 없던 그 시절, 사람들이 직접 알아서 해결하고 '찌꺼기를 비우시오'라는 지시등도 반짝이지 않던 그 시절처럼 말이다.

커피머신은 어쩌면 어떤 사람을 콕 찍어서 싫어하는 것 아닐까? 어쨌거나 필자의 어머니는 자신의 작은 자동차가 '영혼'이라는 걸 가지고 있다고 굳게 믿는다. 그 차를 구입했을 때 어머니는 소박하게 '푸자(pujaa)'라는 의식을 올렸다. 인도에서는 흔히 버스·트럭·오토바이에 축복을 내리곤 하는데, 어머니도 카레 가루와 쌀을 새로 구입한 차에 뿌렸다. 이어 모든 가족이 지켜보는 앞에서 차를 몰아 레몬을 밟고 지나갔다. 이렇게 하면 행운이 온다면서 말이다. 어머니는 자동차에 '라이라루(Leilaloo)'라는 이름을 붙였다. 이제 그 자동차는 너무 오래돼서 녹이 슬 정도이지만, 어머니는 그걸 버릴 생각이 없다. 어느 겨울날, 자동차에 시동이 걸리지 않았다. 어머니는 라이라루한테 다정하게 말을 건네더니 천천히 시동을 걸었다. 이윽고 계기반에 불이 들어왔고, 핸들을 쓰다듬자 마침내 기침을 하듯 쿨럭거리면서 차가 살아났다. "아이고, 우리 귀염둥이!" 어쩌면 어머니는 고장 난 우리 집 커피머신한테도 그런 식으로 말을 걸었을지 모른다.

디지털 혁명[6]

아버지는 소리를 질렀고, 어머니는 우셨다. 나는 지지직하는 전화기 너머로 먼 곳에서 들려오는 할머니의 목소리를 들었다. "크리스마스 즐겁게 보내라, 내 손자!" 어린 시절 룩셈부르크에서 인도로 거는 국제전화는 그야말로 비쌌다. 맨 먼저 통화를 하고 싶다고 전화국에 알린 후, 몇 시간 동안 대기해야 했다. 그런 다음 대륙을 연결하는 전화선을 통해 몇 분 정도 통화를 할 수 있었다. 우리는 부활절과 크리스마스 때만 전화를 했고, 보통 편지를 썼다. 편지를 보내면 몇 주는 걸려야 받을 수 있었다.

그러나 디지털 세계에서 우리는 어떤 대륙에 살든 상관없이 언제나 대화가 가능하다. 심지어 나는 비가 많이 내리는 베트남의 열대 우림에서도 휴대전화를 받았다. 나와 한 팀으로 그곳에 갔던 한 사람은 전화를 받고는 개인 사정이 있다며 황급히 숲을 떠나기도 했다.

커뮤니케이션, 구매 행동, 은행 업무, 여행, 미디어 매체, 제작 기술, 정치, 생산 공정. 이 모든 것의 과정이 근본적으로 바뀌고 있다. 우리는 이렇듯 디지털 혁명의 초기에 있다. 이 모든 것이 우리를 어디로 데려갈지는 그 누구도 단언할 수 없다. 미래는 자신의 의도를 탐지하게끔 허용하지 않으며, 그래서 전문가들조차 대부분 잘못된 예언을 하곤 한다. 우리는 새로운 것을 낡은 눈으로 관찰한다. 새로운 것이 우리 자신을 바꾸고, 우리의 고유한 견해와 자화상도 바꾼다는 사실을 과소평가한다.

행동 및 구매 패턴, 검색, 관심과 동선(動線)에 대한 프로파일도 기록해두는 이른바 '빅 데이터'의 시대가 열렸다. 우리의 지극히 사적인 취향이나 일조차도 굶주린 데이터 수집 기계의 먹이가 되고 있다. 스마트폰 사용자 중 84퍼센트가 아침에 일어나면 곧장 폰에 있는 앱 하나를 체크해본다고 대답했다.[7] 헬스 관련 밴드는 우리의 심장 박동 수와 매일 몇 보를 걸었는지 클라우드 서비스를 통해 알려주고, 언제 어디서든 우리가 원하는 것을 캐내어 우리의 패턴을 인지한다. 이 앱이 당신의 현재 장소를 캐치해도 될까요? 매일 이런 방식으로 25억 기가바이트의 데이터가 생긴다. 계좌 이체, 방문한 웹사이트, 짤막한 소식, 주문, 여행 경로, 음악 제목, 검색 결과…….[8]

엄청난 데이터를 수집하고 있으나 그중 80퍼센트는 구조적으로 변화하지 않는다. 그러나 전 세계에서 유행하는 '애널리틱스 붐(analytics boom)'은 이와 같은 데이터가 어떤 잠재력을 가지고 있는지 보여준다. 우리의 행동은 풍부한 계산 과정을 통해 점점 예견하기 쉬워지고, 데이터가 우리의 행동에 점점 더 구체적으로 영향을 준다. 만일 당신이 아름다운 옷이나 외국 여행을 꿈꾼다면, 그게 당신 스스로 품게 된 꿈인지 아니면 누군가가 당신에게 그런 꿈을 심어준 것은 아닌지 잠시 생각해봐야 한다. 구글의 대표 에릭 슈미트(Eric Schmidt)는 바로 이런 점을 정확하게 지적했다. "우리는 당신이 어디 있는지 알고 있으며, 어디에 있었는지도 알고 있다.

그리고 당신이 무엇을 생각하는지도 대략 알고 있다."[9] 오늘도 인터넷에서 물건을 거래하는 상인들은 자신의 고객을 너무나 잘 알고 있다. 그래서 우연을 가장해 광고 몇 개를 전달할 수 있다. 만약 우연을 가장하지 않으면 고객은 마치 감시당하고 있는 것처럼 느낄 것이다.

21세기의 빅 데이터는 18세기의 증기 기관이나 19세기의 전기와 그 의미가 같다. 요컨대 근본적 혁명이라는 얘기다. 네트워크화란 스마트폰과 노트북만 포함하는 게 아니라, 우리를 둘러싸고 있는 모든 장치를 아우른다. 지속적으로 작아지고 축소되는 전자공학 덕분에 거의 모든 물건에 센서를 부착할 수 있다. 그것도 아주 헐값에 말이다. 오늘날 지구상에는 어림잡아 100억 개 이상의 물건과 장치가 서로 연결되어 있다. 온도계부터 예비 타이어에 이르기까지, 전자동 커피머신부터 진공청소기에 이르기까지, 신발부터 자동차에 이르기까지, 도구를 제작하는 기계부터 돌격소총에 이르기까지.

지금까지 의사는 환자가 통증을 호소해야 조치를 취했다. 그리고 수사관은 어떤 범행이 있어야만 그 범죄자를 뒤쫓았다. 그러나 이런 순서가 바뀔 수 있다. 데이터 알고리즘이 우리 세계를 뒤바꿔게 했기 때문이다. 즉 의학적 데이터가 특정 질병이 생길 수 있다고 입증하면 건강한 사람도 수술을 받는다. 평범한 시민조차 훗날 범죄를 저지를 가능성이 있다는 이유로 혐의를 받기도 한다. '공개적이고 개인적인 정보'를 바탕으로 조직범죄 예방 차원에서 도입한 유럽연합의 연구 프로그램 카퍼(CAPER, Collaborative Information Acquisition Processing Exploitation and Reporting)도 마찬가지다.[10] 보험 회사로는 최초로 제네랄리(Generali)가 유럽 고객의 운동, 영양 섭취와 생활 양식을 앱을 통해 파악하겠다고 했을 때, 이는 그야말로 금기를 깨는 행동으로 비쳤다.[11] 하지만 이런 논리는 충분히 이해할 수 있다. 요컨대 건강하게 사는 사람은 보험료를 적게 내고, 자진해서 건강을 챙기는 고객에게는 보상을 해주는 것이다. 우리의 생활은 이제 디지털화로 인해 완전히 공개되고 있는 추세다. 머지않아 우리는 앱의 요구에 따라 조깅을 할 것이고, 보험료가 올라가지 않도록 감자튀김 대신 채소를 먹게 될 것이다. 처음엔 '자발적 데이터 공유'에서 출발하지만 점차 기준에 맞추려는 압박감이 생겨날 것이다.

운전자의 속도에 대한 데이터만 있으면 언젠가는 자동차도 자율로 운전할 수 있지 않을까? 그러면 전파탐지기로 속도를 측정하던 시대는 과거가 되어버릴 것이다. 세금 계산도 자동으로 이루어진다. 계좌 이체한 내용을 모두 파악할 수 있기 때문이다. 빅 데이터의 진정한 잠재력은 이처럼 셀 수 없이 많은 사소한 데이터 속에 숨어 있다. 이런 자잘한 데이터는 서로 연결되어 있기도 하고, 또한 서로에게 조건이 되기도 한다. 상대적으로 심오한 예측, 예를 들어 어떤 사람이 우울증에 걸릴 성향이 있는지, 어떤 부부가 별거하게 될지, 혹은 어떤 회사원이 점점 업무를 등한시할지 같은 내용도 예측 가능하다. 인류 역사상 처음으로 우리가 스스로를 이해하는 것보다 기계가 우리를 더 잘 이해하게 될지도 모른다. 발전은 엄청난 속도로 그와 같은 방향으로 나아가고 있으며, 애널리틱스를 취급하는 회사가 버섯처럼 쑥쑥 튀어나오고 있다. IBM만 해도 최근 이 분야에 240억 달러를 투자했다. 인터넷 거물 구글, 아마존, 페이스북도 그 뒤를 이어 비슷한 수준으로 투자를 하고 있다.

디지털 혁명은 심오한 가정(假定)에 뿌리를 두고 있다. 즉 우리 삶의 다양성을 측정 가능한 수치로 옮길 수 있다는 데 근거를 둔다. 이처럼 실재를 추상화하는 행위, 요컨대 알고리즘이 자연적 과정을 모방하는 이런 추상화는 경험할 수 있는 현실을 계산 가능한 프로세스로 만든다.

이런 생각은 먼 과거에서 비롯되었다. 역사학자들은 아직도 기계적으로 움직이는 최초의 시계를 발명한 장소와 시기를 알아내지 못하고 있다. 참으로 마법과 같은 순간이었을 게 틀림없다. 인간이 처음으로 자신의 심장 소리를 닮은 장치를 창조했던 것이다. 예전에는 태양의 그림자와 별이 삶의 흐름을 결정했지만, 이제는 톱니바퀴, 스프링 그리고 시곗바늘로 이루어진 시계가 규칙적으로 시간을 알려주고 있다. 발명 초기에는 정확성이 떨어졌지만, 진자 운동을 도입하면서 달라졌다. 17세기 중반 크리스티안 하위헌스(Christian Huygens, 1629~1695: 네덜란드의 천문학자, 수학자, 물리학자—옮긴이)가 자연 현상이라고 할 수 있는 진동을 기계 시계와 연결했다. 진자의 주기는 변하지 않지만 길이를 통해 정해졌다. 모든 진자시계는 흔들거리는 움직임이 중요했다. 이 흔들거리는 동작이 진동수를 계산하는 계수관에 전달되고, 이 계수관이 맞춰둔 규정에 따라 시곗바늘을 계속 움직이는 것이다. 진자시계에서 자연의 법칙은 수공(手工) 예술과 조화를 이루며, 현실과 인공이 서로 용해되어 있다. 하위헌스의 시계는 단번에 다른 모든 시계를 압도했다.

이와 같은 시간의 평정이 나를 사로잡았다. 그래서 톱니를 계산하고 이걸 스케치하는 데 며칠을 보냈다. 몇 차례의 실험 끝에 비로소 나는 무엇이 진자 무게의 에너지를 멈춤(stop)과 작동(go)의 원칙으로 쪼개는지 이해할 수 있었다. 에너지가 톱니바퀴에 달려 있는 여러 개의 톱니 중 개별 톱니에 전달되고, 이와 동시에 진자가 흔들거리는 것도 멈추지 않게 하는 과정을 말이다. 나는 작업실에서 거의 일주일을 보냈다. 나무를 톱으로 잘라 톱니바퀴를 제작하고, 이것으로 제동 장치를 만들어 몇 시간이고 실험을 거듭했다. 마침내 작동이 잘되는 나무 진자시계를 완성할 때까지. 내 손으로 직접 이렇게 진자시계를 만들게 된 동기는 인공적인 심장 소리를 세심한 부분까지 함께 느껴보기 위함이었다. 나무를 자르고 구멍을 뚫고 윤을 내는 동안, 그야말로 소박한 도구만 가지고 시계를 만들었을 옛 장인들에 대한 존경심이 솟아났다.

진자시계는 17세기에 그야말로 대성공을 거두었다. 시계탑의 시계는 처음엔 시간을 알려주는 시침만 있다가 나중에 분침도 갖추었다. 당시 이와 같은 멋진 혁신에 대해 각국이 얼마나 다르게 반응했는지 살펴보면 시사하는 바가 적지 않다. 토마스 드 파도바(Thomas de Padova)[12]는 자신의 책 《라이프니츠, 뉴턴과 시대의 발명품》에서, 길드에 소속되어 있던 독일 시계공들이 길드의 경직된 원칙으로 인해 과학과 수공업의 시너지라고 할 수 있는 이런 가능성을 어떻게 놓치고 말았는지 상세하게 서술했다. 이로써 1550~1650년 적어도 182명의 시계공 장인(meister)을 배출한 아우구스부르크는 지도적 위치를 내어주었고, 런던이 시계라는 기계를 주도하는 새로운 대도시로 부상했다. 물리학자 로버트 훅(Robert Hooke)과 수공업자 토머스 톰피언(Thomas Tompion)은 주머니에 넣고 볼 수 있는, 정교하게 똑딱이는 회중시계를 만들었다. 이때 그들은 진자의 원칙을 한쪽으로 갔다가 다시 돌아오는 스프링에 옮겨왔다. 이제 시계라는 기계는 마음대로 움직이게 되었고, 다방면에서 인공적인 심장 소리는 진보의 원동력으로 자리를 잡았다.

한때 연속성을 지녔던 시간은 이제 셀 수 있는 부분으로 쪼개졌다. 태양의 운행은 분별 가능한 숫자를 통해 직선적인 과정으로 모양을 드러냈다. 불명료한 시간 개념, 요컨대 어스름, 밤이 시작할 즈음, 한밤중 혹은 새벽 같은 개념이 시간이라는 형태로 정확한 숫자로 편입되었다. 인간의 시간 문화가 디지털화하고, 시간은 숫자가 된 것이다. 불명료한 시대에 이처럼 사려분별이 확실해지자 이런 변화가 우리의 일상도 바꾸었다. 시간별로 표시한 다이어리를 통해 우리의 활동을 정했다. 가게, 공장, 공공 단체도 숫자로 된 시간에 따라 영업과 사무를 보았다. 역(驛)에 있는 시계는 늘어나는 유동성을 대표적으로 보여주었다. 운동 경기를 할 때는 디지털화한 시간 자체가 경쟁자였다. 기록을 숫자로 나타냈으니 말이다. 19세기 말 엔지니어 프레더릭 테일러(Frederick Taylor)는 스톱워치로 제품 공정을 어떻게 하면 더 효율적으로 만들 수 있는지 실험했고, 이로부터 컨베이어벨트의 기초를 제공했다. 시간이라는 박자는 점점 더 속도를 올렸다. 100년 후에는 인간의 귀로는 들을 수 없는 박자, 요컨대 고주파 거래(high-frequency trading)를 하는 수준에까지 도달했다.

시계는 사람들이 어디를 가든 갖고 다니는 최초의 장치였으나 스마트폰이 등장하면서 자리를 내주었다. 이 두 물건은 동일한 사고를 추종한다. 즉 현실이 숫자라는 세계를 모사(模寫)한다. 오늘날에는 모든 비행기가 컴퓨터 안에 나타난다. 비행기 기체(機體)나 날개는 개별 부품으로 이뤄진 모자이크로 조립되어 있다. 그 어떤 사람도 비행기처럼 복잡한 물건의 안정성이나 여기에 실을 수 있는 물건의 양에 대해 조망할 수 없다. 그걸 미리 예견한다는 것은 불가능에 가깝다. 실제 현상을 숫자라는 세계로 변환함으로써 드디어 이런 거대한 물체가 비행할 수 있게 되었다. 디지털화로, 바꿔 말해 현실을 숫자의 세계로 변환함으로써 고공비행이 가능해진 것이다. 계산할 수 있는 물건이 우리의 대담한 환상이 지닌 능력을 뛰어넘고, 우리의 사고도 온통 지배하고 있다.

현재 우리는 시대가 바뀌는 시점을 경험하고 있다. 한때 중세 시대가 르네상스로 인해 해체되고, 모던하다고 부르던 시대가 사회를 뒤흔들어 놓았듯 말이다. 이처럼 역사적인 시대에는 새로운 기술이 사회를 바꾸고, 또한 우리가 스스로에 대해 갖는 견해, 곧 자화상이라는 것도 바꾼다. 디지털 혁명은 우리 자신도 바꾼다. 이런 진보를 수동적으로 맞이하느냐, 아니면 능동적으로 참여해 함께 만들어나가느냐는 우리 스스로에게 달려 있다. 어쩌면 우리의 후세는 이런 변혁의 시기를 경험한 우리를 부러워할지도 모른다. 우리가 르네상스를 떠올리면서 그 당시를 살았던 사람들을 경탄해마지 않듯이 말이다.

하지만 그들은 오류를 범한 거야

미래를 보는 사람은 의사한테 가서 치료를 받아야 한다.

-헬무트 슈미트13

우리는 미래에 어떻게 살까? 세계화가 점차 진행되면 무엇이 변할까? 로봇이 우리를 마음대로 통제할까? 우리는 인공지능이라는 새로운 시대의 초기에 있는 것일까?

수많은 미래 연구소, 앞서 생각하는 사람, 미래학자와 미래에 관한 전문가들이 있다. 그들은 떠들썩한 강연회에서 미래에는 어떤 일이 일어날지 설명하곤 한다. 이런 곳에서 우리는 유행어, 가령 '과도한 경개(overnovation: 새로운 채무 계약을 함으로써 옛 채무를 소멸시키는 유상 계약—옮긴이)', '미디어 엑소더스(media-exodus: 신문, 온라인 뉴스, SNS 등등에 노출되었다가 이로부터 탈출하는 행위를 말함—옮긴이)', '반응 변환(response shift)', '디지털 셰이퍼(digital shaper)' 같은 말을 듣기도 한다.[14] 이런 강연을 듣다 보면 많은 사람은 마지막에 자신이 미래를 놓치고 있다는 걸 깨닫는다. "미래의 세계로 오신 것을 환영합니다!"와 비슷한 슬로건을 내걸고 혁신에 관한 워크

숍, 사고의 변환을 위한 세미나에 참석하라는 초대를 받지 않는 날이 하루도 없다.

물론 우리는 새로운 시대를 예언하는 사람들이 무엇을 얘기했는지 언젠가 잊어버릴 것이다. 하지만 그들의 주장이 정말 맞는지 실험해보는 것은 매우 흥미롭지 않을까? 만일 예언가들이 주장하는 것과 다른 미래가 펼쳐진다면, 가령 10년 후 이들로부터 돈을 돌려받는 것도 재미있을 듯싶다. 나는 심지어 모두가 인정하는 전문가조차 미래에 대해 완전히 잘못된 예언을 하는 경우를 자주 발견하곤 한다.

아주 유명한 사례는 켄 올슨(Ken Olsen)이 1977년에 했던 예언이다. "우리 각자가 집에 컴퓨터를 갖고 있어야 할 이유는 하나도 없다."[15] 올슨은 1957년 컴퓨터 회사 DEC(Digital Equipment Corporation)를 세웠다. 이 회사의 연구소에서는 모델 PDP-11 같은 미니컴퓨터를 널리 퍼뜨리기도 했다. 1980년대에 DEC는 10만 명의 직원을 거느린, 세계에서 두 번째로 큰 컴퓨터 생산 회사로 성장했다.[16] 당시 나는 대학생이었는데, 통풍 장치와 반짝거리는 다이오드(diode)가 잔뜩 달려 있지만 성능은 끝내주는 이 컴퓨터에 완전히 매료되었다. DEC 컴퓨터는 모든 컴퓨터의 기준이었고, 올슨은 상도 여러 개 받았다. 그런데 어떻게 그런 전문가가 다른 것도 아닌 컴퓨터의 미래를 그토록 엉터리로 예언할 수 있단 말인가? 가까운 미래를 조망하는 사람이 있었다면, 바로 그였는데!

1990년대 초 DEC는 예상치 않게 매출 하락을 경험했다. 이로부터 8년 뒤 이 거대 컴퓨터 기업은 그만 몰락하고 말았다. 성공에 눈이 멀어서, 그리고 거대한 회사의 규모에 눈이 멀어서 미래를 잘못 예측했던 것이다. 다윗이 골리앗을 압박했고, 개인 컴퓨터가 대형 컴퓨터의 세계를 바꿔버렸다. DEC가 사라지고 1년 후 전 세계에서 팔린 개인 컴퓨터는 1억 대가

넘었다.[17]

DEC의 몰락은 결코 유일한 사례가 아니다. 《백 년 동안의 고독》이라는 멋진 소설은 내가 좋아하는 작가 가브리엘 가르시아 마르케스(Gabriel García Márquez)의 작품인데, 여기서 마술사 멜키아데스는 기인(奇人) 호세 아르카디오 부엔디아에게 특별한 비밀을 가르쳐준다. 그것은 바로 얼음 한 덩어리다. 부엔디아는 그걸 보고 깜짝 놀라는데, 얼음은 열대 지역이라 후덥지근한 마콘도에서는 상상도 할 수 없는 것이었기 때문이다.

그런데 나는 역사책을 보다가 특기할 만한 내용을 마주쳤다. 요컨대 19세기 미국에서는 자연산 얼음을 수출하는 산업이 아주 크게 발달했다고 한다. 당시 냉장고는 아직 발명되지 않은 상태였고, 자연산 얼음을 수출할 식민지 국가들은 열대 지방에 위치해 얼음 따위는 없었다. 보스턴 출신 변호사의 아들 프레더릭 튜더(Frederic Tudor)는 23세의 나이에 보스턴 주변의 꽁꽁 언 호수에서 얼음을 채취해 전 세계에 수출하는 괴팍한 아이디어를 냈다. 여러 차례의 시도 끝에 그는 결국 성공을 거두었다. 짚과 톱밥 그리고 덮개로 얼음 덩어리를 잘 포장하면 인도까지 운송할 수 있었던 것이다. 갠지스강 어귀에 도착해서 얼음을 꺼내는 동안 약간 녹아내리긴 했지만, 나머지 100톤이나 되는 얼음은 선풍을 일으켰다. 이 차가운 기적 같은 얼음을 본 부두 노동자는 마르케스의 소설에 등장하는 주인공들처럼 놀라움을 금치 못했을 것이다.

튜더는 얼음을 채취하고 보관하는 기술을 더욱 완벽하게 보완해 특허권도 많이 소유했다. 거대한 함대가 20여 년 동안 마드라스·뭄바이·캘커타에 얼음을 내려놓았는데, 이곳에는 얼음을 보관할 수 있는 특별한 창고도 마련되어 있었다. 전성기 시절 이 '얼음 왕'은 150척 이상의 배를 운항했고, 20년 동안 얼음을 수출해 25만 달러의 수익을 올렸다. 다른 사람들도 그 뒤를 따르기 시작해 19세기 말에는 얼음이 미국 수출 산업에서 규모가 가장 컸다.

전문가들은 물론 잘못 예상했다. 최초의 냉장고가 등장했음에도 사람들은 오래된 방법을 고수했다. 하지만 20세기로 들어서자 얼음 산업은 마침내 몰락하고 말았다. 그로부터 100년 뒤에는 사진기 필름 사업도 비슷한 길을 걸어야 했다.

한때 사진업계에 혁명을 몰고 왔으며, 세계적으로 유명했던 기업 이스트먼 코닥(Eastman Kodak) 역시 미래로 나가는 출구를 찾는 데 실패했다. 어쩌면 독자 중에는 필름이 들어 있던 노란 통을 기억하는 사람도 있을 것이다. 1988년 코닥에 다니는 직원은 14만 4000명에 달했고, 20세기로 넘어갈 즈음에도 엄청난 매상을 올렸다. 내 기억에 당시 필름 판매자들은 디지털카메라는 사진기의 해상도를 따라오지 못하며 필름의 감도를 가질 수 없다고 확언했다. 110년 넘는 전통을 자랑하던 이 사업이 망하게 될 줄은 상상도 못했을 것이다. 코닥은 2013년 필름 생산을 완전히 중단했다.

발전 속도가 빠르면 빠를수록 미래를 좀더 현실적으로 예측하는 일은 중요하지만, 많은 사람이 그런 시도를 하는 데 실패하고 만다. 내 지인 중 한 사람은 대형 컴퓨터(mainframe computer)를 설치하는 일로 부자가 되었다. 그의 회사는 200명 이상의 직원을 고용했고, 독일에 있는 많은 연구소에 제품을 납품했다. 하지만 그 역시 시대의 징후를 알아차리지 못했고, 개인 컴퓨터의 승리가 그의 사업을 내리막길로 몰았다. 우리가 다시 만났을 때, 그는 단 한 명의 직원만 데리고 있었다. 그 두 사람은 한때 자신들이 팔았던 대형 컴퓨터를 분해하는 작업을 하고 있었다. 언뜻 보기에도 60세의 나이에 무거운 물건을 끌고 다니느라 고생한 티가 났다. 그는 왜 오류를 범했을까? 적당한 시기에 왜 사업을 전환하지 못했을까?

예측이 실패하는 이유는 우리가 미래를 과거로부터 발전해오는 방식으로, 즉 더 이상 순차적으로 파악하지 못한 채 뭔가 파편처럼 직면하기 때문이다. 새로운 것은 일종의 외계인이라고 할 수 있으며, 핵심 사업으로부터 나오지 않는 경우도 많다.

자연산 얼음을 팔았던 튜더에게 열역학으로 냉기를 만드는 기계는 코닥의 생산자에게 디지털 센서처럼 낯선 물건이었을 것이다. 유화제나 거대한 컴퓨터의 세계에서는 사람들이 전자 부속품으로도 사진을 찍을 수 있다는 사실에 대한 이해력이 존재하지 않았다. 과거에 거둔 성공은 시각 전환에 필요한 눈을 멀게 한다. 새로운 것은 처음엔 기존의 물건을 대체할 수 있는 길이 아니라 불완전한 시도로 보이기 때문이다.

최초로 나온 개인용 컴퓨터는 번쩍이는 대형 컴퓨터와 비교하면 형편없이 하찮은 물건처럼 보였고, 그 누구도 세상이 그토록 신속하게 변할 줄 예감하지 못했다. 원하든 원치 않든 우리는 기존의 것을 고집하고 그걸 놓으려 하지 않는다. 나는 얼마나 자주 이런 말을 듣는지 모른다. "내가 연금을 받을 나이가 되면, 너희가 모든 것을 바꿨을 거야!" 혁신은 자신이 있는 위치와 능력에 대한 위협으로 받아들여진다.

갑자기 모든 규칙이 바뀌고, 과거의 전문가는 새로운 것에 무지한 사람으로 전락한다. 코닥은 분명 탁월한 화학자를 데리고 있었겠지만, 그들의 지식은 디지털 기술에 소용이 없었다. 그렇다면 업체 대표는 배우는 견습생이 되어야 하는 것일까? 이 무슨 신분의 강등인가! 우리의 노동 전체, 성공을 위해 거쳐온 단계, 전반적 노하우, 동종업계 파트너와 맺은 네트워크, 이런 모든 게 하루아침에 무용지물이 될 수 있다. 변화는 회사 전체와 개인에게 고통스러운 과정이며, 과거에 거둔 성공이라는 왕좌에서 내려오라고 요구한다. 과연 누가 완전히 처음부터 시작하기 위해 지금까지 거둔 성공을 쓰레기통에 던져버리려 하겠는가?

그러니까 현재의 것을 놓치지 않으려는 인내가 새로운 시작을 방해하고 외부로부터 들어오는 모든 방해물을 거부하는 것이다. 우리 모두는 보이지는 않지만 같은 뜻을 지닌 '내집단(ingroup)'에서 살고 있으며, 동일한 공포심을 품고 있는 동료들과 서로 교류한다. 따라서 우리는 스스로 의식하지 못하는 사이에 자신을 속이기 시작한다. 우리는 낯선 변화가 별것 아닌 듯 얘기하고, 이로써 동료들로부터 위로를 얻는다. 시간이 지나면 모두가 똑같은 노래를 부른다—아니, 그런 일은 일어나지 않을 거야. 절대! 우리는 거대한 기계와 시설이 들어서 있는 공장을 보면서, 이 모든 게 내일이면 끝날 수도 있다는 상상을 결코 할 수 없다. 업계 전체가 이와 같은 자기기만의 메커니즘에 빠져 있다. 은행업계, 언론업계, 자동차업계에서도 동일한 노랫소리를 들을 수 있다.

막강한 업계, 예를 들어 자동차업계가 사라지거나 적어도 극단적으로 축소될 가능성도 있을까? 독일만 하더라도 이 업계에 종사하는 노동자는 대략 75만 명에 달한다.[18] 내 자식들 세대에 일어날 변화, 예컨대 카 셰어링(car sharing)과 그 밖에 다른 이동 가능성을 고려하면 좀 고민스럽다. 다음 세대는 자동차를 소유하지 않고 드물게 이용할 것이다.

자동차는 우리 인간이 품고 있는 자연스러운 욕망의 대상이 아니다. 만일 그렇다면 독일 자동차업계에서 해마다 20억 유로라는 돈을 광고에 쏟아붓지 않을 것이다.[19] 길거리에서 볼 수 있는 알록달록한 광고판에서는 물론 텔레비전에서도 자동차야말로 자유를 얻게 해주고 자기 발전을 이룩해낸다는 동화 같은 얘기가 흘러나온다. 도대체 인간은 행복해지기 위해 얼마나 많은 이산화탄소를 배출해야 한다는 걸까?

나와 친하게 지내는 자동차 판매상이 "자동차 판매는 순전히 감정적인

일"이라는 얘기를 해준 적이 있다. 그런데 감정은 바뀔 수 있다. 많은 사람이 자동차를 할부로 구입하고 있지만, 이 때문에 1년 중 몇 달을 뼈 빠지게 일해야 한다는 사실을 분명하게 인식하지 못한다. 자동차는 구입할 때는 물론 사용할 때도 매우 비싸다. 기름값, 보험료와 수리비가 불어난다. 이성적으로 관찰하면 자기 승용차에 대한 이미지가 바뀐다. 더욱이 대도시에서 늘어나는 교통 체증과 환경 오염 문제는 앞으로 개인 운전자를 강력하게 규제하도록 만들 것이 뻔하다. 미래의 추세는 다른 방향을 가리키고 있지만, 자동차업계는 여전히 확신에 찬 채 현재의 놀라운 매상만을 보여준다. 아이러니하게도 우리는 다른 업계에서 부는 변화의 바람은 수용하면서도, 우리 자신이 거기에 해당하면 고개를 돌린다.

어떤 혁신이든 일단 일어나면 중심점이 밀려나고 시각도 바뀐다. 이렇듯 시각이 바뀌면 현재에서 미래로 미끄러져 나가기가 매우 힘들다.

잠깐 당신이 19세기 말에 살고 있다고 상상해보라. 당신은 그 시대의 가치와 관습대로 살고 있을 것이다. 자, 이제 21세기 사람들이 휴가를 즐기고 있는 해변의 장면을 상상해보라. 비키니를 입은 젊은 여성이 피부를 그을리고, 휴가 온 사람들은 해변에서 조깅을 즐긴다. 그런가 하면 어떤 사람은 헤드폰을 끼고 음악에 맞춰 춤을 추기도 한다. 당신이 보는 거의 모든 게 19세기 말의 관습에 어긋난다. 비키니는 몸이 많이 드러나 당신 눈에는 거의 발가벗은 듯 보일 것이다. 19세기 말에는 옷을 얌전하게 입었다. 해수욕복도 치마와 긴팔이 달린 블라우스였다. 게다가 피부를 태닝하는 것도 당시의 미적인 기준과 어울리지 않는다. 고상하게 창백한 피부가 대세였다. 이와 반대로 햇볕에 그을린 피부는 가난한 사람들의 특징이었다. 생활비를 벌기 위해 들판에서 노동을 하는 사람들 말이다. 조깅 역시 완전히 이상하게 보일지 모른다. 사람들은 꼭 그럴 필요성도 없는데 왜 달리는 것일까? 체육 단체를 제외하면, 스포츠는 19세기에 그다지 유행하지 않았다. 수영복의 알록달록한 색깔이나 귀에 쏙 집어넣는 놀라운 방식으로 음악을 즐기는 자그마한 이어폰도 특이하게 보일지 모른다. 오로지 규칙적으로 철썩이는 파도만이 낯설지 않을 것이다.

19세기 후반의 시각에서 보면, 오늘날의 세계는 극단적으로 다르다. 미래상을 그려놓은 과거의 글을 읽으면 저자들이 매우 똑똑했음에도 허구적인 내용이 자기 시대에 뿌리를 두고 있다는 걸 감지할 수 있다. 날아다니는 자동차, 엄청 빠르게 달리는 증기선, 거대한 잠수함 혹은 화성에 건설한 식민지에서 보내는 휴가 등등. 사람들은 자신이 살고 있는 시점의 시각을 미래에 옮겨놓곤 한다. 예를 들면 원자력으로 엔진을 움직이고 공중에서 시속 1000킬로미터로 달리는 자동차를 꿈꾸었다.[20] 그런데 이런 내용에 등장하는 여자 주인공은 과거 마차를 타던 시절에 입었던 것과 같은 옷을 걸치고 있다. 새로운 것은 과거에서 발전하지 않고, 어제의 미래는 우리가 얼마나 오류를 잘 범할 수 있는지 보여줄 따름이다.

교사가 몽둥이로 학생을 체벌하고, 외과 의사가 병원 복도에서 담배를 피우고, 안전벨트도 채우지 않은 채 아이들을 자동차 뒷좌석에 태우고, 핵 쓰레기를 그냥 바다에 버리던 시절은 그리 오래되지 않았다. 지극히 당연해 보이던 것이 바뀌었고, 미래에도 그럴 것이다. 우리가 아무리 수정 구슬을 통해 미래를 보고자 한들 우리는 그 미래를 해석할 수 없을 것이다. 미래에는 우리 역시 전혀 다른 사람이 되어 있을 테니 말이다.

소가 끄는 수레와 슈퍼컴퓨터에 대하여

왜 당신이 여기 있는지 알고 있나요?

-메로빙거(Merowinger), 영화 〈매트릭스 2: 리로디드〉 중에서

인도에서 보낸 어린 시절, 나는 그야말로 모든 것이 동시에 공존하는 현장을 체험했다. 그곳 길거리에는 지극히 다양한 시대가 뒤섞여서 흘러가고 있었다. 쿨렁거리는 자동차가 인력거를 추월했고, 거의 절반은 벗은 성자들이 몸을 이리저리 쭉 뻗고 있었다. 이와 반대로 양복을 말끔하게 차려입은 상인들은 사무실에서 바삐 움직였다. 거리에서 장사하는 사람들은 수백 년 전처럼 볶은 땅콩을 팔았고, 바로 그 옆에서는 현대적인 가게들이 에어컨을 켜둔 채 서양의 물건을 판매했다.

만일 인도에서 어떤 여성이 사리(sari: 인도 성인 여성들이 입는 전통 의상—옮긴이)를 입고 휴대전화를 이용하는 모습을 본다면, 이런 장면이 나올 때까지 수백 년이 걸렸다는 사실을 사람들은 의식하지 못할 것이다. 한 손에 휴대전화를 쥔 여성의 옷이 4800여 년 전부터 입어오던 것이라니. 델리의 국립박물관 4층에 전시된 사리를 본 사람이라면 정말 깜짝 놀랄 게 분명

하다. 전시해둔 것을 보면 요즘 가게에서 파는 옷과 똑같다는 인상을 받을 테니 말이다. 사리는 그야말로 시대를 초월한 옷이다.

인도에서는 새로운 것이 오래된 것을 대체하는 게 아니라 보충하는 것처럼 보인다. 전기를 사용하는 집도 많지만, 흙으로 지은 오두막에서는 어두울 때 석유램프를 사용한다. 현대적인 농업 기계가 등장했으나 옛날부터 사용하던 나무 쟁기도 완전히 사라지지 않았다. 인도에서는 오늘날까지도 다양한 시대가 당연하게, 그러나 약간 혼란스럽게 공존하며 명맥을 유지하고 있다.

1985년 내가 1년 정도 인도에 머무르고 있을 때였다. 어느 날 저녁 남부에 있는 방갈로르(Bangalore)의 마하트마 간디 거리에서 소가 끌고 지나가는 알록달록한 수레를 보았다. 그런데 이 수레에 실려 있는 물건은 다른 게 아니라 금방 생산한 것 같은 새 컴퓨터 몇 대였다. 이 무슨 시대착오적 장면인지! 과거가 미래를 운송하는 모양새 아닌가! 이런 조합이 너무나 기이해 나는 마이소르(Mysore) 대학에서 할 강연의 제목을 '소가 끄는 수레와 슈퍼컴퓨터에 대해서'라고 붙였다.

새로운 것과 오래된 것의 공존은 또한 2개의 계층이 존재하는 사회라는 의미이기도 하다. 한쪽 계층은 부자이고, 훌륭한 교육을 받고, 서구적 잣대에 따라 살아간다. 그런가 하면 다른 계층은 진보에서 제외된 사람들이다. 인도는 국민의 절반이 농업에 종사하고, 많은 마을은 마치 몇 백 년 전부터 시간이 정지된 것처럼 보인다.

사람들은 이렇듯 인도 아대륙에서 서로 상반된 세계를 체험할 수 있다. 즉 하이테크와 중세 시대, 부와 가난, 자비와 탐욕, 기계와 수많은 신(神), 소와 리무진, 고급스러운 호텔 옆에 있는 양철로 만든 오두막. 역사책에서 볼 수 있는 모든 게 동시에 깨어난 것 같은 인상을 받을 때가 많다. 사람들은 무굴 제국(Mughul: 1526~1858년 인도를 통치한 이슬람 왕조—옮긴이) 시절처럼 백성으로부터 존경을 받는 술탄도 만날 수 있다. 또는 낙타 행렬이 마치 100년 동안 길을 헤매고 있는 듯 라자스탄(Rajasthan)의 사막을 횡단하는 모습도 구경할 수 있다. 에어컨이 돌아가는 공간에서는 IT 업종에 종사하는 엔지니어들이 자동 기계를 프로그래밍하고, 창문 밖을 내다보면 강가에서 여자들이 물에 젖은 알록달록한 옷을 매끈한 바위에 탁탁 두드리는 장면이 눈에 띈다. 1000년 전부터 그렇게 해왔듯이 말이다.

남서부의 케랄라(Kerala)주에서는 어부들이 아주 작은 통나무배를 타고 넓디넓은 바다로 나아가며, 근처 병원에서는 MRI가 작동하고 있다. 사원에서는 제스민과 장미 향기가 나고, 꽃으로 장식한 석유램프는 알록달록 빛나는 석상들을 비추고 있다. 여기서 들리는 기도 소리는 수천 년 전부터 올리던 그대로다. 이런 장면 위로 비행기가 하얀 흔적을 남기며 하늘을 가로지른다.

사회 간접 자본은 열악하고, 가난은 흔히 견딜 수 없는 수준이고, 무질서하기 짝이 없는 비효율성도 참아내기 힘들다는 점은 인정한다. 하지만 서구 사회에서는 진보에 자리를 내주기 위해 과거의 문화가 무너진 데 반해, 인도에서는 새로운 것이 마치 휴가를 즐기러 온 손님 같다. 진보와 복지가 문화, 경제, 영성, 윤리, 자연과 함께 조화를 이루며 전체 속에 포함되어 있다. 성장과 효율성만으로 가치를 결정하지 않는다. 물론 인도를 찾는 많은 방문객에겐 이렇듯 섞여 있는 모습이 기괴할지도 모른다. 차량으로 북적대는 거리에서 소 한 마리가 잠을 자고 있지만 그 누구도 이로 인해 방해를 받지 않는다. 기계를 생산하는 공장은 별자리를 고려해 낙성식을 거행하고, 회의는 석유램프를 들고 치르는 의식으로 시작한다. 중요한 손님이 오면 꽃을 든 소녀들이 환영해준다. 사회는 사업가나 종교인의 의견뿐만 아니라 학자들의 의견도 경청한다. 마하트마 간디는 오늘날 아시아에서 접할 수 있는 영적 지도자 중 가장 대표적인 인물일 것이다. 인도에서는 경제만 중요한 게 아니다.

1972년 인도의 이웃 국가인 부탄은 경제 성장뿐 아니라, 행복도 국가 정책이 추구하는 최상위 목표임을 공언했다. 4개 항목을 바탕으로 한 '국민총행복지수(Gross National Happiness)'가 헌법에 명시되어 있다. 전통적이고 문화적인 가치의 보존, 정당한 경제 발전, 훌륭한 정부 리더십의 지원, 환경 보호가 그것이다. 사람들은 가난함에도 미래의 발전과 동떨어지지 않고 연결되어 있다고 느낀다.

이와 반대로 우리가 살고 있는 산업 국가는 미래를 기술적·경제적 진보의 당연한 결과라고 이해한다. 영성을 포함해 다양한 차원이 있다고 보는 견해는 경제적 범주만을 고려하는 일차원적 견해로 인해 점점 밀려나고 있다. 속세의 진보는 과거와 이어져 있는 우리의 탯줄을 잘라버린다. 이와 같은 단계가 미래에 우리의 삶을 향상시키려면 그렇게 해야 한다고 합리화한다.

질병 퇴치, 놀랄 만한 생산성 향상, 그리고 물질적 복지처럼 과거에 거둔 성공이 그와 같은 주장을 정당화한다. 이런 길로 계속 나아가야 할 이유는 많다. 이승에서 노력하면 죽어서 천국에 간다는 종교적 약속은 지상에서의 더 나은 미래라는 기술적·경제적 약속으로 대체되었다.

따라서 우리는 힘든 여행을 한 뒤 더 나은 세상에 착륙할 것이라는 믿음을 갖고 변화의 소용돌이를 견뎌내야만 한다. 신의 형상을 믿을 수는 없지만, 우리는 그와 같은 진보를 신처럼 믿어야 한다. 마치 고향을 떠나온 여행가처럼, 우리는 우리의 뿌리와 전통을 버리고 미지의 세계로 여행을 떠나고 있다. 인류의 역사를 되돌아보더라도, 역사는 완전히 바뀐 세상에 대해 아무런 대답을 해줄 수 없다.

우리는 경제 성장이라는 나침반을 따라가고 있다. 이제 경제가 종교를 대신하며, 은행 건물이 교회나 성당보다 높이 우뚝 솟아 있다. 우리에게 더 많이 성장해야 한다고 요구하는 사람들은 그게 경제적으로 필요하기 때문이라고 말한다. 알고 보면 늘 전 세계와 펼치는 경쟁에서 질지도 모른다는 두려움이 작용한다. 이렇듯 사람들은 우리가 이런 변화를 빠르게 만들어가지 못하면 뒤처진다고 경고한다. 지체하거나 중단하는 것은 바로 몰락을 의미한다고 경고한다.

우리는 현대화를 계속 실행해야만 한다는 압박을 경험하고 있다. 우리의 미래는 더 이상 선택할 수 있는 옵션이 아니며, 지속적 발전이 내놓는 솔직한 제안도 아니다. 미래는 그 가치와 품질에 대해 폭넓게 논의를 거친 결과도 아니다. 우리의 욕구에 따라 결정한 것도 아니다. 또 결정을 할 때 거치게 마련인 과정의 의미에 대해 묻지도 않는다. 필요하고 대안도 없으니 받아들여야 한다는 식으로 우리에게 주어질 뿐이다. 이와 같은 일차원성은, 즉 경제가 열쇠를 쥔 이른바 일방통행식 일차원성은 점차 민주적 방식으로는 통제하기 힘든 상황으로 나아가고 있다. 문화, 대학, 예술 혹은 대중 매체도 점점 더 경제라는 독재 앞에 무릎을 꿇고 있다. 이런 과정에서 제시되는 대안도 힘을 쓰지 못하고, 우리는 함께 구축하고 만들어갈 자유를 점차 상실하고 있다.

체르노빌의 핵발전소 중앙 건물에 가보면 식당으로 향하는 계단 입구에 엄청 큰 그림이 걸려 있다. 송전탑을 건설하는 노동자들이 영웅적인 자세를 취하고 있는 그림이다. 이 그림에서는 진보가 집단의 성과로서 묘사된다. 모든 사람이 참여한 공동의 작품으로 말이다. 이런 선전

(propaganda) 그림이 표현하는 메시지는 이렇다—우리는 공동의 유토피아라는 신념을 품고 미래를 함께 생각하며 창조해나간다. 이와 반대로 애플이나 구글 같은 기업은 미래를 아직 알려지지 않은 기적으로 여긴다. 매년 열리는 개발 회의에서 회장의 기조연설은 마치 종교적 행동과 비슷하다. 우리처럼 언젠가 죽어야 할 사람들에게 새로운 제품을 신성한 물건인 양 소개한다. 그래서 새로운 제품이라는 성물(聖物)을 잠시 볼 수 있는 기회를 제공하듯 행동한다. 여기에 참석한 사람들은 그 신제품을 보고 경탄하며 이렇게 외친다. "굉장해!"

샌프란시스코 남쪽에 있는 실리콘밸리를 구경하며 거기에 있는 유행어를 읽어본 사람이라면, 이곳에서는 최고의 아이디어가 아니라 돈 되는 아이디어가 중요하다는 사실을 재빨리 알아차릴 수 있다. "좋은 것은 바로 돈을 버는 것이다."

흔히 말하듯 '미래의 계곡'으로 잠시 소풍을 가보자. 성공 스토리는 트랜지스터를 발명함으로써 1940년대에 오늘날의 컴퓨터 산업의 초석을 닦은 윌리엄 쇼클리(William B. Shockley, 1910~1989: 미국의 물리학자—옮긴이)로부터 시작된다. 쇼클리는 1956년 노벨 물리학상을 받기도 했다. 벨 연구소(Bell Labs)에서 근무하던 그는 자신의 기술을 더 개발하고 싶어 회사를 그만두었다. 동부 해안에 있는 몇몇 회사에서 기술 개발을 시도했으나 실패하고 결국 캘리포니아로 이사를 갔다. 그리고 1956년 마운틴뷰(Mountain View)에서 쇼클리 반도체 실험실(Shockley Semiconductor Laboratory)이라는 회사를 차렸다. 하지만 그의 리더십은 너무나 엉망이어서 8명의 직원이 1년 뒤 회사를 그만두고 말았다. 이른바 '배반자 8명'은 자신들만의 회사, 곧 페어차일드 반도체(Fairchild Semiconductor)를 세웠다. 그들은 이곳에서 최초로 집적 회로(integrated circuit)를 개발했다. 집적 회로는 시간이 지나면서 놀라울 정도로 붐이 일기 시작했다. 이후 점점 더 많은 전자 회사가 생겨나 전자 부품, 인쇄 회로 기판(printed circuit board)을 비롯한 각종 회로가 생산되었다.

'배반자 8명' 중 2명인 고든 무어(Gordon Moore)와 로버트 노이스(Robert Noyce)는 1968년 인텔을 설립하고, 1971년 세계 최초의 마이크로프로세서를 소개했다. 고든 무어는 일찌감치 이 업계가 분명한 트렌드를 따라가리라는 사실을 알고 있었다. 즉 지극히 복잡한 집적 회로, 그러니까 집적 회로의 조밀함, 메모리 성능과 계산 능력 등이 12~24개월마다 2배씩 향상될 것이라고 내다봤다. 그의 이름을 딴 이 '무어의 법칙'은 컴퓨터 산업이 실제로 엄청난 속도로 성능을 업그레이드시킨다는 사실을 보여준다.

마이크로프로세서, 마이크로컴퓨터와 소프트웨어 개발에 대한 열정은 처음엔 업계 내부자들만 품고 있었다. 컴퓨터에 광적으로 관심을 가진 사람들이 차고에서 모형을 직접 손으로 조립해 만들었다. 애플사를 건립한 스티브 잡스와 스티브 워즈니악(Steve Wozniak)을 비롯해 많은 사람이 이런 신생 기업의 선발대였다. 그들은 재미로 컴퓨터를 개발하다 사업을 시작했다. 재미가 진지한 일이 된 것이다.

현대의 전자 회사, 수많은 신생 소프트웨어 기업, 그리고 바로 그 진원지인 스탠퍼드 대학은 서로에게 날개를 달아주었고, 밸리를 혁명적인 IT 업계의 온상이 되게끔 했다. 히피와 베트남 전쟁에 반대하던 사람들로 이뤄진 무리가 혁신적인 기업가로 발돋움해 새로운 세대로 성장했고, 똑똑한 인재를 점점 더 많이 끌어들였다. 인터넷의 지구 정복은 멈추지 않았다. 미국의 벤처 캐피털 중 40퍼센트 이상이 바로 이 '미래의 계곡'으로 흘러 들어간다.

수많은 신생 기업이 구글, 페이스북, 애플, 오라클 혹은 시스코 같은 거대 기업과 일하고 있다. 이들 신생 회사 중 60개 이상이 시장 가치로 이미 10억 달러 이상의 매출을 올렸다.[21] 이런 기업을 유니콘(Unicorn)이라고 부르는데, 유니콘 기업은 바로 진보의 속도가 엄청나다는 것을 보여주는 확실한 증거다. 밸리의 성공은 전 세계의 엔지니어와 기술자에게 자석과도 같은 작용을 한다. 밸리에서 일하는 기술자 중 절반이 아시아인이며, 회사를 세운 기업가 중 35퍼센트가 인도 출신이다.[22] 지금의 구글 CEO 선다 피차이(Sundar Pichai)는 1972년 인도 첸나이(Chennai)에서 태어났다.[23] 선다가 열두 살이 될 때까지 그의 집엔 전화조차 없었다! 그런데도 그는 오늘날 지구상에서 가장 진보적인 기업을 이끌고 있다.

성장에 대한 기대감만으로도 신생 회사에 돈을 투자하려는 자본주들이 줄을 섰다. 이들은 헤지펀드와 개방형 기금, 벤처 캐피털과 유니언 스퀘어 벤처스(Union Square Ventures)나 세쿼이아 캐피털(Sequoia Capital) 같은 투자자, 그리고 블랙록(Blackrock)이나 피델리티 인베스트먼츠(Fidelity Investments) 같은 펀드 회사를 끌어들이기에 충분한 매력이 있었다. 구글, 애플, 페이스북, 우버 같은 대기업의 성공은 탐욕을 만들어냈다. 그들은 서로에게 강력한 자신감을 심어주면서 상당한 위험이 도사리고 있음에도 좋은 것 같은 아이디어로 돈 잔치를 즐겼다. 다양한 자극을 연구하기 위해 실리콘밸리에서 반년을 지낸 크리스토프 케제(Christoph Keese, 1964~: 독일의 저널리스트—옮긴이)는 자신의 책에서 무엇보다 그곳에서 일고 있는 붐과 독일의 머뭇거리는 태도를 비교했다.[24] 탁월한 아이디어조차 독일에서는 투자 자금이 필요하지만, 미국 실리콘밸리에서는 그런 투자 자금이 넘쳐난다는 것이다.

유니콘 기업이 아무리 장밋빛 미래를 약속하더라도, 어느 정도 지장을 주는 변화에 아무리 매료되더라도, 생각이 아무리 혁명적이더라도 밸리에서 중요한 것은 우리 세계를 얼마나 향상시킬 것인지를 주장하는 게 아니다. 진보의 나침반은 돈과 투자자의 수익에 맞춰져 있다.

이미지와 현실은 극명한 차이가 난다. 예를 들어 구글에서 일하는 직원은 결코 탁구대와 알록달록한 소파에서 운동하는 창의적인 사람들이 아니다. 이런 모습으로 언론에 소개될 뿐이다. 그러나 기업은 놀라울 정도로 전문적으로 행동한다. 커다란 사무실은 양계장과 비슷하다. 직원들은 지극히 좁은 공간을 차지한 채 모니터 앞에 앉아 각자의 업무를 수행할 뿐이다. 모든 코드를 테스트하고, 개량하고, 최초의 하위 그룹에서 테스트를 하고, 철저한 리뷰를 거친 다음 시스템에 통합시킨다. 여기서 하는 일은 결코 게임이 아니다. 아주 사소한 것에 이르기까지 구조적으로 산업화한 프로세스다. 모든 결과를 예상해서 실행해본 프로세스 말이다.

나는 한 친구를 방문해 함께 구글 사무실을 돌아다닌 적이 있는데, 그때 직원들이 얼마나 소극적인지 실감할 수 있었다. 그들은 외부인인 내가 뭔가를 염탐할까봐 모니터를 덮어씌우는 일만 하지 않았을 뿐이다.

이 업계의 다른 기업도 더 낫지는 않다. 어느 날 페이스북 직원이 나에게 연락을 해서는 어쩌면 취재에 응할 수도 있다고 했다. 하지만 그는 전화 통화를 하기도 전에 나에게 '양측에서' 민감한 내용을 발설하지 않겠다는, 이른바 비밀 엄수 서류를 보냈다. 문제가 발생하면 캘리포니아 법정에서 해결한다고 되어 있었는데, 사실 법적인 내용이 내가 보기엔 너무 일방적이었다. 그래서 나는 고맙지만 미팅을 포기하겠다고 연락했다.

학문의 세계에서는 솔직함과 교환이 중요하다. 하지만 이 업계에서는 친구 간에도 작업의 대략적인 목표에 대해서조차 침묵한다. 특히 모욕적인 경우도 있는데, 내 지인 한 사람은 다른 사람들에게 자신이 어떤 소프트웨어 회사에 다니는지조차 언급하면 안 되었다! 그는 유럽에서 일하고 있으며, 그 회사는 비밀 업무나 첩보 활동을 하는 게 아니다. 그냥 민간 소프트웨어 회사일 뿐이다.

거리를 두고 관찰하면 환멸을 느낄 수밖에 없다. 모든 사람의 행복을 위해 그 능력을 활짝 꽃피워야 할 대단하고 새롭고 혁신적인 것들이 단지 경제적 탐욕의 도구로 사용되고 있는 것이다. 진보의 계곡은 그 내면을 들여다볼 수 없는 증류 기계와 비슷하게 변해버렸다. 기업이 한층 똑똑해진 제품, 플랫폼과 앱을 통해 온갖 이득을 짜내는 장치 말이다. 여기서부터 출발하는 혁신은 택시 운전사, 호텔업자, 언론이나 여행사 같은 과거의 세계를 파괴하고, 무섭도록 끈질기게 우리의 사생활에 속하는 비경제적인 분야에까지 파고들려 한다. 그들은 침범해서는 안 되는 빨간 선도 거침없이 넘어온다. 내가 휴가를 떠나게 되어 이웃 사람이 내 화분에 물을 주면, 이는 이웃끼리 서로 돕는 차원에서 하는 행동으로 이해할 수 있다. 하지만 하나의 앱이 모든 것에 가격표를 붙이고 주변 사람의 친절함도 사업 모델로 삼을 날이 머지않았다. 조만간 우리 집에서 잠을 자는 내 친구들은 돈을 시불해야 할지도 모른다. 발달한 세계에서 이는 에어비앤비(Airbnb: 전 세계 여행 및 숙박 관련 공간을 공유하는 온라인 서비스—옮긴이)처럼 벌써 수익성 있는 사업이기 때문이다.

새로운 플랫폼은 사회적으로 당연시되고 있다. 인도에서조차 바퀴 3개 달린 인력거를 스마트폰에 깔린 다양한 앱을 통해 부르고 돈도 지불할 수 있다. 물론 이렇게 해서 인력거를 타면 정해진 경로로만 간다. 값을 깎거나 길을 잘못 드는 것은 이제 옛일이 되어버렸다.

택시 플랫폼이라는 처방전은 매우 간단하다. 즉 사람들이 무엇에 스트레스를 받는지 고민하고, 이 문제를 해결할 수 있는 앱을 개발하라. 그리고 대대적인 광고와 마케팅으로 이 업계에 공격적으로 진입하고, 운전자들을 구하고, 회사의 규모를 결정하고, 승객의 좁은 소견을 이용해 그들로 하여금 지금은 택시 이용이 얼마나 간단해졌는지 열광적으로 이야기하게 하라. 작업을 빨리 진행하고, 법을 제정하는 사람들의 게으름을 이용하라. 처음에는 돈이 들겠지만 걱정할 필요는 없다. 일단 발을 들여놓으면 사람들은 거기에 곧 익숙해지고, 그러면 수수료를 꽤 많이 올릴 수 있다. 당신의 장점은 이것이다. 즉 운전자들이 푹푹 찌는 여름에도 당신을 위해 일하는 동안, 당신의 소프트웨어는 혼자서 나머지 모든 일을 해낸다. 탑승을 중개하고, 계산을 하고, 어마어마한 부를 당신에게 안겨준다. 당신은 영리한 직원 몇몇만 필요하며, 무엇보다 능력 뛰어난 변호사가 필요하다. 가난한 운선사가 병이 들거나 사고를 낼 경우를 미리 대비해야 한다. 당신은 그 어떤 경우에도 체포당해서는 안 되니 말이다. 당신은 또한 택시를 구입할 필요도 없다. 운전자가 이미 택시를 갖고 있기 때문이다. 따라서 푹신한 의자에 기댄 채 사람들이 어떻게 당신을 점점 더 부자로 만들어주는지 지켜보기만 하면 된다. 그리고 또 다른 새로운 앱을 고안해내면 된다. 한 가지 충고를 더 하자면 모든 수단을 동원해 팽창하고, 다른 국가와 대륙을 정복하라. 성장하고, 성장하고, 또 성장하라! 만일 당신이 이런 점을 똑똑하게 고려하지 못하면, 세금조차 내지 못할 것이다! 다른 사람에게 당신이 세상을 향상시킨다고 끊임없이 말해야 한다. 그러면 사람들은 언젠가 당신을 믿고 사랑하게 될 것이다.

이와 같은 변화를 통해 몇몇은 점점 더 부자가 되겠지만, 다른 사람들은 일자리 걱정을 할 것이다. 우리는 새로운 기술이 지닌 파괴적 잠재력을 과소평가하는 경향이 있다. 거의 모든 직업의 근본적인 부분이 변화할 것이기 때문이다. 인공지능과 자동화가 우리의 노동 시장에 미치는 효과만 하더라도 사회의 깊숙한 곳까지 뒤흔들어놓을 수 있다. 언젠가 반항하는 무리들이 생겨나 그때까지 준수했던 게임 규칙을 더 이상 지키지 않을 것이다. 탈(脫)민주화한 진보는 지극히 소수를 승자로 만들고 다수를 뒤처지게 한다. 언젠가 차곡차곡 쌓여 있던 분노가 터지고, 그러면 복종하던 자들이 자신의 권리를 주장할 것이다.

국제 원조 및 개발 단체 옥스팜(Oxfam)은 2017년 세계 경제 포럼에서, 지구상에 있는 8명이 가난한 인류의 절반이 소유한 만큼의 부를 가지고 있다고 발표했다.[25] 특히 인터넷은 돈을 찍어내는 기계로 증명되었다. 인력과 자원을 이처럼 소규모로 투입하고서도 놀라운 이득을 올리는 기업은 다른 업계에서는 찾아볼 수 없기 때문이다. 소프트웨어 프로그램과 앱은 전 세계에 깔려 있는 네트워크를 거쳐 그야말로 단기간에 엄청나게 많은 고객을 확보할 수 있고, 그리하여 새로운 제품을 신속하게 수백만 개 납품할 수 있다. 이렇게 해서 정말 하룻밤 사이에 인터넷 억만장자 세대가 등장했다.

크리스티아 프릴랜드(Chrystia Freeland, 1968~: 캐나다의 저널리스트이자 정치가 – 옮긴이)는 자신의 저서에서 이와 같은 '슈퍼리치' 현상을 조사했다.[26] 나는 2014년 베를린에서 열린 회의 때 그녀를 만난 적이 있다.[27] 우리 둘은 강연을 모두 마친 상태여서 휴식 시간에 대화를 나누었다. 크리스티아는 갈등을 일으킬 수도 있는 통계를 아주 많이 수집한 터였다. 즉 미국의 경우 1970년대에만 하더라도 최상위 소득자는 국민소득의 10퍼센트만을 벌었다. 하지만 이로부터 35년이 지난 후 그들은 3배 이상, 그러니까 국민소득의 30퍼센트까지 벌어들였다. 혁신으로 인해 사람들의 소득 차이가 매우 커졌고, 빈자와 부자의 격차는 점점 더 벌어지고 있다.

따라서 한층 강력한 정치, 그리고 경제적 논리만 추종하는 세력을 제지할 수 있는 제도가 더 중요할지 모른다. 그러나 오히려 눈에 띄게 그런 정치와 제도가 줄어들고 있다. 독일의 경우 1990년대부터 대규모 정당에 소속된 당원의 수가 지속적으로 감소하고 있다.[28] 억만장자들이 정치를 하고, 점점 더 강력한 결정권을 갖게 되었다. 그들은 가장 높은 분들과 대화할 기회도 있을 뿐 아니라 온갖 아첨까지 받고 있다. 부자들이 박애주의적 개발 원조를 제공하겠다고 얘기하든, 아니면 순전히 경제적 이익에만 관심을 갖든 전혀 중요하지 않다.

정치 자체가 이미 매우 느릿하게 행동하고, 그런 행동에 필요한 글로벌한 법에 기꺼이 의지하고자 한다. 글로벌 기업의 효율성과 네트워크 능력을 국제정치적 결정을 내리기 위해 다수의 찬성을 얻어내려는 정치적 노력과 비교해보면, 그 불평등이 확연하게 드러난다. 정치는 전 세계를 무대로 활동하는 선수들과 교섭할 때 그야말로 아무런 힘도 없어 보인다. 정치는 그들에게 차례로 항복하는 모습만 보여줄 뿐이다. 세금의 낙원, 정찰, 금융 시장의 선동, 혹은 노동자의 권리 박탈에 대해 도대체 어떤 정치적인 대답을 내놓을까?

경제적 진보의 주인공들은 자유자재로 활동할 수 있다. 그 누구도 이들을 통제하지 않으며, 혁신의 의미가 무엇인지 따져 묻지 않고, 혁신의 결과를 시험해볼 생각도 않는다. 현실 정치로부터 배제된 시민, 자신의 미래를 직접 만들어갈 수 없게 된 시민은 언젠가 저항할 것이다. 베르톨트 브레히트(Bertolt Brecht)는 자신의 희곡 《갈릴레이의 삶》 마지막 부분에서 이와 같은 생각을 적절하게 표현했다. "너희는 시간이 지나면서 발견하게 될 것을 모두 발견할지 모른다. 너희가 이뤄낸 진보는 단지 인류로부터 딱 한 걸음 앞으로 나아가 있을 것이다. 너희와 그들 사이의 간극은 어느 날 너무 크게 벌어져, 새로운 업적을 보며 지르는 너희의 함성에 대해 전 세계에서 지르는 경악의 함성이 답할 것이다."

사람들이 등을 돌리는 모습은 이미 오늘날에도 감지할 수 있다. 비이성적 삶으로 돌아가는 모습부터 시작해 이른바 '엘리트'의 견해를 받아들이지 않고 '대안적 사실(alternative fact)' 같은 거짓말을 거부한다. 나아가 전체 사회의 방향을 완전히 바꾸려는 움직임도 있다. 많은 국가에서는 당혹스러울 정도로 과거 회귀적인 모습이 엿보이기도 한다. 사람들은 진보에 등을 돌린 채 자신의 행복을 시골에서 찾는다. 종교 교리를 좇아 살면서 행복을 얻기도 한다. 조지프 슘페터(Joseph Schumpeter)가 한때 경제 발전의 필수불가결한 요소로 언급한 '창조적 파괴'는 미래에 개인에게 품위 있는 자리를 확보해줄 경우에만 사회에서 받아들일 수 있을 것이다.

압박감이 점점 늘어나자 과정을 수정해야 한다는 목소리가 커지고 있다. 요컨대 미래에 대한 설계도는 다시 공동체의 과제가 되어야 한다는 외침이다. 우리에게 필요한 것은 새로운 문화다. 공개적이고 자의식적(自意識的)이며 독선적이지 않고 인간적인 것을 위해 전력을 다하는 문화 말이다.[29] 모든 혁신을 강제로 실행에 옮겨서도 안 된다. 소수만이 혜택을 얻는 진보는 공동체에 이득이 되지 않는다. 전 세계를 비교하는 시대에도 우리는 다른 사람의 미래를 몰아세워서는 안 된다. 여느 때와 다름없이 사업을 할 수 있다고 안이하게 생각하는 사람은 불장난을 하고 있는 셈이다.

02

발견

지식의 한계는 있을까

낙타 워낭 소리를 들은 적이 있는 사람은 결코 이것을 포기하지 못한다

1410년 여름 마드리드의 장교 카를로스 미구엘 산타라(Carlos Miguel Santara)는 베네디시온 델 크리스토(Benedición del Cristo)라는 이름의 쌍 돛단배로 대서양을 횡단하는 데 성공했다. 바다에서 꼬박 64일을 항해한 끝에 산타라는 그해 9월 23일 오늘날의 아메리카 대륙을 발견하고 쿠바섬 앞에 닻을 내렸다. 이로부터 6개월 후, 산타라와 그의 선원들은 멕시코 땅을 밟았다. 산타라는 3개월 만에 그곳에 살던 인디언의 언어를 배웠다. 선원들과 마찬가지로 산타라 역시 진심으로 환영해주는 원주민들이 사는 미지의 대륙에 열광했다. 그리고 자신의 발견이 멀리 있는 에스파냐에서 어떤 결과를 일으킬지 예상했다. 이렇듯 목가적인 세상을 몰락시킬지도 모른다는 두려움에 그는 1411년 8월 18일 밤 배를 폭파시켰다. 돌아가는 일이 불가능해진 것이다. 배가 가라앉았지만 놀랍게도 34명의 선원은 이를 내버려두었다. 심지어 기뻐했다. 1413년 5월 에스파냐의 항구 산페르난도(San Fernando)에서는 베네디시온 델 크리스토가 행방불명된 것으로 최종 발표했다. 이어 6주 동안 실종자를 위한 장례 미사를 올렸다.

산타라는 1454년 고령인 78세에 사망했다. 그는 아들 5명과 딸 7명을 두었지만, 어떤 자식도 기독교 이름을 갖지 않았다. 심지어 큰딸은 에스파냐어도 할 줄 모르는 것 같았다. 최근 발견된 그녀의 일기장에서 사람들은 단 하나의 에스파냐어 문장을 찾아냈다. "Todo parecía un mundo en flor(모든 것이 활짝 피어 있는 세계처럼 보인다)." 이 문장은 마이애미 대학의 과학자들이 최근 발굴한 산타라의 묘비에도 새겨져 있다. 큰딸은 이 문장을 그의 일기장에서 발췌했겠지만, 아무래도 뜻을 이해하지는 못했던 것 같다.

이 발굴로 역사가들 사이에 논쟁이 벌어졌다. 과연 누가 아메리카 대륙을 발견했는가? 콜럼버스인가, 산타라인가? 마드리드 대학의 역사학과 교수 산토 메딩헤라(Santo Medingera)는 〈엘 파이스(El País)〉 신문에 실은 기사에서 분명한 견해를 표명했다. "발견은 오직 보고해야만 가치가 있다. 비록 산타라가 콜럼버스보다 80년 정도 일찍 신대륙에 발을 내디뎠다고 할지언정 여전히 진짜 발견자는 콜럼버스다. 우리는 콜럼버스를 통해 비로소 신대륙의 존재를 경험할 수 있었다. 이와 반대로 산타라의 여행은 역사의 물길을 바꾸지 못했다."

존경하는 독자 여러분, 방금 한 이야기는 하나도 진실된 것이 없다는 점을 고백해야겠다. 순전히 지어낸 얘기란 뜻이다. 나는 이 이야기를 대략 15년 전에 썼다. 당시 나는 1년 정도 히말라야 한가운데 있는 산골 마을에 머무르고 있었다. 이때 나는 발견의 결과를 파악할 수 있었다. 목숨까지 걸고 온갖 고생 끝에 신대륙에 자신의 깃발을 꽂고 그 땅에 존재하던 문화를 말살한 남자의 일그러진 모습이 나에게 방해가 되었다. 인디언과 원주민을 발견한 사람은 흔히 그들을 약탈하고 죽이는 살인자일 때가 많다. 학문적 호기심과 진실을 알고 싶은 욕구로 닻을 올려 미지의 세계로 향하는 낭만적 영웅의 모습은 거짓이며 눈속임으로 달콤하게 묘사한 것일 따름이다.

과거 발견자라고 일컫는 사람들은 투기 목적을 지닌 사업가의 앞잡이일 때가 많았다. 탐험대니 원정대니 하는 것도 위험을 감수하면서 기꺼이 내놓는 투자이며, 이는 낙원에 대한 희망으로 가득 차 있다. 발견하는 사람들의 낭만적 모습은 오늘날까지도 이어지고 있다. '무중력의 콜럼버스'라고 할 수 있는 닐 암스트롱(Neil Armstrong)은 1969년 여름, 달에 착륙하자마자 펄럭이는 국기를 달 표면에 꽂았다. 이 작은 발걸음은……(암스트롱은 이렇게 말했다. "이것은 한 사람에게는 작은 발걸음이지만, 인류에게는 거대한 도약이다"—옮긴이).

발견은 점유와 동의어일까? 그렇지 않다. 중무장한 남자들이 왜 개 떼를 데리고 얼음으로 뒤덮인 북극이나 남극으로 가는지, 혹은 왜 수년 동안 피에 굶주린 모기한테 뜯기면서 열대 우림 지역의 한가운데 천막을 치고 불편한 잠을 자는지 설명하기에는 소유욕만으로 부족하다. 오늘날의 관점에서 보면, 이렇듯 외지로 돌아다니며 연구하는 사람들은 어마어마한 모험심이 발동했을 것이다. 우리는 그들의 흔적을 기꺼이 따라가며 아웃도어 전문점으로 가서 극지방에서 입을 수 있는 재킷, GPS 장비와 한층 수월하게 숨 쉴 수 있게 해주는 스포츠웨어로 무장한다. 그러나 과거의 발견자들이 품었던 근본적 동기가 무엇인지에 대해서는 잘 알지 못한다. 열대 우림 지역에서 보내는 3주는 스트레스를 받으며 사무실에서만 일하던 회사원들에게 충분히 기분 전환이 되고, 불도롱뇽(fire salamander)과 무소는 서류나 회의 기록과 비교하면 환영할 만하다. 관광객은 자신이 모르는 휴가지로 안내해주는 특별한 경로를 좋아하지만, 휴가 때만 탐험을 다니는 이런 부류는 진정한 의미의 탐험가나 발견자들과 공통점이 전혀 없다. 다윈, 훔볼트, 아문센이나 헨리 모턴 스탠리(Henry Morton Stanley) 같은 남자들은 보통 사람과는 다른 내적인 힘에 의해 미지의 낯선 곳으로 향했다. 히말라야를 연구한 스벤 헤딘(Sven Hedin, 1865~1952: 스웨덴의 지리학자이자 여행 작가—옮긴이)은 이를 다음과 같이 매우 적절하게 묘사했다. "낙타 워낭 소리를 들은 적이 있는 사람은 결코 이것을 포기하지 못한다!"

발견하는 행위, 이는 고칠 수 없는 중독일까? 새로운 땅은 우리 지구상에서 사라졌다. 현재의 위치를 정확하게 구할 수 있는 광학 기계 육분의(六分儀), 그리고 먼 곳에 떨어져 탐색하는 인공위성의 시대인지라 지도에는 그야말로 탐색하지 않은 곳이라고는 없다. 새로 발견해서 이름을 붙여줄 땅도 더 이상 없고, 근원을 찾아야만 하는 강도 더 이상 없다. 그럼에도 The show must go on(쇼는 계속되어야 한다)! 이미 알려진 여정을 새로운 동기를 갖고 찾아가면 된다. 오늘날의 발견자는 정글용 나이프를 소지하고 몇 주에 걸쳐 세심한 준비를 한 다음 아프리카 개미의 교미 형태를 연구하기 위해 울창한 숲을 뚫고 여행을 감행한다. 혹은 뜨겁게 내리쬐는 열기 속에서도 바위에서 발견한 화석을 갖고 신생대(新生代) 제3기 악어의 생태를 재구성하기 위해 아프리카로 떠난다. 인생에서 가장 활동력 강한 시기를 이국의 벌레를 연구하기 위해 바치는 그들의 광적인 열정은 일반 사람들로선 이해하기 힘들며 심지어 섬뜩할 정도다. 탐험에 나서는 과학자들에겐 항상 광기의 흔적이 달라붙어 있다. 외부인에겐 그들의 고집이 어디에서 비롯된 것인지 감춰져 있기 때문이다. 발견자에게 의심의 시선을 던지는 경우는 아프리카에서 셔츠만 걸친 채 연구하는 사람들이 아니라, 근시안적으로 실험실에서 일하는 연구자들이다. 끓어오르는 플라스크와 연기가 올라오는 시험관에서 이루어지는 발견은 오히려 불투명하고, 이론물리학은 일반 사람들과 그나마 연결되어 있던 이해의 마지막 고리마저 끊어버린다. 상아탑의 입구로 들어가는 육중한 문에는 알 수 없는 공식이 난무한다. 너무 어렵다. 출입 금지!

그러는 동안 과학자들은 일반인에게 발견을 위한 자신의 열정에 대해 '이해할 수 있는 말'로 설명해주고자 노력한다. "우리는 이 실험을 통해 가로로 상당한 자극을 주었을 때 쿼크(quark)-렙톤(lepton)-충돌의 상호 작용을 분석하려 합니다. 이런 과정은 빅뱅 이후 매우 중요한 역할을 했는데……."

아하, 그렇군요.

이와 관련해 영국 천체물리학자 스티븐 호킹(Stephen W. Hawking)은 특별한 경우에 속한다. 멈추지 않는 신경 질환에 온몸이 마비되어 휠체어에 묶여 있음에도 그는 공간과 시간의 무한함을 꿰뚫어보고, 우리에게 블랙홀과 놀라운 초끈(초기의 초끈 이론은 자연계를 무려 26차원으로 설명했다)에 대해 이야기했다. 그의 책 《시간의 역사》는 전 세계에서 베스트셀러가 되었고 교양인들의 서재에 늘 꽂혀 있다. 교양인들은 이 책에 관해 이야기하는 걸 좋아하지만, 아마도 다 읽은 사람은 소수일 게 분명하다.

발견자들은 선악의 나무에서 과일을 따 먹고 사는 영혼이 풍부한 농부와 비슷하다. 하지만 이 과일은 모두에게 돌아가지 않는다. 이 과일을 먹는 사람은 점점 더 배가 고파진다! 우리가 살고 있는 이 계몽된 세계에서 지식은 초인간적 차원을 갖고 있다. 일반 사람들은 인간이 취득한 지식이라는 눈사태에 매몰될 지경이다. 그럼에도 우리는 이와 동시에 발견의 황금기를 겪고 있다! 이 세기는 우리에게 '무지'라는 새로운 대륙을 선물했다. 이를테면 이리저리 움직이는 원자핵, 도약하는 유전자 혹은 폭발하는 은하계처럼 말이다.

"너 자신을 알라"는 말은 새로운 차원에 이르렀다. 전 세계에서 이루어진 프로젝트로 말미암아 우리의 유전질이 밝혀졌기 때문이다. 인간 게놈은 거대한 지도와 비슷하며, 이 지도의 윤곽은 점차 분명해지고 있다. 이 분야에서도 뭔가 낙원이 가물거리고 있다. 충분히 이해하면 어마어마한 이용 가치가 있는 분야인 것이다. 박테리아의 면역계에 대한 연구를 통해 '유전자 가위(동식물의 유전자에 결합해 특정 DNA 부위를 자르는 데 사용하는 인공 효소—옮긴이)', 곧 CRISPR/Cas를 발견하게 되었다. 이 방법은 심지어 유전자 서열 전체를 바꿀 수도 있다. 인간이 생명체를 완전히 바꿀 수 있게 된 것이다. 2012년 핵심적인 발견을 하자마자 전 세계적으로 특허와 보호권 경쟁이 시작되었다.

인간의 호기심은 도처에 널려 있다. 심지어 지극히 사소한 부분에서도 놀라울 정도의 지식이 쌓여 있다. 수도꼭지에서 떨어지는 물이나 담배 연기 같은, 일상에서 볼 수 있는 간단한 과정조차 결코 단순하지 않다. 이런 과정을 정확하게 측정하려면 슈퍼컴퓨터로도 감당하기 쉽지 않다. 새로운 것은 놀라움을 금치 못하는 보통 사람들이 이해하기 어려운 문맥이나 관계 속에 숨어 있으며, 나비의 날갯짓이 세상 반대편에 다다르면 허리케인을 일으킬 수 있다는 것보다 훨씬 더 매력적인 사실도 있다. 명망 있는 과학 전문 잡지 〈네이처(Nature)〉의 편집주간을 역임한 존 매독스(John Maddox, 1925~2009)는 자신의 책 《발견을 예견하는 과학(What remains to be discovered)》에서, 미래에 어떤 놀라운 발견을 기대해도 좋은지에 대해 기술한다. 아울러 새롭고도 좀더 상세한 분석 도구가 우리를 어떻게 새롭고도 놀라운 질문으로 인도하는지에 대해 쓴다. 그에 따르면 진보는 발견하는 양이 아니라 우리가 던지는 질문의 세밀함에 의해 우열이 나뉜다. 아리스토텔레스는 우주의 구성에 대해 질문했다. 그런데 우리는 우리가 발견한 것들을 바탕으로 그의 질문을 반복하고, 소크라테스 이전의 철학자는 꿈조차 꾸지 못했던 초끈과 웜홀(wormhole: 블랙홀과 화이트홀을 연결하는 통로를 의미하는 가상의 개념—옮긴이)에 대해 묻는다.

그렇다. 발견은 중요하고, 또 복잡하기도 하다. 보통은 그렇다는 얘기다. 그런데 중요하지 않은 것들을 마주치기도 한다. 연구하는 프로젝트가 참으로 어이없을 정도여서, 일반 사람들이 복수를 할 정도다. 일례로 라이백(R. S. Ryback)의 작업을 들 수 있다. 그는 금붕어가 3.1퍼센트의 알코올 용해물에서 6~8분 만에 균형을 잃고 쓰러진다는 사실을 밝혀냈다. 일련의 특이한 시도를 통해 라이백은 과도한 알코올 섭취로 인한 기억 상실을 조사하기도 했다. 자, 보시라. 알코올에 잔뜩 취한 금붕어는 아무것도 기억할 수 없다! 알코올을 섭취한 수고양이는 나이 든 물고기에 비해 더 심하게 반응했다. "어린 금붕어는 우울하게 만드는 알코올의 부작용에 덜 민감하게 반응하기 때문이다." 그래서 수고양이는 개를 괴롭힐 수도 있다! 궁금한 분들은 이런 연구를 더 찾아볼 수 있다.[1]

이제 깜짝 놀랄 일을 소개하겠다! 생리·의학 분야에서 노벨상을 수상한 토머스 헌트 모건(Thomas Hunt Morgan, 1866~1945: 미국의 동물학자이자 유전학자—옮긴이)은 어느 날, 물에 함유된 산(酸) 성분이 해양 생물의 생식력에 영향을 줄 수도 있다는 생각이 떠올랐다. 그는 근처 채소 가게에서 레몬 몇 개를 구입한 다음 자신의 집에 있는 어항에 레몬즙을 넣었다. 그의 실험은 큰 파문을 일으켰다. 약간만 환경이 변해도 생식력에 막대한 영향을 줄 수 있다는 사실을 증명했기 때문이다! 물론 이와 같은 기이한 실험은 재미있지만, 중요한 일과 터무니없는 일을 구분하는 선은 명확하지 않다. 여러분은 혹시 소들의 방귀가 전 세계의 온난화에 얼마나 큰 영향을 미치는지 아는가?

발견 과정은 흔히 추후에 미화되는 경우가 있다. 노벨 화학상을 수상한 캐리 멀리스(Kary Mullis, 1944~: 미국의 생화학자—옮긴이)는 봄날의 온화한 밤에 캘리포니아 시골에 있는 자신의 주말 별장으로 가던 중 폴리메라제 연쇄 반응(polymerase chain reaction: 한 유전자를 대량으로 복제하기 위한 실험적인 생산 체계—옮긴이) 법칙을 발견했다. 정말 놀랍지 않은가? 자동차 조수석에서 그의 아내 제니퍼 바넷(Jennifer Barnett)이 자고 있었는데 말이다. 이런 스토리는 미용실에서 읽는 잡지의 기사로는 좋은 내용이지만, 발명가의 일상과는 아무런 상관이 없다. 발견은 드물게 일어나며, 차가운 네온 전등 아래서 불굴의 의지를 자고 반복적으로 행하는 실험의 결과일 뿐이다. 간단해 보이는 모든 화학 공식의 배후에는 일상과 자유를 포기한 수년의 세월이 웅크리고 있다. 대부분의 경우 새로운 통찰은 이름도 없는 회의에서 소박한 강의를 하기에 충분하다. 강의를 "앞으로 더 연구를 할 필요가 있습니다"라고 마무리하면서 말이다. 좀더 분명하게 표현하자면, 우리는 예전보다 더 아는 게 없다는 뜻이다.

진정한 발견이란 한 개인에겐 예외적이고 시대착오적이라는 표시다. 팀워크를 하는 시대, 요컨대 수천 명의 부지런한 물리학자가 단 한 가지 실험을 하고 있는 마당에 영웅적 외톨이가 들어설 공간은 없다. 하지만 이런 사실을 아무도 알려고 하지 않는다. 사회는 상을 받은 발견자가 바로 개인의 힘을 보여주는 증거라고 여긴다. 그리고 과학계는 이런 점에 대해 입을 다물고 있다. 그렇게 하지 않으면 과학계의 천재성이라는 이미지를 상실하기 때문이다. 우리는 아인슈타인을 사랑하지 연구하는 개미를 사랑하진 않는다. 이런 방식으로 발견자에 대해 사회가 품고 있는 낭만적 모습이 꿋꿋하게 명맥을 이어가고 있다. 발견하고자 하는 동기는 어린 아이 같은 호기심부터 시작해 수집에 대한 지치지 않는 즐거움도 있고, 설명할 수 없는 충동도 있다. 항상 질문하고 이에 대해 만족스러운 답을 얻고자 하는 충동 말이다. 이와 같은 정신 자세가 항상 성공을 거두지는 못한다. "호기심이 고양이를 죽인다"는 영어 속담이 바로 그 증거다. 발견자들이 고양이를 죽이는 경우도 많다! 방사선의 위험성이나 옛날 무덤을 파헤치다 독성 강한 사상균을 발견한 경우 등 수많은 사례가 있다.

발견은 위험하다. 아담과 이브는 지혜의 나무에서 과일을 따 먹었기 때문에 낙원에서 쫓겨났다. 그리스 신화에 따르면, 땅에 살던 그들의 후손은 프로메테우스를 통해 신의 불을 훔쳤다. 인간은 그 벌로 판도라의 상자를 받았고, 이 상자를 열면 인류 전체가 재앙에 노출된다. 모든 신화와 종교에서 신은 호기심 많은 발견자들에게 특히 동정심이 없다. 이와 같은 두려움은 끈덕지게 지속된다. 우리가 살고 있는 계몽된 사회에서조차 그 누구도 아름다운 판도라에 빠져들지 않으려 한다. 그 옛날 '뒤늦게 생각하는 자', 곧 에피메테우스(프로메테우스의 동생이자 판도라의 남편—옮긴이)와 달리 말이다.

우리는 우리의 유전자와 생명에 대해 어느 정도로 연구해야 할까? 발견해서는 안 될 경계는 어디며, 인간의 호기심이 넘어서는 안 될 금기는 어디까지일까? 생각을 금지하는 섬이 있을까? 그 어떤 발견자도 연구해서는 안 되는 예외적인 부분, 우리가 결코 해서는 안 될 질문이 있을까? 양자역학에서는 다음과 같은 한계가 있다고 한다. 이른바 불확정성의 원리(입자의 위치와 운동량을 동시에 측정하는 데는 한계가 있다는 원칙—옮긴이)가 그것이다. 이 원리에 따르면, 관찰자는 자신이 연구하고자 하는 시스템을 파괴한다. 이와 같은 인식은 원칙적으로 설명할 수 있는 세계에 대한 희망을 무너뜨린다. 하지만 이것이 진정 확고한 한계일까?

카를로스 미구엘 산타라가 1410년 여행을 떠날 때, 그는 닻을 올리고 세상의 끝으로 향했다!

나는 어떻게 달 탐험가가 될 결심을 했을까[2]

닐 암스트롱은 1969년 여름 달에 착륙했다. 당시 나는 열 살이었다. 우리 가족 전체가 달 착륙에 열광했다. 어머니는 거실에 달 지도를 달았고, 우리는 그때 처음으로 텔레비전을 장만했다. 나는 우주비행과 달나라로 떠나는 임무에 대해 잡지는 물론 책을 셀 수 없이 읽어댔다. 드디어 1969년 7월 20일에서 21일로 넘어가는 밤, 나는 잠을 자지 않고 깨어 있었다. 그리고 텔레비전 화면의 끔찍한 소음에도 인간이 최초로 다른 행성에 발을 내딛는 장면을 목격했다. 인류의 엄청나게 위대한 도약이었다! 1969년 7월 21일 나는 결심했다. 달을 탐험하는 우주비행사가 되겠다고. 그래서 망치, 집게, 삽 같은 여러 도구를 알루미늄 포일로 둘둘 말아 동생과 함께 탐험 연습, 예를 들면 우리 집 정원에서 달의 암석을 캐내는 시늉을 하곤 했다. 그런데 문제가 생겼다. 내가 고등학교를 졸업하기도 전에 달 탐험이 멈춘 것이다.

달에 다녀온 사람은 총 12명이다. 1972년 12월 14일 유진 서넌(Eugene

Cernan)을 끝으로 지구에 사는 사람 중 그 누구도 달을 방문하지 않았다. 아폴로호가 외쳤던 쾌감은 사라졌고, 거실에 걸려 있던 달 지도도 떼버렸다. 달 탐험가가 되겠다던 내 꿈도 희미해졌다. 그리고 지상에서의 일상이 계속되었다.

달에 다녀온 12명의 우주비행사는 오늘날 퇴직을 했거나 이미 사망했다. 나는 운 좋게도 어린 시절 내 영웅이었던 분이 돌아가시기 전에 몇 시간 정도 함께할 수 있었다. 닐 암스트롱은 그새 안경을 끼고 살도 약간 찐 상태였다. 나이 든 노인이었으나 매우 정중하고 소박했다. 겉모습만 보고 얘기한다면 젊은 시절 은행에서 일했거나 영업부장 같은 직무를 맡았다고 여길 수도 있었다. 한때 탐사선을 몰고 용감무쌍하게 우주의 바다를 통과했던 사람으로 보이지 않았다. 그런데 유일무이한 그 탐험에 대해 얘기를 시작하자 달라졌다. 그는 하루 정도 체류했던 달에서 무엇을 관찰했는지 나에게 전해주었다. 예를 들면 여과 없이 달에 도달하는 우주 방사선에 의해 발생하는 기이한 섬광 같은 것 말이다. 이 기이한 섬광이 눈에 닿으면, 파란색 빛이 비친다고 했다! 이런 현상을 체렌코프(Cherenkov) 효과라고 부른다.

암스트롱은 우주의 어둠에 대해 열광적으로 이야기했는데, 그곳에서 보는 별은 지구에서 보는 별과 다르게 빛난다고 했다. 물론 아름다운 지구의 일출도 그를 감동시켰다고 한다. 그가 관찰한 것 중 많은 게 거의 비현실적이어서 마치 사이언스 픽션 영화에 대해 얘기하는 듯했다. 어쩌면 제임스 쿡과 크리스토퍼 콜럼버스가 자신들이 관찰한 이야기를 해줘도 이와 비슷했을 것이다. 많은 사람이 닐 암스트롱의 탐험을 텔레비전 화면으로 시청했음에도 우리에게는 직접적인 체험이 줄 수 있는 결정적 요소가 빠져 있다. 그 어떤 사진이나 영상도 달 분화구의 차가운 회색을 잡아낼 수 없으며, 매우 풍부한 자료에도 달은 여전히 자신의 비밀을 간직하고 있다.

저녁 하늘을 올려다볼 때면 나는 이런 의심이 들 때가 많다. 사람들이 정말 저곳에 갔을까? 사진과 영상은 얼마든지 위조할 수 있다. 소리가 점차 희미해지는 전화 소리도 지구에서 조작 가능하다. 하지만 닐 암스트롱은 결코 사기꾼이 아니다. 그는 인류를 상대로 평생 거짓말을 할 수 있는 사람으로 보이지 않았다. 암스트롱은 직접 달에 가보았고, 그 뒤의 사람들도 마찬가지다. 두 번째로 달에 발을 내딛은 버즈 올드린(Buzz Aldrin)은 인터뷰에서 말하기를, 달 표면으로 내려가는 사다리 위에서 소변부터 봤다고 고백했다. 우주비행사들은 달 탐사용 자동차를 몰고 먼지를 날리며 달렸다. 콜럼버스처럼 국기를 땅에 꽂고, 골프를 쳤다. 분화구를 이리저리 왔다 갔다 하며 마지막으로 많은 쓰레기를 남겨두었다. 우주 비행사들은 어린 아이 같은 행동도 보여주었다. 이는 어쩌면 의도적으로 행한 신성모독이거나, 차곡차곡 쌓여 있던 겸허함을 한꺼번에 방전시키는 행동이었을지도 모른다. 호모 사피엔스는 처음엔 두려움을 가질 때가 많은데, 이런 두려움을 상실하면 흔히 무례함을 드러낸다. "예스, 우리는 할 수 있습니다!"

발견자들은 수집하는 데 특이할 정도로 즐거움을 느낀다. 그냥 관찰하고, 감탄하고, 관조하는 대신 찢고, 캐내고, 잡아채고, 쏘고, 분해하고, 꾸려 넣는다. 호텔 투숙객 역시 비슷하다. 비누, 샴푸, 슬리퍼뿐 아니라 수건, 재떨이, 목욕 가운마저 가져가니 말이다.

여행에서 돌아왔을 때, 크리스토퍼 콜럼버스는 이국적인 식물, 동물, 금 따위를 가져왔다. 심지어 인디언도 데려왔다. 이와 달리 달 탐험대가 가져온 물건은 382킬로그램의 암석과 달에 있는 먼지였다. 더 이상은 가져오지 않았다. 달에는 여자도 없었다! 사람들은 그들이 미생물을 가져오길 바랐다. 기억하는 독자들도 있겠지만, 달에 갔던 우주비행사들이 지구로 돌아와 가장 먼저 간 곳은 검역소였다. 하지만 이곳에서 곰팡이, 박테리아, 바이러스는 하나도 검출되지 않았다. 오로지 먼지와 암석뿐. 그들은 달에서 귀한 금속들을 가져올 수도 있었다. 예를 들면 지구에서는 매우 드문 이리듐이나 역시 지극히 드문 헬륨-3 동위원소 같은 것 말이다. 하지만 달에는 경제적으로 유익한 게 없었던 것 같다. 그래서 우주의 정복자들은 결코 달로 돌아가지 않았다. 달을 식민지로 개척하겠다던 대담한 미래상도 무너졌다. 먼지가 너무 많아서. 그러니 달은 낙원을 약속하지 못한다. 그리고 나는 달 탐험가가 되지 못했다.

우리의 위성이 탄생한 역사는 매우 흥미진진하다. 약 45억 년 전에 아직도 어리다고 할 수 있는 지구에서 거대한 조각이 떨어져나갔다. 이 암석덩어리는 지구의 중력에 붙잡혔고, 이렇게 해서 달이 형성되었다. 따라서 달은 지구의 한 소산이다. 지구를 아담이라고 하면 달은 이브인 셈이다. 이 둘이 서로를 끌어당김으로써, 예를 들면 지구의 축이 뱅뱅 돌면서 추락하지 않는다.

물리적으로 관찰했을 때 달은 자전하는 지구를 안정시켜준다. 달이 없다면 지구 축은 비틀거릴 테고, 사계절 대신 끔찍하게 극단적인 기후가 지배할 것이다—안정적인 지구의 축으로 인해 사계절이 있는 것이다. 그렇게 되면 생명체가 살기도 불가능할 것이다.

지구와 달은 그사이 안정을 찾았다. 즉 달은 27일에 한 번 자전하고, 그와 동시에 지구를 한 바퀴 돈다. 이렇게 달은 늘 한쪽 면만을 우리에게 보여준다.

또한 다른 행성들—수성과 금성은 제외—도 위성을 갖고 있다. 400년 전 망원경을 통해 처음으로 천체를 관찰했을 때, 갈릴레이는 많은 부분이 특이하게 움직인다는 사실을 확인할 수 있었다. 그건 바로 목성의 위성들이었다. 목성의 위성들은 회전 시기가 매우 짧았다—목성의 위성 '아이오(Io)'가 목성을 공전하는 데는 딱 1.7일이 필요하다. 갈릴레이는 소박한 자신의 망원경을 가지고도 위성들의 바뀐 위치를 알아내고, 회전 시간도 정확하게 계산할 수 있었다. 달의 사촌, 그러니까 목성의 위성들은 지구 중심적 세계상에 결정적 종지부를 찍게 했다. 또한 분화구가 있는 지구의 달은 매끈한 표면일 것이라는 당시의 상상과 완전히 어긋났다. 망원경을 통해 본 모습이 혁명을 몰고 왔다.

갈릴레이 이후 지구의 위성을 점점 더 정확하게 측정할 수 있었다. 분광계(分光計)를 통한 분석, 레이더에 의한 지도 제작, 지리적 측정, 달에서 가져온 암석을 철저하게 연구했다. 하지만 달은 여전히 미스터리로 남아 있다.

달은 천상의 것이다. 적도를 기준으로 북쪽에 있든 남쪽에 있든 모든 문화에서 달을 숭상하고 이상화했다. 사랑하는 연인이 키스를 하면, 달은 마치 둘을 인정하듯 이를 지켜본다. 수많은 국기—터키, 파키스탄 혹은 마우레타니아(Mauretania: 아프리카의 아틀라스산맥 및 사하라사막 북부 지대에 대한 로마 시대의 호칭—옮긴이)—에서도 반달을 발견할 수 있다. 전 세계에서 개최하는 종교 축제도 달을 기준으로 열린다. 인도의 가네샤(Ganesha: 힌두교에서 지혜와 학문의 신—옮긴이) 축제와 초승달을 보면서 시작하는 이슬람교의 라마단(Ramadan)이 그렇다. 그리고 부활절은 신년의 보름달이 뜬 뒤 첫 번째 일요일에 거행한다. 이를 기준으로 부활절 전에 사순절과 '사육제 중의 월요일(Rosenmontag: 특히 라인 지역의 카니발 가운데 절정에 해당하는 날—

옮긴이)'을 정한다. 또한 달은 쾰른 카니발의 시작을 알려준다.

보름달이 뜨면 늑대 인간이 울부짖고, 미신을 믿는 자들은 약초를 심고, 예민한 자들은 잠을 잘 수 없다고 불만을 터뜨린다. 과학은 달이 그런 일을 하지 않는다고 설명하지만, 달에 마법의 힘이 있다는 믿음은 끊이지 않는다. 인터넷을 보면 태음력이 있는데, 이 사이트를 방문하는 사람도 꽤 많다. 이 달력에 따라서 일정을 계획하는 사람들이다. 가령 이런 식이다—오늘은 기울어진 달이 물고기자리에 있으므로 발 마사지를 하고, 스케일링을 하고, 신발을 세탁하기에 좋은 날이다. 하지만 반대로 파마를 하거나, 발톱 손질을 하거나, 빵을 굽기에는 좋은 날이 아니다.

달은 과학과 비교(祕敎), 계몽과 낭만, 도깨비와 먼지가 인간적으로 공존할 수 있게끔 해준다. 달은 스스로 빛나지는 않지만 거울처럼 태양의 빛을 반사해준다. 자신을 관찰하는 사람의 모습도 비춰준다.

달을 관찰하면, 우리는 우리 자신의 일부를 인지하는 셈이다.

인간에게 무엇이 남을까[3]

나는 그토록 의견 차이가 극명한 토론은 별로 해보지 못했다. 드레스덴에서 열린 미래 포럼에 초대된 팀 버너스리(Tim Berners-Lee, 1955~)는 월드와이드웹(World Wide Web)을 만든 장본인이지만 매우 소극적이고 수줍음을 타는 남자였다. 그 맞은편에는 레이 커즈와일(Ray Kurzweil, 1948~: 미국의 발명가이자 미래학자—옮긴이)이 앉아 있었다. 옷을 완벽하게 갖춰 입은 그는 선동적이고 기술적인 힘에 깊은 신뢰감을 갖고 있었다.[4] 확신에 찬 기술신봉주의자가 생각 깊은 이상주의자를 만난 것이다. 우리는 함께 디지털 세계의 미래에 대해 토론을 벌였다.

버너스리는 1989년 유럽입자물리연구소(CERN)에 월드와이드웹의 초석이 된 장치를 설치했을 때, 인터넷이 이렇듯 발전할 줄은 상상하지 못했다고 솔직하게 말했다. 하지만 커즈와일은 디지털의 발전은 개별 단계가 가져올 수 있는 논리적이며 충분히 계산 가능한 결과였다고 보는 듯했다. 그는 방정식을 푸는 수학자의 냉정한 정밀함으로, 컴퓨터가 용량과 저장 능력이 계속 2배씩 증가함으로써 2000년대 들어 10년 동안 벌써 인간의 뇌를 완전히 흉내 낼 수 있게 되었다고 말했다. 그리고 몇 년 후면 기계가 지구상에 있는 모든 인간의 뇌를 디지털로 복제할 수 있다고도 했다. 버너스리는 '할 수 있을지도 모른다', '가능한 한', '어쩌면' 같은 조심스러운 화법을 구사했다. 발전이라는 것을 정말 놀랍고 예기치 못한 반전으로 가득한, 열려 있는 과정으로 파악하는 과학자로서 의심하고 조심하는 태도를 보여준 것이다. 그러나 커즈와일이 사용한 단어는 의심이라곤 한 점도 없이 단호했다.

그날 오후 미래 포럼에서 커즈와일이 묘사한 미래상은 지능적 알고리즘, 스스로 학습하는 로봇, 슈퍼컴퓨터가 아주 작은 형태로 발전하는 데만 국한되지 않았다. 그는 우리 인간이 유전자 기술, 나노 외과 기술을 비롯한 여러 의학적 발전 덕분에 2099년쯤에는 죽지 않을 수도 있다고 주장했다. 그러면 기계와 인간은 새로운 시대의 시작을 알릴 것이라면서 말이다. 즉 발전은 멈추지 않고, 머지않아 기계가 나이 든 인간을 돌볼 가능성이 있다는 것이었다. 우리의 신체는 업데이트를 통해 생물적 노화 과정의 사슬에서 벗어나고, 컴퓨터가 우리의 의식과 자아를 업로드함으로써 디지털적으로 영원히 살 수 있게 만들 것이라고 했다. 팀 버너스리가 기계의 지배를 위협이자 가서는 안 될 나쁜 길이라고 충고하며 사유화와 웹의 개방성 혹은 디지털 대기업의 경제적 탐욕 같은 주제에 대해 언급한 반면, 커즈와일은 구세주를 기다리는 젊은이처럼 확신에 차 있었다. 두 문화, 즉 유럽 문화와 미국 문화를 대표하는 두 주인공은 그날 오후 자극적으로 서로를 공격했음에도 대화는 영감을 주기에 충분했다. 과거 커즈와일은 항상 모든 사람을 깜짝 놀라게 한 발전에 대해 예언하곤 했다. 철저한 외삽법(extrapolation)은 사이언스 픽션에 나오는 장면 같은 효과를 주기도 한다. 하지만 많은 측면에서 그가 말하는 발전은 개연성이 충분하다.

커즈와일의 저서 《정신적 능력을 지닌 기계들의 시대(The Age of Spiritual Machines)》〔독일에서는 《21세기 호모 사피엔스—인간에게 무엇이 남을까》라는 제목으로 번역·출판했다. (우리나라에서도 《21세기 호모 사피엔스》로 번역·출판했다—옮긴이)〕는 자신의 육감에 대한 증거이며, 미래 예언 능력을 시험하는 리트머스였다. 일찍이 1999년 미국에서 출간한 이 책을 읽어보면 그의 주장이 여전히 유효하다는 사실에 놀라움을 금치 못할 것이다. 이 책을 출간할 때는 페이스북도, 유튜브도, 스마트폰도 없었다. (구글은 막 생긴 터였다.)

오늘날 커즈와일의 책을 읽으면 웃음이 나오는 많은 미래 예언가들의 생각과 공통점이 없는 듯하다. 역사적으로 많이 제기된 미래 예언은 대부분 다음과 같은 허점이 있다. 즉 예언가들은 미래상을 그릴 때 결코 자신이 살고 있던 현재의 시각과 범주를 버리지 못한다. 그들은 자신이 살고 있는 시대의 사고에 갇혀 있고, 결국 어제의 미래만을 제시할 뿐이다. 이런 미래상은 실제로 일어나는 진보의 분기점과 도약을 담지 못한다. 따라서 대체로 진보가 우리와 우리 사고에 가져올 결과에 대해 거의 언급하지 않는다. 새로운 것은 단순히 현재 세계의 '확장형'이 아니다. 새로운 것은 우리 자신을 바꾼다. 우리의 생각, 감정, 자의식, 욕망과 꿈까지 바꿔버린다.

우리는 새로운 것과 함께 스스로 다른 사람이 되며, 이런 점이 미래를 예언하는 데 장애물이 된다. 디지털 혁명은 인간의 기초적인 상호 작용조차도 어떻게 철저하게 변하는지 우리에게 보여준다. 1999년 과연 누가 앞으로 알고리즘을 이용해 남녀를 소개하고, 신용 대출받을 은행을 결정하고, 스스로 학습하는 소프트웨어가 우리의 소비 패턴을 주도할 것이라고 예측할 수 있었겠는가? 우리의 사고방식은 타성에 젖어 있어 극단적으로 다른 세계를 상상할 수 없다. 산업계 전반이 지금까지 거둔 성공으로 인해 앞으로도 안전할 것이라 믿고 있다. 하지만 어제 성공했다 하더라도, 그것이 미래의 발전을 보장하는 것은 아니다. 이렇듯 단순한 공식은 파괴적 발전을 하는 시대의 덫에 걸리고 만다. 역사는 갑자기 무대에서 내려가야만 했던 거대 기업들의 사례를 잘 보여준다. 흔히 믿고 있듯 기업이 '너무 덩치가 커서 망하지 않는' 경우란 없다. 당시 기업의 책임 있는 사람들이 레이 커즈와일의 주장을 진지하게 받아들였다면 망하지 않았을지도 모른다.

커즈와일의 예언은 적중률이 놀라웠다. 요컨대 사물 인터넷, 클라우드 컴퓨팅(cloud computing)의 발전, 현대 스마트폰의 언어 인식 등은 그가 분명하게 예언한 것이었다. 2010년 '내 예언은 얼마나 잘 맞았는가'라는 제목의 글에서 그는 자신이 1999년에 했던 예언을 체크했다.[5] 적중률은 놀랍게도 86퍼센트나 되었다!

이처럼 커즈와일이 적중할 수 있었던 비결은 무엇일까? 우선 그의 능력을 들 수 있다. 그는 현대 기술을 잘 이해했으며, 스스로도 수많은 특허권을 보유했다. 그리고 신기술을 어떻게 하면 상업적 이득으로 환원할 수 있는지를 다양하게 보여주었다. 그의 이름은 '미국 발명가 명예의 전당(National Inventors Hall of Fame)'에서 빛을 내고 있다. 2012년부터는 구글에서 엔지니어링 부문 이사를 맡고 있다. 따라서 커즈와일은 현대의 트렌드만 좇고 유행어만 잔뜩 늘어놓으며 대중을 현혹하는 사기꾼이 결코 아니다. 그는 상황을 파악하고, 분석하고, 다듬는 과정을 지극히 합리적인 방식으로 완성한다. 그에게 기하급수적 성장률은 하나의 법칙이다. 그의 세계에서는 기술적 혁신이 사회의 의심 및 두려움과 완전히 별개로 성장할 수 있는 것처럼 보인다. 그가 직접 마련한 폐쇄된 공간에서는 아무런 방해도 받지 않고 진보를 이뤄낼 수 있다. 진보는 인간에 의해 통제받지도 않고 지체되지도 않으며 스스로 발전한다. 호모 사피엔스는 단지 막강한 진보를 가능케 하는 사람일 뿐이다. 진보는 자체적인 규칙을 요구하고 언젠가 자신을 창조한 자, 곧 인간을 자동으로 이뤄지는 창조 과정을 지켜보기만 하는 구경꾼으로 만들 것이다. 커즈와일의 세계에서 실현할 수 있는 것은 지체 없이 이뤄지거나 또는 포기된다. 그는 이런저런 혁명이 우리가 원하는 것인지 아니면 위협적인 것인지 묻지 않으며, 기술적 발전이 이뤄져야 한다는 내적 필연성을 받아들일 따름이다. 실현할 수 있는 것은 이뤄지게 마련이다.

어쩌면 사람들은 적중률 뛰어난 그의 예언을 현재 우리가 글로벌한 현상으로 체험하고 있는, 멈출 수 없는 진보의 척도로 해석할 수도 있다. 윤리적인 금지도, 법적인 협약이나 규칙도 질주하는 디지털 혁명을 멈출 수는 없어 보인다. 우리의 사생활을 보호하고자 하는 논쟁, 걱정에 휩싸인 유명 과학자들의 성명서, 경고하는 지식인들의 호소……. 이 모든 것은 디지털 혁명이라는 불길에서 불발로 끝나버릴 것 같다. 많은 사람들은 이렇듯 질주하는 진보를 도대체 통제할 수나 있는지 자문한다. 정치적인 기관들은 이미 새로운 물결의 복잡다단함에 항복했고, 시민들은 우리에게 새로운 장치를 제공한 편리함에 너무 쉽게 조종되고 있다. 우리는 기계를 너무나 신뢰해서, 기계를 대체할 수 있는 대안에는 눈길조차 주지 않을 정도가 되었다. 이런 상황에서 우리 호모 사피엔스는 스스로 금치산(禁治産) 선고를 내렸는지도 모른다. 늦어도 2099년이면 인간의 사고는 원래 인간이 창조했던 기계 지능과 함께 용해될 것이라고 한다. 이처럼 획기적인 시점에 사람들은 비이성적·감정적 존재인 우리에게 남는 것이 무엇일지 곰곰 생각해볼지도 모른다. 심지어 우리 자신의 존재가 과연 살아 있을 필요성이 있는지에 대해서도 의문을 품을 수 있다. 어쩌면 우리는 적선을 받게 될지도 모른다. 기업을 운영하던 경영자가 나이 들면 고문직이라는 것을 얻듯 말이다.

인간에게 무엇이 남을까? 커즈와일은 이와 같은 질문을 자신의 저서에서 제기한다. 그의 책은 우리 스스로에게 책임이 있는 미숙함에 대해 서술한다. 그의 대답은 결코 호소가 아니다. 위협적인 미래이므로 지금 당장 발길을 돌려야 한다고 경고하지도 않는다. 지극히 실현 가능성 있는 미래에 대한 청사진일 뿐이다.

우리 사회는 엄청난 변혁이나 변화를 맞이할 때면 늘 의심과 미래에 대한 불안으로 대응한다. 많은 사람이 옛것을 단단히 붙잡고 있으며, 익숙하고 지금껏 갖고 있던 것은 신뢰하지만 잘 모르는 새로운 것은 꺼려한다. 우리의 문화 전반을 관통하고 있는 것은 바로 이처럼 안전이라는 사고(思考)다. 코스를 바꾸려면 용기와 확신이 필요하다. 파괴적 발전은 대부분의 사람을 독특한 상태, 즉 두려움과 매혹의 중간 상태에 있게끔 만든다. 좀더 자세하게 관찰한 후에야 우리는 비로소 위대한 예측가와 혁신가를 우러러본다. 그러나 정작 그 사람이 살아 있을 때는 괴짜 사기꾼이나 이방인으로 폄하한다. 심지어 과거에는 그런 사람들을 이단으로 몰아 화형시키곤 했다. 새로운 것을 당연시하고 진보가 사회에 깊숙이 파고들면, 우리는 그제야 더 이상 진보 없는 세계를 상상하지 못한다.

나는 자주 우리 문화가 뛰어난 미래를 파악하기에 적합하기나 한지 의문스럽다. 우리의 사고는 항상 발전의 뒤꽁무니를 좇아갈 뿐이다. 그것이 디지털 혁명이든 생화학이든 무관하게 말이다. 현실의 힘이 더 이상 후퇴할 수 없을 때에야 비로소 수많은 윤리적 논쟁, 법 제정, 새로운 작업 과정을 정립하곤 한다. 그리하여 우리는 적극적으로 나서서 함께 만들어갈 기회를 놓쳐버린다. 우리는 새로운 것이 생겨날 때 그걸 함께 만들어가는 대신 해설하고 비판한다. 하지만 바로 이 시점에서 레이 커즈와일 같은 극단적 예측가들이 필요하다. 아직 존재하지 않지만 앞으로 존재할 가능성이 있는 세계를 묘사하는 상상력이 필요한 것이다. 그들의 목소리를 진지하게 받아들이면, 우리는 상실했다고 믿었던 것을 되찾을 수 있다. 우리의 미래를 스스로 창조해낼 수 있는 자유!

03

잘못된 길

원자—어제의 미래

쪼개진 원자[1]

> 너희들의 양심의 가책과 함께 나를 조용히 내버려두게,
> 그건 바로 아름다운 물리학!
>
> -엔리코 페르미(Enrico Fermi)

1938년 12월 22일 〈네이처〉에 과학자 오토 한(Otto Hahn, 1879~1968: 노벨 화학상을 수상한 독일 화학자—옮긴이)과 프리츠 슈트라스만(Fritz Straßmann, 1902~1980: 핵분열을 발견한 독일 화학자—옮긴이)의 논문이 실렸다. 이들은 논문에서 특이한 현상에 대해 서술했는데, 우라늄에 중성자를 조사(照射)하는 동안 발생하는 현상이 바로 그것이었다. 이때 우라늄 핵은 절반으로 쪼개졌다.

이 논문을 제출하기 전, 오토 한은 스웨덴으로 이민 간 한때의 여자 동료 리제 마이트너(Lise Meitner, 1878~1968: 유대계 오스트리아 핵물리학자—옮긴이)에게 베를린에서 진행한 작업의 정보를 제공했다. 마이트너와 그녀의 조카 오토 로베르트 프리시(Otto Robert Frisch, 1904~1979)는 이를 '핵의 쪼개짐'이라고 해석했다. 원자핵에는 중성자와 양성자가 강력한 핵의 힘을 통해 서로 유지되고 있다. 이렇듯 연결하는 힘에는 전기적으로 플러스를 띠고 있는 양성자가 마주하고, 이것들이 서로 부딪힌다. 우라늄은 자연에서

생겨나는 원소 중 양성자 수가 가장 많다. 우라늄 핵에는 안정적으로 머물 수 있는 최대한의 양성자가 포함되어 있다.

이 우라늄 핵에 중성자를 강하게 충돌시키면, 비슷한 크기의 두 조각으로 분리된다. 마이트너와 프리시는 이 과정을 '핵분열'이라고 명명했다. 과학자들에 따르면 핵분열 시 에너지가 방출되는데, 이 에너지는 주로 쪼개진 두 조각의 운동에너지로 나타나고 제동을 걸면 열로 바뀐다.

1939년 2월 결정적인 논문 두 편이 나왔다. 마이트너와 프리시는 자연적인 우라늄의 0.7퍼센트에서만 존재하는 우라늄 동위원소, 곧 우라늄 235만이 핵분열에 적합하다는 것을 발견했다. 이에 오토 한과 슈트라스만은 우라늄이 분열할 때 중성자만 필요한 게 아니라, 분열 과정에서 자유로운 중성자가 생겨날 수 있다고 추측했다. 이로써 전 세계 물리학자들은 우라늄의 핵분열로 인해 생겨날 수 있는 연쇄 반응의 막대한 가능성을 인식하기에 이르렀다.

1939년 초 헝가리 물리학자 레오 실라르드(Leó Szilárd, 1898~1964)는 미국과 프랑스에서 핵분열을 연구하는 동료들에게 앞으로 연구 결과를 공개할 때 스스로 검열을 거치자는 운동을 펼쳤다. 학자들의 연구 결과를 갖고 독일 제국이 핵무기를 만들지 못하도록 하기 위함이었다. 많은 과학자들이 실라르드의 노력에 동조했다. 1939년 4월 프랑스 물리학자 프레데릭 졸리오 퀴리(Frédéric Joliot-Curie, 1900~1958)를 중심으로 한 파리의 연구 그룹은 기초적인 정보에서 결정적 허점을 발견했다. 즉 핵이 분열할 때 평균적으로 2개 이상의 중성자가 생겨난 것이다. 이제 연쇄 반응이 가능해졌다!

독일 제국이 핵폭탄을 개발할지도 모른다는 두려움 때문에 미국으로 이민을 간 과학자 레오 실라르드와 유진 위그너(Eugene Wigner, 1902~1995:

헝가리계 미국 물리학자—옮긴이)는 1939년 루스벨트 대통령에게 경고 편지를 보냈다. 그들은 이 편지에 무게를 싣기 위해 아인슈타인의 서명도 받은 터였다. 역사적인 문서는 1939년 10월 루스벨트 대통령에게 전달되었다. 그 결과 '우라늄 위원회'가 결성되었고, 1940년 6월 우라늄 연구를 '국방 연구소'의 핵심 과제로 삼았다. 외국에서 태어난 과학자는 물론 심지어 이 프로그램을 주창한 당사자들도 안전상의 이유로 여기에 참여할 수 없었다. 이듬해 히틀러가 핵폭탄을 만들 수 있다는 공포심은 더욱 깊어졌다. 불안해하던 영국 과학자들이 독일의 우라늄 연구 현황을 입증했기 때문이다. 요컨대 독일 '우라늄 협회'에서는 일단의 탁월한 과학자들이 자연산 우라늄으로부터 우라늄 235를 분리하거나, 원자로에서 연쇄 반응을 잘 통제할 가능성을 연구하고 있었다.

1942년 9월 미국에서는 '맨해튼 프로젝트'라는, 역사상 가장 규모가 큰 군사적·과학적 비밀 프로젝트 중 하나가 출범했다. 이 프로젝트의 목표는 최초로 핵폭탄을 개발하는 것이었다. 프로젝트는 짜임새 있게 조직되었다. 미국 국내 및 귀화 과학자와 기술자들이 이 일에 종사했다. 15만 명 넘는 인원이 직간접적으로 프로젝트에 참여했지만 기껏해야 100여 명의 전문가들만 목표가 무엇인지 알고 있었다. 1942년 12월에는 물리학자 엔리코 페르미의 지휘 아래 시카고에서 최초의 원자로(原子爐) 실험에 돌입했다. 우라늄 가루와 흑연 조각을 층층이 넣은 양철통으로 실험하는 지극히 원시적인 형태였다. 카드뮴 봉을 통 속에 밀어 넣었다가 다시 빼는 식으로 원자로의 성능을 체크했다. 시카고에서 2000킬로미터 넘게 떨어진 곳, 즉 뉴멕시코주 로스앨러모스(Los Alamos)에서는 독일계 미국 물리학자 로버트 오펜하이머(Robert Oppenheimer, 1904~1967)가 무기 실험실을 이끌고 있었다. 황량하고 목가적인 이곳에서 세계적으로 가장 훌륭한 물리학자와 화학자들이 폭탄 제조 작업을 하고 있었던 것이다.

핵폭탄의 원리는 이미 1941년 영국 과학자들이 설명한 바 있었다. 즉 전통적인 방식에 의한 폭발을 통해 분열하는 우라늄 235에서 나온 두 덩어리를 이른바 '위험한 수준의 질량'으로 만들면 연쇄 반응이 일어난다. 먼저 하나의 우라늄 핵이 분열하면 자유롭게 된 중성자를 통해 또 다른 핵이 분열하고, 이로부터 다시 중성자가 방출된다. 이렇듯 신속하게 진행되는 과정에서 분열할 때마다 아주 작은 에너지를 방출하는데, 그 횟수가 늘어남으로써 엄청난 양의 에너지가 생겨나는 것이다. 이를 수치로 계산해보면 500그램의 우라늄 235가 완전히 분열할 때, 1만 톤의 TNT와 맞먹는 폭발력을 갖는다. 문제는 점화를 시킨 다음 '너무 일찍' 폭발하지 않는 폭탄을 제조하는 것이었다. 그리하여 맨해튼 프로젝트에서는 수많은 시도 끝에 당시의 기술로는 상당히 정교한 전자식 점화 장치를 개발하는 데 성공했다.

1944년 말 미국에서는 이미 독일이 핵폭탄을 제조할지도 모른다는 애초의 두려움은 근거가 없다는 게 알려졌다. 1945년 4월 연합군은 독일 튀빙겐 근처에 있는 하이거로흐(Haigerloch)에서 원자로 실험 시설을 발견했다. 늦어도 이 시점에서는 독일 핵폭탄 프로그램이 실패로 돌아갔다는 사실이 분명해졌다. 그런데도 미국에서는 폭탄 제조 작업을 계속 추진했다.

1945년 7월 16일 아침, 해가 뜨기 바로 직전 뉴멕시코주 사막에서 최초의 핵폭탄에 점화가 이루어졌다. 이 실험에는 '트리니티(trinity: 삼위일체—옮긴이)'라는 이름이 붙었다. 신종 무기의 폭발력은 과학자들의 기대 이상이었다.

히로시마는 일본의 소도시로 1945년 8월 6일 아침까지 전쟁으로 인한 피해를 거의 입지 않았다. 그런데 그날 아침 8시 15분 B-29가 이 도시에 한 개의 폭탄을 떨어뜨렸다. 비행기가 투하한 원자폭탄이 580미터 상공에서 폭발하자 도시의 3분의 2가 파괴되었다. 대략 20만 명이 폭탄 투하 첫날 사망했다. 8월 9일에는 다른 폭탄이 나가사키에 떨어졌다. 인류 역사상 단 하나의 '무기'로 그토록 많은 사상자를 낸 경우는 한 번도 없었다. 히로시마와 나가사키에 떨어진 핵폭탄은 오늘날까지도 인류의 가장 어두운 기억에 속한다.

과학은 병에서 유령을 꺼냈고, 그 결과 핵으로 중무장하려는 나라가 점점 늘어났다. 마치 핵의 파괴력이 충분히 증명되지 않기라도 한 것처럼 끊임없이 더 큰 규모의 살상 기계가 탄생했다. 핵융합의 원리에 따라 엄청난 불길을 만들어내는 수소폭탄을 개발했고, 이를 태평양의 외딴 섬에서 테스트했다. 거대한 폭음과 훨훨 타오르는 불길은 음산한 아름다움을 지니고 있지만, 핵으로부터 나온 먼지가 점차 지구 환경을 오염시켰다. 감시 센터에 있는 지진계 기록에 의하면 1963년 한 해에만 180번의 실험이 이루어졌다. 낙진은 이제 심각한 문제가 되었다.

적대적인 강대국들은 서로 양보해 대기권, 우주와 바다에서는 핵실험을 하지 않는 데 합의했다. 그 결과 무장 경쟁이 땅 밑으로 옮겨가 여기서 모두들 열심히 실험을 했다. 2000년까지 무려 2000번 이상의 핵실험을 진행했다.[2] 하지만 상호 간의 파괴는 양측에 전혀 이득이 되지 않았다. 어마어마한 비용이 드는 데다 점점 많은 시민이 광기를 중단하라고 요구했다. 강대국들은 실험을 중단했지만 유령은 여전히 살아 있다. 북한은 전 세계 여론을 깡그리 무시한 채 규칙적으로 핵실험을 하고 있다.

그사이 핵폭탄은 인간의 오만을 상징하는 것이 되었다. 핵폭탄은 몰락의 길로 향하는 문을 열어버렸다. 인류 역사상 처음으로 우리는 호모 사피엔스가 자신의 종을 파괴시킬 수 있는 잠재력을 갖고 있다는 사실을 깨달았다. 한때 중생대 끄트머리인 6600만 년 전 지구상에 있는 모든 종의 절반을 사라지게 한 운석에 대한 두려움보다 더 큰 것이 바로 자멸에 대한 두려움이다. 핵을 통해 인간은 스스로가 가장 큰 위험이 될 수 있다는 사실을 알았다.

체르노빌: 촬영을 위한 여행 기록[3]

1970년대 말부터 1980년대 중반까지, 그러니까 대학에서 물리학을 공부하는 동안과 그 이후에도 나는 윌리히(Jülich) 핵연구센터에 있는 연구용 원자로 '멀린(Merlin)'에 투입되어 일했다. 원자로를 방사선이 나오는 원천으로만 이용했음에도 나는 원자로 기술과 방사선으로부터 보호해줄 칸막이 같은 것에 익숙해졌다. 그리고 이곳에서 일하는 사람들의 습관에도 적응했다. 그러니 훗날 내가 언론인으로서 원자력이라는 주제를 자주 다루게 된 것도 우연은 아니다. 1986년 체르노빌에서 사고가 터졌을 때, 나는 처음으로 이와 관련한 텔레비전 프로그램을 제작했다. 나에겐 무척 흥분되는 일이었다. 동료들과 나는 특히 버섯에 방사선을 포함한 세슘이 상당히 높은 농도로 들어 있다는 사실을 알아냈다. 나는 이 사실을 방송에 직접 내보낼 수 있었다.

체르노빌로 자주 여행을 갔고, 그곳에 있는 핵발전소 몇 곳을 방문했다. 나는 독일 칼카르(Kalkar) 원전에 있던 고속 증식형 원자로(fast breeder reactor)가 수영장으로 변신한 모습을 보았다. 그리고 수년에 걸쳐 방사성 쓰레기의 폐기 처리에 관심을 가졌다. 후쿠시마에서 발생한 대참사 현장에는 접근하기 어려웠지만, 다행스럽게도 내 지인 중 직접 그곳에 다녀온 전문가들이 있어 사고와 그 뒤의 결과에 대해 비교적 상세하게 묘사할 수 있었다.

라인하르트 브뤼닝(Reinhart Brüning)과 나는 언론인으로서는 세계 최초로 특별 촬영 허락을 받아 핵발전소가 있던 지역과 그 주변을 촬영했다. 이곳에서 나는 GPS를 장착한 가이거 계수관(Geiger counter tube: 방사선을 내는 물질을 간단히 탐지하는 기계—옮긴이)으로 오염 상황을 광범위하게 측정한 일본 시민 단체와도 접촉했다. 체르노빌과 후쿠시마는 매우 다르긴 했으나, 그럼에도 비슷한 점이 많았다—폐쇄 지구, 사람들이 떠나버린 마을, 방사능으로 오염된 숲, 방사능에 심하게 노출되어 수십 년이 지나서도 들어갈 수 없는 원자로. 체르노빌을 촬영하면서 기록한 보고서(매일 페이스북에 올렸다)는 유령처럼 변해버린 세계를 보면서 받았던 인상을 거칠지만 직접적으로 보여준다.

2016년 2월 14일

오늘 하루는 일찌감치 시작했다. 6시 30분에 기차를 타고 폐쇄 구역으로 갔다. 우리는 수렵 관리인 바실리 다비덴코(Wassili Dawidenko)와 함께 핵발전소가 있는 지역으로 향했다. 지프를 타고 울퉁불퉁한 시골길을 달렸다. 사냥꾼은 오염도를 측정하기 위해 멧돼지를 잡아야 했으므로 녀석들의 발자국을 찾아다녔다. 그동안 우리는 우거진 덤불 사이에서 고라니 한 마리를 발견했다. 녀석은 우리를 알아차리자마자 부리나케 작은 관목들 속으로 도망쳤다.

이 지역은 30년 전부터 폐쇄된 상태였다. 사람이라고는 찾아볼 수 없었다. 텅 빈 마을과 무너진 집만 있을 뿐이었다. 바실리는 점점 더 사냥에 열중했다. 자신이 실력 있는 사냥꾼이라는 걸 우리에게 보여주고 싶은 듯했다. 그는 몇 번이고 차를 멈추더니 총을 들고 숲으로 달려가곤 했다. 하지만 결국 멧돼지 한 마리도 잡을 수 없었다. 오히려 다행이라고 우리 팀은 생각했다.

오후가 되자 눈이 내리기 시작했다. 방사능에 오염된 땅 위로 하얀색 천이 덮였다. 내겐 이곳의 독특한 정적이 인상적이었다. 우리는 7시간 동안 돌아다녔지만 단 한 사람도 만나지 못했다. 다른 자동차의 엔진 소리조차 들리지 않았다. 오로지 조용한 자연에서 흘러나오는 수상쩍은 소리들뿐이었다.

그동안 나는 가이거 계수관으로 방사능 수치를 기록했다. 정상 수치보다 심지어 30배 높은 경우도 종종 있었다. 앞으로 30년이 더 지나도 이곳의 많은 구역에서는 여전히 높은 오염 수치를 유지할 것이다. 물론 붕괴된 핵발전소의 오염이 반감하는 시기보다 훨씬 빨리 사람들은 이 대참사를 망각할 게 분명하다.

해가 저물기 시작하자 우리는 프리피야트(Prypjat)강을 건너 주변 지역의 방사능 수치를 지속적으로 기록하고 있는 측정소를 방문했다. 그런 다음 안개 속에서 마치 유령처럼 보이는 석관(石棺)을 지나 기차역에 이르렀다. 대재난을 당한 원자로 위에 덮어씌운 이 보호 덮개, 즉 석관은 역사적인 아이콘이다. 나는 이 아이콘을 흥분과 비애감을 동시에 느끼며 바라보았다.

저녁이 되자 우리는 기차를 타고 슬라부티치(Slawutytsch)에 있는 호텔로 돌아갔다. 이곳은 폐쇄 지역 외곽에 있다. 나는 호텔에서 이 글을 쓰고 있는데 어느새 한밤중이 되었다. 내일 역시 이른 아침부터 다시 그곳에 갈 것이다. 그래도 몇 시간 눈을 붙일 수 있다. 내일 다시 쓰기로 하고, 굿 나잇.

2016년 2월 15일

노동자들을 태우고 달리는 기차는 슬라부티치에서 6시 30분과 7시 40분에 출발해 벨라루스(Belarus)에서 곧장 체르노빌 핵발전소까지 갔다. 발전소를 가동하지 않는데도 많은 노동자가 매일 이곳으로 출근하는 것을 보고 나는 깜짝 놀랐다. 그중 대다수는 20년 이상을 핵발전소에서 일한 사람들이지만 대참사 당시 아직 세상에 태어나지 않은 이들도 있었다.

내가 체르노빌을 처음 방문한 것은 2006년이다. 그동안 변한 것이 몇 가지 있지만, 많은 게 예전 그대로였다. 그리고 조금 더 붕괴되기도 했다. 상당히 불합리한 조합이 아닐 수 없었다. 요컨대 낡은 건물과 녹슨 전선 사이에 매우 현대적인 시설이 들어서 있었다. 이 시설은 유럽 사람들의 세금으로 유럽의 핵 관련 회사에서 건설한 것이다. 많은 회사에 이곳의 대재난은 수익을 많이 내는 사업처럼 보인다—독일 회사도 마찬가지다. 체르노빌을 도와주는 유럽의 행동 배후에는 독일 혹은 프랑스 핵 관련 회사들의 간접적인 보조금이 숨어 있다는 인상을 받았다.

우리는 새로운 시설에서 방사능 쓰레기를 처리하는 모습을 찍었다. 핵 쓰레기 처리 기술은 독일에서 도입한 것이다. 이 시설은 2009년 완공했는데, 여전히 풀가동은 하지 않고 있었다. 이곳은 독특한 정적이 지배하고 있었다. 우리는 안전복을 입고 작업장을 구경했는데 그야말로 너무 추웠다. 동행한 디미트리(Dimitri)에 따르면, 에너지 절약 차원에서 난방을 켜지 않는다고 했다. 이 무슨 모순적인 일인가. 최신 로봇 기술을 도입하고서는 난방엔 한 푼도 쓰지 않다니 말이다.

나는 사람들이 들려주는 이야기를 들었다. 우크라이나에서 지불하는 임금은 절반으로 줄어들고, 경제는 바닥이라고 했다. 전쟁의 기운이 여기저기서 감지되고, 사람들은 인플레이션으로 절망에 빠졌다. 대참사가 일어난 지 벌써 30년이 흘렀지만, 프리피야트강에 인접한 이 지역이 다시 예전처럼 회복하려면 수십 년은 더 걸릴 것이다. 지역을 개선하는 비용은 이곳 사람들이 감당할 수 없을 만큼 엄청나다.

곳곳에 개들이 돌아다녔다. 그중 한 마리가 내 뒤를 따라왔다. 떠돌이 개에게서 볼 수 있는 전형적인 모습. 초췌하면서도 호기심에 차 있었다. 나는 이 개의 사진을 찍고, '세슘'이라는 이름을 붙여주었다. 체르노빌의 개.

체르노빌 구내식당 입구에 커다란 그림이 걸려 있었다. 노동자들이 송전탑을 세우는 그림이었다. 이 그림에서는 확신과 낙관주의가 빛을 발했으나, 기술에 대한 위험한 믿음을 증명해주기도 했다. 이들은 정말 많은 것을 건설한 세대다. 하지만 앞선 세대가 세운 건축물을 조용히 해체하는 세대도 있다. 이런 건물을 해체하는 세대가 등장하는 그림은 없다. 그들에게는 체르노빌의 개처럼 몇몇 잔해만 남았다.

이 책을 읽는 독자는 방사능 오염에 대해 걱정할지도 모른다. 실제로도 아주 조심해야 했다. 우리는 방사능 측정 도구를 몇 개씩 구비한 채 지속적으로 오염 수치를 기록했다. 오늘 측정해보니 3~4마이크로시버트(1시버트: 약간의 혈액 변화; 2~5시버트: 메스꺼움, 탈모, 출혈, 많은 경우 사망; 6시버트 이상: 2개월 이내 80퍼센트 이상 사망—옮긴이)였다. 이 정도 수치는 비행기로 짧은 구간 이동할 때 오염될 수 있는 양이라 견딜 만하다. 그렇더라도 장소마다 상당한 차이가 있다. 그래서 우리는 특별히 오염이 심한 장소는 아주 잠시만 머무르도록 주의를 기울였다.

내일은 인류 역사상 가장 거대하고 비용이 많이 든 '포장'에 대해 얘기해 보려 한다.

2016년 2월 16일

오늘 우리는 체르노빌에 있는 '새로운 안전 구조물'을 방문했다. 거대한 것을 좋아하는 사람이라면, 이곳이 적당하다 싶었다. 바로 엄청나게 거대한 보호 덮개를 볼 수 있으니 말이다. 오래된 핵발전소를 덮어씌운 덮개는 너비 257미터, 길이 162미터, 높이 108미터에 달한다. 가히 세상에서 가장 큰 홀일 것이다. 그것도 움직이는 홀이라고 할 수 있다.

우리는 촬영에 들어가기 전 또다시 보안 검사를 받아야 했다. 우크라이나 경찰은 물건을 철저히 검사했다. 모든 장비의 번호를 목록으로 확인했다. 모든 것을 그야말로 귀찮을 정도로 꼼꼼하게 조사했다. 과거 공산주의 시대에 바로 이런 식이 아니었나 싶었다. 공무원들은 우리 신분증도 꼼꼼하게 검사했다. 이런 전횡이라니! 만약 이런 과정을 지극히 진지하게 수행하지 않았다면, 모든 게 옛 소련을 풍자하는 행동일지 모른다고 생각했을 것이다.

우리는 사고를 당한 원자로 곁에 있는 거대한 건설 현장에 발을 들여놓았다. 이런 순간이면 나는 텔레비전 화면을 통해서는 이렇듯 실제로 체험하는 차원을 결코 전달할 수 없다는 인상을 받는다. 넓은 홀에는 에펠탑보다 3배나 많은 강철이 들어갔다. 크기 역시 어마어마했다. 이 건물을 보고 있자니 달에 쏘아 올린 로켓을 조립한 거대한 홀이 떠올랐다. 단 한 가지 차이가 있다면, 우리 주변의 땅에서 방사능이 나온다는 것이다.

우리는 입구, 장비와 사다리로 이루어진 미로 같은 곳을 따라 지붕 밑까지 올라갔다. 텔레비전 시청자들은 이런 광경을 촬영하는 데 얼마나 많은 노고가 들어가는지 상상조차 못할 것이다. 하지만 우리의 경우에는 큰 부담이 없었다. 나중에 텔레비전에서 방영할 때는 몇 장면만 짤막하게 보여줄 테니 말이다.

나는 이곳 말고는 볼 수 없는 장면, 곧 원자로 4호기의 처참한 장면을 내려다보았다. 건설 현장인 내 발밑에서는 기중기와 차량 그리고 사람들이 바삐 움직이고 있었다. 하지만 이런 모습은 마치 현실이 아닌 듯했다. 나는 1986년 이 사고를 보도하면서 방송계에 입문했다. 지금부터 30년 전의 일이다. 그런데 오늘은 앞으로 100년 동안 핵 참사를 감춰줄 보호 덮개를 쳐다보고 있었다. 덮개는 거의 완성된 상태였다. 완성되고 나면 사람들은 특수 기중기와 자동 절단 장치를 이용해 원자로를 조각조각 분해할 것이다. 하지만 언제 그렇게 할지는 아무도 모른다.

체르노빌은 한 번의 실수로 비용이 꼬리를 물고 이어지는 사례로 아주 적절하다. 온갖 부대시설이 들어선 커다란 홀만 하더라도 20억 유로 이상 들었다. 그리고 이 비용 대부분은 유럽의 납세자에게서 나왔다.

나와 동행한 사람은 포르투갈의 젊은 엔지니어이자 영웅이었다. 철 구조물 전반을 책임진 그는 자신의 프로젝트에 대단한 자부심을 갖고 있었다. 지금 내가 목격하는 모든 게 비현실적으로 보였다. 거대한 홀, 기중기와 차량, 몇 톤이나 되는지도 모를 강철(강한 바람에도 높은 곳에서 균형을 유지하는 역할을 했다) 그리고 내부의 기하학적 구조. 이 모든 것이 이상하게 먼 곳의 일처럼 보였다. 마치 높이 뜬 비행기 아래 있는 도시가 추상적인 구조물처럼 보이듯 말이다.

전망대에서 내려왔을 때, 나는 또다시 개들을 만났다. 노동자 중 한 명이 어린 개를 쓰다듬어주었는데, 참으로 감동적인 모습이었다. 남자는 "브루노라고 해요"라고 말하면서 사람들에게 애교를 잘 부리는 개를 가리켰다.

바로 그 뒤에 '죽은' 원자로가 있었다. 올해 이 죽은 원자로는 완전히 강철 덮개를 덮어쓸 테고, 그럼 '체르노빌' 하면 떠오르는 전형적인 장면은 더 이상 볼 수 없을 것이다.

저녁에는 내 동료 라인하르트와 함께 슬라부티치에 있는 레스토랑에서 전문가 몇 명을 만나 핵 폐기물에 관한 얘기를 나누었다. 우리는 이 지역의 미래와 재난을 극복하는 방법에 대해서도 진지하게 얘기했다. 모든 전문가는 하나같이 대재난의 흔적을 완전히 지워버리기까지는 오랜 세월이 걸릴 거라고 말했다. 어쩌면 '브루노'의 손주가 그걸 볼지도 모른다. 하지만 그날이 언제일지는 아무도 정확히 알지 못한다.

나는 오늘 밤 이 거대한 건설 현장에 대해, 원자로와 그걸 빙 둘러싸고 있는 거대한 홀에 대해 꿈을 꿀지도 모른다. 거기엔 100년마다 거대한 홀을 둘러싼 또 다른 건물이 들어설 것이다. 인형 안에 또 다른 인형이 있는 마트료시카처럼 말이다. 거대한 홀은 점점 더 커져서 사람들은 언젠가 홀 내부에 무엇이 있는지조차 잊어버릴지 모른다.

내일 또 새로운 하루가 시작되면, 우리는 원자로 전망대를 취재할 것이다.

2016년 2월 17일

우리는 오늘 과거 원자로가 있던 건물을 촬영했다. 체르노빌에는 총 4개의 원자로가 있었다. 그리고 사고가 발생한 1986년에는 원자로 5호기와 6호기를 건설 중이었다. 그중 6호기는 사고가 일어난 그해에 가동을 시작했다. 심지어 사고가 터진 다음에도 사람들은 계속 건설 작업을 했다. 방사능 오염으로 작업을 중단해야 할 때까지 말이다. 완성 못한 건물들은 오늘날에도 여전히 그대로 서 있다. 거대한 건설용 기중기도 함께. 이후에도 체르노빌에서는 14년 동안 계속 전기를 생산하다가 마침내 모든 원자로의 가동을 멈추었다.

원자로 통제실 건물의 기다란 복도를 지나갈 때 문득 과거로 여행을 떠난 것 같은 기분이 들었다. 통제실 몇 곳은 박물관 같았다. 기술적인 신호, 버튼과 전화기는 모두 이미 오랜 과거의 것이었다. 체르노빌 핵발전소의 시간은 멈춘 상태였다. 마치 사람과 건물 그리고 원자로 가동 프로세스 모두가 핵 폐기물의 포로가 된 것 같았다. 저주를 받아 망가진 원자로처럼 반감기를 거쳐야만 할 것 같았다.

약간의 상상력만 발휘하면 30년 전 핵발전소가 어떻게 가동되었는지 떠올릴 수 있었다. 건물은 무너졌고, 천장 몇 군데에서는 물이 떨어졌다. 사람들은 평범한 플라스틱 봉지로 이 물을 받았다. 한때 그토록 자부심을 갖게 해주던 위대한 기술이 마치 짐승의 시체처럼 파헤쳐져 있었다. 당시에는 하나의 난방 시스템이 인근 도시를 연결해주었다. 발전소에서 생산하는 온기가 주변에 가득했다. 집 안이 너무 더우면 창문을 열어놓곤 했다. 이제 에너지가 과잉이던 시대는 지나갔다. 어디를 가도 춥고, 난방은 꺼둔 상태였다. 노동자들은 하얀 작업복 위로 두꺼운 외투를 걸쳤다. 2호기의 통제실에만 작은 전기 온풍기가 돌아갔는데, 전기는 이곳의 어느 발전소에서도 공급되지 않았다.

관리실과 통제를 담당하는 전망대에서 우리는 노동자 몇 명을 만났는데, 이렇듯 죽은 장소에서 그들이 무슨 일을 하는지 의문이 들었다. 마치 일을 하는 것처럼 흉내만 내는 것 아닐까, 하는 느낌을 떨쳐버릴 수 없었다. 노동자들이 목록에 수치를 기입하는 장면이 수수께끼 같았다. 통제실에 있는 신호는 이미 오래전부터 다 꺼져 있는데 말이다.

4호기 바로 옆에서 우리는 추모 명패를 하나 볼 수 있었다. 기술자 발레리 초뎀추크(Waleri Chodemtschuk)에게 헌정하는 명패였다. 사고가 발생한 날 밤, 그는 건물에서 떨어진 조각에 파묻히고 말았다. 시체도 파낼 수 없었다. 방사능으로 오염된 원자로 건물 내부 어딘가에 있을 것이다. 발레리는 이 참사로 인한 첫 번째 희생자였다.

오후에는 자동차를 타고 시설물 주변을 돌아보았다. 이른바 '붉은 숲'도 지나갔다. 당시 이곳에는 낙진이 많이 내려앉아 나뭇잎들이 빨갛게 변해 버렸다. 길을 쭉 따라가자 방사능 표시 경고판이 점점 더 자주 나왔다. 세월이 흐르면서 녹이 슨 경고판도 많았다. 경고 문구는 더 이상 읽기 어려울 정도였다. 이곳이 방사능에 오염되었다는 내용도 읽을 수 없었다. 나는 오염 측정기로 흙의 표면을 재보았다. 30년이 지났는데도 시간당 30마이크로시버트가 나왔다.

체르노빌의 폐쇄 지역 바깥에 있는 커피숍에서 잠시 쉬는 동안 여행을 온 그룹과 마주쳤다. 독일 하노버에서 온 젊은 청년 2명이 나에게 말을 걸었다. 그들은 키예프에서 하루 일정으로 체르노빌을 찾아온 터였다. 폐쇄 구역과 원자로를 보기 위해 말이다. 이 여행에 드는 비용은 100유로 정도였다. 두 젊은이가 왜 이런 곳을 방문했는지 궁금했다. 관심, 동정심, 모험심 혹은 재난 지역을 돌아보는 관광? 나중에 라인하르트는 내가 독일 청년들에게 너무 에두르는 질문을 했다고 말했다. 그의 말이 맞았다. 조금 더 솔직하게 질문했다면 좋았을 텐데. 관광버스에는 이런 문구가 적혀 있었다. "여러분의 친구가 부러워할 여행."

숙소로 돌아오는 길, 겨울 해가 주변 풍경을 모두 금빛으로 물들이며 지고 있었다. 갈대와 자작나무 숲도 마찬가지였다. 우리는 프리피야트강에서 잠시 멈추었다. 얼음덩이가 반짝이고, 정적이 우리를 사로잡았다. 이곳의 자연은 누구도 건드리지 않는 야생이었다. 목가적인 곳. 다만 저 멀리 폐허가 된 원자로의 그림자만을 볼 수 있었다.

2016년 2월 18일

동화는 흔히 이렇게 시작된다. "옛날, 아주 먼 옛날에." 체르노빌의 후속 조치에 대해 내가 많은 전문가들로부터 들은 얘기는 이러하다. "언젠가, 아주아주 오랜 시간이 지나면."

시설물 철거 문제건, 방사능 쓰레기 문제건, 핵 폐기물 처리 문제건 상관없다. 이런 과제를 떠맡기 위해 세운, 혹은 떠맡을 계획인 공장을 우리는 항상 보았다. 하지만 실제 작업, 즉 철거와 쓰레기 처리는 제대로 진행되고 있지 않았다.

예를 들어, 2009년 엄청나게 큰 규모의 새로운 쓰레기 처리 시설을 세웠다. 그런데 로봇과 온갖 전기 장치를 구비했음에도 여전히 가동되지 않고 있다! 오늘 우리는 처리 시설을 보고 왔다. 250미터가 넘는 거대한 콘크리트 건물이었다. 특히 유럽연합에서 재정 지원을 받아 지은 이 시설물에서는 원래 선별된 쓰레기만 저장하게 되어 있다. 그런데 연습만 하고는 아무 일도 일어나지 않고 있다. 지금까지 핵 쓰레기를 실은 컨테이너를 단 한 대도 처리하지 않았다.

대참사가 일어난 지 30년이라는 세월이 흘렀지만 효과적인 진보는 요원하다. 이와 대조적으로 체르노빌에서 사건이 터진 직후 소비에트의 업자들이 엄청나게 동원되었다. 어쩌면 우리는 당시 그들이 우선적으로 처리한 일들을 과소평가하고 있는지도 모른다. 나는 이곳에서 국가 공무원, 재정 지원자, 유럽의 후원자를 통해 들어온 원조 단체, 위원회, 허가, 뭐가 뭔지 구분할 수 없는 위탁 산업과 미래 계획이 정당한 근거도 없이 마구 뒤섞여 있는 걸 접했다. 언젠가 아주아주 오랜 시간이 지나면 해결될지 누가 알겠냐만.

자동차를 타고 가다 멈춰서 내리는 경우가 생기면, 나는 맨 먼저 오염도를 측정했다. 체르노빌 주변의 수치는 상당히 기복이 심했다. 즉 어떤 장소에서는 매우 높지만, 그곳에서 몇 백 미터 떨어진 곳에서는 아주 낮았다. 오늘 우리는 카메라 드론을 이용해 폐쇄 구역을 촬영할 예정이었다. 나는 측정을 시작한 지점에서 수용할 만한 수치, 그러니까 시간당 0.3마이크로시버트를 얻었다. 하지만 계속 나아가자 갑자기 놀랄 정도로 수치가 올라갔다. 그래서 방사능이 어디서 나오는지 찾기 시작했다. 알고 보니 원인은 돌 하나였다. 이 돌 근처에서 측정하자 몇 미터 떨어진 곳에 비해 200배나 높은 수치가 나왔다! 물론 나는 이 돌을 만지지 않았다. 우리를 안내해준 세르게이(Sergei)에게 이 사실을 당국에 알려야 하는지 물어봤다. 그는 이렇게 대답했다. "아뇨. 그렇게 하면 문제만 생겨요. 그냥 우리가 돌을 싸서 처리하면 됩니다."

2016년 2월 19일

지난 며칠처럼 오늘도 아침 일찍 슬라부티치에서 기차를 타고 핵발전소까지 간 다음 그곳에서 버스를 이용해 폐쇄 구역으로 향했다.

당시 대재난이 일어난 뒤 약 35만 명이 대피했으며, 원자로 주변 지역은 높은 오염 수치로 인해 폐쇄 구역으로 선포되었다. 외부 구역은 반경 30킬로미터 지역이었고, 내부의 폐쇄 구역은 핵발전소로부터 10킬로미터 떨어진 곳이었다. 마을에 살던 주민 전체가 떠났다. 체르노빌에는 여러 마을을 안내하는 표지판만 남았다. 한때 들판이던 곳에 농작물은 없고, 그사이 자작나무와 유럽소나무가 자리를 잡았다. 숲이 제법 늘어났는데, 건조한 여름에 산불이 발생하면 방사능 일부가 다시금 대기로 노출될 수도 있다.

우리는 나무꾼과 동행해 그가 작업하는 모습을 관찰했다. 그들은 산불이

났을 때 소방차가 숲에 진입할 수 있도록 길을 만들었다. 사람들이 떠나버린 마을을 여러 곳 보았다. 이런 유령 마을은 비극이 어떤 것인지 분명하게 보여주었다. 가족, 친구, 이웃, 공동체 전체가 철저하게 붕괴되었다. 원자핵으로 말미암아 마을이 완전히 몰락했다.

몇몇 사람은 금지되었음에도 고향으로 돌아왔다. 오후에 우리는 늙은 부부의 집을 방문했다. 카타리나(Katharina)와 레오니드 린둑(Leonid Rinduk)은 우리를 정답게 맞이했다. 레오니드는 87세였지만 여전히 건강해 보였다. 그는 끊임없이 이야기를 했다. 그동안 할 말을 제대로 못하고 쌓아놓기만 한 사람 같았다. 그는 이곳을 떠나 키예프에 머물렀는데, 도시의 삶이 취향에 맞지 않았다. 시골에서 신선한 공기를 마시고 싶었다. 그래서 1993년 다시 집으로 돌아왔다.

고향을 사랑하는 마음이 얼마나 컸으면 그랬을까? 이웃도 없고, 가게도 없고, 병원도 없는데. 그러나 두 사람은 매우 만족해하며 사는 것 같았다. "생선을 좋아하나요?" 레오니드가 물었다. 내가 고개를 끄덕이자 그는 부엌에 가서 마른 생선을 가지고 돌아왔다. "이거 가져가슈!" 레오니드는 물고기를 프리피야트강에서 잡았는데, 어려운 일은 아니라고 했다.

나는 정중하게 사양하며, 곧 집으로 돌아가야 하는데 생선을 갖고 비행기를 탈 수는 없다고 설명해주었다. "그렇다면 밀수를 해야지. 군대에 있을 때 우리는 보드카병을 바짓단에 숨겨놓곤 했지. 그래도 누구 하나 눈치채지 못했어!"

나는 마른 생선을 바짓단에 숨긴 채 쾰른/본의 공항을 어떻게 통과할지 상상해보았다. 아마 냄새 때문에 금방 들킬지도.

레오니드는 자그마한 땅에 심은 채소도 직접 돌봤다. 여든일곱 살의 나이에! 그는 독일 군인들이 마을을 점령했을 때의 이야기도 들려주었다. 그의 아내 카타리나는 미소를 짓더니 나를 바라보며 고개를 흔들었다. "젊은이는 독일 사람이 아니지?" 그럼요. 전쟁 때 이곳에 왔던 독일 사람하고는 전혀 상관없어요.

카메라를 담당한 내 동료 티모 브룬스(Timo Bruhns)와 스벤 되핑거(Sven Döffinger)가 드론을 이용해 사진 몇 장을 찍자 레오니드는 완전히 반했다. "현대적인 기술 장비구먼! 옛날에도 이런 게 있기는 했어!" 방사능은 어떤지 그에게 듣고 싶었다. 그런 얘기는 모두 헛소리에 불과하다고 레오니드는 말했다. 그러곤 이곳은 모든 게 정상이라며 자신의 정원을 가리켰다. 오염도를 측정해보니 전혀 높지 않았다. 다행이었다!

레오니드와 카타리나는 자급자족으로만 살아갔다. 그들은 직접 장작을 마련해 불을 땠고 직접 재배한 것을 먹었다. 비교적 소박하게 살았지만 두 사람은 독립적인 생활을 좋아했다. 내가 노인을 물끄러미 쳐다보자 그는 자신의 개를 사랑스럽게 쓰다듬으며 말을 걸었다. 그때 문득 이런 단어가 떠올랐다. 행복.

2016년 2월 20일

오늘은 새벽 5시 조금 전에 자명종이 울었다. 주말이라 슬라부티치에서 체르노빌까지 운행하는 기차는 딱 한 번밖에 없기 때문이다. 지난 며칠 동안 우리는 발전소에서 일하는 노동자들과 똑같이 움직였다. 아침에 기차를 타고 그곳에 갔다가 저녁이면 다시 돌아왔다.

매일 폐쇄 구역에 있는 발전소로 출퇴근하는 사람들은 처음엔 사고 이후에 벌어진 일들을 처리했다. 슬라부티치는 핵 사고가 난 곳에서 동쪽으로 약 50킬로미터 떨어져 있는데 오염도는 낮았다. 그럼에도 이 작은 도시의 시민들만큼 방사능에 많이 노출된 사람은 거의 없을 정도다.

이미 언급했듯 우크라이나는 에너지 수요가 너무 큰 나머지 사고 후에도 다른 원자로를 계속 가동했다. 체르노빌과 프리피야트에 사람들이 더 이상 살지 않게 되자 슬라부티치가 발전소에서 일하던 노동자들의 새로운 보금자리로 부상했다. 그러나 2001년 체르노빌에 있던 에너지 복합 시설의 모든 원자로 가동을 중단하자 많은 노동자가 더 이상 할 일이 없어졌다. 그에 따라 슬라부티치의 인구도 점점 줄어들었다. 이곳에서 많은 아이들이 태어났다. 우리가 묵는 호텔 프런트에서 근무하는 젊은 여성과 식당에서 일하는 여자 요리사도 이곳에서 성장했다고 했다. 그들은 이곳이 마음에 든다고 했다. 그들의 고향이니까!
오늘 우리는 미국의 과학자 팀 무소(Tim Mousseau)를 만났다. 사우스캐롤라이나 대학에 재직하고 있는 그는 동식물이 입은 방사능 피해를 연구하고 있었다. 팀은 며칠 전 적외선 카메라가 달린 특수 드론을 들여왔다. 세관 공무원들은 처음엔 그 장비를 압류했다. 하지만 며칠 후 그는 장비를 되찾았고, 취재 중인 우리와 마주쳤다. 우크라이나는 전쟁 중이라 드론 같은 장비는 평화적인 목적에도 사용할 수 없다.
팀은 체르노빌에서 버려진 집을 수리해 실험실로 사용하고 있었다. 그 실험실로 가는 길에 우리는 또다시 죽은 원자로를 지났다. 이 원자로는 기차역에서 멀지 않은 곳에 있었다. 역에 도착하는 사람이면 누구나 이 녹슨 강철 괴물을 제일 먼저 보게 된다. 그런데 내게 이상한 현상이 나타났다. 매일 이 괴물을 지나쳐서 그런지 점차 익숙해지는 것 같았다. 나는 경악하지 않을 수 없었다. 사람들은 대재난에도 익숙해질 수 있다는 말일까? 쾰른 시민은 일상에서 화려한 대성당을 간과하지만, 관광객은 이 고딕 시대의 걸작을 보고 입을 다물지 못한다. 아마도 우리 인간은 주변에 익숙해지고, 시간이 지나면서 특별한 것도 점차 희미해지는가 보다. 그것이 세계문화유산이든 대재난의 아이콘이든 상관없이 말이다.

또다시 개들이 눈에 띄었다. 촬영 도중 나는 버스에서 내려 개들에게 비스킷을 나누어주었다. 개들은 꼬리를 흔들며 나를 빙 둘러싸더니 더 많이 달라고 졸랐다. 나는 나중에 팀 무소에게 개들에 대해 물어봤다. 그러자 안심하라는 대답이 돌아왔다. 왜냐하면 개들은 노동자들이 식사하는 식당에서 남은 음식 찌꺼기를 얻어먹기 때문이다. 오염되지 않은 음식을 말이다. 반면 야생에서 사는 동물은 그렇지 않았다. 예를 들어 멧돼지는 방사능에 상당히 오염된 버섯을 먹었다. 팀과 함께 일하는 그룹은 곤충부터 쥐와 새에 이르기까지 다양한 동물을 검사했다. 몇몇 동물의 경우는 수상쩍은 점이 발견되었다. 가령 번식력, 뇌의 크기 혹은 성장 측면에서 그러했다. 하지만 이곳에서는 모든 걸 좀더 정확하게 관찰해야 한다. 폐쇄 구역의 방사능은 조각 난 양탄자와 비슷하기 때문이다. 얼마나 오염된 지역에서 사느냐에 따라 같은 종이라도 차이가 난다.

오후에 팀은 자신의 드론을 작동해 야생마를 찾았다. 순간 이런 생각이 들었다. 신선한 과학이네. 이곳에서 '장난감'을 갖고 마음껏 놀 수 있다니. 아마도 많은 청소년은 이런 방식의 과학을 보면 매료당할 게 분명하다. 추운 곳에서는 적외선 카메라로 말을 찾을 수 있다. 말의 체온을 감지할 수 있기 때문이다. 10년 전 내가 이곳에서 본 야생마는 뭔가 특별했다. 즉 프셰발스키(Przewalski) 무리에게 다가갔을 때, 놀랍게도 녀석들은 도망치지 않았다. 녀석들은 나에게 신경도 쓰지 않았고, 나는 그렇듯 유일무이한 순간을 한껏 즐겼다. 그동안 사정은 변했다. 말은 밀렵꾼들의 손에 죽어나갔고, 그래서 사람을 보면 도망을 쳤다. 안타까운 일이었다.

늦은 오후 무렵 나는 체르노빌을 떠났다. 폐쇄 구역 입구에서 택시 운전사가 나를 기다리고 있었다. 키예프까지 나를 태워줄 사람이었다. 그런데 택시를 보고 나는 깜짝 놀랐다. 운전사는 바로 일주일 전 공항에서 나를 태웠던 사람으로, 내가 '야만인 이반'이라는 별명을 지어준 터였다. 이반은 내가 지금껏 만난 운전사 중 가장 끔찍했다. 말도 없고 나이가 제법 든 이 운전사는 세금 징수원과 퇴직한 교감 선생님을 혼합해놓은 남자처럼 생겼지만, 일단 시동을 걸면 거친 인간으로 돌변했다.

그는 좌석 등받이와 핸들 사이에 딱 붙은 채 갑작스레 기어를 바꿔 최대한의 속도를 냄으로써 엔진을 괴롭혔다. 운전 속도는 그야말로 터무니없었다. 상태도 좋지 않은 우크라이나 국도를 시속 130킬로미터로 미친 듯이 달렸다. 이반은 핸들을 거칠게 돌려 길에 있는 웅덩이를 피했다. 마치 길을 독성 있는 음식처럼 소화했다. 빨간불에 서 있을 때면 거의 발작을 일으키려 했다. 앞이 거의 보이지 않는 곳에서도 앞차를 추월하고, 차선 표시도 무시했다. 앞에서 다른 차를 발견하면 즉시 성난 짐승처럼 행동했다. 이반은 영어를 한마디도 못했는데, 자신이 원하는 만큼 속도를 내지 못할 때면 우크라이나어로 욕설을 내뱉었다. 그의 운전 태도는 뭔가 동물적인 면이 있었다. 회전하거나 사거리에서는 반드시 티를 냈다. 그의 행동 어느 것에서도 나는 고상한 점이라곤 한 톨도 발견할 수 없었다.

이반은 그렇게 군사 훈련을 하듯 운전하면서도 인상 하나 찌푸리지 않았다. 기어를 바꿀 때마다 사디즘적 증상을 보일 때가 많았다. 어린아이조차도 그런 식으로 날카로운 소리를 내는 엔진을 보면 동정심을 느낄 것이다. 하지만 이반은 아니었다! 그 어떤 택시 운전사도 나를 태우고 그렇게 운전하지 않았다. 카이로에서도, 나이로비에서도, 교통 지옥 같은 뭄바이에서도 말이다. 이반은 그 모든 택시 운전사를 우습게 볼 인물이었다!

신경을 다른 곳에 쓰기 위해 나는 '키릴(kyrill)'이라는 거리 이름이 무슨 뜻일지 생각하고, 키예프까지 얼마나 남았는지 추리하거나 뭔가 다른 것을 떠올리려고 노력했다. 하지만 다음 순간이면 이반이 무시하고 지나가는 길과 희생물을 놀란 눈으로 쳐다보곤 했다. 이반은 2차선에서 1차선을 달리는 차를 추월하고, 옆에서 운전하는 차량을 막아버렸다. 회전할 때는 원심력의 한계를 시험하는 수준이었다.

나는 촬영의 위험에 대해 자주 언급하곤 했다. 우리가 감내해야 할 오염 수치는 비교적 적었다. 일주일 정도 체류하면서 나는 34마이크로시버트 정도 오염되었다. 이것과 비교하면 이반과 함께 돌아가는 길은 그야말로 용기 있는 행동이 아닐 수 없었다. 죽어버린 원자로도, 통제실도, 방사능에 오염된 땅도 그처럼 목숨을 건 운전의 위험과는 비교되지 않았다.

어두워질 무렵 키예프에 도착하자 그제야 안심이 되었다. 교통이 혼잡해 이반은 더 이상 가속 페달을 밟지 못했고, 잠시 후 이반의 제국에서 내리자 그야말로 기뻤다.

내가 머물 호텔은 바로 비행장 옆에 있었다. 내일 새벽 4시 30분에 체크인을 하러 비행장에 가야 한다. 호텔은 전혀 멋지지도 않고 따뜻하지도 않았다. 시끄럽고 손님도 별로 없었다. 하지만 상관없었다. 이반만 아니라면 뭐든 좋았다.

후쿠시마: 대참사 속에서 전하는 소식[4]

라텍스, 그다음에 면 그리고 또 라텍스. 내 생애 처음으로 세 겹의 장갑을 꼈다. 그런 다음 안전 작업복에 장갑을 붙였다. 우리는 팬티까지 벗어야 했다. 가슴과 등에는 4개의 아이스팩을 붙였다. 밖에 나가면 엄청 뜨거울 테니까. 우리는 혼란스러운 세상으로 나가기 전에 얼굴 전체를 가린 마스크가 새지 않는지 철저히 검사했다.

기다란 복도를 지나면서 몇몇 노동자와 마주쳤다. 모든 노동자는 무슨 종교에 소속된 수도승처럼 온통 흰색 작업복 차림이었다. 신성한 의식 같은 게 연상되었다. 정화 의식, 문지방 넘어서기, 신발 벗기 등등. 사람들은 묵주 대신 방사능 측정기를 주었다. 카메라와 그 부속 장치는 알루미늄으로 둘둘 말았다. 여기서는 모든 것을 빈틈없이 싸야만 했다. 우리가 있는 곳은 후쿠시마 다이치 핵발전소였다.

모두가 일본에서 폭발한 원자로 사건을 기억할 것이다. 이때의 장면이 기억 속에서 지워지지 않고 있다. 2011년 3월 당시, 처음에는 지진이 일어났다. 그다음에 쓰나미가 해안을 덮쳤다. 원자로 시설을 보호하기 위해 쌓았던 제방은 15미터나 되는 파고에 쉽게 무너지고 말았다. 물이 시설 안으로 들어가 냉각 시스템을 파괴하고 비상용 전기 발전기와 배터리도 완전히 적셨다. 그리하여 핵발전소 전체에 전기가 나갔다. 원자로 핵연료봉을 식혀주는 냉각기가 없어지자 대재난은 예정된 것처럼 일어났다.

일본에서 일어난 핵 사고는 사람들의 생각을 바꾸는 계기가 되었다. 독일은 원자로를 포기하겠다고 결정함으로써 에너지 전환기를 알렸다. 그런데 이때부터 우리는 후쿠시마에 대한 소식을 듣기 힘들었다. 물론 언론에서 보도하는 사건의 반감기는 알다시피 매우 짧다. 가끔씩 물이 새는 냉각수 탱크나 구조 실패에 대한 소식만 들려왔다. 대참사가 일어난 지 3년이 지난 지금, 후쿠시마는 도대체 어떤 상태일까?

몇 달에 걸쳐 우리는 일본 관계자와 연락을 취했다. 촬영 허가를 받기 위해 정중한 이메일과 전화가 오갔다. 원자로 가동을 책임졌던 회사 테프코(Tepco)는 늘 이런저런 질문을 거듭했고, 모든 것을 체크해보겠다는 답만 보냈다. 그런데 공식적인 이메일의 뉘앙스가 약간씩 바뀌었다. 좋은 징후였다. 우리는 성(姓) 대신 서로의 이름을 부르며 촬영 팀에 대해 의논했다. 전문적인 사항에 대해 의견을 나누기도 했다. 우리가 거의 희망을 버릴 즈음, 방문을 허락한다는 소식이 전해졌다. 드디어 후쿠시마에서 촬영할 수 있는 허가를 얻은 것이다. 그것도 외국 카메라 팀으로서는 최초로! 이 여행은 결코 산책 삼아 하는 게 아니지만, 그래도 나는 우리 팀을 믿었다. 동료 라인하르트 브뤼닝, 카메라맨 뤼디거 스포트(Rüdiger Spott) 그리고 음향 전문가 티모 브룬스와 함께 우리는 체르노빌에서도 일해본 경험이 있었다. 일본에서는 독일 텔레비전 제1방송 ARD 통신원 마리오 슈미트(Mario Schmidt)가 도움을 주기로 했다.

우리는 여름휴가를 미룬 채 짐을 꾸렸다. 카메라와 삼각대를 차곡차곡 쌓고, 오염 측정기도 챙겨서 일본으로 출발했다.

테프코는 놀라울 정도로 상세한 일정표를 준비해두었다. 우리는 몇 분 단위로 시찰을 하도록 되어 있었다. 이것이 방사능 때문인지 아니면 소심하고 세세한 일에 신경을 쓴다는 일본 문화와 관련이 있는지 궁금했다. 우리와 동행한 사람은 기술자들, 방사능으로부터 우리를 지켜줄 안전요원들 그리고 통역자 한 명이었다. 통역자는 메가폰을 들고 있었다. 얼굴 전체를 가린 안전 작업복을 착용하고 있어 모든 게 희미하게 들렸기 때문이다. 따라서 방사능에 노출된 구역에서 이뤄지는 커뮤니케이션은 약간 정중하게 고함을 지르는 형태였다.

미니버스를 타고 원자로가 있는 곳으로 향하는 동안 많은 기중기와 굴착기를 지나갔다. 이곳에서 얼마나 활발하게 공사가 이뤄지고 있는지를 보고 나는 적잖이 놀랐다. 이 건설 현장에는 대략 5000명이 일했다. 사방에서 건물을 짓고 있었다. 우리는 제일 먼저 원자로 4호기로 접근했다.

나는 이 시설물을 텔레비전 뉴스에서 처음 보았다. 역사적 현장의 한가운데 서 있는 셈이었다. 이 시설물의 정면은 갈기갈기 찢기고, 일부는 망가져 있었다. 땅에는 금속판과 파편이 흩어져 있었다. 대참사를 겪은 흔적 그대로였다. 시설물 바로 옆에 거대한 새 건물이 들어서 있었다. 이런 대조적인 광경을 보자 혼란스러웠다. 보통 쓰레기를 다 치우고 난 다음에 새로운 건물을 짓게 마련이다. 그런데 이곳에서 나는 파괴와 신축이 공존하는 낯선 현장을 체험했다. 방사능에 너무 많이 오염되어 사람들이 시간을 지체할 수 없었던 것이다.

원자로가 있는 건물의 전면은 녹색빛이 났는데, 방사성 낙진이 날아가는 것을 막기 위해 서둘러 칠했다고 한다. 바닥은 방사능 오염 때문에 두

꺼운 강철판을 깔아두었다.

4호기 원자로가 있는 건물 위로 높이 50미터의 새로운 강철 구조물이 올라와 있었다. 기술자 한 명이 메가폰으로 설명하길 그 구조물은 파괴된 원자로 홀 위에 세운 것이라고 했다. 안 그래도 이 원자로는 많은 위험에 직면했다. 재난이 일어날 당시 이곳에서는 정비 작업을 수행하고 있었다. 노심(nuclear reactor core)에는 연료 집합체(핵연료는 막대 모양의 봉으로 이뤄져 있고, 여러 개의 연료봉을 묶어서 핵연료 집합체로 사용한다—옮긴이)가 없지만, 원자로의 '사용 후 핵연료 저장조(spent fuel pool)'에는 1533개의 연료 집합체가 있었다. 요컨대 이곳은 다른 원자로에 비해 방사능 물질이 훨씬 많은 편이었다. 폭발이 있은 후 파편들이 이 저장조에 떨어지면서 연료 집합체가 모두 묻혀버렸다.

다리 모양의 기중기가 새로운 건축물의 내부를 치우고 있었다. 우리는 두꺼운 강철 문을 통과해 건물 안으로 들어갔다. 네온 전등, 개폐기함, 파이프, 승강기 등 모든 게 새것이었다.

상절로 만든 받침대는 중환자실에서 볼 수 있는 녹색으로 칠해져 있었다. 우리는 계단을 통해 위로 올라갔다. 나는 '사용 후 핵연료 저장조' 바로 위에 서서 물속에 있는 연료 집합체를 확인할 수 있었다. "우리는 올해 말까지 저것들을 모두 분리할 것입니다." 나와 함께 올라온 사람이 그렇게 설명하면서 창고에 남아 있는 마지막 연료 집합체를 가리켰다.

물은 투명했다. 마치 이곳에 대재난이 일어난 적이 없는 것 같은 인상을 받았다. 대단한 물류 시스템과 기술이군요! 내가 칭찬했으나 나와 동행한 일본인은 오히려 부끄러워했다. 이 건설 현장에서 칭찬은 어울리지 않았다.

우리는 계속 차를 타고 갔다. 원자로 1호기는 제일 먼저 폭발했었다.

입구는 극심한 오염으로 말미암아 출입할 수 없었다. 임시 입구를 통해 건물 안으로 들어갔는데, 어두운 통로로 이루어진 미로였다. 바닥에는 2011년 사고 당시 서둘러 치워둔 케이블과 전선이 놓여 있고, 벽에는 분홍색 알루미늄 포일이 잔뜩 붙어 있었다. 어린 소녀들이 좋아하는 분홍색. 그게 왜 하필이면 여기에?

나는 동행자의 방사능 측정 도구를 보고 내 수치와 비교해보았다. 그 역시 내가 들고 있는 측정기를 보았다. 우리는 말이 통하지 않았지만 그가 나를 향해 고개를 끄덕였다. 똑같은 수치. 좋다는 뜻이었다.

그런 뒤 우리는 통제실로 향했다. 이곳에서는 더 이상 아무도 일하지 않았다. 필터 장치에서만 윙윙거리는 소리가 났는데, 죽어버린 시설에서 유독 살아 있는 신경 같았다. 게시물과 책상은 옛날에나 볼 수 있는 고물이었다. 여기서 사용한 기술은 사실 1970년대의 것이다!

나는 배전반에서 원자로의 냉각수 수치를 볼 수 있었다. 배전반 옆에 연필로 기록한 손 글씨였다.

사고 당시 모든 기계가 멈췄다. 아무도 원자로가 어떤 상태였는지 알지 못했다. 기술자들은 절망감을 안고 자동 배터리를 통해 가장 중요한 기계를 다시 작동시키려 했다. 여기서 결정적으로 중요한 것은 냉각수 계기판이었다. 이것은 노심이 물에 덮여 있는지 아닌지를 보여주기 때문이다. 임시 작동을 한 뒤 기술자들은 손전등으로 수치를 확인해 기록했다. 냉각수가 상승한 것으로 기록했지만, 그 수치는 진짜가 아닐 수도 있었다. 왜냐하면 원자로에 압력이 상승하면 계기판이 제대로 작동하지 않기 때문이다. 그런데 누구도 계기판을 의심하지 않았고, 수치 또한 믿었다.

마지막으로 기록한 시간은 2011년 3월 12일 12시 50분이었다. 냉각수의 수위는 1.7미터였다. 이때는 붕괴 위험이 사라진 것처럼 보였다. 이 무은 치명적 오류란 말인가! 몇 시간 후 원자로 1호기의 지붕이 폭발했을 때, 발전소 직원들은 처음에 그걸 여진으로 간주했다. 통제실에 있던 사람 누구도 밖에서 무슨 일이 일어났는지 몰랐다. 이 계기판은 바로 그와 같은 사실을 알려주는 하나의 상징이었다. 요컨대 실제와는 아무런 상관도 없는 수치라는 사실을 예감하지 못한 채 그 숫자만 신뢰했던 인간의 역사를 얘기해주는 상징 말이다.

다시 밖으로 나왔을 때, 나는 1호기 옆에 있는 원자로와 통하는 길을 보았다. 2호기 주변은 특히 심하게 오염된 것 같았다. 외부에서 측정했는데도 시간당 2500마이크로시버트까지 나왔다. 이 원자로 안이 어떤 상태인지는 아무도 몰랐다.

방사능으로 오염되어 폐허가 된 이곳은 지속적으로 냉각시켜야만 한다. 매일 방사능에 오염된 냉각수 700톤을 거대한 탱크 안으로 퍼내야 하는 것이다. 이 지역은 그야말로 거대한 물 저장 탱크가 가득 들어차 있었다. 현재 방사능에 오염된 물을 여러 단계를 거쳐 정화하는 작업을 하는 시설이 여럿 있었다. 몇 주 후에는 필터 장치 두 곳을 새롭게 가동한다고 했다.

정화 작업을 처음 시도했을 때는 제대로 되지 않았다. 오염된 물이 밖으로 튀어나왔다. 하지만 사람들은 실수를 반면교사 삼아 다시 시험했다. 강철로 만든 거대한 필터 기둥 옆에 서자 내 마스크에 습기가 끼기 시작했다. 여름 날씨처럼 무더운 열기 속에서 나는 땀으로 흠뻑 젖었다. 눈은 불에 탈 것 같고, 마스크는 머리를 죄었다. 주변에서는 10명 넘는 노동자들이 기계를 조립하고 있었다. 이 사람들이 열악하고 오염된 이곳에서 왜 중노동을 하는지 궁금했다. 나중에 그들 중 한 사람에게 물어봤더니 책임감과 의무감 때문이라고 했다. 그의 이름은 사요 유지, 나이는 60세였다.

그는 건물 부지에 구멍 뚫는 작업을 했다. 무섭지 않냐고 묻자 그는 이렇게 대답했다. "무섭죠. 하지만 나는 손주들에게 좋은 땅을 물려주고 싶을 뿐입니다."

촬영을 마친 다음에도 우리는 방사능을 측정해야 했다. 발전소 직원 한 사람이 내 몸을 철저하게 측정했다. 그는 너무 유연하게 행동해서 마치 발레를 하는 사람 같았다. 측정이 끝나자 그는 친절하게 머리를 숙이며 인사했다. 수치는 30마이크로시버트였다. 나는 안심했다. 이 정도는 비행기를 타고 일본을 왕복할 때 쬐는 수준이다.

카메라, 삼각대, 마이크로폰 등도 시설을 떠나기 전에 오염도를 체크해야 했다. 돌아가는 길에 우리는 버려진 도시를 지나갔다. 주택, 대형 슈퍼마켓, 놀이터, 주유소 등 모든 건물이 잠자는 백설 공주처럼 꼼짝하지 않았다.

이후에 우리는 폐쇄 구역을 방문할 수 있는 특별 허가를 얻어냈다. 대재난이 일어났을 때 바람이 육지로 불어 일부 지역이 오염되고 말았다. 당시 14만 명이 대피를 했는데, 그중 많은 사람이 돌아오지 못했다. 아마 결코 고향으로 돌아올 수 없을지도 모른다. 모든 것을 버려두고 떠나가면 얼마나 고통스러울까? 화재가 발생해 갖고 있던 재산도 전부 사라졌다. 과거는 소멸했고 새로운 시작을 위한 공간이 생겨났다. 하지만 오염된 풍경 속에는 아직도 집들이 과거처럼 서 있었다. 설명할 수 없는 상실을 경고하는 그림처럼. 손에 잡힐 것처럼 가까이 있던 모든 게 영원히 사라져버렸다.

"나한테는 전쟁과 같았지요. 나는 고향을 잃어버렸습니다." 이치사와 미유키가 말했다. 그녀는 후쿠시마현의 시골 마을 이타테무라(飯舘村)에서 커피숍을 하고 있었다. 핵발전소에서 45킬로미터 떨어진 이 작은 도시는 다이치 북서쪽의 구릉이 많은 곳에 있었다. 재난이 일어나기 전에는 많은 사람이 커피숍을 찾았다. 하지만 그녀 역시 마을을 떠나야만 했다. 커피숍과 집은 텅 비었다. 살림살이를 꾸려 상자에 넣고 묶었는데, 모두 다 타버렸다. 나에게 이런 이야기를 하며 그녀는 매우 힘들어했다. 하지만 이성을 잃지 않으려 애쓴다는 것을 느낄 수 있었다. 일본 사람은 감정이 없다고 주장하는 사람이 있다면, 그들을 조금 더 자세히 관찰해보길 바란다.

오염이 덜 된 지역에서는 사람들이 방사능에 오염된 흙을 커다란 검은색 자루에 넣었다. 모든 땅이 허물을 벗고 있었다. 그들은 오염된 흙을 플라스틱 안에 포장했다. 우리가 지나간 계곡에서는 수천 명의 노동자가 땅을 한 평씩 한 평씩 살려내는 작업을 하고 있었다. 전 지역이 그런 식으로 고향을 구하고자 노력했다. 방사성 낙진이 공동체를 허물고 고향을 파괴했기 때문이다. 방사능이라는 치욕스러운 껍데기를 벗겨내기 위해 일본이 기울이는 노력은 가히 그들에게서만 볼 수 있는 인내심일 것이다. 알록달록한 완장을 찬 수많은 건설 요원이 정원과 지붕을 깨끗이 손질하고, 추녀의 물받이와 길가를 박박 문질러 닦고, 꽃밭의 흙을 바꿔주었다. 그들은 광신적인 확신을 갖고 일했으나, 이런 투쟁은 사실 가망이 없어 보였다. 내가 직접 씻어낸 정원의 오염도를 측정해보니 한쪽으로 확 기울었다. 이웃 지역에서 내린 방사능비가 이곳으로 흘러 들어와 힘들게 갈아준 이탄토를 오염시킨 것이다.

한 노인이 담에 올라가 콘크리트로 덮여 있는 표면을 쇠로 된 작은 솔로 문지르고 있었다. 꽤 힘들어 보였다. 작업을 하다 자주 쉬었는데, 솔은 이미 닳아 있었다. 나를 보자 노인은 친절하게 고개를 끄덕이더니 다시 청소를 시작했다. 노인은 그렇게 보이지 않는 적과 싸우고 있었다.

우리 아버지들의 꿈

우리 아버지들은 위대한 꿈이 있었다. 그들의 세상은 많은 기적을 만들어 냈다. 경제 기적, 기술 기적, 의학 기적 등등. 사람들은 최초로 심장을 이식했고, 새로운 플라스틱을 발견했고, 달에 발을 내디뎠고, 휴가 때면 트랜지스터라디오를 가져가 음악을 들었고, 심지어 인공적인 식품도 생산해냈다.

개별 발명품은 매번 훨씬 나은 미래를 약속했고, 진보는 새로운 것에 유혹당해 그 자체로 세대 전체의 유토피아가 되었다. 이때는 빠른 시간에 마르는 주름지지 않는 셔츠나 최초의 컬러텔레비전을 볼 수 있던 시대였다. 혹은 퓌레(Purée)를 만들 수 있는 가루의 시대였다. 이 가루에 뜨거운 물만 부으면 퓌레가 완성된다. 예전처럼 감자 껍질을 벗겨서 씻은 다음 삶아서 으깨는 작업을 할 필요가 없었다. 전자기 스펙트럼은 하룻밤 사이에 새로운 색채를 확장해나갔고, 피임약은 남녀가 두려움 없이 사랑을 나눌 수 있게 해주었다.

가령 내 어머니도 진보를 한껏 향유한 세대에 속했다. 높임 머리에 스프레이를 잔뜩 뿌렸다. (오존층이 파괴되는 비용의 일부는 상품 가격에 포함되었다.) 셔츠의 주름은 증기다리미로 해결했다. (전기 문제는 핵에너지로 해결했다.) 평화적인 핵은 늘어나는 에너지 수요를 잠재울 수 있다고들 했다. 그것도 영원히. 이 에너지로 도시에 조명을 밝히고 배를 움직였다. 이 에너지는 냄새나 연기도 나지 않고, 땀 흘려 채굴할 필요도 없었다. 전기는 영원히 생산될 것 같았다. 심지어 원자로는 연료를 직접 만들어낼 수 있을 것 같았다. 핵이 영구 기관(perpetual motion machine: 외부의 에너지 공급 없이 작동하는 가상적인 기관—옮긴이)이라는 새 시대를 열어줄 것이라고 약속했다. 강이나 바다 근처에 거대한 핵발전소가 들어섰고, 콘크리트로 지은 거대한 냉각탑에서 어마어마한 구름이 솟아올랐다. 우리는 '미래의 기술'이라는 광고문을 보고 무한하게 사용할 수 있는 에너지라는 새로운 시대에 찬성표를 던졌다.

대학에서 물리학을 공부한 나는 원자의 세계를 조금 더 상세하게 배울 수 있었다. 원자로 안에서는 반드시 방사능 측정기를 착용하고 덧신을 신어야 했다. 옷을 갈아입는 녹색 탈의실과 컨트롤 모니터도 있었다. 그리고 아무리 똑똑한 사람이라도 바보처럼 보이게 만드는 웃기는 헬멧을 반드시 착용해야만 했다. 규칙적으로 '교육'을 받기도 했다. 여기서 사람들은 방사능에 오염된 것을 씻어낼 때의 규칙을 배우고, 모든 것을 잘 관리하고 있으므로 위험은 전혀 없다고 배웠다.

흰색 안전복과 헬멧을 쓰고 있는 핵물리학자를 보면, 나는 신흥 종교단체를 떠올리곤 한다. 물론 나 역시 신성한 이 종단에 발을 들여놓은 사람이다. 핵발전소에서 일하는 사람은 종교 의식을 치르는 동안 십자가를 긋고 유향 냄새를 맡으며 무릎을 꿇고 기도하는 수도승처럼 명령을 지켜야만 했다. 원자는 눈에 보이지 않고 신 역시 보이지 않는데, 이 둘로부터 공통적으로 마르지 않는 에너지가 나왔다. 나는 1962년에 가동한 시험 원자로를 직접 체험했다.

그것은 전기를 생산하기 위한 게 아니라 실험을 위한 '수영장 원자로(pool-type reactor)'였는데, 위쪽에 뚜껑이 없어 이런 이름이 붙었다. 이걸 가동하는 동안 사람들은 방사선을 차폐하는 물을 통해 푸른빛을 내는 원자로를 위에서 직접 볼 수 있었다. 이 푸른색 체렌코프 방사선은 신성한 빛처럼 마법의 색채를 만들어낸다. 몇 년 후 나는 후쿠시마 핵발전소의 파괴된 4호기에서 '사용 후 핵연료 저장조'를 들여다보았는데, 그때도 이런 빛깔의 푸른색이 있었다.

연구용 원자로 메를린(Merlin)은 에너지를 생산하기 위해서가 아니라 여러 가지 실험을 위해 작동되었다. 중성자를 연구하는 물리학자, 방사능의학자, 재료공학자와 핵물리학자들은 원자로에 측정 장치를 세우고 실험을 위해 핵분열 때의 중성자를 이용했다.

나는 1970년대 말에 처음으로 원자로를 보았는데, 그때는 안전을 위한 울타리나 통제실 또는 격리 시설 같은 게 하나도 없었다. 나는 동료들과 함께 잔디밭을 지나 수위실을 통과했다. 측정기를 들고 평상복 차림으로 원자로가 있는 건물로 들어간 것이다. 오늘날의 시각에서 보면 이런 일은 상상조차 할 수 없을 것이다. 연구용 원자로도 절대 안전하지 않으니까 말이다.

한때 미래의 기술이라 여기고 아무렇지 않게 취했던 행동은 이제 사라지고, 신뢰감은 점점 의심으로 변했다. 용기는 공포가 되었고, 한때 빛을 발했던 원자는 위협으로 다가왔다. 꿈을 갖게 해주었던 에너지가 데모를 하면서까지 반드시 반대해야만 하는 악몽으로 변했다. 연료 집합체의 처리와 매립, 방사능이 지닌 보이지 않는 특징, 핵폭탄의 위험, 핵 사고가 날지도 모른다는 두려움. 원자는 세대를 갈라놓았고, 진보에 대한 믿음이 아니라 걱정과 공포를 만들어냈다.

그러다 체르노빌 사건이 터졌고, 나중엔 후쿠시마에서도 대참사가 일어났다. 한때 영웅들은 나병환자가 되었다. 그리고 안전하게 영원히 사용할 수 있다던 동화(童話)는 폐쇄 구역, 버려진 마을, 방사능으로 오염된 폐허라는 끔찍한 현실로 막을 내렸다.

독일 사람들은 에너지를 바꾸기로 결정했고, 그리하여 한때 기적을 상징했던 기계들이 해체되고 있다. 우리 아버지들의 꿈은 반감기를 훌쩍 넘어섰다. 꿈이 산산조각 나버렸다. 핵발전소의 노동자는 한때 자신들이 세웠던 발전소를 해체하는 임무를 맡아야 했다. 평생 자신이 추구한 목표를 믿고 발전소를 위해 모든 것을 바친 사람들이 이제 자기 필생의 작품을 파괴해야 하는 것이다.

꿈에는 항상 반감기가 있다. 모든 세대, 모든 문화, 모든 시대는 항상 자신의 꿈을 꾼다. 바람과 희망은 특정 시기와 연결되어 있고, 시간이 흐르면서 변색한다. 오늘날 우리가 꾸는 꿈과 미래상도 이와 같은 저주로부터 벗어날 수 없을 것이다.

여기서 바로 기술 진보의 심오한 비극이 드러난다. 사람들은 열심히 일을 하지만, 자신이 평생에 걸쳐 이뤄놓은 작품이 어떻게 망가지고 폐기되는지를 봐야 하는 것이다. 모든 노력, 모든 땀이 아무런 소용도 없었던 것처럼 보인다. 우리가 모든 걸 바쳤던 것은 해체되고 새로운 것에 자리를 내주어야 한다. 우리는 늘 이런 이야기를 듣고 있다—주조 활자식 조판의 시대가 지나고 오프셋과 영상 작업에 의해 부담을 받고 있는 인쇄업자, 새로운 것은 더 이상 고치지 않아도 된다는 사실을 이해하려 들지 않는 라디오 판매업자, 기계와 자동화 시설로 인해 잉여가 된 철강 회사 노동자와 공장 조립공, 대중 매체가 하룻밤 사이에 바뀐다는 걸 이해하려 하지 않는 카메라맨. 우리는 도처에서 이런 비극을 경험하는데, 핵에너지와 관련해서는 확연한 차이점이 있다. 이 분야에서는 방사능이 한때의 꿈을 보존할 수 있는 것처럼 보인다. 여기서는 과거를 간단하게 치우고 삭제할 수 없다. 원자는 사라지지 않고 계속 머물려 한다.

핵발전소 해체, 최종 매립지 결정, 최종적으로 핵에너지 포기. 이 모든 것은 수십억 유로의 비용과 수십 년이 소요될 것이다. 우리 아버지들의 꿈은 자식을 정리하고 청소하는 세대로 만들어버렸다.

핵 폐기물 처분만으로는 충분하지 않다. 인류 역사상 최초로 우리는 대멸종, 기후 변화, 자원 고갈과 전 세계적 에너지 문제에 직면할 것이다. 우리 때문에 사라진 종(種)만 하더라도 지구 역사 내내 멸종한 종의 수와 비슷할 정도다.[5] 이것으로 충분하지 않은 듯 미래 시나리오는 합성 바이러스, 보이지 않는 초미세먼지나 묵시록에 나올 법한 로봇에 대한 열광을 경고하고 있다.

우리의 라이프스타일과 무사 안일한 태도가 지구에 위협이 되었다. 우리는 뭔가 근본적인 것을 바꿔야 한다는 걸 알고 있지만, 마치 흡연자처럼 맹세만 한다. 밤에는 누워서 담배를 끊어야겠다고 다짐하지만, 다음 날 아침이면 담배에 불을 붙이는 흡연자 말이다. 그렇듯 우리는 훌륭한 결심을 잊어버리고 자신을 기만하기까지 한다. 요컨대 많은 사람이 그 문제를 무시한다. 기후 변화를 부인하고, 앞으로도 지금과 같이 계속 살아야 한다는 주장을 펼치기도 한다. 언젠가 기술이 문제를 해결할 수 있다면서 말이다. 또 어떤 사람은 완전히 포기하고 금욕 생활을 하자고 주장하기도 한다.

우리는 시간의 신 크로노스 편을 들었다는 이유로 제우스에게 천공을 떠받치는 벌을 받은 아틀라스와 같은 처지가 되었다. 이 지구의 운명은 이제 우리의 어깨 위에 있다. 우리는 이로써 인류 역사상 최초로 신의 도움 없이 지구의 일을 보살펴야 하는 세대가 되었다. 하지만 절망해서는 안 된다.

인류 역사상 대재난은 항상 있어왔다. 흑사병 창궐, 전쟁, 에스파냐와 그리스 혹은 레바논에서 일어난 산림 벌채, 낯선 문화의 파괴 등등. 사람들은 세계가 멸망한다고 흔히 믿었지만, 또한 신의 계획을 믿기도 했다. 인간의 고통은 아무리 심각하다 할지언정 신의 의지에 부합하는 것이었다. 최대의 참사도 참고 견뎌냈으며, 가장 암울했던 순간에도 천상의 도움이 있으리라는 희망을 버리지 않았다. 인간은 마치 문제가 일어날 때마다—부분적으로는 자신의 책임도 있건만—늘 부모에게 의지하는 청소년처럼 행동했다. 하지만 성장해서 집을 떠나면, 청소년들은 갑자기 자신이 책임을 져야 하는 상황과 마주한다. 실수를 스스로 감당하고, 점차 자신의 의식에 깔린 배경을 캐묻고 태도를 바꾸기 시작한다. 그들은 이렇게 성장하는 것이다.

세속적인 사회도 그와 비슷하게 의식의 전환을 겪는다. 문제가 생겼을 때 이를 신의 계획이라며 미룰 수는 없다. 스스로 해결책을 찾아야 한다. 세속적인 전환기에 사회는 젊은 성인과 비슷한 체험을 한다. 불안, 그리고 새로운 자유와 책임에 대한 두려움이 그것이다. 하지만 시간이 흐르면서 경험치가 쌓인다.

그렇다. 우리가 감행해야 할 도전은 엄청나지만, 한 가지 유념해야 할 것이 있다. 인류는 계속 성장해왔다는 사실을 말이다!

04

더불어 살기

자국민 및 외국인과 함께

사람들은 몇 가지 언어로 키스를 할 수 있을까[1]

언어와의 관계라는 측면을 살펴볼 때 내 경우는 처음부터 독특했다. 나는 모든 사람은 자신만의 언어를 갖고 있다는 확신을 갖고 성장했다. 내 어머니는 룩셈부르크 사람이고 아버지는 인도 사람이다. 나는 어린 시절을 인도 남부의 방갈로르 부근에서 보냈다. 어머니는 룩셈부르크어로 동화 얘기를 해주곤 했다. 아버지는 내 겨드랑이를 간질일 때면 영어를 쓰고, 반대로 엄격할 때는 타밀어(Tamil: 인도 남동부와 스리랑카에서 주로 사용하는 언어—옮긴이)로 말했다.

우리 집 가사 도우미였던 메리는 최상의 품질을 자랑하는 수제 소시지를 요리하면서 목청껏 카나다어(Kannada)로 노래를 불렀다. 그건 카르나타카(Karnataka: 인도 남서부에 있는 주—옮긴이)에서 사용하는 언어였다. 그런가 하면 정원사는 케랄라(Kerala: 인도 남서단에 있는 주—옮긴이) 출신의 튼튼한 남자였는데, 좋아하던 비디스(Beedies) 담배를 피우면서 말라얄람어(Malayalam)를 중얼거리곤 했다. 학교에서는 여자 선생님이 힌두어와 힝글

리시(Hinglish: 인도식 영어—옮긴이)로 말했다.

나중에 우리 가족이 룩셈부르크로 돌아갔을 때, 나는 독일어와 프랑스어를 뼈 빠지게 공부했다. 왜냐하면 국립 고등학교의 '매개 언어(lingua franca: 서로 다른 모국어를 쓰는 사람들이 의사소통을 위해 공통으로 사용하는 제3의 언어—옮긴이)'가 프랑스어였기 때문이다. 따라서 태어나면서부터 옹알거리다가 오늘날까지 사용하는 언어라는 게 나한테는 없다. 아주 다양한 언어들의 혼합만 있을 뿐이다. '모국어'라는 개념은 나 같은 사람들에게는 그야말로 어울리지 않는다.

처음 혼자 자전거를 타면서 한 말은 타밀어였다. 최초의 글은 영어로 썼고, 최초의 시는 룩셈부르크어로 썼다. 프랑스어를 처음 접한 뒤에 'z'를 지금처럼 부드럽게 발음하게 되었다. 그래서 방송할 때 'Enzym('효소'라는 뜻의 독일어—옮긴이)'을 독일어로는 '엔침'인데도 '엔짐'으로 발음하곤 한다. 잊을 수 없는 첫 키스는 룩셈부르크어로 했다. 물론 나중에는 다른 언어를 사용해 키스를 했지만.

이렇듯 언어의 혼용은 나에게 거의 멀티(multi) 인격을 부여했다. 예를 들어 영어로 말할 때 나는 좀더 젊게 느껴지고, 삶에 대한 태도도 긍정적이고, 비교적 많이 웃는다. 이와 반대로 룩셈부르크어로 말할 때면 양보를 더 많이 하고, 갈등이 생기더라도 화해하는 분위기로 바뀐다. 만일 당신이 상대방에게 "Du kanns mech klibberen(너는 나한테 없는 인간이야)"이라고 말한다면, 이런 표현은 한정된 시간 동안에만 다투는 사이라는 것을 보여준다. 독일어에는 이와 같은 표현이 없다. 요컨대 적수끼리 서로 다투지만 다음 날에는 아무 일도 없었던 것처럼 될 수 있다는 의미다. 나에게 없는 것은 확고한 언어적 고향이다. 가령 'Muggeseggele(독일어 사투리로 집파리의 수컷 성기에서 유래했는데 길이, 부피, 무게 또는 시간 등의 아주 작은 단위를 일컬어 이렇게 말한다)' 같은 단어라든가, 혹은 쾰른 사람들의 "약속하고 지키기—이 두 가지는 동시에 이루어지지 않지"와 같은 현명함이 없다. 하지만 나는 언어적 고향은 없는 대신 이를 특별한 감수성으로 보충할 수 있다.

대중 매체에서 사용하는 말은 점점 '판매 언어'가 되어가는데, 많은 부분을 시장에 점령당했기 때문이다. 서로 시청자, 청취자, 사용자와 구매자를 확보하려는 전쟁이 벌어지면서 사람들은 단순한 속임수를 사용하고 있다. 이를테면 광고 멘트나 저녁에 내보내는 오락 방송에서 우리는 '센세이셔널한', '어마어마한', '미친' 같은 형용사가 범람하고, 이어서 "오, 세상에!"라는 황홀한 탄성이 터져 나오는 것을 본다. 서점에 가면 사람들은 베스트셀러를 추천하며 책이 갖고 있는 문학적 탁월함이 아니라 판매 부수를 살피곤 한다. 페이스북에서는 마우스를 클릭함으로써 친구들을 모은다. 사람들은 이렇게 해서 얻은 친구들을 과연 진짜 친구라고 생각할까, 아니면 디지털 세상에서 알게 된 지인 그룹이라고 생각할까?

상업적 사고는 점차 우리가 구사하는 어휘에도 파고든다. 언론 책임자들은 고객에 대해 얘기하고, 대학생들은 크레디트 포인트를 모으고, 신년 인사말에는 '성장' 같은 마법의 단어가 주를 이루고 있다. 정치가들은 '위기', 온갖 종류의 '정상 회담'이라는 말로 우리를 미혹하고, 첩보 활동은 우리의 '안전'을 위해 그렇게밖에 할 수 없었다며 그럴듯하게 변명한다. 이런 식으로 낱말은 점차 의미를 잃어간다. 수십 년 전엔 '전쟁부'였던 것이 오래전부터 '국방부'라는 말로 축소되었다. 전 세계 군대들은 '평화적 사명'을 위해 적극 활동하지만, 총알과 폭탄은 예나 지금이나 사람들을 죽이고 있다.

내 아이들은 의식적으로 언어를 무력하게 만드는 세상에서 자라고 있다. 예컨대 휴대전화 회사는 '무료'라고 하면서 여전히 돈을 요구한다. '환경 친화적' 자동차는 환경과 아무런 상관이 없다. '방목'이라는 말도 닭을 좁은 곳에 평생 가둬둔다는 의미다.

이처럼 복잡한 세상에서는 스마일이나 '좋아요' 버튼보다 더 많은 것이 있어야 한다. 정작 필요한 것은 언어다. 구매할 수 있는 언어가 아니라 낱말의 내용이 분명한 언어, 생각의 차이를 반영하고 이로써 우리 각자가 자신만의 독특함으로 잘 살아갈 수 있게 해주는 언어 말이다. 이렇게 해야만 우리는 계몽의 무기였던 우리의 언어가 둔탁해지는 것을 막을 수 있다.

공평함

진보는 문화적 변화를 통해 나타난다. 즉 옛날부터 전해 내려오던 편견과 외양상으로 번복할 수 없을 듯한 관습과 의식은 시험대에 오르고, 새로운 시간을 통해 새롭게 배열되거나 완전히 폐기되며 시대에 적합한 실행으로 대체된다. 우리의 시간 역시 그와 같은 과정을 거친다.

한때 정상으로 여겨졌던 것들도 새로운 빛으로 비춰보면 끔찍한 부당함이 드러나곤 한다. 식민주의, 노예 제도, 인종주의, 여성 및 소수자에 대한 차별은 오늘날의 우리에겐 터무니없는 태도처럼 보일 수 있다. 하지만 그것들도 역사의 일부이고, 좀더 자세하게 들여다보면 한때의 견해와 생각이 우리 시대에도 여전히 작동하고 있음을 알 수 있다. 우리는 흔히 역사라는 배낭이 얼마나 많은 편견으로 가득 차 있는지, 그리고 조상들의 시각이 우리에게 얼마나 당연한 듯 자리 잡고 있는지 전혀 의식하지 못할 때가 많다.

유럽과 미국은 수백 년 동안 다른 대륙을 점령하고, 사람들을 학살하

사랑에 빠지다 — 취리히에서 나의 어머니와 아버지(1956).

고, 문화를 짓밟고, 자원을 착취하고, 그들을 노예로 삼았다. 대서양의 노예 시장이 한창이던 400년 동안에만 1000만~1200만 명의 아프리카 흑인이 미국으로 팔려갔다.

1776년 7월 4일의 미국 독립선언은 우선 국가 문서로 인간의 권리를 요구했다. "우리는 다음과 같은 사실을 자명한 진리로 인정한다. 즉 모든 인간은 평등하게 태어났고, 창조주로부터 양도할 수 없는 권리를 부여받았다. 생명권과 자유 그리고 행복 추구권이 바로 이러한 권리에 속한다."

현대인은 이와 같은 원칙 덕분에 노예 제도를 신속하게 폐지했으리라 생각할지 모르지만, 당시 사람들은 백인과 흑인을 구분했다. 미국을 건립한 아버지들 가운데 한 사람인 토머스 제퍼슨(Thomas Jefferson)은 독립선언문을 작성하며 인간의 평등을 언급했지만 무엇보다 이를 백인들에게만 한정했다. "나아가 나는, 흑인은 원래부터 자체적인 인종이었건 아니면 시간과 환경에 의해 인종으로 형성되었건 신체와 정신적 능력에 있어 백인에게 뒤처진다고 본다."[2]

20세기까지도 아무런 근거 없이 유색 인종의 열등함을 언급하곤 했다.[3] 콩고의 피그미족이던 젊은 오타 벵가(Ota Benga)는 1906년 뉴욕에 있는 동물원 우리에 갇힌 채 오랑우탄과 함께 구경거리가 되었다.[4] 영국의 식민지 인도에서는 사람들이 20세기까지만 해도 "개와 인도인을 위해"라는 격언을 사용했다. 백인은 스스로 자신들의 우월함을 공표함으로써 인종주의와 식민지에서의 도굴을 합법화하려 했다.

노예 제도를 공식적으로 폐지한 후에도 인종 분리는 여전히 남아 있었다. 백인이 사는 구역과 흑인이 사는 구역을 나누었다. 공원에 있는 벤치, 버스 좌석과 화장실조차도 백인과 흑인이 따로 사용하게끔 구분했다. 이런 흑백 분리는 미국에서 인종 차별을 엄격하게 법으로 금지한 1964년까지 계속되었다. 남아프리카공화국에서는 인종 차별 시스템이 무려 1994년까지 존속했다. 법 규정이 바뀌었음에도 오늘날까지 잠재되어 있는 인종 차별은 오래된 역사에 뿌리를 두고 있다. 역사라는 배낭이 아직도 우리를 압박하고 있는 것이다.

1957년 우리 부모님이 결혼하자 많은 사람이 혼란스러워했다. 당시만 해도 예를 들어 미국의 많은 주에서는 이런 결혼을 금지했다. 인도 남자와 룩셈부르크 여자는 잘살 수 없다! 룩셈부르크 출신인 내 외조모는 어머니에게 국제결혼은 문제만 일으킬 것이라고 경고했다. 아버지 가족들도 마찬가지로 반대했다. 그래도 내 부모님은 굴복하지 않고 결혼했다. 훗날 나는 두 분의 용기에 경탄했다. 부모님은 50년 넘게 함께 살고 있으며 자식들에게 서로 다른 문화 출신이 어떻게 하면 서로 사랑하고 또 배려하면서 함께 살아갈 수 있는지 모범을 보여주었다. 자식들은 당연히 완전히 다른 두 문화 속에서 성장했고, 사람들은 늘 우리 부모님을 이국적인 부부로 간주했다.

과거 시대의 악마는 늘 사람들의 머릿속에 어른거린다. 낯선 것에 대한 두려움으로 인해 사람들이 "외국인은 집으로 돌아가라!"와 같은 구호를 외칠 때면 나는 조용히 우리 부모님을 생각하곤 한다.

1980년대에는 외국인이 텔레비전 프로그램을 진행하는 경우가 드물었다. 내 피부색은 처음부터 사람들의 입에 올랐다. 첫 방송을 시작하기 바로 전, 촬영 감독이 넥타이를 한 묶음 가져오더니 그중 하나를 매어달라고 부탁했다. 나는 과학을 다른 방식으로 설명하고 싶다면서 거절했다. 그러자 촬영 감독은 마이크를 켜둔 상태인 줄 잊어버리곤 옆방으로 가서 이렇게 말했다. "흑인처럼 보인단 말이야. 사람들은 흑인이 하는 말을 안 믿거든. 넥타이를 매면 훨씬 신뢰할 수 있을 텐데……." 그 동료는 결코 인종차별주의자가 아니었다. 나는 그를 좋아했고, 우리는 그 이후에도 오랫동안 함께 일했다. 하지만 어두운 피부색과 신뢰감이 그에겐 아마 어울리지 않았던 듯싶다.

내가 독일 사람들에게 익숙한 터키인이 아니라 절반은 인도인이라고 커밍아웃을 하면, 동정 어린 시선을 받을 때가 많다. 서너 마디를 주고받은 다음에는 늘 끔찍한 가난에 대해 또는 기아 문제, 슬럼, 구걸하는 아이들, 카스트 제도, 남편이 죽으면 아내도 함께 화장을 치르는 독특한 관습에 대한 이야기가 주제로 등장한다. 판에 박힌 생각들도 빠지지 않는다. 이를테면 테레사 수녀, 벵골호랑이, 뱀으로 요술을 보여주는 용감한 마법사 등등이 그렇다. 위대한 마하트마 간디, 수많은 사원이 있는 오래된 종교에 대해서도 자주 묻는다. 물론 신성시하는 소에 대해서도 궁금해한다.

정말인가요? 그런 질문들 사이사이에 나는 항상 인도인은 특이하고, 인도는 다르며, 인도는 정말 너무 먼 곳에 있다는 불안을 감지하곤 했다.

그러다 인터넷이 등장했다. 인도는 갑자기 독일에서 마우스만 클릭하면 나오는 나라가 되었다. 황소가 끄는 수레와 사두(Sadhu: 은둔해 사는 인도의 성자—옮긴이)들이 내재된 힘으로 멋지게 변신했다. 내 고향 방갈로르는 IT 업계의 메카가 되었다. 갑자기 편견이 방향을 틀어버렸다. 이제 나는 새로운 말을 듣곤 한다. '인도인'은 수학과 추상적 개념을 타고났고, 숫자에 탁월한 감각을 지녔고, 학구열도 대단하다고 말이다. 인도인은 천재적인 IT 전문가이며, 컴퓨터에 문제가 생기면 반드시 도와줄 수 있을 거라는 말도 한다. 심지어 소프트웨어의 거인 구글조차도 인도인 회장이 이끌고 있다. 테레사 수녀는 죽었지만, 인터넷이여 영원하라!

어쩌면 내가 직업적으로 경력을 쌓을 수 있었던 이유도 물리학자로서 과학적 주제를 다루기 때문인지 모른다. 과학은 객관적이며, 중력의 법칙은 피부색을 따지지 않는다. 모든 몸뚱이는 같은 속도로 떨어진다. 어디에 있는 누구든 상관이 없다. 반대로 내가 정치적 주제를 다루는 토크쇼에 초대받으면, 프로그램이 끝난 다음 인종 차별적이고 상처를 주는 이메일을 받을 때가 많다. 이런 이메일을 보내는 사람들은 가짜 애국자(patriot)다. 사실 patriot라는 말은 patria(조국)와 idiot(바보)의 합성어다. 같이 일하는 외국인 동료들도 나와 비슷한 경우를 당한다고 했다. 심지어 몇몇은 노출을 포기했다. "인도인 대신 아이들!"이라는 구호라든가 "독일이 사라지고 있다!"와 같은 표현, 그리고 이중 국적에 대한 논쟁이나 (독일에 사는 터키인을 같은 시민으로 대우하는 대신) "터키를 독일로!〔합병〕" 같은 구호는 여전히 '순수한 혈통'에 대한 독일인의 소망을 드러내는 것이라고 볼 수 있다. 나는 이럴 때마다 과거의 인종 차별을 떠올린다.

'난민 위기'(이런 표현 자체가 이미 많은 것을 암시한다)는 그와 같은 상황에 정점을 찍는데, 이 난제에서 우리는 오래된 메커니즘을 볼 수 있다. 이를테면 난민을 비춰주는 텔레비전 화면은 익명의 사람들을 보여줄 때가 많다. 또한 이들과 관련해 사용하는 개념, 다시 말해 '망명 지원자', '이주자', '경제 난민' 등등도 이미 거리감을 보여준다. 이런 사람들이 처한 끔찍한 현실은 숫자와 통계로 축소된다. 개개인의 사람은 최초로 체류한 단체에서 배부하는 번호로 불리고, 이어서 자치 단체가 마련한 절차에 떠넘겨지곤 한다. 도움을 구하는 사람들을 받아들이는 절차이지만 '체류 가능성', '분할 수용 가이드', '체류를 인내할 가능성' 같은 기준으로 체크한다. "물밀 듯 몰려드는 이민자들" 같은 표현으로 홍수를 떠올리게 하고, 이렇듯 공포감을 조성함으로써 난민을 수용할 국가의 국민에게 공감 능력과 인간미를 발휘할 기회를 차단한다. 우리는 여전히 난민에 관해 많은 이야기를 하지만, 그들과 함께 대화를 나누지는 않는다. 이렇듯 사람을 익명화하는 행위, 그러니까 '북아프리카인'처럼 사람을 인종적 소속감으로 축소하는 행위는 식민지 지배자들의 사고방식이 갖고 있는 특징이다. 이런 의식이 변하려면 아직 세월이 더 지나야 할 것이다. 우리 문화를 수백 년간 지배해온 생각이 하루아침에 바뀔 리는 만무하니 말이다.

휴대전화, 컴퓨터와 청바지에 찍혀 있는 생산자 표시를 보면 다분히 세계화되어 있지만, 많은 독일 사람은 여전히 순수한 국가를 꿈꾸고, 외지인을 배제한 채 오로지 본토박이들만 사는 섬을 꿈꾼다. 각자는 세계화한 사업에 참여하고자 하면서도 이런 상품을 생산한 사람들이 제품에 등장하면 반기지 않는다. 우리는 여름에 입는 알록달록하고 가벼운 면 셔츠를 좋아하지만, 이런 제품을 생산한 사람들은 여전히 너무나 이국적으로 다가온다. 메이드 인 인디아, 메이드 인 캄보디아, 메이드 인 차이나. 이렇듯 전 세계를 상대로 제품을 생산하는 이들은 값싼 노동력과 노예 같은 생산 방식으로 상대 국가를 압박한다. 구매자들이 이렇게 낮은 가격으로 제품을 어떻게 생산했는지 물어보는 경우는 드물다. 청바지는 값이 싸고, 우리에게 잘 맞는다. 저임금을 받고 직물 공장에서 일하는 여성 노동자나 염색약의 독성으로 인해 환경이 어떻게 될지에 대해 묻는 사람은 없다. 유나이티드 컬러스 오브 베네통(United Colors of Benetton)—베네통에서 이 검정색 바지를 생산한 거야?

전 세계는 식민지 경제를 모방하며 제품과 인간을 완전히 분리시키려고 오랫동안 노력했다. 세계는 생산을 위해 열린 자세를 취하고 있으며, 제품에 대한 상벽은 세계 무역 협정을 통해 무너졌다. 하지만 사람들은 자신이 사는 곳에서 살아야만 한다는 얘기다. 알록달록한 폴로셔츠는 비자도 체류 허가증도 필요하지 않다. 이처럼 전 세계에서 볼 수 있는 불공평한 노동의 분화는 우리 역사의 메아리다. '저임금 국가'에 생산을 맡김으로써 여전히 사람을 1등급과 2등급으로 표현한다. 하지만 언론 덕분에 점차 생각이 바뀌고 있다. 예를 들어 우리는 방글라데시의 공장에서 일하는 여공들의 운명이나 양탄자를 생산하는 실태에 대해 경험할 수 있다.

식민지 때처럼 제품이 일방적으로 공급되는 대신 오늘날에는 공개적이고 전 세계를 아우르는 정보 네트워크가 발달한 덕분에 문화 간 교환이 점차 늘어나고 있다. 인터넷상에서 이루어지는 커뮤니케이션은 서로에게 반응하는 방식이다. 네트워크에서는 어떤 차이도 없고, 베를린에 살든 뭄바이에 살든 문제 되지 않는다. 투명성이 늘어남으로써 제품 공급망의 폐해가 드러나고, 그리하여 해당 국가의 사회 복지 수준이 점차 바뀌고 있다. 시간이 흐르면서 전 세계의 이런 정보는 부당함에 대한 인식으로 이어진다. 이런 트렌드는 점차 '공정한' 제품 생산 과정과 환경 보호를 위해 최소한의 기준을 지키자는 요구로 나타나고 있다.

다시 한 번 과거를 돌아보자면 긍정적인 발전도 있다. 지구에 사는 인구의 절반이 오랜 세월 편견과 억압의 희생물이었다. 바로 여성이다. 내 증조모 시탈락스미(Sitalakshmi)는 1872년 인도 남부에 있는 마을 시르칼리(Sirkali)에서 태어났다. 그녀는 19세에 라맘리탐(Ramamritam)과 결혼한 후 50킬로미터 떨어진 웁하야베단타푸람(Ubhayavedantapuram) 마을로 옮겼다. 부부는 서로를 사랑했고, 증조부는 사랑하는 아내를 '녹색 앵무새'라는 애칭으로 불렀다. 하지만 1898년 1월 13일, 퐁갈 축제(Pongal Festival: 매년 1월 중순에 열리는 추수 감사 축제 — 옮긴이)가 열리던 날 비극적인 일이 터졌다. 아직 젊은 증조부는 단기간 병을 앓다가 사망했는데, 아마도 콜레라였던 것 같다. 26세의 나이에 과부가 된 증조모는 자식들을 데리고 다시 친정으로 돌아왔다. 젊은 과부로서 증조모는 전통과 의식에 의해 끔찍한 고통을 겪기 시작했다.

우선 삭발을 당했는데, 이 의식은 평생에 걸쳐 매달 감수해야 했다. 이마에는 성스러운 재를 뿌렸고, 그때부터 증조모는 블라우스, 장식품이나 알록달록한 사리도 입을 수 없었다. 오로지 흰색 면으로 만든 사리만 입어야 했다. 과부라는 이유로 양념도 먹을 수 없었고, 양파와 마늘 같은 채소도 먹지 못했다. 감자, 토마토, 배추, 꽃배추 같은 그 지역의 식품도 금지되었다. 음식은 혼자 그것도 하루에 딱 한 끼의 식사만 허용되었다. 그녀는 매일 사원에 가서 규칙적으로 단식을 해야만 했다. 공식적인 파티나 성스러운 축제에 참석하는 것은 물론 결혼식이나 생일 축하 행사에도 참석할 수 없었다. 가족 행사를 정말 보고 싶을 경우에는 옆방에서 지켜보는 것만 겨우 허락되었다. 외출할 경우, 다른 사람과 접촉해서도 안 되었다. 사람들은 머리를 삭발한 여성을 길거리에서 만나면 재수 없다고 믿었기 때문이다.

오늘날에도 전 세계에 있는 많은 과부가 내 증조모 같은 운명을 짊어지고 산다. 하지만 지난 수십 년 동안 계몽, 세계화, 인터넷을 통해 분위기가 바뀌고 있다. 요컨대 학교에 다니는 소녀들이 많아졌고, 더 많은 여성이 일을 하고 있다. 정치 관료에 임명되고 지도자 위치에 선 여성도 많다. 한때 사회가 인내하고 받아들였던, 여성과 소녀에 대한 폭력은 그사이 점점 많은 나라에서 공공연하게 비난을 받고 금지되었다.[5] 임금을 받고 일할 수 있는 기회, 재산을 소유하고 결혼할 기회, 필요한 경우 이혼할 수 있는 권리, 이 모든 것이 많은 곳에서 살고 있는 여성들의 삶의 조건을 향상시켰다. 또한 인도 과부들이 처했던 끔찍한 조건도 나아지고 있다. 델리의 대법원은 현재의 법을 개정하라고 압박하고 있다.[6] 전 세계적으로 이루어지는 커뮤니케이션과 이와 관련한 정보의 물결이 없었다면 부당함과 억압에 대한 의식이 이렇게 빨리 성장하지 못했을 것이다. 우리는 시대에 뒤떨어진 전통이 사라지고 있음을 목도하고 있으며, 전 세계적으로 여성을 한층 공평하게 대우하고 있다.

독일에서는 다른 국가에 비해 뒤늦게 여성들에게 많은 권리를 부여했다.[7] 독일에서는 결혼한 여성이 1953년까지 남편 허락 없이 자신의 통장을 개설할 수 없었다. 남편은 아내의 고용 상태에 대한 해약을 통지할 수 있었고, 공식적으로 아내와 자식들의 일에 대해 혼자 결정할 수 있었다. 심지어 일하는 아내의 임금마저 관리할 수 있었다. 당시만 하더라도 여자는 조건부 행위 능력만 갖고 있었다. 인류가 달에 착륙한 1969년에야 법적인 상황이 처음으로 바뀌었고, 이때부터 결혼한 여성도 행위 능력이 있는 것으로 인정받았다.

1977년 공평한 부부 모델을 도입할 때까지 독일 민법 1356조 1항은 다음과 같이 천명했다. "1. 여성은 자신의 책임 아래 가계를 돌본다. 2. 여성은 결혼생활과 가족에게 제공하는 의무와 일치할 때만 직장에 다닐 권리가 있다."

오늘날의 관점에서 보면 이와 같은 규칙은 수백 년 전의 법전처럼 기괴하기만 하다. 의식이 얼마나 변했는지를 잘 보여주는 증거가 아닐 수 없다.

1900년경만 하더라도 백인 남자는 '창조물 가운데 왕관'을 차지하는 위치에 있었고, 위대한 찰스 다윈조차도 여자들이 열등하다는 확신을 갖고 자신의 가설을 증명해줄 온갖 '과학적 증거'을 찾아나섰다.[8] 이렇듯 정확하지 않은 근거를 바탕으로 여자는 진화상 선별 과정의 압박으로부터 제외되었다. 하지만 반대로 남자는 자연적인 적자생존 과정에서 한층 강력하게 언급되었다. 오랜 세월 남자를 여자에 비해 더 발달하고 더 지적인 인간으로 간주한 것은 놀랄 일도 아니다.

동물원에서 고릴라와 함께 흑인을 전시하던 시기에 사람들은 남자와 여자를 '심리학적으로 다른 종'으로 구분했다. 즉 여자는 호모 파리에탈리스(Homo parietalis: 두정엽 인간—옮긴이)에 속하며, 남자는 호모 프론탈리스(Homo frontalis: 전두엽 인간—옮긴이)에 속했다. 여자를 일컬어 "오직 가정을 돌보는 일 외에는 관심이 없다"고 했다. 그러니 여자는 당연히 용감한 남자보다 열등했다. 프랑스 인류학자 폴 브로카(Paul Broca)는 19세기 말 수많은 측정을 통해 남자의 뇌가 여자의 뇌보다 무겁다는 증거를 보여주었다. 그는 이런 사실을 근거로 뇌의 크기와 지적 수준 사이에는 연관성이 있다고 추론했다. 몇 년 후 과학자 구스타프 르 봉(Gustave Le Bon)은 이렇게 기록했다. "여자들은 …… 인간 진화의 열등한 형태를 대표하며 변덕, 사고 능력 부족, 논리 및 이성 결함의 대가(大家)이다."

당시의 과학자들(대부분이 남자)은 수많은 연구를 통해 지배적이던 세계상을 옹호하고 떠받치는 노예가 되었다. 수년 동안 생물학은 난소가 완전히 수동적으로 남자의 정자에 의해 정복당하기만을 기다린다고 봤다. 따라서 정자들의 경쟁은 수십 년 동안 과학적 연구의 핵심이 되었다. 동화에서도 왕자가 깊이 잠든 백설 공주를 깨우는데, '수정'이라는 미생물학적인 우주에서 이를 다르게 표현할 이유가 어디 있겠는가? 실험실에서 여성의 신체 조직이 적극적 역할을 한다는 사실을 입증할 때까지 참으로 오랜 세월이 걸렸다. 편견은 과학적 이론에서도 난무할 때가 많으며, 사고의 방법론과 논리에까지 파고들 경우도 많다. '여성의 열등함'에 대한 이론은 오늘날에도 많은 사람의 의식에 자리를 잡고 있다.

세월이 흘러 우리는 머리를 절레절레 흔들며 여성이 직업 세계에서 체계적으로 불이익을 받았다거나, 기계 제작 또는 정보학을 공부하지 못할 것이라고 믿었던 시대가 한때 있었다는 사실을 믿고 싶지 않을 것이다. 전 세계를 고려해볼 때 필요한 개혁에 대한 어젠다는 그야말로 빽빽하게 차 있다. 이를테면 여성에 대한 폭력, 강제 결혼, 여성 할례, 여성을 팔고 사는 행위, 매춘, 조건부 선거권 혹은 사회 참여에 대한 제약과 금지 등은 앞으로 바뀌야 할 게 무엇인지 잘 보여준다. 많은 문화권에서 여성에 대한 불공평이라는 짐을 내려놓는 게 매우 어려워 보일지라도, 이와 같은 변화는 문화 사이의 상호 소통과 교환이 점점 늘어나고 있어 멈출 수 없을 것이다. 정보는 의식을 바꾼다.

전 세계에서 이와 같은 변화 과정을 거치는 동안 많은 고질적 편견이 사라질 것이다. 여성, '외국인', 호모 및 레즈비언과 관련한, 또는 사회의 일원으로 포함시키는 주제와 관련한 편견 말이다. 내가 2017년 여름 이

책의 원고를 완성하기 바로 전, 독일 의회는 마침내 '모든 사람의 결혼'을 허락하기로 결정했다. 우리는 불손함, 무시와 무관용을 상대로 늘 투쟁해 왔다. 1963년 마틴 루서 킹은 25만 명의 군중 앞에서 전례 없이 '꿈에 관한 연설'을 했다. "나에겐 꿈이 있습니다. 어느 날 조지아의 붉은 언덕 위에 과거 노예였던 사람의 아들들과 과거 노예의 주인이었던 사람의 아들들이 서로 형제의 식탁에 앉을 수 있는 날이 오리라는 꿈입니다."[9]

이 모든 일은 그리 멀지 않은 과거에 일어났으며, 킹의 꿈은 이루어졌다. 인종 차별은 철폐되었고, 몇 십 년 후 버락 오바마가 미국 최초의 '유색인' 대통령이 되었다. 이 시기에 우리의 의식도 바뀌었다. 마틴 루서 킹의 꿈은 방글라데시에서 바느질하는 여성에게 도달할 테고, 여러분의 이웃인 젊은 게이에게도 도달할 것이다. 씁쓸한 역사의 배낭은 조금 가벼워질 테고, 늦어도 우리 손주들이 살아갈 세계는 이렇듯 서로 다른 사람이 함께 살아가는 게 얼마나 멋진 일인지를 보여줄 것이다. 아마도 그들은 왜 오래전부터 이렇게 살지 못했는지 궁금해할지 모른다.

마리아는 더 이상 침묵하지 않았다[10]

아기 예수를 안고 있는 마리아를 그린 보통의 그림이 호소하는 것은 단 한 가지다. 즉 귀여운 아기 예수와 미소 짓는 마리아는 집안일과 관련한 일상의 투쟁이나 정신없이 시장을 봐야 하는 상황에 대해 아무것도 모른다. 정리하지 않은 부엌이나 세탁기에 들어가야 할 빨래가 산더미처럼 쌓여 있는 모습, 아직 처리하지 못한 은행 계좌 이체, 직장과 가정 사이를 오가며 겪는 갈등은 그림에서 하나도 찾아볼 수 없다. 미화된 신의 어머니는 여성의 삶을 어렵게 만들며, 실제 어머니들이 실패할 수밖에 없다는 것을 보여줄 뿐이다. 아이를 안고 있는 마리아상은 수백 년에 걸쳐 큰 소리로 말하지는 않았지만 모든 여자가 바라마지 않던 기대치였다—어머니가 되고, 조용히 지내고, 내면의 여유와 조화를 통해 빛을 발하라. 이런 그림은 여성의 부자유를 시멘트처럼 탄탄하게 고착시켰다고 할 수 있다. 여성에게 요구하는 것들이 점점 더 혹독해지고 있다. 날씬해야 하고, 매력적이어야 한다. 남자들이 갖고 싶어 해야 하고 성공해야 한다. 높은 지

루카스 크라나흐(Lucas Cranach, 1472~1553: 독일의 화가—옮긴이): 〈자비로운 마리아 힐프〉(인스부르크 대성당의 성찬대), 1537.

위에 있으면서 교육도 잘 받아야 하고, 어머니이자 연인이어야 하고, 똑똑하고 예리하지만 그럼에도 온화해야 한다. 그야말로 Y염색체가 입고 있는 회색빛 옷과는 놀라울 정도로 다른 특징이다.

여성들에게 어떤 '기대'를 하고 있느냐는 질문 자체가 이미 여성 스스로 매우 자유롭지 않기 때문에 나오는 것이다. 그러므로 기대를 채우지 못했을 때는 그야말로 슬픈 일이 되고 만다.

많은 여성이 그동안 자유는 다른 사람의 기대와 바람이라는 족쇄를 내려놓을 때 비로소 시작된다는 사실을 인식하게 되었다. 이럴 경우 자식들에게 고함을 치든 광고에서 비즈니스 우먼으로 미소를 짓든 그런 것은 중요하지 않다.

진정한 여성 해방이란 오늘날에도 여전히 남성 우위적인 구조를 정당하게 비판하는 것 이상이다. 진정한 여성 해방이란 다른 사람을 희생시켜 가며 살지 않는 세상을 위해, 한 부류는 기대를 하고 다른 부류는 그 기대를 충족시키지 않는 세상을 위해 의식적으로 노력하는 것이다.

우리는 비현실적인 모범 따위는 필요하지 않으며, 대체로 잘 돌아가고 기능을 발휘할 수 있는 삶의 모델이 필요할 뿐이다. 복잡하고 계속 변하는 세상에서 모든 여자와 남자에게 공평한 기회를 제공하는 조건을 갖춘 환경이 필요할 뿐이다.

이렇듯 더 좋아진 세상은 그냥 선물로 주어지는 게 아니다. 우리는 적극적으로 이런 세상을 만들어나가야 하고, 이를 위해 투쟁해야 한다. 마리아는 더 이상 침묵하지 않고, 기대를 충족시키려 노력하지 않는다. 아주 좋아요!

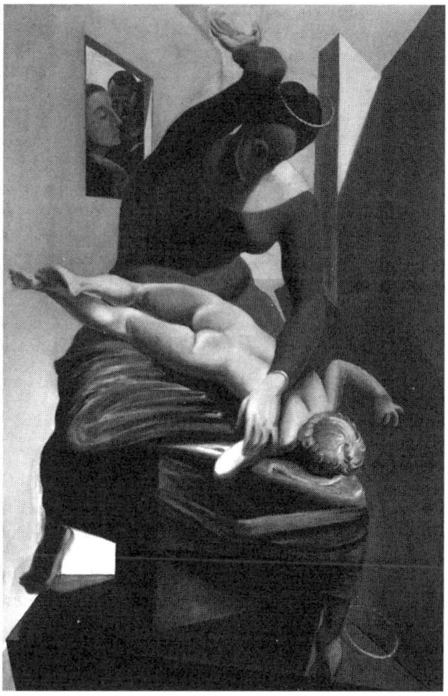

막스 에른스트(Max Ernst, 1891~1976: 독일의 화가, 조각가—옮긴이): 〈성모가 3명의 목격자 앞에서 아기 예수를 벌주다(앙드레 브르통(André Breton: 프랑스의 초현실주의 시인—옮긴이), 폴 엘뤼아르(Paul Éluard: 프랑스의 초현실주의 시인—옮긴이), 화가 자신)〉.

05

마법

디지털 마법에 대하여

자율적인 기계

마치 데자뷔처럼 나는 과거 자동차 운전 교습소에 와 있는 느낌이 들었다. 그런데 이번에는 독일의 유명 자동차 기업이 제작한 자율 주행 시험을 위한 자동차 운전석에 있었다.[1] 동승자 좌석에는 개발 엔지니어 프랑크가 앉아 있었는데, 그는—만약 무슨 일이 일어나면—언제라도 개입해서 교습소의 선생처럼 브레이크와 가속 페달을 밟을 터였다.

사용법에 대한 설명을 간략하게 들은 뒤 하노버 시내에서 힐데스하임(Hildesheim) 방향 고속도로 A7으로 갔다. 프랑크와 나 사이에는 커다란 컴퓨터 디스플레이 판이 반짝거리고 있었다. 이 테스트 자동차의 트렁크는 전기 장치로 가득 차 있어 아주 작은 짐조차도 넣을 수 없다. 간격을 탐지하는 센서와 레이더 센서, 레이저 스캐너와 다양한 카메라가 쉴 틈 없이 주변을 탐지하며 움직이는 물체의 진로를 계산하고, 방해물이 무엇인지 알아내는 방식으로 시험용 차량을 통제했다.

나는 우선 수동으로 고속도로 진입로까지 운전했다. 그리고 잠시 후 핸들에 있는 2개의 버튼을 동시에 눌렀다. 그러자 전면 유리를 따라 쭉 붙어 있는 LED 띠에서 녹색불이 켜지며 핸들이 들어갔다. 나는 손을 떼고 발도 페달에서 뗐다.

자동차는 처음엔 시속 130킬로미터를 유지하더니 앞에 가는 트럭을 추월하기 시작했다. 그리고 깜빡이를 켜더니 유령과 같은 추월 작전을 펼쳤다. 나는 잔뜩 긴장한 채로 핸들의 움직임을 관찰하고 계속해서 백미러를 쳐다보았다. 자식들을 태우고 운전을 할 때면 우리 부모님에게도 이런 경련 상태 비슷한 것이 엄습했으리라. 이런 운전은 자식보다 부모님에게 더 큰 스트레스를 안겨준다. 자식들이 직접 운전을 해도 안심할 때까지는 세월이 좀더 흘러야 한다.

"긴장 풀어. 잘되고 있는데 뭘." 프랑크가 말했다.

추월을 마친 자동차는 다시 오른쪽 차선으로 들어왔다. 나는 비상시에 재빨리 직접 핸들을 잡기 위해 계속 스탠바이 상태를 유지했다. 센서들이 주변을 정확하게 해석한다고 어떻게 믿을 수 있단 말인가? 만약 햇빛이 이상하게 반사되어 방해물이 있는 것처럼 감지되고, 그래서 센서가 브레이크를 잡는다면? 방해물이 배경과 색깔로는 전혀 구분이 안 되면 어떻게 하지? 자동차가 그런 것을 간과한다면? 내가 자율 주행 자동차를 시운전하고 몇 달 후 자율 주행하는 테슬라(Tesla) 자동차가 방향을 틀어 회전하던 트럭과 충돌했다.[2] 트럭의 측면은 흰색이었고, 센서가 이를 밝은 하늘과 구분하지 못하는 바람에 브레이크를 밟지 않았던 것이다. 공식적으로는 운전자의 잘못이라고 나왔다. 그가 너무 빠르게 운전했다는 것이다.

트렁크 속에 들어 있는 컴퓨터의 알고리즘이 어떻게 우리가 달리는 노선을 계산하고, 길을 측정하고, 주변 자동차들과의 간격을 알아내는지 나는 머릿속으로 그려보았다. 만일 프로그래머의 컨디션이 안 좋아서 소프트웨어가 갑자기 멈춰버리고 자동차가 미친 것처럼 군다면 어떻게 하나? 여전히 내 옆에 앉아 있는 프랑크가 바로 증거다. 요컨대 인간에게 결정권이 있고, 문제가 생기면 개입할 수 있다는 증거 말이다. 여하튼 핸들 없는 자동차가 나오려면 얼마나 걸릴까?

나라면 추월했을 텐데 자동차는 차선이 빌 때까지 기다렸다. 다른 차량과의 간격도 충분히 유지했다. 우리가 차를 타고 가는 동안, 아니 좀 더 정확히 말하면 자동차가 우리를 싣고 가는 동안, 나는 우리 인간이 운전을 하며 얼마나 세심하게 주위를 관찰하고 또 이런 관찰이 결정을 내리는 데 얼마나 영향을 주는지 깨달았다. 우리는 예를 들어 한참 앞서 달리던 트럭이 추월하기 위해 차선을 벗어나면, 바로 앞에서 달리는 차량이 조금 전보다 천천히 갈지 여부를 예측한다. 하지만 자율 주행 자동차는 센서와 신호만 해석하므로 직접적인 환경만을 파악한다. 바로 근처에 있는 사실은 훨씬 더 정확하게 계산하겠지만, 센서는 우리 인간에게 중요한 메타 정보를 파악하지 못한다. 요컨대 스포일러(spoiler: 자동차가 빨리 달릴 때 차체가 바닥 쪽으로 더 붙게 해주는 장치—옮긴이)와 널찍한 타이어가 달려 있는 휘황찬란한 스포츠카가 다가오면, 나는 본능적으로 공격적인 운전자일 것이라고 추측한다. 소형차를 산책하듯 모는 늙은 여성 운전자일 때와는 완전히 다르다. 어머니는 내가 처음 운전 시험을 볼 때 이렇게 주의를 주었다. "조심해. 모자를 쓰고 있는 운전자들은 특이하게 반응하거든!" 어머니의 편견은 내 머릿속 깊숙이 자리를 잡았고, 합리적 근거는 없지만 나는 요즘도 그런 운전자를 보면 특별히 더 조심한다. 우리 인간은 감정에 따라 행동하고 직감과 경험을 믿는다. 그래서 국영 방송 ARD에서 교통안전에 관한 프로그램을 제작할 때 의미심장하게도 〈7번째 감각〉이라는 제목을 붙였다. 하지만 자율 주행 차량의 세계에서는 수학과 물리적 계산만 있다. 운전하는 기쁨은 사라진 채 계산적이고 이성적인 행동만 있을 뿐이다.

몇 킬로미터 달리자 나는 그만 익숙해져서 더 이상 교통 상황을 살피지 않고 자율 주행에 맡겼다. 질서 정연한 고속도로에서 이 시스템은 잘 작동했지만, 책임은 당연히 운전자에게 주어진다. 1968년 교통법에 관한 빈 협정[3]은 많은 국가가 인준한 국제법적 협약인데, 자동차에 대한 책임을 정해두었다. 예를 들어 마차에 관한 부분도 있다. 8항에서는 다음과 같이 규정한다. "모든 운전자는 지속적으로 자신의 차량을 통제해야 하고 혹은 동물을 관리해야 한다." 하지만 어느 날 자율 주행 자동차가 일상이 된다면, 책임을 누가 떠맡아야 할까? 차를 탄 사람은 목적지만 얘기하고, 나머지는 모두 기술이 알아서 할 텐데 말이다. 사고가 나면 또 어떻게 할까? 자율 주행 자동차가 어떻게 결정해야 한단 말일까? 차를 타고 있는 사람 위주로? 아니면 공공을 우선해서 결정해야 할까?

이런 질문의 배후에는 윤리 이론의 기본적 의문이 숨어 있다. 즉 그럴 경우 상대의 목숨을 차감해 계산해도 되는 것일까? 7명의 목숨을 구하기 위해 한 사람을 희생시켜야만 할까?

이와 같은 철학적 의문을 '광차(鑛車: 광석을 실어 나르는 뚜껑 없는 화차—옮긴이) 문제'라고 부르는데, 1960년대 영국 철학자 필리파 풋(Philippa Foot)이 만든 용어로 내용은 이러하다.

전차 한 대가 통제할 수 없는 상황에 빠져 5명이 치일 수 있는 급박한 상황이 벌어졌다. 그런데 선로 스위치를 사용해 선로를 바꿀 수 있다. 불행히도 이 선로에는 다른 한 명이 있다. 5명의 목숨을 살리기 위해 한 명을 희생시켜도 될까?

이 질문에 대해 철학자와 법학자들은 수십 년 동안 원칙적이고 추상적인 대답을 해왔다. 지금까지는 주로 생각을 실험하는 차원에 머물렀지만, 자율 주행 자동차가 등장함으로써 구체적으로 행동해야 한다는 압박감이 생길 수 있다. 자율 주행 차량에 찬성하는 사람은 훌륭한 근거를 내세워 그런 주장을 뒷받침한다. 즉 이런 차량은 미친 듯이 달리지도 않고, 음주 운전도 하지 않으며, 핸들을 잡은 채 졸지도 않고, 운전하면서 화장을 하지도 않는다는 것이다. 세계보건기구에 따르면 오늘날 교통사고로 사망하는 사람은 전 세계적으로 매년 125만 명에 달한다.[4] 대부분은 사람이 실수를 해서 일으킨 사고 때문이다. 그들은 자율 주행 차량을 투입함으로써 많은 사람의 목숨을 구할 수 있다고 주장한다. 하지만 앞서 언급한 윤리적 딜레마는 어떻게 해결할 것인가?

얼마 전 나는 자동차업계 소속의 한 싱크탱크 행사장에서 과학자 이야드 라완(Iyad Rahwan)을 만났다. 그는 시리아의 알레포(Aleppo) 출신이지만 지금은 유명한 '매사추세츠 테크놀로지 연구소'의 미디어 실험실(Media Lab)에서 일하고 있다. 그는 동료들과 함께 이른바 '말하는 윤리 기계'라는 것을 개발하고 있었는데, 이는 설문에 참여한 사람들이 허구적 상황에 처했을 때 어떻게 대처하는지 조사하는 플랫폼이다.[5] 이와 같이 머리로만 생각하는 놀이에서 자율 주행 자동차는 딜레마 상황을 제공한다. 알고리즘은 어떤 사람에게 피해를 줘야 하는가라는 음산한 결정을 내려야만 한다.

상황의 출발점

당신이 달리고 있는 차선 맞은편에서 트럭이 다가오고 있다. 충돌은 피할 수 없다. 당신은 두 가지 가능성밖에 없다.

a) 계속 직진해서 트럭과 충돌한다. 그렇게 하면 분명 당신은 죽을 것이다.

b) 핸들을 꺾으면 한 아이를 치고, 그 대신 당신은 살아남을 수 있다.

이 프로젝트를 소개하는 인터넷 사이트에 들어가 보면 이런 종류의 시나리오를 발견할 수 있는데, 설문 조사에 참여한 사람은 매번 어떤 결정을 내릴지 선택해야 한다. 어떤 경우에는 한 사람의 목숨과 한 그룹의 목숨을 비교해야 하고, 또 다른 경우에는 한 아이와 충돌할지 혹은 어른과 충돌할지 선택해야 하고, 신호등이 초록불일 때 사거리를 건너는 사람 한 명과 빨간불에 건너는 두 명 중에 선택해야 한다. A 또는 B? 자율 주행 차량의 알고리즘은 주어진 상황에서 어떻게 반응할까?

이야드는 폭넓은 의사 표시를 바탕으로 일반적인 윤리적 원칙에 대한 알고리즘을 프로그래밍할 수 있을지 조사해보기 위해 전 세계에서 대학생 수천 명의 결정을 수집했다.[6] 지금까지 나온 결과에 의하면, 우리 가운데 아주 많은 다수가 공공의 이익을 우선시한다고 한다. 비록 그 같은 상황에서 운전자가 불이익을 당하더라도 말이다. 흔히 인간은 매우 이기적으로 행동한다고 가정하지만, 실제로는 훨씬 이타적이다.

이야드 라완은 자신의 조사를 통해 전 세계에서 논쟁이 펼쳐지길 기대했는데, 이는 자율 주행 차량이 윤리적 문제를 초래하기 때문이다.[7] 하지만 윤리적 측면을 기술적 시스템으로 모방할 수 있을까? 만일 사람들의 의견을 통해 결정해야 한다면, 어떤 원칙으로 그렇게 할 수 있을까? 미래에는 프로그래머가 삶과 죽음을 결정하고, 그 결과에 대해 개인적 책임을 지게 될까? 언젠가는 기술적 장치에 책임이 있다고 하게 될까?

고대 그리스 시대에는 매년 6월부터 7월 초에 '황소 살해'라고 알려진 부포니아(Buphonia) 행사를 개최했다. 사람들은 보리 과자와 밀 과자를 제우스 신전의 제단 위에 내려놓은 다음, 황소를 그 제단 주변으로 몰았다. 그리고 과자를 먹기 위해 제단에 제일 먼저 올라간 황소를 도축했다. 요컨대 제물이 스스로 선택하는 것이다! 이 의식을 위해 도끼와 칼을 잘 갈아 도축업자 손에 쥐어주었다. 희생된 황소는 껍질이 벗겨지고, 고기는 축제에 참석한 사람들이 나눠 먹었다.

이어서 황소를 죽인 범인을 가려내는 '재판 절차'를 진행했다. 이때 사람들은 다른 이에게 책임을 떠넘겼다. 우선 도축할 도구를 날카롭게 갈기 위해 물을 떠온 여자들부터 비난을 받았다. 하지만 여자들은 칼과 도끼를 간 사람들에게 책임을 떠넘기고, 이들은 다시 도축업자들에게 칼을 건네준 남자들에게 책임을 전가했다. 그리고 도축업자들은 도끼와 칼을 탓했다. 물론 도끼와 칼은 침묵했다. 재판장은 마지막으로 도구들에게 유죄판결을 내리고, 사람들은 그 벌로서 도끼와 칼을 바다에 내던졌다.

오늘날의 시각에서 보면 사물에게 유죄를 내리는 이런 판결은 터무니없는 것처럼 여겨진다. 하지만 만일 이런 사물이 스스로 결정을 내린다면 어떨까? 복잡하게 연결되어 누구에게도 책임을 지울 수 없는 날, 우리는 차량에 유죄 선고를 내릴까? 기술 체계가 점점 복잡해짐으로써 어쩌면 고전적 의미의 책임이라는 문제가 사라지는 것은 아닐까?

민간 세계에서 답을 찾는 동안, 군대는 이미 위험한 한계를 넘어버렸다. 희생물을 직접 골라서 죽이는 킬러 드론에 대한 구상은 더 이상 과학소설이 아니다. 이미 미군의 무인 탑승 드론이 아프가니스탄과 파키스탄에 투입되었다. '조종사'는 중앙통제실에서 안전하게 앉아 수천 킬로미터 떨어져 있는 사람들을 죽인다. 아직 드론을 직접 조작하는 것은 사람이지만, 미래 세대는 이렇듯 살인적인 비행 물체를 자율 조종되도록 만들지 않을까? 이 장치가 언젠가 자유롭게 목표물을 직접 찾아 발사하게 될까?

인정사정도 없이? 몇 년 후면 그런 전환기를 겪게 될 것이라고 두려워하는 사람이 많다. 이런 킬러 로봇이 도입되면 엄청난 결과를 초래할 것이다. 국가는 자국 군인을 투입하지 않고도 공격할 수 있으므로 전쟁을 벌일 기회가 더 많아질 것이기 때문이다.

《위험한 대가(A Dangerous Master)》라는 주목할 만한 저서의 저자 웬들 월러치(Wendell Wallach)[8]는 자율적인 무기를 금지해야 한다고 주장함으로써 관련 법안의 통과에 대한 미국 대통령의 주의를 환기시켰다. 전 세계에서 그와 같은 킬러 로봇을 금지하라는 요구가 점점 더 늘고 있다.[9] 나는 윤리와 자율권에 관한 주제로 열린 학회에서 웬들 월러치와 토론한 적이 있는데, 이때 그는 매우 기본적인 생각을 토로했다. "기계에는 구분하는 능력도 없고, 공감 능력도 없으며, 민간인 희생자와 군의 목표 달성 사이를 고민해서 중요한 결정을 내릴 능력도 없어요. 킬러 로봇은 그 자체로 불행입니다. 그것들이 기계이기 때문이 아닙니다. 킬러 로봇의 행동을 예견할 수 없고, 완전히 통제하기도 어렵고, 자율 기계의 행동에 대한 책임을 누가 질지 결정하기란 불가능하기 때문이지요. 기계에 삶과 죽음을 결정하는 전권을 위임하는 것은 비윤리적입니다. 기계는 자신의 행동에 대해 책임을 질 수 없기 때문입니다."

고대 그리스 시대의 부포니아 행사와 달리 현대의 문제는 간단한 해결책이 없다. 우리는 우리 자신을 금치산자로 만들지 않고 기술에만 책임을 지울 수 없다. 킬러 로봇의 무책임은 기본 원칙과 모순된다. 예를 들어 자율적인 무기는 민간인을 공격하고, 동료 군인을 죽이거나 부상을 입히고, 과도한 공격을 감행할 잠재력을 갖고 있다. 그와 같은 행동은 국제형사재판소의 로마 조례에 따르면 전범에 해당한다.[10] 그러나 우리 인간과 반대로 기계는 법적 의미에서 자신이 한 행동에 책임을 지지 않는다. 기계는 악의에 차서 행동하지 않으며 자유로운 결정에 따른 것도 아니다. 파괴적 잠재력과 책임을 전혀 질 수 없는 상태 사이의 이런 불균형은 용납할 수 없다.

하지만 혁신은 우연이 아니다. 킬러 로봇도 하루아침에 나오지는 않았다. 이는 자연적 발전의 결과물이 아니라, 의식적으로 선택한 과정의 결과물이다. 군인·기업가·정치가들이 프로젝트를 만들고, 비용을 허락하고, 법을 만든다. 흔히 우리 사회가 진정으로 원하지 않는데도 군비 증강과 상업적 이익이 경쟁하듯 비정상적으로 그런 프로젝트를 진행할 때도 많다. 투입한 뒤에야 비로소 후회했던 화학 무기나 핵무기와 달리 이번엔 더 빨리 행동해서 금지 조항을 만들어야 한다.

물론 살해 목적으로만 프로그래밍한 살인 기계와 시민이 타고 다니는 자율 주행 차량 사이에는 근본적으로 차이가 있다. 하지만 핵심을 들여다보면 동일한 문제에 직면한다. 우리는 기계에 책임과 윤리적 결정권을 위임할 수 있을까? 2개의 숫자로만 구성되어 있는 프로그램에 윤리적 책임을 떠넘길 수 있을까? 이에 대한 답은 대체로 우리 자신을 보는 시각이 어떻게 바뀌느냐에 달려 있다. 단지 계산만 하는 이성적 알고리즘에 따라 작동하는 장치는 복잡하고 때때로 모순적인 인간과 근본적으로 다르다. 우리는 많은 경우 상당히 비이성적으로 행동하며, 바로 이와 같은 점이 우리를 '인간적'으로 만든다. 우리는 은혜를 베풀 수 있고, 용서할 수 있으며, 약한 사람을 돌보고, 심지어 다수를 위해 개인을 희생하는 것을 용납할 수도 있다. 우리는 인간으로서 언젠가 죽는다는 사실을 의식하고 있으며, 다른 사람의 행복을 위해 나를 희생할 수도 있다. 이야드 라완이 실시한 조사의 결과를 보면, 우리는 완전히 이성적으로만 행동하려 하지도 않고, 그렇다고 완전히 이기적으로만 행동하길 원하지도 않는다.

우리는 은근히 우리 같은 기계를 만들면 좋겠다고 생각할 수도 있다. 하지만 여기에도 문제가 도사리고 있다. 인간적 장치는 예견할 수 없을 것이고, 이들의 행동은 복사할 수 없고, 태도 역시 이성적이지만은 않을 것이다. 이들은 언제라도 우리를 깜짝 놀라게 할 수 있다. 인간을 닮은 기계는 프로그램에 따라서 전혀 이성적이 아니게 행동할 수 있기 때문이다.

핵심으로 들어가면 우리는 아주 오래된 질문을 만난다. 사람들이 늘 던져왔고 당대에 따라 대답이 달랐던 질문이다. 무엇을 인간이라 할 수 있는가? 아리스토텔레스에게 인간은 이성적 존재(zoon logon echon)였다. 요컨대 이성을 통해 동물과 구분되는 생명체다. 이마누엘 칸트, 토마스 폰 아퀴나스 혹은 마르틴 하이데거 같은 철학자도 동일한 질문을 던졌고, 우리가 우리 자신을 보는 시각을 정교하게 만들어주었다. 오늘날에 이르러 인간이라는 존재가 무엇으로 이루어져 있는지 새삼 생각하게 만든 것은 바로 마법의 기계다. 이제 우리는 지적인 기계와 우리를 구분하는 것이 무엇인지 생각해야 한다. 이 단계에서 우리는 인간의 유일무이한 특징이 무엇인지 모색하지만, 답은 이미 주어져 있다. 즉 우리는 기계가 아니고, 기계는 인간이 아니다.

인과관계의 끝

그 아래에는 카리브디스가 잠복하고 있거늘,
바닷물을 삼키는 여신이…….

-호머, 《오디세이》, 12번째 노래

우리 조상들의 세계는 신, 유령과 악마 그리고 운명을 좌우하는 그들의 힘으로 가득했다. 해와 달, 비, 번개와 가뭄은 인간이 따를 수밖에 없던 초자연적 힘이었다. 탄생부터 죽음까지의 순환은 다른 힘에 의해 조종되는 세계와 연관이 있었다. 나무들이 말을 했고, 불어오는 바람은 어떤 때는 자비로운 듯하고 또 어떤 때는 사악해 보였다. 현실과 영혼의 세계는 구분되지 않은 채 서로 엉킨 전체인 것 같았다. 초기 사회는 신이 자신의 삶에 영향을 준다고 확신했으며, 결정하는 자유 대신 운명이 있었다. 고대 전설의 세계에서 오디세우스는 운명을 거슬렀지만, 마지막에 깨닫는다. 자유롭게 선택한 행동이었지만 결국은 미리 정해져 있던 자신의 운명이었다는 사실을 말이다. 사람들은 자비를 얻기 위해 신에게 희생했고, 기도를 올렸고, 의식 속에 들어 있는 보이지 않는 것을 존중했다. 지상에서의 삶은 단지 파악할 수 없는 무한한 세상에서 속눈썹을 한 번 깜빡이는 것에 불과했으므로.

1497년 7월 8일, 네 척의 배가 총 160명의 선원을 싣고 리스본에 있는 레스텔로(Restelo) 항구를 떠났다. 기함(旗艦) 나우 사오 가브리엘호(Nau São Gabriel)의 사령관은 바스쿠 다가마(Vasco da Gama)였다. 탐험을 위해 포르투갈에서 최고의 선원과 항해사들이 동행했다. 다가마는 희망봉을 돌아 인도로 가는 바닷길을 개척하고자 했기 때문이다. 그 결과 아랍 상인들의 독점이 무너졌고, 포르투갈은 어마어마한 부를 거머쥐었다. 선박은 바람을 더 잘 이용하기 위해 아프리카 해안에서 멀리 떨어진 코스로 항해를 했다. 처음에는 남서쪽으로 가다가 나중에는 남쪽으로 갔다. 희망봉으로 가는 동안 다가마와 선원들은 바다에서 13주를 보냈다. 이는 그들에 앞서 바다를 항해한 유럽의 모든 배보다 긴 기간이었다. 콜럼버스가 5년 전 닻을 올렸을 때보다도 더 길었다.

선원들에게 이 여행은 고통 그 자체였다. 그들은 몸이 약해지고, 피로를 호소하고, 손과 발이 부어올랐다. 시간이 지나자 치아가 빠지고, 상처는 더 이상 낫지 않아 온몸에 시커먼 피 딱지가 앉았다. 고향으로 돌아오는 길에는 많은 선원이 죽었다. 다가마는 끌고 간 배 중 하나인 사오 라파엘호(São Raphael)를 소각해버렸다. 모든 배를 움직일 정도로 충분한 선원이 없었기 때문이다. 1499년 9월 초 탐험대는 마침내 고향의 항구인 리스본에 도착했다. 이 탐험에서 살아남은 선원은 55명. 나머지 선원은 그토록 두려워하던 괴혈병에 걸렸다. 비타민 C가 부족해 생기는 병인데,[11] 걸리면 죽은 목숨이나 다름없었다. 연대기를 읽어보면 선원들은 과일을 그렇게 먹고 싶어 했다는데, 아무도 배를 탔을 때 걸리는 질병과의 연관성에 대해 몰랐다고 한다. 바다에서 오랫동안 지낼 경우 많은 선원이 걸리곤 했으므로 전염병이 아닌지 의심했을 뿐이다.

괴혈병은 어떤 깃발을 달고 항해하든 상관없이 모두가 걸릴 수 있는 병이다. 그런데 훗날 영국 해군을 보면 이 질병으로 죽은 병사가 에스파냐나 프랑스 군대와 싸우다 죽은 인원보다 많았다. 영국 해군 소속 군의관이던 제임스 린드(James Lind)가 의학 역사상 최초로 통제된 종합 병원에서 실험을 거쳐 효과 좋은 치료제를 발견하기까지는 그로부터 거의 250년이 걸렸다.[12] 《괴혈병 치료에 관하여(A Treatise on the Scurvy)》라는 저서를 읽던 중 당대의 편견과 전통을 극복하기 위해 어떤 세심함이 요구되는지 깨달았던 것이다. 그는 그 시대의 지식을 체계적으로 모아 분류했다. 그리고 훗날 "이 주제가 분명하게 드러나기 전까지 엄청나게 많은 쓰레기를 버려야만 했다"고 자신의 논문에 썼다.

1747년 5월 20일 제임스 린드는 솔즈베리호(Salisbury)의 갑판에 올랐다. 괴혈병을 앓고 있는 12명의 선원을 치료해야 했기 때문이다. 그는 우선 선원을 여섯 그룹으로 나누고, 그들이 식사와 곁들여 섭취하는 다양한 음식의 효과에 대해 검사했다. 첫 번째 그룹은 사과주를, 두 번째 그룹은 황산을, 세 번째 그룹은 식초를, 네 번째 그룹은 바닷물을 마시게 했다. 다섯 번째 그룹은 양념을 넣은 파스타와 보리물을 먹였다. 마지막 그룹은 매일 오렌지 2개와 레몬 한 개를 먹도록 했다. 그리고 이들의 건강 상태를 매일 체크했다. 며칠 후 몇몇 환자의 상태가 눈에 띄게 좋아졌다. 매일 오렌지와 레몬을 먹은 환자들이었다. 6일이 지나자 그중 한 명의 선원은 배에서 일을 다시 해도 될 정도로 완전히 건강을 되찾았다.

이런 실험을 통해 린드는 오로지 객관성과 체계라는 기준만으로 효과 좋은 치료제를 발견했고, 이와 동시에 전통으로 내려오던 치료법과 이론을 벗어던질 수 있었다. 그의 체계적인 작업은 항해에 가히 혁명적 의미가 있었다. 물론 이후의 탐험대에도 큰 영향을 미쳤다. 제임스 쿡이 준수하지 않으면 벌을 주겠다고 위협하면서까지 선원들에게 매일 소금에 절인 양배추와 레몬즙을 제공하지 않았다면, 몇 년 후 선원 전체를 잃었을지도 모른다. 그의 선원은 단 한 명도 괴혈병으로 죽지 않았다.

이로부터 대략 100년이 지난 후 존 스노(John Snow, 1813~1858: 영국의 외과 의사—옮긴이)는 런던에서 콜레라의 진행을 연구했다. 그는 콜레라가 식수에 있는 생명체로 인해 발생한다는 가설에서 출발했는데, 이는 당대의 지배적 이론과 어긋나는 것이었다. 요컨대 당시에는 콜레라 같은 질병은 증기와 나쁜 공기로 인해 퍼진다는 포말전염설(miasma theory)이 지배적이었다. 스노는 런던에서 콜레라에 걸린 집들의 상태를 체계적으로 기록하기 시작했다. 그리고 이로부터 넓은 길에 있는 우물 인근에서 사망 건수가 많다는 사실을 밝혀냈다. 그가 우물의 손잡이를 제거하도록 하자 전염병이 잦아들었다. 이때부터 사람들은 유럽 전역의 대도시에서 폐수 처리장과 물 처리 시설물을 건설하기 시작했다. 기본적인 위생 조치가 시민의 사망률을 놀라울 정도로 낮추었고, 이는 오늘날까지 의료 분야에서 가장 큰 성공을 거둔 조치로 기록되어 있다.

원인과 결과는 항상 관계가 있을 것이라는 확고한 신념은 혁명이라고 할 수 있을 정도의 발전에 이바지했다. 유령과 미심쩍은 이론으로 가득했던 불명료한 세계가 이제 인과론이라는 원칙으로 대체되었다. 코흐(Koch)의 공리에서처럼,[13] 기생충과 이 기생충이 사는 곳 사이의 '원인-결과' 관계를 확립함으로써 질병을 일으킬 수도 있는 원인을 테스트하고 폐결핵, 콜레라 또는 흑사병 같은 위험한 박테리아를 많이 발견해낼 수 있었다. 과학자들은 현미경, 일람표, 필터, 증류 장치와 엑스레이를 통해 초자연적 힘이 존재한다는 수천 년 된 믿음과 싸웠다. 기적은 과학으로 인해 쫓겨나고, 효과적으로 병을 고쳐준 과학이 결국 승리를 거두었다. 한때

신이 내린 벌로 간주하던 흑사병도 나병, 장티푸스, 폐결핵, 탄저병과 마찬가지로 박테리아 때문이었다. 실험실에서 약품과 병을 치료하는 약을 만듦으로써 전염병이 퇴치되었다. 중세 시대에 흑사병 환자를 담당하던 이류 의사들이 기도, 유황 증기와 추방 의식으로 이룰 수 없던 것을 알약 몇 개를 복용함으로써 해결한 것이다. 병을 낫게 해주는 유령이 있다는 믿음은 복용약과 주사로 인해 흔들렸다. 현대 과학은 훌륭한 효능을 통해 미신을 이겼고, 새로운 법칙은 계몽된 세상의 주요 원칙이 되었다.

원인과 결과는 현대의 법치 국가에서도 꽃을 피웠고, 그리하여 사람들은 어떤 형태든 자의와 미신을 억압했다. 범인과 행위는 객관적 인과 법칙에 부합해야만 했다. 비록 '죄'에 대한 우리의 시각이 시간이 흐르면서 확장되었음에도—가령 환경, 범행을 저지르기 전의 사연, 외적인 조건의 영향 같은 점을 고려해 '죄'를 좀더 폭넓게 이해하게 되었으나—결국에는 원인과 결과라는 원칙으로 판결을 내린다. 마녀 사냥의 시대는 이제 지나간 것이다.

그동안 인과 법칙은 슈퍼마켓 계산대에서 의학에 이르기까지 삶의 모든 영역에서 중요해졌다. 새롭게 시장에 내놓을 모든 의약품은 여러 차례의 연구를 통해 새로운 약효 성분이 정말 질병에 도움을 준다는 사실을 증명해야만 한다. 외부적으로 영향을 미칠 수 있는 것은 완벽하게 차단된다. 병원에서 실험할 경우 사람들은 이른바 '이중맹검법(double-blinded experiment)'으로 비교를 한다. 설명하자면 환자에게 플라시보 효과(Placebo effect: 의사가 효과 없는 가짜 약 혹은 꾸며낸 치료법을 환자에게 제안하고, 환자는 긍정적인 믿음으로 인해 병세가 호전되는 현상—옮긴이)를 통제하기 위한 목적으로 약을 무작위로 나눠준다. 이때 환자는 물론이고 의사조차도 누가 어떤 성분을 섭취했는지 모른다. 그래서 이중맹검법이라는 이름이 붙었다. 오로지 객관적으로 증명된 효과만 중요한 것으로 간주하며, 이는 플라시보 효과를 뛰어넘어야만 한다.

하지만 현대의 치료법에도 영업적 행위와 과장된 약속이 섞여 있다. 많은 중환자가 엄청나게 힘든 과정을 참아내다 결국 온갖 전선이 달려 있는 장치에 연결된 채 집중치료실에서 외로이 죽음을 맞이한다. 그토록 기적 같았던 의학은 많은 사람에게 꺼져가는 순간조차 삶을 허락하지 않는 것처럼 보인다. 엄청난 진보가 우리를 더 오래 살게 했지만, 기술과 냉정한 의학을 통해 그저 나약하고 외로운 상태가 더 이상 참을 수 없는 상황으로 연장되기만 하는 것 아닐까 걱정하는 사람도 늘어나고 있다. 미국의 의사 아툴 가완디(Atul Gawande)는 주목할 만한 저서 《어떻게 죽을 것인가(Being Mortal)》에서, 1945년까지 미국인 대다수는 집에서 사망했다고 보고한다.[14] 그런데 1980년대에 이 비율은 17퍼센트에 불과하다. 이처럼 오늘날에는 대부분의 사람이 병원, 말기 환자 치료소, 호스피스와 양로원에서 사망하고 있다. 과거에는 자연스럽게 맞이할 수 있었던 죽음이 이제는 의학적 과정이 되어버린 것이다.

그런가 하면 막강한 의학에 실망하는 사람들도 있다. 의학은 병을 낫게 해준다고 과장된 약속을 하지만 다만 한정된 경우에만 치료할 수 있는 까닭이다. 암 같은 질병은 온갖 노력을 기울이더라도 빨리 낫지 않는다. 심지어 과도하게 진단을 내리는 경우도 허다하다. 위험을 연구하는 독일 심리학자 게르트 기게렌처(Gerd Gigerenzer)는 증거를 댈 수 있는 여러 가지 통계를 바탕으로 엑스레이 촬영의 의미에 대해 의문을 제기했다. 요컨대 유방암 검사를 위해 규칙적으로 엑스레이 촬영을 하는 1000명의 여자 가운데 딱 한 명에게서만 목숨을 위협할 수 있는 악성 종양을 발견했다고 한다. 이런 촬영의 배후에는 잘못 내리는 경고와 과도한 진단이라는 행동이 숨어 있다. 1000명 가운데 100명은 10년 이내에 적어도 한 번은 잘못된 경고를 받을 수 있기 때문이다. 암에 대한 의심은 이와 같은 심리적 부담이 되고, 좀더 자세히 판별하기 위해 이어지는 고통스러운 검사 때문에 그야말로 완전히 지쳐버릴 수 있다. 아직도 여전히 1000명의 여자 가운데 5명이 유방암이 의심스럽다는 이유로 신속하게 유방암 환자가 되어버린다. 조용하게 있는 종양과 공격적으로 자라나는 암을 구분할 수 없기 때문이다. 이들 여성 대부분은 살아생전 자신이 유방암에 걸린 줄도 모르고 살 수 있지만, 화학 요법과 수술을 통해 심각한 부작용에 시달려야만 한다. 엑스레이를 찍어서 생명을 구한 여성 한 명이 있는 데 반해 엑스레이를 찍는 바람에 확실하지도 않고 그래서 굳이 필요하지도 않은 유방암 치료를 받느라 고통과 괴로움을 감수해야 하는 5명의 여성이 있다는 얘기다. 불필요한 진단은 실제로 전혀 유용하지 않으면서 어마어마한 손상만 일으킨다.

기초적 위생, 항생제와 대대적 접종은 놀라운 승리를 거두었지만 하이테크 의료는 점차 한계에 부딪히고 있다. 어쩌면 그런 성공이 많은 사람으로 하여금 의학에 거는 기대치를 너무 높게 만들어버렸는지도 모른다. 진단을 더 잘 내린다는 게 결코 치료를 더 잘한다는 의미는 아니다. 병원에 가보면, 온갖 장비가 갖춰져 있음에도 우리는 죽음과 싸워 이길 수 없다는 사실을 알게 된다. 모든 수단을 동원해 목숨을 부지하는 일은 유감스럽게도 삶의 질을 깎아내리고 고통만 연장할 때가 많다.

많은 사람이 실망해서 등을 돌리고 있다. 효과가 증명되지 않은 이국적인 치료법이 점점 더 많이 등장하고 있다. 거의 모든 비타민제, 동종 요법(同種療法: 인체에 질병과 비슷한 증상을 유발시켜 치료하는 대체 의학의 일종—옮긴이), 일본의 표고버섯으로 만든 식품 보조 알약, 혹은 의심쩍은 '광선'은 객관적으로 증명할 수 있는 의학과 무관하다. 운명처럼 모순적인 말이 하고 싶어진다. 다시 말해, 점점 더 뛰어난 성능의 초음파 기구와 MRI를 개발하겠지만, 사람들은 또다시 방황하면서 알록달록한 수정 구슬로부터 병을 낫게 해주는 빛이 나오고, 이국적인 숲속에서 캐냈다는 씁쓸한 맛의 뿌리를 먹으면 병이 낫는다는 말을 믿게 될 것이다.

진보의 역설

여기에 바로 진보의 역설이 등장한다! 오늘날 우리는 우리 몸에 대해 조상들 전부가 알았던 것보다 더 많이 알고 있지만, 사물의 자연스러운 진행에 대해서는 두려움을 품거나 적어도 불편함을 느끼고 있다. 진단에 관한 방법론은 우리의 혈액을 분리하고, 작은 그룹으로 추출해 복잡한 세포 연결을 기록한다. 의사는 다시금 성직자가 되었다. 모니터를 통해 목록, 그래프, 예측 수치와 패턴에서 우리의 운명을 읽어내기 때문이다. 우리는 갑자기 겉으로는 건강한 것 같은데 끔찍한 운명이 엄습한 것 같은 상황을 경험한다. 물론 확실하지는 않지만, 위험성이 있다고 의사가 말해주기 때문이다. 이렇듯 복잡한 세상에서 많은 사람이 스스로 버려졌다고 느낀다. 모든 것을 더 이상 이해할 수 없는 탓이다. 한때 무당과 병을 치료해주는 여자를 믿었듯 우리는 다시금 뭔가를 신뢰하고 믿어야만 한다. 과거 괴혈병에 걸린 선원에게 힘을 되찾아준 레몬이나 오렌지와 반대로 값비싼 치료법은 환자들이 원하는 만큼의 효과도 없다. 인과 법칙은 세상의 복잡함으로 인해 망가졌고, 그리하여 많은 사람이 다시금 오래된 치료법에 관심을 갖고 대안 요법을 신뢰하고 있다.

의학은 우리 눈에 잘 보이지 않으며 기술, 대중 매체나 금융의 세계도 마찬가지다. 어디를 봐도 얽히고설킨 바이러스가 퍼져 있다. 겉으로는 쉽게 이용하는 것 같지만, 사실 우리는 아무것도 모른다. 은행가들은 피드백되는 '파생-알고리즘'이나 앞으로 등장할 수수께끼 같은 '블록체인(block chain) 모델'에 대해 이해하는 게 없다. 예전에는 소리만 듣고도 어디가 고장 났는지 알 수 있었지만, 요즘의 자동차 기술자는 어떤 조치를 취해야 하는지 알기 위해 고장 난 차량을 전자 장치에 걸어야 한다. 이렇게 모든 게 복잡해져서 지극히 간단한 물건조차도 이해하기 힘들다.

우리는 다시금 컴퓨터 기술자, 수리 센터, 의사와 보일러 설치 기사를 믿어야 한다. 이런 사람들은 코드와 매개 변수로 조정하는 장치를 사용하기 때문이다. 농부는 들판에 비료를 주지만 비싸게 주고 구입한 그 알갱이들이 무엇으로 어떻게 만들어졌는지 알지 못한다. 아버지와 할아버지가 농사를 지었던 똑같은 땅이지만 갑자기 새로운 것을 이해하는 데 실패한 것이다. 지식과 혁신의 폭발적 증가를 많은 사람이 자신을 무능한 자로 전락하게 만든 원인으로 받아들인다. 이들은 신뢰하는 세계로부터 떠밀려나가는 느낌을 갖는다. 불안과 불신이 퍼지고, 계몽의 빛은 은폐되고 만다.

갑자기 의심하는 사람, 기후에 대해 불안해하는 사람, 접종을 반대하는 사람 그리고 반란을 옹호하는 사람의 목소리가 높아진다. 그들은 단순한 대답을 요구한다. 진실은 너무나 파악하기 어려워 이들은 위험하기 짝이 없을 만큼 단순화하고 비이성적으로 그 진실을 대체하려 한다. 이들이 울부짖는 소리는 점점 더 커지고 있다. 이들의 목소리에서 우리는 분노를 느낀다. 그건 자신들이 이해할 수 없음으로 인해 생겨난 분노다. 이들은 무능해서 아무것도 할 수 없는 처지가 되지 않으려 투쟁하며, 미래가 자신의 세계를 갈기갈기 찢어버릴까봐 두려워한다. 미래는 단순함의 지배자를 복잡함의 노예로 만들고, 지속적인 것의 수호자를 진보에 쫓기는 사람으로 만든다. 변화가 바로 그 변화를 반대하는 물결을 만들어내는 것이다.

우리는 여전히 아무것도 들여다보지 못하는 가운데, 적어도 내부자들은 상황을 파악할 것이라고 확신한다. 생화학 전문가, 프로그래머 혹은 금융 관련 수학자는 각자 자신들만의 작은 지식의 섬에서, 한때 제임스 린드가 솔즈베리호에서 했던 인과 원칙을 이용하고 있다. 하지만 이 역시 사정은 바뀔 것이다.

이와 같은 근본적 변화는 인과성 및 상관성의 차이와 관련이 있다. 여기서는 두 가지 특징 사이에서 나오는 모든 인과성은 항상 그에 상응하는 상관성을 만들어낸다는 사실을 이해하는 게 중요하다. 하지만 반대로 상관성이 항상 진정한 인과성을 증명해주지는 않는다. 이를 설명해주는 유명한 사례가 있다. 요컨대 황새의 감소와 출생률의 감소 사이에 상관성이 있다는 것이다. 이 두 가지 수치는 비슷하게 움직이지만, 황새와 사람의 출생률 사이에는 실제로 연관성이 없다. 이는 오히려 우연일 가능성이 많다. 하지만 마치 둘 사이에 내적 연결 고리가 있을지도 모른다는 인상을 불러일으킨다. 상관성은 늘 생겨나고 깊이 생각할 수 있는 여지를 제공한다. 나는 최근 잡지에서, 키 큰 남자들이 돈을 더 번다는 기사를 읽은 적이 있다. 10센티미터 더 크면 연봉이 2000유로 더 많다는 것이다.[15] 이 기사는 거의 반쪽 정도의 분량이었는데, 근거는 전혀 제시하지 않았다. 이런 주장을 뒷받침할 인과성은 분명 없겠지만, 둘 사이의 상관성조차도 근거가 미약하다. 하지만 그런 주제에 대해 부담 없이 얘기를 나눌 수는 있다.

인과성은 인식이 매우 깊이 있다는 표현이지만, 문제를 해결하기 위해서는 상관성만 있어도 충분할 때가 많다. 괴혈병 치료 방법을 찾다가 린드는 레몬과 괴혈병 사이의 상관성을 알았다. 하지만 원래의 작용 기제, 즉 비타민 C의 역할은 이로부터 수세기가 지난 후에야 이해하게 되었다. 과학자들은 용량을 조절하거나 효과를 내는 성분을 바꾸는 방식으로 수많은 시도를 통해 자연과 질문하고 대답하는 놀이를 하면서 자신이 세운 가설을 시험한다. 그들이 가정한 작용 기제를 모든 측면에서 이해할 수 있을 때까지 말이다. 그들은 매번 시도할 때마다 나오는 수많은 상관성으로부터 효과가 발생하는 메커니즘이랄 수 있는 인과성을 끌어내고, 결국 그런 메커니즘이 작동하는 이유까지 알게 되는 것이다. 그들은 이를 통해 얻은 새로운 인식으로 또 다른 새로운 가설을 세우고, 이 새로운 가설을 다시금 시험해볼 수 있다. 이런 방식으로 지식의 나무는 성장하는 것이다.

아인슈타인의 '항성시(恒星時)'는 상대성 이론에서 나온 하나의 결과로서 거대한 질량으로 인해 광선이 구부러진다는 실험적 증거였다. 이것은 증명되기 전까지 순전히 수학적 사색으로 여겨졌고, 이미 자리를 잡았던 아인슈타인의 많은 동료는 그의 혁명적 이론을 신뢰하지 않았다. 관습과 동떨어진 실험으로 유명했던 아인슈타인은 멀리 떨어져 있는 별들의 빛은 거대한 태양의 질량으로 말미암아 구부러질 것이라고 예상했다. 1919년 5월 29일, 일식을 기념해 아인슈타인의 주장을 테스트하게 되었다. 밝은 별 무리 가운데 있는 하나의 별이 겉으로 보이는 위치는 원래 위치로부터 3600분의 1도 미만으로 벗어나 있다. 별에서 나온 빛이 어둑한 태양 가장자리를 따라 지구에 도착하면 그럴 수 있다는 것이다. 왕립천문학회 비서관이던 아서 에딩턴(Arthur Eddington) 주도 아래 아프리카 서부에 위치한 프린시페(Príncipe)섬에서 망원경으로 그와 같은 미미한 효과를 증명하고 그 오차가 아인슈타인의 예상과 일치한다는 사실을 발견했을 때, 이론물리학은 승전고를 울리며 그들의 영웅을 축하했다.

특정 물리학적 이론을 시험할 때 들어가는 비용은 무섭게 증가하고 있다. 나는 미국 루이지애나주에 있는 '레이저 간섭계 중력파 관측소(Laser Interferometer Gravitation-Wave Observatory, LIGO)'에서 탐지기로 중력파를 발견한 사람을 방문한 적이 있다. 그는 나에게 4킬로미터에 달하는 터널 2개를 보여주었다. 이 터널 안에서는 층층이 쌓인 레이저 광선, 즉 중력파가 지나갈 때 일으키는 아주 작은 광선이 변화를 잡아낸다. 스위스 제네바에 있는 CERN의 '거대 강입자 가속기(Large Hadron Collider)'는 땅속 100미터 아래 27킬로미터나 되는 길이에서 양성자가 반대 방향으로부터 오는 반양성자(Antiproton)와 충돌할 때까지 회전한다. CMS 관측기는 일종의 복잡한 샌드위치로, 그 안에는 온갖 기술뿐 아니라 자석과 관측기가 모자이크 형태로 가득 채워져 있는데, 무게가 1만 4000톤에 달한다. 이는 중거리 항공기인 보잉 737기 465대의 무게와 맞먹는다.

46개국에서 이 실험에 참여한 과학자와 기술자는 총 3500명이다. 그야말로 전문가 중 전문가로 이뤄진 개미 연구단이 아닐 수 없다. 이들은 힉스 입자(Higgs Boson)를 증명하는 데도 성공했는데, 이것은 입자물리학의 표준 모형이 제시하는 기본 입자다. 그러나 이 입자를 발견한 주인공들을 칭송하는 이름 목록을 읽어보면, 현대 물리학은 한 사람의 호기심으로는 불가능하다는 사실을 알 수 있다. 과학자 중 그 누구도 전체를 파악하는 사람은 없으며, 복잡한 장치나 도구는 초인적 차원에 속하는 까닭이다.

이보다 공공연하지는 않지만, 소프트웨어 회사의 대형 사무실에서도 비슷한 일이 일어나고 있다. 이곳에서는 수백 명의 프로그래머가 일하고 있는데, 각자는 그때그때 할당받은 과제만을 담당할 뿐이다. 미국 우주선

스페이스 셔틀(space shuttle: 우주 공간과 지구 사이를 반복해서 왕복할 수 있도록 만든 유인 우주선—옮긴이)의 소프트웨어는 대략 40만 줄의 프로그램 코드로 이뤄져 있었다.[16] 윈도 7의 운영 체계만 하더라도 이미 4000만 줄이었으며, 내 컴퓨터의 운영 체계(OSX)는 1억 개의 명령어로 이루어졌다. 매년마다 업데이트나 새로운 버전을 통해 복잡한 소프트웨어 체계가 대략 7퍼센트 늘어난다. 그처럼 광범위한 프로젝트의 경우에는 프로그램 코드에 오류가 생기는 것을 막을 수 없다. 복잡해지니 오류 발생 빈도도 늘어나는 것이다.

1996년 6월 4일 유럽의 아리안(Ariane) 5호가 발사한 지 40초 만에 자동 폭발하고 말았다. 훗날 조사해보니, 제어 시스템에서 프로그래머가 정말 간단한 오류를 범한 게 원인이라는 사실이 밝혀졌다. 부동소수점(floating point: 컴퓨터에서 실수를 표현할 때 소수점의 위치를 고정하지 않고 그 위치를 나타내는 수로 따로 적는 표기법—옮긴이)을 숫자로 전환할 때 컴퓨터가 오작동한 것이다.

나는 1999년에서 2000년으로 바뀌기 전에도 사람들이 매우 두려워했던 것을 기억한다. 모두가 Y2K 문제에 대해 얘기했다. 컴퓨터 프로그램에서는 저장 공간을 줄이기 위한 목적으로 연도의 숫자를 2개의 자리로만 만들어두었다. 요컨대 코드는 '1956' 대신 뒤에 있는 '56'만 포함하고 있었다. 새천년으로 넘어가기 전 사람들은 이 자리를 확장해야 한다고 믿었다. 그렇게 하지 않으면 프로그램이 2000년을1900년으로 인식해 '00'으로 해석할지도 모른다면서 말이다. 묵시록에 나오는 시나리오가 펼쳐질 것이라고 내다보는 사람도 많았다. 실제로 큰 회사들은 모두 진단 팀을 꾸려 여기에 대비했고 자신들이 이용하는 은행 소프트웨어, 보험 프로그램과 컨트롤 시스템을 검사했다. 이런 소프트웨어 문제를 해결하려면 전 세계적으로 대략 6000억 달러가 들어갈 것이라고 예측했다. 12월

31일 밤 몇몇 은행은 조심하는 차원에서 자동기기의 작동을 멈추었다. 발전소에서는 특수 팀이 상황을 주시하고, 항공 교통을 멈추거나 특별히 감시했다. 군부대 중앙센터는 잔뜩 긴장한 채 모니터를 뚫어지게 살폈다. 다행스럽게도 2000년으로의 전환은 그리 문제가 없었다. 하지만 책임자들은 들여다볼 수도 없고 오류를 담고 있을 수도 있는 소프트웨어가 불러일으킬지도 모를 재난을 처음으로 인식하게 되었다. 이때부터 우리는 모든 영역에서 소프트웨어에 더 많이 종속되었다. 우리는 오류를 범할 수도 있는 기술을 신뢰하고 있다. 그동안 사람들이 알아낸 바로는 산업 분야에서 무단 가동이나 작동 중단 사례 가운데 50퍼센트 이상이 소프트웨어 문제 때문이라고 한다. 따라서 점점 증가하고 있는 복잡성이 문제다. 네트워크로 인해 생기는 효과와 피드백으로 인한 효과를 전혀 예측할 수 없기 때문이다.

2013년 독일 본(Bonn) 대학에서 정보학 박사 과정을 밟고 있던 젊은 다비드 크리젤(David Kriesel)은 독특한 발견을 했다. 요컨대 제록스사에서 출시한 스캐너가 설명할 수 없는 이유로 어떤 숫자를 바꾸는 것 같았다.[17] 특히 6과 8 그리고 1과 7이 서로 바뀌는 것 같았다. 원래 65.40이라는 숫자가 스캔을 하니 갑자기 85.40으로 나왔다. 여러 차례 시험을 해봤더니 동일한 오류가 다양한 모델 시리즈에서도 나타났다.

이 스캐너는 세무서, 약국, 엔지니어의 사무실과 문서 보관실에서 사용했는데, 아무도 이와 같은 결함을 알아차리지 못했다. 그와 같은 오류의 원인은 바로 소프트웨어에 있었다. 즉 압축 과정에서 스캔한 문서의 데이터 크기가 줄어든 것이다. 이와 비슷한 부품이 패턴 인식 소프트웨어에 의해 재사용되었다. 회사는 오류를 일으킨 압축 모드를 제거했지만, 스캐너는 몇 년 동안 곳곳에 판매되었다. 그리고 보관했던 문서가 스캔되고,

원본은 공간이 좁다는 이유로 폐기되었다. 오늘날까지 이로 인해 발생한 손해가 어느 정도인지 추정할 수 있는 사람은 아무도 없다.

머신 러닝

머신 러닝(machine learning)의 등장으로 컴퓨터 역사상 새로운 장이 열렸다. 2016년 3월 역사적인 쇼가 벌어졌다. 컴퓨터 시스템 알파고(AlphaGo)와 한국의 바둑 챔피언 이세돌의 대결에서 알파고가 4승 1패로 승리를 거둔 것이다. 바둑은 보드에서 벌이는 경기 가운데 가장 복잡한 게임에 속한다.[18] 게임을 할 때의 변수가 서양장기와 비교해 몇 배는 더 높다.

게임 규칙은 간단하다. 선수는 가로줄 19개와 세로줄 19개로 이루어진 바둑판의 교점(交點)에 번갈아가면서 돌을 놓는다. 이 게임의 목표는 상대를 포위하는 데 있다. 게임 마지막에 바둑판에서 더 많은 집을 차지한 사람이 승자다. 제일 처음 바둑알을 놓을 때 19×19=361가지 가능성이 있으며, 두 번째로 놓는 사람은 360가지 가능성이 생긴다. 돌을 놓을 때마다 사람들은 361, 360, ……가지 가능성 중에서 하나를 선택하게 된다. 따라서 바둑 게임은 엄청나게 많은 길이 엉켜 있는 가운데 하나의 여정을 찾아가는 것과 비슷하다. 어떤 여정을 선택하는지에 따라 내가 바둑알을 놓는 수와 상대의 수가 바뀐다. 이렇게 한 수 한 수 자리를 선택할 때마다 승리를 거둘 개연성은 증가하거나 줄어든다. 이런 개연성을 한층 정교하게 구하기 위해 선수는 자신의 결정이 어떤 결과를 가져올지 예측할 수 있어야 한다. 바둑의 경우 정확하게 계산한다는 것은 그야말로 풀 수 없는 과제다. 파악할 수 없을 만큼 많은 대안이 있는 까닭이다. 어떤 자리에 바둑알을 둘지 순전히 숫자로만 계산해도 1,000,000,000,000,000,000,000,

000,000,000,000,000,000,000,000,000,000,000,000,000,000,000,000,000,000,000,000,000,000,000,000,000,000……보다 많은 가능성이 있다. 요컨대 우주에 있는 원자보다 더 많은 가능성이 있다는 얘기다!

비교적 규칙이 간단함에도 바둑은 알을 놓을 수 있는 가능성이 많아 미리 계산하기 어렵다. 컴퓨터에 사려분별 있게 프로그램을 하는 대신, 그러니까 게임 규칙과 전략을 프로그램 코드에 명백하게 넣어주는 대신 알파고 팀은 머신 러닝을 채택했다. 이때 알파고 팀은 '지도 학습(supervised learning)'이라는 방법을 이용했다. 컴퓨터 시스템이 대략 10만 개의 게임으로부터 배우는 것이다. 그리고 알파고 팀은 '강화 학습(reinforcement learning)'도 사용했는데, 이때는 시스템이 자신을 상대로 싸웠다. 이렇게 얻은 정보를 컴퓨터는 인간의 뇌와 비슷한 구조의 '뉴런 네트워크(neural network)'에서 정리하고 작업한다.[19] 사실 이때 사용한 기초는 1980년대와 1990년대에 이미 개발한 것이다. 하지만 당시에는 컴퓨터의 연산 능력이 너무 뒤떨어져 실제로 사용할 수 없었다. 그러다 지난 수십 년 동안 하드웨어가 개발됨으로써 사정은 바뀌었다. 알파고는 2016년 이세돌과의 시합에서 1202개의 프로세스와 176개의 특수 그래픽 프로세서로 이뤄진 탁월한 성능의 네트워크를 사용할 수 있었다.

인공 신경망이자 뉴런과 시냅스의 팀워크라고 할 수 있는 인공지능은 이때 수학적 모델로 만들어지는데, 각각의 뉴런은 수많은 시냅스를 거쳐 다른 뉴런과 연결되어 있다. 이렇듯 조밀하게 엮여 있는 상태는 변화한다. 뉴런 사이의 관계가 신호를 강화하거나 약화시키기 때문이다. 따라서 미약한 입구 신호는 뉴런의 강력한 출구 신호가 될 수 있고, 또는 강력한 입력을 해야만 뉴런이 비로소 작동할 수도 있다. 이때 시스템은 다이내믹하게 반응하는데, 각각의 뉴런이 수천 개의 다른 뉴런과 연결되어 있기 때문이다. 이렇게 해서 복잡한 연쇄 반응이 일어난다. 인공 신경망을 매우 간단하게 블랙박스로 상상할 수도 있다. 하나의 패턴을 입력하면 하나의 패턴을 출력하는 블랙박스 말이다.

이런 원칙은 아이가 태어나서 읽기를 처음 배우는 모습을 관찰해본 사람이라면 누구나 이해할 수 있다. 즉 아이가 알파벳 하나를 본다고 치자. 예를 들어 'u'를 보고서 발음을 한다. 물론 처음에는 쉽지 않지만, 엄마 혹은 아빠가 고쳐준다. 그리고 시간이 지나면서 아이는 눈에 보이는 'u'라는 알파벳 패턴(input)을 그에 상응하는 소리 '유'라는 패턴(output)으로 귀속시킬 수 있게 된다.

인공 신경망은 여러 층으로 이루어진 샌드위치로 상상하면 된다. 즉 맨 먼저 사진의 픽셀(pixel: 이미지를 구성하는 최소 단위의 점—옮긴이)을 패턴으로 입력한다. 개별 화소는 밝거나 어둡고, 이로써 가장 상층에 있는 뉴런의 상태를 정의한다. 밝음=1, 어두움=0이라는 식으로 말이다. 이 아래로 서로 연결되어 있는 뉴런들의 여러 층이 있다. 각각의 층은 그 밑에 있는 층의 입력(input)이 된다. 그리하여 하나의 뉴런은 같은 층에 있는 이웃 뉴런과 더 아래층에 있는 세포를 연결망을 통해 강화하고 변화시킬 수 있다. 그리고 마지막에 출력(output) 층이 나온다. 읽기의 예에서 아이의 목소리가 여기에 해당한다. 그리하여 입력 패턴이 출력 패턴을 생성해내는 것이다.

손으로 쓴 숫자를 기계가 인식하도록 하려면 시스템은 그 숫자의 패턴으로, 가령 30×30개의 밝고 어두운 점으로 이뤄진 행렬의 형태로 시작한다. 다른 끝에, 그러니까 출력 층에는 10개의 '세포'가 있고 다음과 같은 답이 달려 있다. '1' 또는 '2' 또는 '3' 등등. 다양한 층으로 이루어진 중간망은 이제 뉴런 사이의 연결이 강화 및 약화됨으로써 배우기 시작한다.

강화되는 뉴런과 약화되는 뉴런에 대한 중대한 결정은 각각의 학습 과정에서 쉽게 바뀔 수 있다. 결과가 틀렸으면 시스템은 또 다른 결정을 내려 시험해보고, 이런 방식으로 시간이 지나면서 모든 층에서 적절한 위치가 정해진다. 이와 같은 '트레이닝'을 통해 배열하는 능력이 향상되며, 시스템은 손 글씨를 인식할 수 있다. 이런 얘기가 여러분에게 매우 추상적으로 들릴 것이라는 점을 나도 인정한다. 요컨대 신경망을 블랙박스로 상상해 시간이 지나면서 배우고, 출력 패턴을 입력 패턴에 배열하는 것 말이다. 손으로 쓴 알파벳 'u'를 '유'라는 소리와 점점 더 잘 결합시킬 수 있는 아이처럼.

사진 인식 분야에서는 진보가 가히 폭발적이다. 특히 간단한 비디오게임은 학습 자료로서 매우 적절한데, 게임에서 목표로 삼는 점수가 이상적으로 연습할 수 있게끔 해주기 때문이다. 딥마인드(DeepMind)—구글은 2014년 이 회사를 인수했다—시스템은 7개의 고전 아타리(Atari) 컴퓨터 게임을 배우도록 하기 위해 딥(deep) 강화 학습법을 이용했다. 입력은 화면의 화소인 픽셀을 사용했고, 목표치는 즉각 시스템에 실행이 성공했는지 여부를 알려주었다. 인공 신경망은 게임하고, 배우고, 게임하고, 배우고를 반복했고 시간이 지나면서 점점 실력이 향상되었다. 2시간이 지나자 시스템은 이미 게임 전문가인 인간이 어떻게 게임을 운영하는지 배웠다. 그러는 사이 시스템의 복잡성과 성능이 증가했고, 우리 모두는 지금까지 인간만이 할 수 있는 안면 인식, 언어 인식 혹은 언어의 번역 같은 분야에서 놀라운 진보를 목격하기에 이르렀다. 시스템은 사진, 텍스트, 손 글씨 외에도 교통신호, 도로, 레이더 사인, 엑스레이 사진에서 암이나 장애물을 확실하게 인식한다. 이로써 사람을 그림으로 읽어내고, 금융 관련 통계에서 정교한 구조를 걸러내고, 의학 데이터를 조합하는 등 엄청난 시장이 형성되었다. 그러나 이 모든 시스템은 패턴을 읽는다는 공통점이 있다. 예를 들어 그림을 읽고 다른 결과물을 내놓는다. 가령 이름들이 배열된 목록을 결과물로 내놓을 수도 있다.

딥 러닝(deep learning)이라는 개념은 연결망의 좀더 깊숙한 층과 관계있을 뿐 높은 사고 능력과는 상관이 없다. 마법 같은 블랙박스는 매혹적이며 배열 작업을 점점 더 잘해내고 있다. 그러나 20개 이상의 층이 있는 깊숙한 뉴런 연결망에서는 이렇듯 후속으로 작동되는 층에서 실제로 어떤 일이 일어나는지 더 이상 예측할 수 없다. 이와 같은 복잡성과 비선형 행동을 직면했을 때 고전적 인과율 방법은 제 기능을 발휘하지 못한다. 그리하여 설계자들은 자신의 기계가 하는 행동의 비밀을 파헤쳤다. 소프트웨어 대기업에서 프로그래머로 근무하는 한 친구는 그와 같은 행위에 대해 '디지털 연금술'이라는 표현을 했다. 우리는 깊이 들어가면 더 이상 이해할 수 없는 장치를 신뢰하고 있는 것이다.

뭔가 모순이라는 느낌을 불러일으킬 수 있다. 즉 우리는 인과율에 의한 사고방식을 가지고 과거의 유령을 쫓아내려 하면서도 소프트웨어 내부에 있는 유령은 받아들이니 말이다.

하지만 컴퓨터의 배열 행위는 그동안 오류를 보여주었고, 이로 인해 우리를 재미있게 만들기도 한다. 내 컴퓨터에 있는 언어 인식 기능은 내 이름 요게슈바어(Yogeschwar)로 이런 말들을 만들어낸다. '요키시 바', '요기슈바어', '요구르트 쇼우', '율리' 등등. 아프리카계 미국 프로그래머 재키 앨시네(Jacky Alciné)에 따르면, 자신의 사진 여러 장을 보더니 구글이 '고릴라'라고 불렀다고 한다.[20] 타이완 출신으로 미국에서 컨설팅을 하고 있는 여성 조즈 왕(Joz Wang)은 자신이 찍은 얼굴 사진에 대해 디지털 카메라가 "누가 눈을 깜빡인 거야?"라고 했다고 한다.[21] 당신의 카메라에 달려 있는 '지적인' 소프트웨어가 아시아인의 눈에 반응하지 못한 것이다. 왕이 눈을 한껏 크게 뜨자 디스플레이에서 경고 표시가 사라졌다.

우리가 디지털 뉴런망을 잘 파악하고 있지 못함에도 이 불안정한 시스템은 이미 상업용·보안용으로 투입되고 있다. 자동차 번호표는 통행료를 내야 하는 톨게이트와 자동 주차 시설에서 사진 인식으로 확인 가능하다. 그리고 보안이라는 미명 아래 사람들은 CCTV를 읽고 수많은 프로필을 조합하기 시작했다.

하버드 대학생들이 조직해서 열린 '독일-미국 회의'에서 나는 알렉산더 그라우브너뮐러(Alexander Graubner-Müller)와 얘기를 나눌 수 있었다. 그는 금융 서비스 분야에서 독일 스타트업 회사로는 아주 선풍을 불러일으킨 크레디테크(Kreditech)를 설립한 기업가다.[22] 이 기업은 놀라운 속도로 신용 대부를 받을 수 있도록 인터넷과 페이스북 그리고 트위터의 자료 등 온갖 종류의 고객 데이터를 이용한다. 게다가 기업 자체에서 크레디트 스코어링(creadit scoring) 기술을 개발했는데, 이는 인공지능과 기계의 학습을 투입한 기술로서 사용할 때마다 2만 개의 데이터 포인트(data point)를 작업할 수 있다고 한다. 그라우브너뮐러에 따르면, 이 알고리즘은 고객의 신용을 조회할 때 과거 방식에 비해 훨씬 상세하게 검토할 수 있다. 그것도 1분 안에 말이다. "하지만 내 신용이 거절당하면, 당신들은 나에게 그 이유를 설명할 수 있나요?" 내가 이렇게 묻자 그의 대답은 참으로 당혹스러웠다. 개별적인 경우는 빼고, 그 기술에 사용된 데이터의 복잡성을 고려하건대 신용 여부를 결정한 분명한 요인을 밝힐 수는 없다는 것이다.

우리는 자칭 계몽된 사회에 살고 있지만 기술이 내거는 수수께끼 같은 예언을 신뢰한다. 그리스 신화를 보면, 델포이(Delphi)에 있는 거대한 비단뱀 피톤(Python)을 죽인 신은 아폴로였다. 피톤의 피가 바닥을 흥건히 적시자 피톤이 갖고 있던 예언 능력과 신탁의 권리가 아폴론에게 넘어갔다. 그사이 우리가 사용하는 소프트웨어도 활약 분야를 넓히고 있다.

아는 사람도 있겠지만 오늘날 델포이와 피톤은 프로그램 언어이며, 오라클(Oracle), 곧 신탁은 소프트웨어 회사다.

인간과 컴퓨터: 누가 누구를 프로그래밍하는가

상하이 지하철 2호선. 나는 사람들 행렬 속에 파묻혔다. 런민(人民)광장에서는 셀 수도 없이 많은 군중이 개찰구를 통과해 지하철을 타러 내려갔다. 이 거대한 도시에서 직장 일을 마치고 집으로 돌아가려는 시민이 한꺼번에 몰려나왔다. 이들 모두가 스마트폰을 보고 있었다. 작은 화면으로 나타나는 자신만의 현실에 파묻힌 채 위챗(WeChat) 같은 네트워크에서 다른 사람들과 침묵하며 대화를 나눈다. 왓츠앱(WhatsApp)의 중국 버전이 위챗이다. 불과 몇 년 전만 하더라도 휴대전화를 보는 사람은 소수였다. 하지만 지금은 주변을 둘러보면, 거의 모든 사람이 스마트폰의 세계에 빠져 있다. 수천 개의 현실이 존재하는 이 세계에서는 공통된 인식 수준이 없다.

내 옆에 서 있는 젊은 남자는 디지털 투석기를 손에 쥐고 있는 환자 같은 인상을 풍겼다. 스마트폰은 우리 신체의 일부가 되었고, 이것이 없으면 우리는 어찌할 바를 모른 채 허우적거린다. 어쩌면 이처럼 많은 사람이 모여 사는 곳에서 개인은 이런 방식으로 생존할 수밖에 없는지 모른다. 북적대고 답답하기 그지없는 대도시로 인해 사람들은 가상의 현실로 도주할 수밖에 없는지도 모른다. 고층 건물과 거주지의 익명성은 '나'라는 정체성을 해체해버린다. 이토록 과도하게 큰 도시의 익명성에서 사람들은 무얼 느끼고 있을까?

지하철이 난징 로드(Nanjing Road) 방향으로 가는 동안, 나는 이 사람들이 도대체 어디로 움직이는 것인지 의문이 들었다. 만일 어디를 가든 네트워크가 있다면, 이곳과 다른 곳의 차이는 무엇일까? 가상의 상대방과 나누는 대화는 장소와 전혀 상관이 없으며, 한 사람이 움직이고 있다 해도 이를 알아차릴 수 없다.

나는 자주 이런 방식으로 아내를 놀라게 하곤 한다. 차를 타고 집으로 가는 동안 우리는 전화 통화를 한다. 차에서 내린 뒤에도 계속 대화를 나눈다. 나는 아내한테 이미 집에 도착했다고 알리지 않은 채 살금살금 다가가 갑자기 아내 앞에 등장한다. 오늘날 사람들은 상대방이 어디에서 말을 하는지 더 이상 알 수 없다. 심지어 국제 통화를 하더라도 마치 같은 도시에서 전화를 하는 것 같다.

1996년 산악인 롭 홀(Rob Hall)은 죽기 직전, 에베레스트 정상에서 위성 전화로 당시 뉴질랜드에서 임신한 상태이던 아내와 통화했다.[23] "여보, 잘 자. 걱정 너무 하지 말고." 롭 홀의 이야기는 소름끼치지만 이런 점을 보여준다—우리는 언제라도 함께이며, 우리의 육체가 서로 떨어져 있어도 그러하다. 만일 우리가 늘 동일한 디지털 장치에서 손을 떼지 못한다면, 도대체 어디로 여행을 간단 말일까?

인터넷과 휴대전화가 생겨나기 전에 사람들은 여행을 가면 다른 방식으로 대화를 나누었다. 바로 개인적 대화를 위해 편지를 썼다. 이런 방식의 대화는 지금의 방식과는 어느 정도 차원이 달랐다. 다시 말해, 편지를 쓰면 사람들은 너무 평범하고 세속적인 일은 표현하지 않고 한층 심오한 생각과 감정에 집중했다. 여행을 떠나면 집에 남아 있는 사람들로부터 해방되고, 낯선 곳에서 새로운 것을 발견할 기회도 생긴다. 모든 여행은 그 자체로 선택한 고독이자 자율을 의미한다. 흔히 집에 있는 사람에 대한 소식을 전혀 듣지 못한 채 몇 주가 흐르기도 하고, 여행을 떠난 지 한참 뒤에나 받은 편지로 소식을 들었다. 이와 같은 '거리'는 남은 자들을 망각할 기회를 포함한다. 여행을 떠난다는 것은 항상 새로운 시작이며, 이때 사람들은 고향이라는 굴레로부터 벗어날 수 있었다.

그러나 이처럼 침묵하던 시대는 이제 지나갔나. 우리는 결코 완전히 여행을 떠날 수 없게 되었다. 오늘날의 세대는 먼 오스트레일리아에서 일과 여행을 함께하던 세대가 더 이상 아니며, 부모의 집에서 인터넷 비디오를 보고 있다. 멀리 떨어져 있는 거리감은 이제 신비로움을 상실하고 말았다.

내 아내는 어디에 있든 늘 4명의 아이들과 왓츠앱을 통해 대화를 나눈다. 심지어 가상의 공간에서 함께 요리를 하기도 한다. 런던에서는 파스타, 뮌헨에서 라자냐(lasagna), 세인트갈렌에서는 그노치(Gnocchi), 베를린에서는 토마토샐러드를 만드는 식이다. 그리고 너무 집중적으로 대화를 나누다 보면, 스위스에 있는 아들이 런던에 있는 딸한테 갑자기 식용유를 건네주는 것 같은 생각이 들 때가 있다. 흔히 한 사회에서 대화 부족이 문제로 대두되곤 하는데, 대화를 너무 많이 한다는 건 또 어떤 것일까? 새로운 장치가 어쩌면 부모와 자식 사이의 관계를 자연스럽게 분리하지 못하게끔 방해한다는 말일까?

'세컨드 스크린(second screen)', 즉 스마트폰의 스크린은 청소년 사이에서 확고한 위치를 얻고 있다. 이들은 비록 각자 흩어져 저녁에 텔레비전을 시청하더라도, 아무리 거리상으로 떨어져 있더라도 자신들의 '공통성'이라는 암시를 던져준다. 연결을 유지하라! 아이들은 저녁에 집에 돌아오더라도 금세 자신의 방으로 들어가서 채팅을 계속한다. 대화를 멈추면 안 된다. 대화에 참여하는 횟수가 많아야 지속적 대화가 가능한 탓이다.

내가 청소년이었다면 이런 기회를 행복으로 받아들였을 것이다. 어렸을 때 우리 가족은 룩셈부르크의 작은 마을에 살았는데, 친구들과는 멀리 떨어져 지냈다. 버스도 자주 오지 않아 외롭고 소외된 느낌을 자주 받곤 했다. 그러다 더 이상 그런 느낌을 참을 수 없을 때면 친구들을 만나러 자전거를 타고 갔다. 왓츠앱이나 페이스북 같은 게 있었다면 그야말로 환상이었겠지만 말이다. 오늘날에는 숙제를 하거나 시험 준비를 하는 동안에도 스마트폰으로 눈짓을 한다. 많은 학생이 스마트폰을 통해 서로 질문하고 또 서로 돕기도 한다. 내 아들은 스위스의 세인트갈렌에 있는 대학에 다니는데, 녀석은 영어 번역이 필요할 때면 런던에 있는 여동생에게 물어보곤 한다. 이런 방식의 상호 도움은 온라인 학습 플랫폼을 혁명적으로 구축한 살만 칸(Salman Khan)의 독특한 성공 덕분이다.

온갖 장점에도 언제 어디서든 대화가 가능한 이런 삶은, 다른 사람과 떨어져서 나 스스로를 경험하는 일을 방해한다. 즉 멀리 떨어진 곳에서 받는 인상, 나에게 생긴 일을 직접 이해하는 작업, 대화를 나누지 않고 기다리는 동안 생기는 긴장감 등은 흔히 내적으로 성숙해지는 원동력이다. 그러나 이와 같이 소외된 채 이루어지는 깊은 사고는 순간순간의 인상을 필터로 거르지 않고 그대로 표현하는 대화의 물결에 밀려나고 말았다. 개인적 체험은 집단에 소식을 전달하고자 하는 과정으로 인해 멀어졌고, 각자가 겪는 현실은 다른 사람들과 공동으로 체험하는 가상현실이라는 냄비에 통합된다. 따라서 우리는 체험하는 순간 다른 사람을 위한 현실을 생산해내는 셈이다. 우리는 그들에게 우리가 지금 무엇을 먹고 있는지, 누구를 만나는지 혹은 무슨 옷을 입고 있는지 전한다. 하지만 만일 당신이 멀리 떠났다가 친구들을 다시 만나면, 그들은 무슨 이야기를 하고 싶어 할까? 모든 사연을 이미 교환하지 않았던가? 부모가 이미 왓츠앱을 통해 휴가 동안 딸에게 무슨 일이 있었는지 다 알고 있는데, 여행에서 돌아온 딸이 얘기할 게 뭐가 더 남아 있을까? 늘 다른 사람과 연결되어 있다면, 직접 체험함으로써 얻게 되는 비밀은 어디에 있을까?

그처럼 감각의 인지가 이동하는 현상을 특히 인상적으로 관찰할 수 있는 것은 바로 셀카(selfie)다. 사진이 지배적이고 그 자체가 목적이 되는 것이다. 스마트폰의 카메라는 우리에게서 직접적 경험을 할 기회를 앗아가고, 우리를 눈멀게 한다. 영국 콘월주에 가면 독특한 문구를 발견할 수 있다. 콘월에 오신 것을 환영합니다! 아름다운 풍경을 즐기려면 스마트폰에서 눈을 떼셔야 합니다! 전화를 잘 받지 못하겠지만요.

상하이에 있는 오페라 무대에서는 공연하는 동안 이동전화를 꺼두어야 한다는 안내판이 있지만 아무도 지키는 사람이 없다. 올해 초 나도 발레를 본 적이 있는데, 내 좌석에서 두 줄 앞에 앉은 숙녀분이 자기 스마트폰을 높이 치켜드는 모습을 볼 수 있었다. 집에서 식사를 하고 있는 딸에게 온라인으로 공연 모습을 보여주려고 말이다. 콘서트를 보든, 운동 경기를 하든, 레스토랑에서 밥을 먹든 혹은 생일 파티를 하든 모든 걸 그냥 넘어가는 법 없이 녹화해야 한다. 직접적 체험은 기술적 행동에 밀려나고 말았다. 즉 우리는 화면을 보고, 스마트폰으로 사진을 찍고, 심지어 너무나 기쁜 순간에조차 사진을 찍을 때 흔들리지 않도록 자세를 고정한다.

순간의 유일무이함을 붙잡고자 하는 희망을 품고 우리는 그 순간의 본질을 놓쳐버린다. 일몰의 마법이나 콘서트의 클라이맥스는 화면과 자판을 두들겨서 얻을 수 있는 게 아니다. 사람들은 마치 자신의 삶에는 기록하지 못할 순간이 없는 것처럼 행동한다.

휴대전화가 없던 과거에 나는 여행을 가면, 긴장감을 즉시 해소하지 않고 체험으로 얻을 수 있는 에너지로 충만했다. 바로 이것이 순간의 강렬함이다. 나는 내 생각을 즉각 대화로 대체하지 않고, 직접 이해하며 깊이 생각해야만 했다. 내 오래된 일기장은 이와 같이 외롭게 소화하고 이해했다는 증거물이지만, 지속적으로 교환하는 세계에서 내적 체험의 놀라운 고독은 이제 사라져버렸다. 우리는 다소 거친 인상을 걸러내지 않고 곧장 공동체의 디지털 바다로 보내며 이로부터 '좋아요'라는 칭찬을 얻을 뿐이다.

2년 전 나는 그리스에서 윈드서핑을 하다가 특별한 순간을 선물받았다. 바람이 아주 잘 불어서 킥보드를 타고 물 위로 재빨리 미끄러졌다. 나는 평소 킥보드를 보고 깜짝 놀라 물 위로 튀어나온 물고기들을 보곤 했다. 녀석들은 한동안 파도 위로 날아다니다가 다시 물 밑으로 내려가곤 했다. 심지어 한 번은 거북 한 마리를 만난 적도 있다. 거북이 숨을 들이쉬고 다시 에게해의 푸른 바다 깊숙한 곳으로 사라지는 모습을 본 적도 있다. 그런데 이날 오후에는 더 놀라운 일이 일어났다. 내 옆으로 50미터가량 떨어진 곳에서 돌고래 두 마리가 물 밖으로 나왔다. 녀석들은 숨을 쉬더니 다시 사라졌다. 나는 즉시 코스를 바꿔 두 녀석을 따라갔다. 하지만 돌고래는 다시 나타나지 않았다. 그런데 갑자기 돌고래가 내 킥보드 바로 밑에서 수영을 하고 있다는 사실을 알아차렸다. 서핑을 계속하는 동안, 나는 돌고래들이 가볍게 방향을 바꾸고는 머리를 들어 호기심에 찬 모습으로 나를 관찰하는 모습을 봤다. 순간 그야말로 심오한 행복감이 나를 뚫고 지나갔다. 정말 마법 같은 순간이었다. 나중에 친구들에게 이 이야길 열광적으로 전했을 때, 그중 한 명이 이렇게 물었다. "사진을 갖고 있어?" 당연히 사진은 없었다. 나는 서핑할 때 휴대전화를 가져가지 않는다. 하지만 친구의 질문은 '나는 사진을 찍는다. 고로 존재한다'는 현상을 대변한다. 자아를 문맥 속에 붙잡아두려는 바람은 새로운 법칙을 따라야 한다. '사진이 없으면 현실도 없다!'는 법칙.

스키 타는 사람들이 활주로를 내려갈 때 작동시키는, 모자에 달린 카메라도 생각해보자. 이 카메라로 인해 스키를 타면 더 재미있다거나 멋진 사진을 찍는 게 제일 중요한 것인지 궁금하다. 점점 더 사진, 자세, 특별한 셀카가 중요해지고 있다. 또한 늘 용감한 시도를 하며 찍은 사진을 요구한다. 특별한 사진을 찍기 위해 모자에 카메라를 부착함으로써 엄청난 사고가 일어나기도 한다. 심지어 뼈가 부러지는 경우도 많다.

SNS상에서의 프로필 사진은 제2의 자아가 가상의 세계에서 얼마나 새롭게 정의될 수 있는지 확실하게 보여준다. 우리는 자신의 모습 가운데 최상의 부분을 노출하고, 여기에 기술도 우리를 지원한다. 즉 많은 사진기가 모티브를 분석하고, 우리가 웃으면 그제야 사진을 찍는다. 우리의 얼굴 사진을 더 예쁘고 완벽하게 만들어주는 앱도 아주 많다.

언젠가 우리는 더 이상 실제의 우리가 아닐 테고, 우리가 원하는 모습으로 만들어질 것이다. 이와 같은 자기애적 가장무도회는 우리를 점차 현실로부터 분리시키고 말 것이다.

디지털 세계는 점점 많은 사람이 모여드는 거대한 대륙과 비슷하다. 이렇듯 현실을 보완하고 대체하는 현실, 즉 '대체 현실'은 그 주민들에게 영원을 선물한다. 순간을 즐기는 대신 방해하며 사진을 찍는 대가로 그 순간을 붙잡아둘 수 있다. 이렇듯 사진에 담은 순간을 훗날 다시 불러내고, 전달하고, 비교하며 평가할 수 있다. 하지만 이렇게 함으로써 체험은 자신만이 간직할 수 있는 은밀함을 상실한다. 공개하는 행위로 인해 우리는 자신의 일부를 잃고, 의식하지 못하는 사이 일종의 디지털 전기(傳記)를 경매에 붙이는 행동에 동참하는 까닭이다. 즉 누가 더 많은 것을 체험하나? 누가 이 순간을 능가할 수 있나? 내 삶은 얼마나 많은 사람의 마음에 들까? 이런 걸 두고 벌이는 경매 말이다.

외양상 내 활동에 관심을 갖고 참여하는 듯 보이는 다른 사람들은 결국 자신의 삶과 비교하고, 경쟁적으로 타인으로부터 관심을 끌고 싶어 할 뿐이다. 바로 이 점에서 다음 번 덫이 웅크리고 있다. 즉 완벽하고자 하는 압박감이다. 그래서 많은 사람이 자기가 체험한 것 모두를 지속적인 데이터로 올린다. 아침에 먹은 삶은 계란부터 저녁에 마신 레드와인 한 잔에 이르기까지. 페이스북에만 하더라도 2017년 중반 매 분마다 51만 개의 소식이 올라왔는데, 그중 23만 9000개는 새로운 내용이고 13만 6000개는 사진이었다.[24]

나는 히로시마에서 벚꽃이 한창 피었을 때, 2명의 여학생을 관찰한 적이 있다. 이들은 셀카봉을 들고 벚꽃이 만발한 나무 앞에서 포즈를 취하고 있었다. 나는 그들이 알아차리지 못하게 살금살금 다가갔다. 소녀들은 오직 스마트폰의 화면만 뚫어지게 쳐다보았다. 내가 재미로 그들 뒤에 서서 화면에 나타났을 때에야 비로소 여학생들은 낯선 사람을 발견했고, 어깨를 움찔하더니 놀라서 짧게 고함을 질렀다. 그런 뒤 현실로 돌아와서는 마음이 놓이는지 웃었다. 그 전에 내가 실제로 그들 옆에 있을 때, 이들은 나를 전혀 인식하지 못했다. 그리고 그들의 가상세계에 등장하자 마침내 나를 인식했다.

우리의 관심을 끄는 초점이 밀려났다. 장치는 지속적으로 우리를 자신들의 세계로 유혹한다. 요컨대 생선을 먹을 수 있는 레스토랑을 찾고 싶거나 친구 집으로 가는 길을 알고 싶은 사람이 있으면, 혹은 내일 우산을 들고 출근해야 하는지 알고 싶으면, 스마트폰에서 적절한 답을 발견할 수 있다. 이 작은 장치는 평생 우리를 안내하고 점점 더 자주 우리의 태도를 결정한다. 휴대전화가 울리면 대화도 멈춰버린다. 나는 레스토랑에서 테이블에 앉아 있는 손님들이 대화는커녕 각자 자신의 휴대전화 화면을 바라보는 모습을 자주 관찰하곤 한다.

가상 세계와 지속적으로 교환함으로써 일상의 질서가 무너졌다. 언제라도 연락할 수 있으므로 일과 여가 사이를 구분하기도 힘들어졌다. 우리는 아침부터 밤까지 늘 'on' 상태에 있다. 18~24세 청년 절반이 아침에 일어나자마자 페이스북 숫자를 확인한다고 한다.[25] 독일 본 대학이 실시한 조사에 의하면, 대학생들은 매일 휴대전화를 80번 켜본다.[26] 하루 종일 평균 12분마다 한 번씩이다. 그런데 몇몇 대학생의 경우는 이보다 2배나 더 많았다.

여가 시간인지 휴가 중인지도 무시하고 우편물 또한 끊임없이 온다. 휴가를 마치고 집으로 왔더니 우체통이 우편물로 넘쳐났던 기억이 난다. 휴양이란 게 이제는 더 이상 불가능해 보였다. 집으로 돌아온 첫날 휴가 기간 동안 나에게 주어졌던 과제를 다 해결해야만 할 것 같은 느낌이 들었기 때문이다. 일에 휴식이 없다면, 도대체 휴가의 의미가 뭐란 말인가? 그런데 많은 내 동료들은 휴가를 가더라도 매일 직장과 관련된 이메일을 읽는다. 그래서 나는 매우 극단적인 결정을 내렸다. 휴가 중에 이메일이 오면 다음과 같은 답장을 하도록 자동으로 설정해둔 것이다.

> 나는 휴가 중이며 이메일을 일부러 '오프라인'으로 설정해두었습니다. 그래서 어떤 메일도 읽지 않을 테니 이해해주시기 바랍니다. 도착한 메일은 모두 삭제합니다! 중요한 일이라면, 당신의 메일을 xx년 yy월 zz일 이후

에 보내주십시오. 그때부터 내 전자메일은 다시 정상으로 가동될 것입니다. 이런 행동이 당신에겐 극단적으로 보일 수 있겠지만, 시도 때도 없이 연락을 하는 시대에 나도 집중을 하고 거리를 두는 게 정말 필요하기 때문입니다.

우리 삶의 모든 측면은 점차 기술과 알고리즘을 통해 형성될 것이다. 항해부터 은행 업무까지, 영양 섭취부터 어울리는 친구들까지 말이다. 하지만 이런 장치와 그 장치가 불러일으키는 기적을 옵션으로 파악하는 것도 우리의 자유 아닐까? 물론 우리 모두는 자신의 스마트폰이나 전자메일을 때때로 꺼버릴 수 있다. 하지만 일상으로 깊이 침투해 있는 장치와 기술이 바로 우리를 자유롭지 못한 사람으로 만든다.

마치 모든 행동, 그러니까 요리법, 상품 구입, 스포츠 활동부터 자신에게 맞는 파트너를 찾는 것에 이르는 모든 행동을 스마트폰 안에서 해결할 수 있을 것처럼 보인다. 그리하여 운동 가운데 제스처와 문지르는 행동을 그 무엇보다 활발하게 사용하고 있다. 남녀가 데이트를 할 수 있도록 연결해주는 포털 틴더(Tinder)를 보면 사람들이 올린 사진을 오른쪽으로 문지를 수 있다.[27] 그런데 사진을 왼쪽으로 문지를 경우, 어쩌면 사귀게 될지도 모를 사람을 영원히 차단할 수 있다. 이 포털에서 내건 슬로건은 'Yoso'인데, "You only swipe once(한 번만 문지르면 돼요)"의 약자다. 똑같이 문지르는 행동을 통해 우리는 사람들이 보낸 메일을 삭제하거나 다음 페이지를 보기도 한다. 우리에게는 단지 두 가지 선택, 곧 '예스'와 '노'만 있을 뿐 '아마도'와 같은 어중간한 선택은 할 수 없다. 이렇듯 양자간 선택을 해야 하는 논리에서는 사람들 사이에 진정으로 가까워질 수 있는 자연스러움이 빠져 있다. 처음 만날 때의 머뭇거림, 조심스러운 스킨

십, 새로운 사람을 알게 되었을 때의 밀고 당기는 행동, 첫인상이 아니라 그 이후에 알게 되는 느낌 등등. 이런 모든 것은 지극히 직접적인 디지털에 의해 대체되고 만다. 신속하고 분명하고 냉정하게. 디지털에서 중요한 것은 첫인상과 편견이다. 우리는 의식하지 못하지만 컴퓨터 알고리즘이 작동하는 논리에 따라 행동하고 있다. 우리는 더 이상 인간처럼 행동하지 않는다. 기계처럼 행동하며 연인을 구할 때에도 프로그램에서 시키는 대로 한다. 즉 만일(If) 파트너가 마음에 든다면(then) 저장하고, 그렇지 않으면(else) 삭제하시오. 목소리·태도·몸짓·냄새 등 선택할 수 있는 자연적 과정이 아주 많음에도 오로지 단 한 장의 사진이 주는 시각적 인상만 중요하다. 우리는 파트너를 찾을 가능성이 있는 거대한 네이터 뱅크를 선물받지만 그 대신 자연스러운 태도를 포기하고 기계에 맞춰야 한다. 우리는 우리 자신의 일부를 포기하고 반대로 더 많은 권력을 소유한다. 즉 GPS를 사용하지만 점점 스스로 방향을 잡는 능력을, 계산기를 이용하지만 암산 능력을 잃어버린다. 저녁 하늘을 읽는 대신 날씨 앱을 신뢰한다. 시간이 가면서 우리는 자율성의 일부를 포기한다. 새롭게 등장한 장치에 의존하는 것이 편안하고 빠르고 언뜻 보기에 더 나은 것 같기 때문이다.

이런 과정에서 우리의 존재를 과도하게 바꿀지 모를 변화도 있을까? 예를 들어 '인공지능'이 우리가 받아들일 수 있는 수준을 넘어 개발되고, 그리하여 인간이 통제할 수 있는 범위를 넘어 예측할 수 없는 권력을 가진 객체가 되지는 않을까? 많은 사람이 그런 순간, 즉 '특이성(singularity)'의 시대가 올 것이라 믿고 두려워한다. 알고리즘과 연결되어 있는 컴퓨터가 인류 위에 군림하며 권력을 장악할 수 있다고 말이다. 이에 관해서는 다른 장에서 이야기하도록 하겠다.

기계는 점점 향상되고 있지만, 우리는 아주 작은 걸음으로 변하고 있다는 사실이 더 중요하다. 변화하는 작은 걸음은 우리에게 논리적으로 보이며, '이득'으로 혹은 '안전성의 증가'로 해석된다. 파트너를 선택하는 경우를 보자. 잘 꾸민 결혼식 같은 오래된 전통은 디지털 세계로 이동한다. 우연히 혹은 운명적으로 누군가를 알게 되는 게 아니라, 예측할 수 있다는 확신 때문이다.

상호 간의 매력은 나이, 취미, 소득 같은 요소의 세트로 해독되며 매칭(matching) 알고리즘의 기본이다. 개인의 특징 전체를 입력하고, 이를 바탕으로 데이터 뱅크에 있는 회원 중에서 적합한 파트너를 스캔하는 것이다. 점수를 매기는 단계인 스코어링(scoring) 과정에 이르면 가능성 있는 파트너 목록이 걸러지고, 그러면 파트너를 찾는 사람은 이 목록을 받는다. 특징을 잘 말할수록 매칭은 더 정교해지고 성공할 확률도 높아진다. 파트너를 이렇게 구하고 찾는 방식이 매우 잘 작동하고 있는 것 같다. 파트너 중개가 점점 더 인기 있는 까닭이다. 물론 현재로선 장기간 동안의 평가는 없다. 이런 관계가 얼마나 지속되는지, 요컨대 파트너 중개 앱에서 소개받은 커플이 단기적인 관계로 끝나는지 혹은 이렇게 만난 남녀가 행복한 관계를 오래 유지하는지에 관한 평가 말이다.

하지만 이런 상상도 해보자. 만일 당신이 이런 방식으로 한 남자를 알게 되어 몇 달 혹은 몇 년을 함께 살고 있는데, 어느 날 이런 메일이 도착한다.

> 친애하는 고객님, 우리 회사의 소프트웨어가 최근 몇 달 사이 놀라울 정도로 향상되었고, 우리의 데이터 풀도 역시 놀라울 정도로 넓어졌습니다. 그사이 우리가 고객님의 정보를 바탕으로 작업해보니, 일전에 제안했던 경우보다 더 훌륭한 매치가 결과로 나왔습니다. 만일 여기에 관심이 있으

면, 저희에게 연락주시기 바랍니다. 5월까지 고객님은 30퍼센트 할인받을 수 있습니다. 우리의 업데이트를 충분히 즐겨주십시오. 고객님의 이상적인 파트너가 기다리고 있습니다!

자, 이런 상황이면 당신은 어떻게 할 것인가? 만일 당신이 현재의 파트너와 갈등을 겪고 있는 상황이라면, 관계를 의심하기 시작하지 않을까? 다른 곳에 어쩌면 지금의 파트너보다 더 낫고 나와 더 잘 어울리는 사람이 있다는 사실을 알고 있는데 과연 차분하게 잠이 들 수 있겠는가? 적어도 새로운 사람들로 이루어져 있을 목록을 살펴보기라도 해야 할 것 같지 않은가? 어쩌면 당신은 속으로 현재의 관계를 따져보기 시작할 수도 있다. 무엇이 좋을까? 무엇이 더 좋을 수 있을까? 어떤 특징이 나를 힘들게 하지?

남녀 관계의 특징은 점차 비교라는 논리에 의해 대체된다. 다시 말해, 전체를 관찰하는 대신 개별적 특징과 질(質)을 평가하기 시작하는 것이다. 사람이란 분할하고 나눌 수 없건만 이제 이런 논리에 무너져 측정 가능한 크기의 집합이 되고 만다. 인간관계가 살아 있는 유기적 밀착이 아니라 신형 자동차의 구성이 지닌 특징처럼 평가된다. 발견하는 대신 우리는 여러 선택 가운데 선별한다. 알고리즘의 시대에 사랑은 더 이상 우연이 아니며, 운명도 아니다. 한눈에 반하는 사랑은 계산을 해서 적절한 파트너를 찾아내는 수학적 과제로 변해버렸다.

행복을 찾는 수단으로서 이 방법이 매우 인기 있다 하더라도, 위험한 측면 또한 있다. 항상 비교하는 바이러스가 관계 자체를 감염시킬 수도 있을 테니 말이다. 이로 인해 헤어지는 경우가 더 늘어날까?

언제든 다른 회사로 옮길 수 있는 스마트폰 사용자와 다른 후보자를 선택할 수 있는 사람이 늘어나고 있다. 그러니 남녀 관계라고 예외겠는가? 인터넷의 특징 중 하나는 끊임없이 비교하는 것인데, 이것이 우리 자신의 정신 자세를 바꿔버릴 수도 있다. 즉 우리는 점점 더 경제와 유용성이라는 안경을 쓰고 세계를 관찰한다. 예술품, 노래, 세탁기, 사람, 책이나 영화도 별점이나 '좋아요' 같은 아이콘으로 평가한다. 대학교도 순위가 있고, 대학생들은 신용 포인트를 모은다. 방송국은 시청률을 측정하고, 그 직원들은 애매모호한 성과로 평가를 받는다. 거울을 들여다보는 대신 우리는 체질량지수를 계산해본다. 우리는 의식하지도 못한 채 기계의 원칙을 일상 전반에 적용하기 시작했다. 그렇듯 운동 앱은 내가 지금까지 8256보를 걸었고, 설정한 하루 목표치를 달성하기 위해서는 1744보 더 걸어야 한다는 사실을 경고한다.

기계와 맺은 협정은 결코 일방통행이 아니다. 지속적으로 최적화하다 보면 직선이 아니라 우회함으로써 얻을 수 있는 삶의 흥분을 무시할 것이고, 우리의 다양성은 적절한 단일성으로 축소되고 말 것이다. 우리 모두가 과소평가하고 있는 것은 이런 과정이 지닌 규범적 힘이다. 우리는 기계와 우리를 비교하기 시작함으로써 우리가 어떤 존재인지 망각할 수 있다. 기계는 차갑고 꿈, 진리, 아름다움, 사랑에 대해 아무것도 이해하지 못한다. 우리는 디지털 낙원을 찾아다니다가 실제의 삶이 제공하는 모든 감각을 망각하게 될까? 김이 모락모락 올라오는 생선 수프부터 여름에 비가 온 다음 깎은 잔디에서 올라오는 신선한 냄새를? 컴퓨터와 인간 중 결국 누가 누구를 프로그래밍할지는 우리가 인간으로 남아 있고 인간이 지닌 부족함을 수용하고 그 안에서 알고리즘이 결코 알 수 없을 모든 아름다움을 파악할 수 있는지 여부에 달려 있다.

06

사생활

낡은 콘셉트인가

책은 독자가 누구인지 폭로해준다

다운로드. 새로운 소설이 들어와 있다. 당신의 전자책에 제목을 알려주는 알록달록한 아이콘이 반짝거린다. 더블클릭. 당신은 읽기 시작한다. 한 줄 한 줄 이야기를 읽어가는 동안, 화면 위에 달려 있는 아주 작은 카메라가 당신의 눈이 움직이는 것을 추적한다. 카메라는 당신의 시선을 파악하고, 어디로 향할지 정확하게 알고 있다. 어떤 단어, 어떤 단락일지 말이다. 페이지 끝까지 다 읽으면, 이 장치는 자동으로 책장을 넘겨준다. 이 얼마나 실용적인지! 당신은 방해받지 않고 계속 읽을 수 있는데, 사실 한 페이지 읽고 나서 또 다른 페이지를 넘기다 보면 독서의 흐름이 중단될 수 있다. 그러니 '자동 넘김'이 되면 소설에 완전히 집중할 수 있다.

장면을 옮겨서 스톡홀름 근처에 있는 단데뤼드(Danderyd). 때는 2월이다. 나는 토비 테크놀로지(Tobi Technology)에서 일하는 엔지니어와 약속을 했다. 스웨덴 연구소에서 내 여행을 준비했고, 이에 따라 나는 4일 동안 스웨덴에 있는 하이테크 회사를 여러 곳 방문할 예정이었다. 나는 스웨덴이 왜 이토록 혁신적인지 알고 싶었다. 이 나라의 인구는 1000만 명 정도로 독일 바덴-뷔르템베르크주보다 적지만, 혁신 능력은 가히 놀라울 정도다. 최초의 지퍼, 최초의 심장 조정기, 종이팩의 원조라 할 수 있는 테트라팩(Tetra Pak), 세계 최초 인터넷 전화 스카이프(Skype), 상업적 음악 스트리밍 서비스 스포티파이(Spotify) 등등.

토비 테크놀로지 실험실에서 사람들은 각막-반사(corneal-reflection) 아이-트래킹(eye-tracking)을 기술적으로 사용하는 방법을 연구하고 있었다. 눈의 움직임을 통해 이런 장치를 어떻게 작동할 수 있을까? 이 회사에서 개발부 엔지니어로 일하는 젊은 빈센트(Vincent)는 새로운 기술의 사용 가능성에 열광했다. "우리의 눈은 세상에서 가장 빠른 바늘이에요. 손놀림보다 빠르고, 컴퓨터 마우스나 그 어떤 추적 패드보다 빨라요. 시야로 파악하는 우리 기술은 예를 들어 광고, 의학이나 심리학에 사용할 수 있습니다. 우리는 하반신 불구로 더 이상 팔을 움직이지 못하는 사람을 도울 수 있습니다. 아이-트래킹 시스템을 이용하면 이런 사람이 눈으로 휠체어를 조종할 수 있거든요."

벽에 붙어 있는 사진과 엽서가 눈에 띄었는데, 비교적 젊은 환자들이 트래킹 기술로 자신의 삶이 바뀌었다는 사연을 적어 보낸 것이었다. "이런 환자 가운데 한 사람과 만나 이야기해보면, 당신도 왜 우리가 이렇듯 열심히 연구하는지 알게 될 것입니다. 어떤 젊은 남자는 우리 기술 덕분에 체스 대회에 참여해서 우승을 거두기까지 했어요!" 빈센트의 기쁨과 열정은 진짜였다. 기술은 이런 환자들에게 기적을 안겨주며 일상을 한층 쉽게 살아갈 수 있도록 해준다.

젊은 엔지니어는 또 다른 응용 분야에 대해 설명했다. 아이-트래킹은 그동안 자동차 운전자의 졸음을 막기 위해 투입되었다. 스마트 아이(smart eye)는 운전자의 눈꺼풀 움직임, 시선의 방향과 머리 위치를 체크하고, 운전자가 지쳐 있다는 특징을 발견하면 그 즉시 휴식을 취하라고 권한다. 이 기술을 이용하는 또 다른 분야는 인간-기계-인터페이스다. 아이-트래킹을 통해 사람들이 제어판에서 무엇을 보는지 파악할 수 있다. 건물을 짓는 사람은 이렇게 해서 제어판 버튼의 배치를 최적화할 수 있다. 예를 들어 어떤 사람이 계속 경고 신호를 무시하면, 경고 표시의 위치를 조금 더 잘 집중할 만한 곳으로 바꾸는 식이다. 이렇게 하면 기술자는 산업 시설의 가장 중요한 정보를 시야 안에 확보할 수 있다.

동일한 원칙을 광고에 응용하면 완전히 새롭고 목표에 맞게 만들 수 있다. 예를 들어 고객은 상표 이름을 간과할 때가 많다. 그런데 이 상표의 이름을 좀더 효과적으로 관찰자의 초점에 배열해두는 것이다. 이런 기술이 곧 모든 스마트폰과 노트북에 장착될 것이다. 인터넷 광고에서도 새로운 게임 규칙이 적용될 것이다. 가령 유저들이 실제로 광고를 봐야만 계산에 포함되는 식으로 말이다.

한 사람이 맨 먼저 어디를 보느냐는 그의 내적인 상태에 대해 많은 것을 알려준다. 빈센트는 "직접 한 번 시험해보세요"라고 나에게 권유했다. 나는 특별 모니터 앞에 자리를 잡았다. 이 장치의 테두리에는 내 눈의 움직임을 추적하는 작은 카메라 2개와 적외선 감지 센서가 있었다. 빈센트는 잠시 방향을 유도하더니 내 눈의 시스템을 검사했다. 나는 처음엔 화면 중간에 나타났다가 이어 구석에 나타나는 십자선을 주시했다. 그런 뒤 몇 가지 사진을 봤다. 풍경 사진, 사람들이 있는 거리, 광고판, 파티 장면 등등.

"멋지죠?" 잡아낸 거야! 빈센트는 히죽히죽 웃었다. 어쩌면 내가 사진

중 매력적인 여자의 가슴을 봤고, 트래킹 시스템이 그걸 포착했을지도 모른다. "모두 다 그래요. 섹스를 팔고 있잖아요." 빈센트가 웃으며 말했다.

내 눈이 움직일 때마다 시스템에 의해 파악되었다. 이어서 빈센트는 내 개인적 관찰 패턴을 보여주었다. 얼굴의 경우—나는 의식하지 못했지만—맨 먼저 입을 보고, 그다음에 눈을 한참 바라본 후 다음 것을 관찰했다. 하지만 중간에 계속해서 사람들의 눈을 쳐다보았다.

빈센트는 게임 하나를 소개했다. 그 유명한 크레이지 치킨(Crazy Chicken) 게임이었다. 게임에서 나는 내 눈으로 무기를 다루었다. 눈꺼풀로 총을 재장전해서 쏘았다. 이 시스템은 놀라울 정도로 빨랐다. 이처럼 눈으로 조절하는 게 얼마나 대단한 잠재력을 감추고 있는지 알 수 있었다.

다음에는 문서 작업이었다. 나는 눈으로 단어들을 표시해 화면에 밀어 넣을 수 있었다. 아이-트래킹은 내가 어떤 단락을 빼먹고 읽는지 혹은 어떤 문장을 또 읽는지 정확하게 파악했다. 물론 내가 실제로 무엇을 읽는지 단어마다 한 줄 한 줄 모두 기록했다. 옛날에는 책을 싫어하는 학생들이 고전 《에피 브리스트(Effi Briest)》(테오도르 폰타나의 작품), 《보이체크(Woyzeck)》(게오르크 뷔흐너의 작품), 《파우스트》를 읽다가 중간에 그만두고서는 시험을 치기 위해 요약된 줄거리만 읽곤 했다. 그런데 앞으로는 교사들이 아이-트래킹 기술을 이용해 학생들이 정말 고전을 끝까지 읽었는지 검사할 수 있다. 나는 빈센트에게 말했다. "불쌍한 학생들! 빅 티처(big teacher)가 너희를 지켜보고 있다고!"

다시 당신과 당신의 소설 얘기로 돌아가자. 주제는 흥미진진해 책을 손에서 놓을 수 없을 정도다. 당신의 독서 행동은 지속적으로 네트워크로 전달된다. 따라서 출판사는 당신이 어떤 장을 읽고 있으며, 밤에 잠을 자기 전에 얼마 동안 독서를 하는지도 알 수 있다. 고객이 책을 읽는지, 어떻게 읽는지 알고 싶지 않은 출판사 직원이 어디 있겠는가? 전자책의 경우는 예를 들어, 독자 대다수가 특정 문장을 읽다가 책을 덮는지 어떤지를 정확하게 분석할 수 있다. 만일 2장을 읽은 뒤 책을 덮는다거나 단락을 건너뛰고 읽으면, 이는 독자가 지루해한다는 증거일 것이다. 그러면 저자는 이 단락을 수정해야 할 수도 있다.

미래의 소설은 오늘날의 많은 소비재처럼 최적화될 것이다. 과거에는 자유로운 생각을 풀어낼 수 있었지만 미래에는 통제된 내용만 기록할 수 있다. 이미 오래전부터 텔레비전 시청률이 프로그램을 좌지우지하고 있는 것처럼 말이다. 모든 프로그램이 종료된 다음에는 시청률을 정확하게 분석한다. 시청률이 눈에 띄게 하향 곡선을 그리면, 책임자는 결코 이를 대수롭게 넘기지 않는다. 이런 일이 동일한 진행자에게서 나타나면, 불쾌한 편집 회의를 소집한다. 시청률이 중요하고, 시청률이 결정한다!

당신이 소설을 읽는 동안 전자책 리더(Reader)는 당신이 무엇을 읽고 또 어떻게 읽는지 기록한다. 리더 시스템은 자체적으로 독자의 독서 속도를 하나도 놓치지 않는다. 이를 통해 당신이 독서광인지 아니면 시간이 날 때만 책을 읽는지 즉각 알아낼 수 있다. 특정 단어, 예를 들어 맥주를 생산할 때 사용하는 PVP(Polyvinylpyrrolidone)를 보고 멈칫하면, 그 책을 읽는 사람은 분명 화학자가 아닐 것이다. 또한 '얼굴 인식 불능증'이라든가 녹색을 인식하지 못하는 '녹색맹(deuteranopia: 녹색 분광계의 선택적 결함으로 인해 녹색 식별 능력이 없는 질환—옮긴이)' 같은 개념을 아무런 문제없이 이해하는 독자라면, 그는 분명 의학적 지식을 갖고 있음에 틀림없다.

그 밖에 리더에 장착된 카메라는 당신의 몸짓도 파악해 다른 많은 독자처럼 당신이 어떤 문장을 읽으면서 미소를 짓는지, 아니면 큰 소리로 웃는지 조사한다. 흥미진진한 부분을 읽을 때 당신은 어떤 반응을 보일까? 당신의 공감지수는 어느 정도 높을까?

이미 오늘날에도 사람들은 얼굴에서 아주 많은 특징을 읽어낼 수 있다. 수학적 알고리즘은 눈이나 코 또는 입가의 상태를 즉시 인식할 수 있다. 그야말로 1초도 안 되는 짧은 시간에 한 사람의 기분이 어떠한지 읽어내는 것이다. 많은 카메라에는 이와 비슷한 소프트웨어 모듈이 장착되어 있어 가령 모든 사람이 눈을 뜨고 있을 때에야 셔터를 누른다. 최신 프로그램은 점점 더 정확해져서 사람이 웃는지 슬픈지 아니면 화가 나 있는지도 파악할 정도다. 웃을 때 눈도 함께 웃는지, 아니면 그냥 웃는 척하는 건지는? 이것도 알고리즘은 사진을 찍는 사람의 나이를 감안해 얼굴로부터 추정할 수 있다.

러시아계 미국 예술가 루이 마노비치(Lew Manowitsch)는 자신이 고안한 프로젝트에서 방콕, 베를린, 모스크바, 뉴욕, 상파울루에 사는 사람 12만 명의 셀카 사진을 분석했다.[1] 5개 도시에서 찍은 셀카 사진은 거대한 온라인 사진 공유 및 소셜 네트워킹 서비스인 인스타그램(Instagram)에서 여러 단계에 걸쳐 분류 및 평가되었다. 마노비치와 그의 팀은 5개 도시에 사는 사람들의 웃는 얼굴에 분명한 차이점이 있는지 알아내고 싶었다. 가령 방콕과 상파울루에서 찍은 셀카 사진은 다른 곳에서 찍은 사진에 비해 웃는 표정이 더 많았다. 이와 달리 모스크바에서는 평균 '스마일 점수'가 0.53으로 낮았다. 특히 모든 도시에서 공통적으로 볼 수 있는 특징은 여성들이 셀카 사진을 많이 찍는다는 사실이었다. 예를 들어 모스크바에서는 여성이 남성에 비해 4.6배나 많이 찍었다. 다양한 포즈 중에서도 상파울루의 사진이 특히 눈에 띄었는데, 이곳 여성들은 머리를 평균 16.9도 기울여서 찍었다! 이와 같은 분석 방법은 젊은 사회학자들이 많이 사용하고 있다.

토비 테크놀로지의 카메라 시스템 중 하나는 내 눈의 움직임뿐 아니라, 내 동공의 확대도 실시간으로 파악한다. 햇빛이 강하면 동공은 수축되어 적은 빛을 받아들인다. 그렇게 해야 너무 밝은 빛으로부터 눈을 보호할 수 있기 때문이다. 따라서 동공은 자동 블라인드라고 할 수 있다. 1904년 신경학자이자 정신과 의사 오스발트 붐케(Oswald Bumke)는 독일 프라이부르크에 있는 정신과 및 신경과 종합병원에서 조교로 일할 당시 이미 부차적인 현상에 대해 알았다. 즉 악수를 하거나 무엇에 대한 동기가 샘솟을 때 동공 역시 확장된다는 사실이었다. 그는 당시의 기술만 가지고도 "정신을 바짝 긴장할 때, 수학 과제를 해결했을 때, 동공에 대한 게임의 일환으로 제시된 질문에 대해 깊이 고민할 경우에도 동공의 확장이 겉으로 드러난다"는 사실을 관찰할 수 있었다. 그러므로 동공의 확장은 우리 내면의 창문인 셈이다. 의학계에서는 그동안 동공의 반응이 정신물리학에 미치는 영향에 대해 좀더 자세히 연구했다. 예를 들어 실험 대상자에게 섹스 파트너가 될 수도 있는 대상의 사진을 보여주자, 그들의 동공이 놀라울 정도로 확장되었다. 이미 붐케가 알고 있었듯 과제를 성공적으로 해결했을 때도 동일한 결과가 나왔다. 우리의 뇌는 우리에게 보상을 해주는 차원에서 긍정적 느낌을 불러일으키는 신경 전달 물질을 쏟아낸다. 이런 생화학적 물질로 인한 행복감 때문에 우리의 동공은 확장된다. 동일한 과제를 해결했을 경우 IQ가 높은 사람은 낮은 사람에 비해 동공 확장이 미미하다. 두렵게 만들면 동공이 확장되는데, IQ가 높은 사람의 경우 특히 더 그렇다. 신체의 이런 반응은 의식적으로 통제할 수 없으며, 이는 우리의 기분 상태에 관해 몇 가지를 말해준다.

이와 같은 지식을 바탕으로 다시 소설 이야기로 돌아가보자. 리더에 장착된 카메라는 동공의 변화를 감지하고, 이로써 책에 대한 당신의 감정적 반응을 알아차릴 수 있다. 이런 정보는 당신이 독서하는 속도 및 몸짓에 대한 정보와 함께 조합된다. 비유하자면 전자책을 읽고 있는 당신은 카테터와 측정 기구로 복잡하게 엉켜 있는 장치가 당신의 신체 기능을 감시하는 중환자실 환자와 비슷하다. 하지만 당신은 책을 읽는 동안 당신 역시 읽혀지고 있다는 사실을 의식하지 못한다. 당신은 당신 자신이 자유롭고 누구에게도 관찰당하지 않는다고 착각한다.

그 밖의 당신 행동 역시 기록된다. 인터넷을 검색하고, 메일을 쓰고, 온라인에서 제품을 구입할 때 기입하는 개인 정보와 타이핑하는 순서 역시 거대한 데이터에 전달된다. 예를 들어 'e'다음에 'r'를 타이핑할 때의 세세한 시간적 차이도 전달되는데, 이는 놀라울 정도로 많은 의미를 포함한다. 낮에 타이핑할 때만 볼 수 있는 전형적 특징이 있는가? 오후보다 오전에 더 빨리 자판을 두들기는가? 오후가 되면 타이핑 실력이 눈에 띄게 줄어드는가, 아니면 타이핑 속도를 그대로 유지하는가? 일주일이나 한 달을 놓고 볼 때 자판을 치는 속도가 변하는가? 자판을 칠 때 실수는 어느 정도 하는가? 오자를 타이핑하는 횟수가 많다는 것은 피곤하다는 증거인가, 아니면 질병이 있다는 의미인가? 몇 년 전만 하더라도 그다지 중요해 보이지 않는 세부적인 사항은 무심코 지나쳤지만, 오늘날에는 처리 속도가 엄청나게 빠른 시스템 덕분에 그와 같은 데이터로부터 일종의 상당히 효과적인 돋보기가 탄생하고 있다. 이를테면 당신의 가장 깊숙한 내면을 들여다볼 수 있는 돋보기 말이다.

책이 당신을 읽는다!

당신은 소설에 푹 빠져 있다. 소설은 너무 흥미진진하다. 당신이 읽었던 소설 가운데 최고라 해도 과언이 아닐 정도다. 그래서 소설에 정신이 온통 빼앗겼다. 책을 읽는 것 외에 다른 일은 할 수 없다.

소설은 감정을 최대한 끌어올릴 정도로 긴장감을 제공한다. 게다가 맞춤 소설인 것처럼 대부분 당신이 좋아하는 것들이 등장한다. 혹시 잊어버렸는가? 인터넷은 당신을 알고 있다!

당신의 동선, 소셜 네트워크 속 친구와의 관심거리, 구매 이력과 식습관 같은 모든 정보가 소설 속에 녹아들어 있는 것이다. 이처럼 개별적인 요소로 말미암아 당신은 소설을 한층 매력적으로 읽는다. 소설의 주인공은 당신의 취향과 같고, 당신처럼 느끼며 반응한다. 이런 비밀스러운 연대감으로 인해 주인공과 자신이 동일하다고 생각하기에 이른다. 며칠 후 이런 점도 문득 떠오를 것이다. 저녁에 와인 한잔을 마시면서 병을 확인해보니 바로 그 소설의 주인공이 즐겨 마시던 것이다! 손목에 차고 있는 스포츠 시계나 완벽한 밀크커피를 만들기 위해 붓는 우유 역시 소설의 주인공이 즐기던 것이다! 이 모든 게 우연일까? 심지어 그 소설을 읽은 다음부터 당신은 아침 습관을 바꿔 치아시드를 얹은 과일 샐러드를 즐기고 있다.

의식하지 못하지만 당신은 소설 속 주인공의 의견을 이어받기 시작한다. 그와 동일한 화법을 사용한다. 갑자기 소설 주인공이 관심을 갖는 주제에 신경이 쓰이고, 당신의 정치적 입장도 바뀐다. 그리고 친구들은 소설이 당신한테 영향을 준 것 같다고 느낀다.

당신의 친구들 역시 소설에 등장한다. 소설에 등장하는 장면 전부는 당신이 익히 알고 있는 곳들이다. 소설 속 사건들 또한 깜짝 놀랄 정도로 당신의 실제 삶을 반영하는 것 같다. 자전거 사고로 당신의 딸이 어깨를 다친 일도 나온다. 당신의 생일도 등장해 정말 초현실적 분위기를 자아낸다. 즉 소설의 주인공이 당신의 생일과 똑같은 날에 생일 축하 파티를 한다! 아침에 소설을 계속 읽자 이런 내용이 나오는 식이다. "생일 진심으로 축하해. 나는 너를 항상 생각하고 있어!" 이런 접근 방식은 그야말로 섬뜩하면서도 동시에 환상적으로 다가온다. 당신의 삶은 점점 소설 줄거리와 유사해진다. 혹은 거꾸로 소설 줄거리가 당신의 삶과 비슷해진다고 말할 수도 있다. 소설 줄거리는 당신의 삶에서 일어나는 사건에 다이내믹하게 반응한다. 주인공이 당신의 스마트폰에 소식을 남겨놓기도 한다. "조깅하러 가요……" 주인공은 당연히 당신의 전화번호를 알고 있다. 작업 시간, 동선의 패턴, 혈압까지 알고 있다. "얼른 쾌차하세요!"라는 문자를 보낼 수도 있다. 당신의 소설은 오늘따라 당신의 컨디션이 그다지 좋지 않다는 사실을 알고 있다. 이 놀라운 공감력!

예전에는 결코 이처럼 몰두해서 소설을 읽은 적이 없다. 그런데 당신이 17장을 읽는 동안, 갑자기 소식이 전달된다. 요컨대 화면에 의료보험공단이 뜨더니 가능하면 신경 전문의를 찾아가는 게 좋을 거라고 충고한다. 병원 주소도 화면에 나온다. 병원을 방문할 시간도 이미 당신의 달력에 체크된다. 그리고 전자책 리더가 아주 정중한 말투로, 당신의 데이터 풀에 사소하게나마 이상한 점이 발견되었다고 알려준다. 순전히 조심하라는 차원이며, 당신의 안전을 위해 이렇게 할 뿐이라면서 말이다. 이틀 후 당신은 추천받은 의사를 찾아가고, 당신의 데이터를 자동 시스템으로 분석해보니 파킨슨병 발병 가능성이 매우 높다는 말을 듣는다. 이에 당신은 충격을 받는다.

전 세계적으로 600만 명 이상이 신경을 퇴화시키는 파킨슨병을 앓고 있다. 생화학적 테스트를 해도 잘 나타나지 않는 이 병은 아주 살금살금 시작되며 시간이 지날수록 증상이 드러난다. 중뇌의 특정 신경세포가 죽고, 이로 인해 신경 전달 물질인 도파민의 생산이 줄어든다. 그 결과 예를 들어 걸을 때 팔 한쪽이 거의 움직이지 않거나 어깨 한쪽만 아픈 현상을 관찰할 수 있다. 파킨슨병은 얄밉게도 환자의 신경세포 가운데 절반이 죽은 뒤에야 비로소 최초의 징후가 눈에 띈다. 운동의 제약과 전형적인 떨림 현상 외에 목소리에서도 특이한 점을 발견할 수 있다. 목소리가 나오는 부분의 근육을 공격해 성대에 해로운 영향을 주기 때문이다. 지금까지는 조기 발견이 어려웠지만, 이제는 믿을 만한 도구가 생겼다.

영국 수학자 맥스 리틀(Max Little)은 알고리즘을 이용해 환자들의 성대 수술 성공 여부를 검사했다. 그의 소프트웨어는 녹음된 목소리를 분석했다. 목소리의 높이에 따른 전형적 패턴을 이용해 각 환자의 회복 과정을 체크한 것이다. 어느 날 동료 한 사람이 건강한 실험 대상자와 파킨슨병을 앓는 환자의 음성이 녹음된 것을 가져왔다. 리틀은 자신의 소프트웨어가 오로지 음성만을 분석해 두 그룹을 구분할 수 있는지 시험해보았다. 그러자 최초의 실험부터 놀라운 결과가 나왔다. 리틀이 알고리즘을 최적화하자 적중률은 점점 높아졌다. 그러는 사이 그의 분석 프로그램은 건강한 사람과 초기 단계에 있는 파킨슨 환자를 구분하는 작업에서 적중률 99퍼센트를 자랑하기에 이르렀다. 지금까지 리틀의 연구는 실험실에만 국한되었지만 '파킨슨 보이스 이니셔티브(Parkinson's Voice Initiative)'라는 후속 프로젝트를 통해 7개국에 특수 전화번호를 개설해 목소리를 남겨놓길 원하는 참가자를 모집했다.[2] 리틀은 초기 진단을 향상시킬뿐더러 데이터로부터 가능한 질병을 알아낼 수 있도록 자신의 알고리즘을 조금 더 최적화하고자 한다. 참가자에 대해서는 익명성을 보장한다.

물론 건강은 우리가 최고로 관심을 갖는 사항이고, 그래서 점점 더 많은 모바일 헬스 앱이 생겨나고 있다. 알츠하이머의 경우 방향 감각 퇴화가 기억력 쇠퇴의 전조 증상으로 여겨지고 있으나, 지금껏 이와 관련해 좀더 정교한 해결책은 없었다. 2016년 초 도이체 텔레콤(Deutsche Telekom)은 하나의 프로젝트, 곧 '시 히어로 퀘스트(Sea Hero Quest)'라는 이름의 무료 게임 앱에 참여했다.[3] 이 앱은 치매 연구 차원에서 의학적 비교 데이터를 제공하기 위해 탄생했다. 유니버시티 칼리지 런던과 이스트 앵글리아 대학 소속의 학자들과 알츠하이머 연구를 위한 공익 단체에서 이 앱을 개발했다. 플레이어들은 바다 한가운데에서 기적을 찾아내야만 한다. 작은 배를 타고 하나의 섬에서 다른 섬으로 이동해야 하는데, 이때 작은 지도를 단 몇 초밖에 볼 수 없다. 플레이어들은 몇 초 동안 본 기억을 더듬어 다음 번 기적으로 가는 길을 찾아야 한다. 앱은 이를 통해 플레이어들의 공간 지각 능력에 대한 데이터를 수집한다. 이와 같은 기본적인 데이터와 플레이어들이 알려준 정보를 가지고 연구자들은 젊거나 늙은 플레이어, 도시에 살거나 시골에 사는 플레이어, 여자거나 남자인 플레이어가 공간 지각 능력에서 어떻게 구분되는지 파악한다. 어떤 플레이어의 공간 지각 능력이 평균치에 비해 떨어지면, 이는 바로 질병이 시작되고 있다는 증거일 가능성이 있다. 장기적으로 사람들은 이로써 알츠하이머의 초기 진단을 지금보다 향상시키고자 한다.

익명성이 보장된 '시 히어로 퀘스트'의 데이터 풀은 공공 단체의 것이 아니라 도이체 텔레콤의 재산이다. 유니버시티 칼리지 런던 같은 대학과 다른 연구센터는 데이터에 대한 접근 신청을 해야 이를 이용할 수 있다. 건강 관련 사업은 늘어나는 추세이며, 도이체 텔레콤 같은 새로운 주자가 등장하고 있다. 그 뒤에는 투기성 사업이 숨어 있는데, 늘어나는 데이터 풀은 바로 미래의 금광이기 때문이다.

파킨슨과 알츠하이머의 경우 조기 진단을 위해 받아들일 만한 가설이 있다. 목소리의 변화나 공간 지각 능력의 악화가 그것이다. 하지만 미래 사람들은 복잡한 데이터 풀에서 더 많은 걸 읽어낼 수 있을 것이다. 빅 데이터의 진짜 마법은 지금까지 발견하지 못한 연관성을 인식하는 데 있다. 요컨대 타이핑 패턴, 동선, 언어 변화, 몸짓, 동공 확장 같은 복잡한 요소가 얽혀서 우리의 내면을 비춰준다. 의사가 당신의 혈액을 보고 건강 상태를 읽어낼 수 있듯 데이터 분석가들은 당신의 알고리즘을 통해 클라우드 컴퓨팅을 분석할 것이다. 정교한 차이를 하나의 특징으로 구분하는 데 성공하는 사람은 미래에 유망한 지식으로 들어가는 문을 여는 셈이다. 1970년대 독일에서 실시한 데이터 뱅크 수사에서는 몇 가지 특징만 있어도 충분했다. 즉 세 든 사람의 특징, 전기세를 지불하는 방법, 신고 날짜, 집의 위치와 자동차에 대한 데이터만 있어도 적군파(RAF) 테러리스트가 거주하는 장소를 걸러낼 정도였다. 하지만 어떻게 수천 가지 특징들로부터 하나의 패턴이 등장할까? 새로운 알고리즘은 우리가 심장마비를 앓게 될지, 우울증을 앓게 될지, 돈 걱정이나 직업상의 문제를 안게 될지 혹은 배우자와 이혼하게 될지 등을 자동으로 기록할 수 있을 것이다.

당신의 휴대전화는 당신이 춤을 추고 있는지 안다

현재로 돌아오자. 스마트폰은 많은 사람에게 거의 신체의 일부가 되었다. 이 장치는 늘 우리 옆에 있는 동반자다. 조깅이나 쇼핑을 할 때, 일을 하거나 지하철을 타고 갈 때도 마찬가지다. 휴대전화를 지니고 있는 사람은 데이터를 생성해낸다. 전화도 하지 않고, 사진을 찍지 않아도 그렇다. 스마트폰은 지속적으로 주변을 파악하는 전자 감각 기관으로 가득 찬 미니 실험실과 비슷하기 때문이다.[4] 그동안 센서 기술이 괄목할 만큼 발전함으로써 지극히 작은 공간에 있는 수많은 물리적·화학적 파라미터(parameter: 매개 변수—옮긴이)를 파악 및 평가할 수 있게 되었다. 과거에는 전자공학으로 가득한 값비싼 실험실에서만 가능하던 것이 손톱만 한 크기로 축소된 것이다.

심지어 휴대전화 안에 장착된 가속계(accelerometer: 가속계에 쓰이는 센서는 이동하는 물체의 가속도나 충격의 세기를 측정함—옮긴이)는 더 작아서 3×3밀리미터 크기다.[5] 이 칩 내부에는 몇 마이크로미터밖에 되지 않는 넓이의 규소 막대가 일종의 펜 같은 역할을 한다. 움직임이 있을 때마나 이 막대는 질량의 관성에 의해 방향을 조정하고 전극과의 간격을 수정한다. 그야말로 간격이 미세하게만 바뀌어도 전기적 능력이 변하고, 이에 따라 당신 휴대전화의 가속도를 그에 맞춘다. 가속계 바로 옆에는 아주 작은 기압계가 있다. 이 센서 역시 기술이 만들어낸 기적이다. 다시 말해, 10마이크로미터밖에 안 되는 얇은 규소 막은 압력에 저항력이 있고 팽창하는 줄무늬 선이 통과한다. 이 줄무늬 선은 기압의 변화에 따라 바뀌고, 그 결과 전기적 저항이 변한다. 기압이 0.12hPa(1헥토파스칼은 100파스칼—옮긴이) 바뀌면, 1미터 정도의 높이에 해당하는 변화를 의미한다.

가속계와 기압계를 조합하기만 해도 당신이 계단을 오르내리는 걸 감지할 수 있다. 계단을 올라가고 내려가는 독특한 패턴이 기압의 오르내림과 연계되면 전형적 패턴이 나온다. 심지어 자이로스코프(Gyroscope) 센서와 조합하면, 나선형 계단을 시곗바늘과 같은 방향으로 올라가는지 아닌지 파악할 수 있다. 만일 당신이 천천히 올라갈 경우, 이는 당신의 신체가 어떤 상태인지, 가령 피곤하다는 증거일 수도 있다. 이와 달리 센서가 기압의 변화 없이 여기저기 리듬을 타고 있다고 알려주면, 그리고 GPS 데이터가 당신이 장소를 떠나지 않았다고 표시하면, 지금 당신은 춤을 추고 있는 게 분명하다. 시간을 포함하면 밤 11시에 춤추는 것이 아침 11시에 춤추는 것보다 훨씬 현실성이 있다. 게다가 장소 데이터를 고려하건대 당신은 지금 클럽에 머물고 있다. 장착된 마이크로폰이 지금 흘러나오는 음악을 파악하고 있기 때문이다. 이렇게 스마트폰은 당신이 춤을 추고 있는지, 그것도 어떤 음악에 맞춰 추는지 알고 있다!

스마트폰은 당신이 춤을 추는지, 계단을 오르는지, 잠을 자는지, 조깅을 하는지, 아니면 직장에서 손톱에 매니큐어를 바르는지도 말해줄 수 있다. 스마트폰에 장착된 BME680 센서는 아주 작은 가스 감지기인데, 공기 중에 날아다니는 성분, 이를테면 용매, 접착제, 세척제나 알코올에 반응한다.[6]

이제 여러분에게 이런 질문을 하고 싶다. 새로운 앱이 당신의 센서 데이터를 장악한다면, 이를 반대할 것인가? '센서 데이터 허용하기'라는 자그마한 버튼을 문지르기만 하면 된다. 설명문은 훨씬 더 간결하다. "이 데이터로 우리는 특정 서비스의 성능을 향상시킵니다." 자, 이제 어떤 선택을 하겠는가?

데이터 허용을 물으면서 차라리 이런 문구가 있다면 더 공평하지 않을까 싶다. "당신 삶의 변화를 파악해도 될까요?"

오늘날의 스마트폰에는 온도계, 기압계, 가속계, 음향 센서, 지문 센서, GPS, 경사계, 습도계, 자력계, 근사치를 감지하는 센서, 무선으로 데이터를 전송하기 위한 NFC 센서, 광도 센서와 카메라 2개(앞과 뒤), 마이크로폰, 터치스크린 WLAN(무선 랜) 안테나와 아주 작은 송신 안테나가 있다.[7] 솔직히 말해서 나는 생산자가 이 모든 부품을 이토록 작은 장치에 다 넣을 수 있다는 사실에 감탄을 금치 못하겠다. 하지만 이런 장치가 우리의 행동을 얼마나 파악할 수 있는지 생각하면 오히려 오싹해진다.

한 가지 더 언급하는 것을 잊고 있었다. 즉 당신이 소설의 제안대로 의사한테 갔을 때, 이 '소설'은 그냥 평범한 소설이 아님을 알게 될 것이다. 이 소설은 거대 제약 회사가 보험 회사와 손을 잡고 개발한 것이다. 그들은 유저로부터 데이터를 받아 조기에 질병을 인지할 수 있다. 그리고 흥미진진하고 감동적인 스토리와 특별한 주인공으로 인해 당신은 매력을 느낀다. 당신이 책을 읽으며 보인 반응은 전자책 리더에 의해 파악 및 평가된다. 사람들은 이와 같은 조기 파악만으로도 건강 분야에서 엄청난 비용을 절약할 수 있다고 말한다. 의사들은 이렇게 말할 것이다. "정말 다행이라고 생각하세요. 소설이 환자님의 목숨을 구했으니까요."

내 디지털 기계의 배반: 직접 실험해본 감시[8]

가을인데 봄 같았다. 계절은 11월이 다 되었음에도 기온은 5월이었다. 뮌헨에 건조한 푄 열풍이 불어온 것이다. 따뜻한 기온에만 개방하는 맥줏집의 정원은 여전히 성업 중이고, 사람들은 야외에 앉아 있었다. 티셔츠를 입고, 자전거를 옆에 세워두고, 짧은 바지를 입은 채. 이번 주말에 나는 아내와 함께 두 딸을 방문하기로 했다. 큰딸은 이제 대학 공부를 막 시작했다. 새로운 도시에서, 자기만의 집에서, 큰 대학에서 오로지 혼자 모든 책임을 지면서 말이다. 큰딸은 홀로서기를 위해 세상에 첫발을 내디뎠고, 아내와 나는 이를 통해 힘들게 배운 것도 있었다. 그러니까 자식들은 성장하게 마련이라는 사실.

"소포가 도착했습니다." 호텔 포터가 나에게 상자 하나를 건네준다. 보내는 사람: SySS GmbH(독일의 정보 기술 보안 회사—옮긴이), 튀빙겐. 이제 실험이 시작된 것이다. 우리는 일요일에 방송을 하나 내보낼 예정이다. 휴대전화가 감청을 당하면 무슨 일이 일어날지에 관한 내용이다. 텔레비전

토크쇼의 편집 담당자는 나도 여기에 동참하길 청했고, 나는 아내와 심각하게 상의한 끝에 그렇게 하겠다고 대답했다. 따라서 우리는 무슨 문제가 있을 수도 있는 주말을 보내게 될 터였다. 딸을 방문하는 가족 행사가 '감염된' 휴대전화를 사용하는 상황을 직접 실험하는 일이 되어버린 것이다.

화웨이(Huawei)에서 생산한 이 장치는 평범한 휴대전화다. 하지만 여기엔 트로이 목마라는 것이 내장되어 있다. 이는 아주 미미한 부속 프로그램으로, 외부에서 들어온 데이터에 접근할 수 있다. 이를테면 장소, 대화, 통화, 문자 메시지, 내가 찍는 모든 사진 등등. 이 부속 프로그램은 메일에 첨부된 자료를 무심코 열어봐도 설치될 수 있다. 그런 다음 대화를 엿들을 수도 있다. 휴대전화를 사용하는 사람은 알아차리지 못하지만 휴대전화에 달려 있는 마이크가 원격으로 켜질 수 있기 때문이다.

텔레비전 편집부와 SySS 공동으로 직접 실험에 나서면서 나는 사소한 약속을 했다. 즉 이 실험을 통해 기술적 가능성만을 테스트하는 것이지, 내 가족의 사생활은 노출하지 않기로 말이다.

나는 스마트폰을 켜고 인증 코드를 입력했다. 그러자 휴대전화가 약하게 진동하면서 작동된다는 사실을 알려주었다. 화면에는 일상적으로 보던 알록달록한 로고들이 떴다. 문자 메시지, 메일, 카메라 등등. 약속한 대로 나는 SySS에서 일하는 여직원에게 전화를 했다. 그녀는 이 실험을 하는 동안 기술자 한 명과 함께 멀리서 내가 사용할 스마트폰의 데이터를 가져가 내 행동에 대한 프로파일을 구축할 예정이었다. 이 실험은 그냥 게임 같았다. 내가 어디로 가는지, 혹은 무엇을 하는지 저쪽에서 알아내야만 하는 것이다.

"뭔가 좀 이상한 기분이야. 우리가 여기서 말하는 걸 저기서 듣는다는 거잖아." 아내가 말했다.

"그래, 그렇지. 하지만 우리는 분명히 약속했어. 나중에 데이터를 평가할 때 당신과 아이들은 제외시킨다고 말이야."

우리는 상대가 게임의 규칙을 지킬 것이라고 믿어야 했다. SySS의 인터넷 사이트는 이 회사가 윤리적 책임을 진다고 소개하고 있지만, 우리 부부는 그렇게 편하지만은 않았다. 게다가 이 스마트폰의 배터리는 분리형이 아니라 진짜 꺼졌는지조차 확신할 수 없었다. 아내와 나는 평소보다 대화를 적게 했다. 특히 아내는 입을 다물고 있을 때가 많았다.

우리는 호텔을 나와 딸한테 갔다. 녀석이 묵고 있는 기숙사는 슈바빙(Schwabing) 지역 한가운데 있었다. 그 애 동생도 언니와 함께 지냈다.

우리는 가는 도중 빵집에 들렀다. 아내가 빵을 주문하는 사이, 나는 주머니에 들어 있는 스파이 휴대전화를 생각했다. GPS를 동원해 우리를 추적하기는 쉬울 것이다. 마이크를 통해 우리가 아침으로 무엇을 먹을지 저쪽에서 파악할 수도 있었다. "흰 빵 2개, 통밀 빵 2개, 그리고 초콜릿 크로아상 하나, 합해서……." 빵집 아가씨는 미소를 지었고, 죄책감이 처음으로 나를 엄습했다. 지금부터 나는 누구든 내 주변 사람들에게 이렇게 말해야 할지도 몰랐다. "조심하세요. 누가 엿듣고 있답니다." 우리는 지하철을 타고 슈바빙까지 갔다. 나는 나중에 내가 분 단위로 움직인 동선을 받을 수 있었다. "역, 지하철을 타고 두 정거장 갔음. 11분 소요……."

두 딸은 아직 침대에 있었다. "어떻게 잠은 잘 잤어? 내가 말했던 그 휴대전화가 이거야. 배터리가 40퍼센트밖에 남지 않아서 충전 좀 할게."

비좁은 부엌에서 우리 내외가 아침을 준비하는 동안, 딸들은 옷을 입었다. "저자들이 보고 있을 수도 있어!" 큰딸이 충전 중이던 내 휴대전화를 발로 옷장 밑에 밀어 넣었다.

우리는 식탁에 자리를 잡았다. 딸들은 기분이 들떠 있었다. "초콜릿 크림은 여기 있고, 오렌지 주스 더 먹을래? 버터 좀 줘봐!" 휴대전화는 옷장 밑에 있고, 우리는 식탁에 앉아 있었다. 하지만 정말 우리뿐일까?

나는 큰딸의 노트북을 쳐다보았다. 녀석은 화면 위에 있는 카메라를 가려놓았다. 젊은 사람들은 우리가 생각하는 것보다 오히려 의심이 더 많을지도 모른다.

아침을 먹은 뒤 우리는 볼프강 헤클(Wolfgang Heckl)을 만날 예정이었다. 우리는 그를 '볼페를(Wolferl)'이라고 부르곤 하는데, 뮌헨 기술대학의 물리학 교수이자 '독일 박물관'의 관장이기도 했다. 손으로 만들고 수리하는 걸 너무 좋아하는, 바이에른 지방의 기인(奇人)으로 알려져 있다. 물론 나는 그에게 휴대전화 실험에 대해 이야기했다. 우리가 하는 말을 누군가 엿들을 거라는 것도. 그가 역으로 우리를 데리러 왔다. 그는 딸기 한 바구니를 들고 있었다. 바이에른 지방 사람들의 정이 듬뿍 담긴 딸기 바구니를 들고 있는 볼프강은 '노트북과 가죽 바지'의 진수를 보여주는 사람이다.

우리는 걸어서 체니트(Zenith) 문화 광장을 지나갔다. 대규모로 열리는 벼룩시장에 갈 생각이었다. 볼프강은 이곳에서 매우 유명했다. 상인들은 그를 보면 친절하게 인사를 건넸다. 커다란 강당 같은 곳에 들어가자 오래된 가구, 유물과 온갖 것들이 들어 있는 상자, 옛날 라디오, 토스터기, 치과 의사가 사용했던 도구 등등이 보였다. 볼프강은 물건을 진열해둔 선반에서 1960년대산 녹음기를 발견했다. 배터리 넣는 통이 약간 덜렁거리기는 했지만 당연히 작동되었다.

"아직까지도 작동이 잘되다니, 정말 귀중품일세. 오늘날에는 다들 싸구려 쓰레기만 구입하지!" 물론 볼프강은 녹음기를 구입했다.

아내가 나에게 눈짓을 보냈다. "내버려둬요!"

우리가 천천히 걸으며 상점들을 지나는 동안, 저 멀리 튀빙겐에서는 SySS 주식회사 소속 여직원이 모든 걸 파악하고 있을 것이다. 우리의 대화, 사진, 머물고 있는 장소 등등. 나중에 이날 오전의 내 행동 반경에 대해 받아본 기록은 간결했다. "사진들을 통해 우리와 동반한 사람이 볼프강 헤클 교수임을 확인했다. 그는 뮌헨에 있는 독일 박물관의 관장이다." 내 친구 '볼페를'은 "동반한 사람"이 되었고, 나는 "R. Y."로만 표기되었다. 기록은 이러했다.

> 12시 36분~13시 6분 사이의 대화(녹화)
>
> 대화의 주요 내용:
>
> R. Y.가 오래된 인형의 눈을 구함.
>
> 상인은 그런 제품이 없어 나중에 구하게 되면 볼프강 헤클 교수한테 가지러 오라는 연락을 하겠다는 제안함.

나중에 기록 전체를 읽어본 나는 마치 범죄자가 된 느낌이었다. 즉 철저하게 파악한 시간 기록과 우리의 동선에 대한 정확한 위치 데이터를 보면 혐의자를 찾는 수배자의 어투 같았다. 아침에 벼룩시장을 갔을 뿐인데, 수배자의 어법을 사용하자 국가 전복을 꾀하는 활동으로 변해버렸다. 모든 게 의심스럽게 비춰지고, 그래서 기록을 읽으면 냉정한 불신을 감지할 수 있었다. 내가 벼룩시장에서 구한 것도 마약이나 무기가 아니라, 예술 작품에 필요한 유리로 된 인형의 눈이었을 뿐인데 말이다!

이날 오전에 휴대전화로 찍은 사진도 기록에 등장했다—이를 증거라고 부를 수도 있다. 기록의 정확도는 사람으로서는 해낼 수 없을 정도였다. 나 자신은 잊어버린 대화의 내용도 있었기 때문이다. 디지털 세계에서 엿듣는다 함은 망각이 없다는 뜻이다. 모든 줄거리, 모든 움직임, 모든 대화가 저장된다. 그리고 몇 년이 지난 후 우리에게 제시될 수도 있다.

볼프강은 우리를 자신의 집으로 초대했다. 그는 내 딸들에게 셸락(shellac: 니스를 만드는 데 쓰이는 천연 수지—옮긴이)으로 만든 오래된 레코드판을 보여주었다. 수리한 옛날 오르간도 연주해주었고, 관 모양의 라디오도 자랑스럽게 켜보았다. 그는 이 라디오를 너무 좋아한 나머지 다시 고친 터였다. 우리는 그가 직접 구운 케이크를 먹으며 많이 웃었다. 그러는 동안 내 주머니에 들어 있던 휴대전화도 항상 옆에 있었다.

내가 직접 참여하는 실험이 드디어 끝났다. 여직원 킴(Kim)이 "이제 충분해요"라고 전화로 말해주었기 때문이다. 스파이 휴대전화를 끄자 원래 내 스마트폰도 가지고 다녔다는 사실이 떠올랐다. 어쩌면 이 녀석도 엿들었을지 모른다. 그럴 가능성을 배제할 수는 없다. 그럴 경우 나는 누가 내 생활을 감시하는지조차 알 수 없을 것이다.

휴대전화로 체험한 실험은 나를 혼란스럽게 했다. 나는 아무것도 숨길 수 없었다. 사실 내 자아는 사생활과 작은 비밀들로 살아간다. 그러나 현대 기술이 만들어낸 기적과도 같은 물건을 항상 몸에 간직하고 다님으로써 내가 배신자처럼 보였다. 비록 나에게 어떤 일이 생길지 이성적으로 잘 알았지만, 나는 이 실험이 나에게 불러일으킨 정서적 효과에 놀랐다. 나는 마치 디지털 시대의 배반자 유다 같았다. 친구들의 사생활에 파고들어 '다른 사람들'로 하여금 그걸 볼 수 있게 한 까닭이다. 나는 친구들의 신뢰를 악용했다. 스파이 휴대전화를 들고 다녔고, 전자 메일에 친한 사람의 이름을 올렸기 때문이다. 기본적으로 우리 모두는 데이터 기계를 먹여 살리고 있다. 이는 새롭고, 예전에는 결코 가져본 적 없던 속성이다. 개인에 대해, 그 사람의 취향과 비밀에 대해 점점 더 많이 알게 되는 특성 말이다.

디지털 혁명은 한창 진행 중이다. 기능이 향상된 장치와 실용적 앱에서만 새로운 것을 볼 수 있는 게 아니다. 우리 스스로도 혁명에 의해 짓밟히지 않아야 한다는 위압감이 있다. 언제쯤 우리는 우리 자신의 태도를 바꾸고 프로필만 채울 목적으로 어떤 생각을 표현하는 행동을 그만둘까? 컴퓨터는 우리의 행동과 생각을 프로그래밍하기 시작했고, 우리는 우리가 기계에 얼마나 종속되어 있는지 알아차리지 못한다. 즉 우리는 기계가 제공하는 대로 문자 메시지를 쓰고, 클릭하고, 삭제를 한다. 우리는 교통 정보 앱이 시키는 대로 교통 체증이 있는 곳을 우회해서 간다. 날씨 앱이 비가 올 수 있다는 예보를 하면 우산을 들고 나간다. 휴대전화가 친구의 생일을 알려주면 그 친구의 생일을 축하해준다. 우리는 거짓 프로필을 진실이라 믿고 구글 사이트에서 새로운 사람을 사귄다. 우리는 휴대전화를 통해 말하지만, 이 휴대전화가 우리의 말과 생각을 저장하고 분석하고 평가한다는 사실을 잊고 있다. 우리의 데이터에 접근 가능한 '다른 자들'은 잘 다듬은 알고리즘과 탁월한 성능의 소프트웨어 덕분에 우리를 파악한다.

서비스업은 이렇듯 과도하게 개인 정보를 수집하고 있지만 문제의 핵심은 다른 곳에 있다. 첩보 기관은 오래전부터 도청과 정보 관리에 집착해왔지만, 인류 역사 전반에 걸쳐 오늘날처럼 기술적인 장치에 손을 댄 적은 없었다. 경제적으로도 우리는 역사적 과도기를 체험하고 있다. 다시 말해 우리 자체, 곧 우리의 사생활 전체가 제품이 되었다. 우리는 돈 되는 비즈니스 대상이 되었다. 디지털에 소개된 우리의 모습이 점점 더 우리의 존재를 결정짓고 있다. 우리의 디지털 존재는 우리의 취향과 구매 패턴을 알고 있다. 일상의 동선을 이해하고 있으며, 친구 관계까지 깊숙이 관여한다. 디지털 알터 에고(Alter Ego: 'alter'는 라틴어로 '또 다른'이라는 의미다. 심리학에서 사용하는 개념이지만 여기서는 '디지털 세계에 존재하는 또 다른 나' 정도로 이해하면 된다—옮긴이)는 우리 스스로보다 우리를 더 잘 알며, 우리가 이미 오래전에 망각했던 것을 기억한다. 우리가 피와 살로 이루어진 사람보다 디지털에서 소개하는 초상화를 더 신뢰할 때까지 얼마나 더 걸릴까? 기계가 시민에게 성인이 되었다고 언제쯤 선고할까?

벌써 늦은 것일까? 만일 우리가 새로운 것의 쾌적함에 빠지면, 우리의 자율권을 상실하고 우리 조상들이 무엇 때문에 투쟁했는지도 망각하게 될 것이다. 그러면 '자유'와 '자발적 결정' 같은 단어는 원래 담고 있던 의미를 상실할 것이다. 휴대전화에 알림 표시가 뜨지 않으면 우리는 여기에 얽매여 있다는 느낌을 갖게 될지도 모른다

우리는 지금 무엇을 위해 싸워야 하는가[9]

매일 엄청난 양의 새로운 소식이 공개된다. 전화, 메일, 문자, 심지어 컴퓨터 게임조차도 도청되었다. 물론 지금도 도청되고 있다. 이때 어마어마한 양의 데이터가 수집된다. 첩보 기관과 인터넷 대기업이 우리의 삶 안으로 밀려들고 있다. 또 무슨 일이 일어날지 누가 알겠는가?

우리의 사생활을 보호해주던 벽에 습기가 찼다. 벽에 핀 곰팡이가 눈에 띄기 시작했지만, 이를 수리하려는 최초의 시도는 처참하게 실패했다. 미국과 독일의 노-스파이(no-spy) 협정, 워싱턴으로 위원 파견, 의회 위원회, 연설과 호소 등등 이 모든 게 아무런 도움도 되지 않았다. 문제는 더 악성으로 변해갔고, 시커먼 곰팡이는 도처에서 나타났다.

민주주의라는 건물은 손상을 입었고, 이런 해악의 원천은 차단되지 않고 있다. 은행 정보, 선호하는 구매품, 장소 등 우리의 데이터가 누군가에게 마구 흘러들고 있다. 정말 놀랍고도 또 놀라운 점은 우리의 무관심과 무심함이다. 우리는 그들이 우리의 지극히 개인적인 사항을 저장하고 평가한다는 사실을 잘 안다. 하지만 아무것도 바꾸지 않고 느긋하게 채팅을 하고 있다. 왜 그럴까?

데이터가 빠져나가지만 이로 인한 희생자가 그다지 눈에 띄지 않기 때문이기도 하다. 직장을 잃는다거나 죄도 없이 감방에 간 사람은 없다. 나치와 구동독 시절의 비밀경찰이 활동하던 때와 달리 우리는 이웃 사람이 새벽에 초인종 소리를 듣고 문을 열었다가 체포당하는 모습을 목격하지 않는다. 체포되는 사람도 없고, 고문에 희생당하는 사람도 없다. 부상을 입는 사람도 없다. 그래서 우리 모두는 이런 숙명적인 결론을 내린다—디지털이라는 짐승은 사랑스럽고 그냥 게임만 하고 싶을 뿐이야!

토크쇼, 신문 기사, 강연과 열렬한 호소도 사회적 의식을 바꾸지는 못한다. 디지털의 일상은 놀라울 정도로 실용적이다. 맛집을 찾아주는 앱, 클릭 한 번으로 주문을 하거나 스마트폰의 진동으로 소식이 금방 온다.

이마누엘 칸트는 계몽을 정의하면서 경고했다. "현명해져라!" 아울러 이와 비슷한 강도로 편안하고 쾌적한 상태가 주는 독을 주의하라고 말했다. "게으름과 비겁함은 바로 그토록 많은 사람이 …… 다른 사람에게 결정권을 떠넘기게 된 원인이다. 성인이 되지 않은 상태는 너무나도 편안하다." 칸트의 생각은 메아리를 남기지만, 디지털 시대에는 자율권을 포기하고 무능한 금치산자가 되고자 선택하는 위험이 도사리고 있다.

우리에게 어떤 일이 생길지 파악하기 위해, 우리는 나란히 발전하는 여러 가지 것들의 상호 작용을 이해해야만 한다.

우선 엄청난 기술적 진보를 들 수 있다. 오늘날 모바일 전화는 내 대학 시절에 있던 모든 전산센터에 맞먹는 저장 능력을 갖고 있고, 노트북의 성능은 냉전 시대의 최고로 좋은 슈퍼컴퓨터와 비교해도 수백만 배 더 뛰어나다.[10] 통합 기술은 새로운 차원의 나노 센서와 함께 앞으로 전진하고,

점점 더 많은 장치와의 네트워크를 통해 진보라는 뇌우(雷雨)는 한층 강력해지고 있다. 이 모든 것은 환상적인 동시에 파악할 수 없을 만큼 변화하고 있다. 심지어 전문가조차도 상황을 전체적으로 파악하지 못하는 상태다. 이런 상황에서 발전이 첫걸음을 내디딘 것이다. 그 개념을 자세히 관찰해보면, 우리가 생각하던 방식과 근본적으로 다른 변화가 만천하에 드러난다.

여기서 정보 기술의 세계를 잠시 들여다보기로 하자. 과거에 프로그램 언어는 멍청하고 딱딱한 명령에 따라 이뤄졌다. 즉 명령하고 복종하는 '주인'과 '노예'였다. 코드는 직선적이고 그 자체로 폐쇄적이었다. 우리의 현실과 동떨어져서 일종의 캡슐에 들어가 있었다고 보면 된다. 기본 구조는 거의 전제군주 시대와 비슷해서 중앙에 CPU가 있고, 이는 노예에 해당하는 다른 장치들에 둘러싸여 있었다. 그러다 마이크로프로세서와 인터넷이 등장함으로써 정보학의 중앙 집중적인 세계상은 무너졌다. 대형 컴퓨터는 지적이고 커뮤니케이션이 발달한 다양성으로 대체되었다. 오늘날의 소프트웨어는 동시다발적으로 전송되는 수많은 데이터와 사건으로 이루어져 있으며, 이런 데이터와 사건은 또한 다른 사건들을 작동시킨다. 만일 당신이 인터넷에서 간단하게 검색 단어 하나를 입력하면, 배후에 있는 프로세스를 활성화시켜 마치 불꽃놀이가 벌어지는 상황을 불러일으킨다. 다시 말해 라이브러리(library: 관련 파일의 집합—옮긴이)와 클래스〔class: 객체 지향 프로그래밍(object-oriented programming)에서 특정 개체를 생성하기 위해 변수와 방법을 정의하는 일종의 틀—옮긴이〕를 먼 곳에서 불러오고, 다른 시스템에 있는 방법을 요청하고, 불러온 문서를 작동시키고, 데이터를 전 세계로 발송한다. 가령 간단하게 '라인 지방의 식초에 절여 구운 고기'라는 검색어를 입력했는데, 대륙을 오가는 프로세스가 작동한다는 사실을 한 번이라도 생각해본 적이 있는가?

전문가가 아닌 문외한들은 오늘날의 프로그래밍을 우리가 얼마나 엄청나게 '신뢰'하는지 전혀 상상도 못할 것이다. 사람들은 각각의 소프트웨어 조각이 어떻게 작동하는지 알지도 못하면서 수많은 부속품을 겹겹으로 장착하고 있다. 오늘날의 구동 시스템은 5000만 개 이상의 컴퓨터 코드를 조합하는 경우가 드물지 않다. 현대의 소프트웨어 시스템은 너무나 복잡해서 근본적으로 테스트하는 게 점점 더 어려워지고 있다. 우리의 실제 세계는 '객체 지향적' 코드로 표현되고 있지만, 현대의 소프트웨어는—나이 든 프로그래머들이 적응하기 힘들게—놀라울 정도로 공개되어 있고 또한 서로 연결되어 있다.

이런 프로그램의 '세계상'에는 수많은 사물이 살고 있는 바 지시를 해결하고, 상태를 바꾸고, 다른 사물과 교환하는 특징을 가진 가상의 플레이어가 그것이다. 소프트웨어 분야에서 바뀐 패러다임과 사고 모델은 이미 오래전 우리의 실제 세계를 감염시켰다. 약 30년 전 나는 사물 지향적 프로그래밍의 아버지 앨런 케이(Alan Kay)의 강연을 들은 적이 있는데, 그가 제시한 미래상은 그야말로 대담하고도 추상적으로 들렸다. "모든 것이 사물입니다!" 그사이 우리는 '사물 인터넷'을 축하하고 있다. 컴퓨터, 휴대전화, 자동차, 트럭, 컨테이너, 비행기, 터빈, 발전소, 포장, 전기계량기, 온도계, 창문, 문, 열쇠, 자동차 타이어, 엔진, 잔디 깎는 기계, 자동 커피머신, 비상 전원 장치, 병원의 모니터, 확성기, 텔레비전, 운동화, 칫솔 등등. 이 모든 것이 디지털 시스템과 결합한다. IT 기업 시스코(Cisco)의 추정에 따르면, 2012년에 전 세계적으로 87억 개의 물건이 인터넷과 연결되어 있다.[11] 이로부터 1년이 지난 후에는 100억 개가 되었고, 2010년대의 마지막에 접어들면 500억 개 이상이 될 전망이다. 시스코에 따르면, 지구상에 있는 모든 물건의 2.7퍼센트가 서로 연결될 것이라고 한다. 물건 하나의 상태에 대해 보고하는 센서의 수만 하더라도 폭발적이다.

커피 머신, 칫솔, 밀링 머신(프레이즈), 구동 장치, 난방 시스템, 엑스레이 기계가 자기의 상태에 대해 보고하며, 컴퓨터 시스템은 우리도 모르는 사이 우리 집, 우리의 행동과 이력을 파악하고 물건으로 다루기 시작한다. 우리는 하나의 기계처럼 측정 가능한 특징으로 쪼개지고, 개별 목록으로 나뉘어 디지털 프로필로 축소된다.

이렇게 해서 우리는 환상적인 게임을 허용하게 된다. 프로그래머에게 객체 지향적 방식은 우선 감동적인 경험을 주는데, 엄청난 자유와 권력을 가진 듯한 느낌을 선사하기 때문이다. 만일 우리가 디지털식 사고방식을 받아들여 합리적 제한과 추상화를 허용한다면, 우리의 세계를 완전히 새로운 방식으로 만들고 창조할 수 있다. 소소한 개인적 차이, 해석, 우연, 기분과 취향은 우리 인간을 구성하는 특징이다. 하지만 디지털이라는 틀에서 계산할 수 있는 크기가 되려면 그런 특징은 무시된다. 우리는 인간이 측정할 수 있는 속성의 합계로 축소되고, 스스로 디지털 사물이 되는 것을 아무 말 없이 수용한다. 바로 여기에 파우스트의 계약이 있다. 즉 우리는 우리의 일부를 스스로 희생함으로써 권력을 갖게 되는 것이다.

이것이 어느 정도 진행되었는지는 간단한 실험을 통해 알 수 있다. 요컨대 당신의 스마트폰에 있는 구글 앱은 언어 인식 기능이 있다. 시스템에 다음과 같은 질문을 입력해보라.

"루트비히 반 베토벤은 몇 살이 되었나?"

시스템은 이 질문을 이해하고 이렇게 답한다. 그는 56세가 되었다.

"그는 어디에서 태어났나?"

그는 본(Bonn)에서 태어났다.

이 두 번째 답은 정확한데, 당신은 뭔가 눈치채지 않았는가? 당신이 던진 두 번째 질문은 "그는 어디에서 태어났는가?"이다. 시스템은 분명 맥락을 이해했고, '그는'이 작곡가라는 사실을 파악했다. 베토벤은 이 지성적인 검색 기구의 목록에서 나이, 태어난 지역 같은 속성이 있는 객체일 뿐이다. 이 예를 통해 인공 지능이 오늘날 어느 정도 투입되었는지 관찰할 수 있다. 이런 시스템에서는 모든 것이 하나의 객체로 축소된다. 그 객체가 건물이든 사람이든 전혀 중요하지 않다. 나는 내 이름으로도 실험을 해봤는데, 구글은 씩씩하게 대답을 해주었다.

이런 형태의 모델화는 모두 경제적 기준에 의해 작동하며, 그리하여 우리는 위에서 언급한 상호 작용하는 발전의 두 번째 엔진이 될 뿐이다.

경제는 이와 같은 변화로부터 어마어마한 방식으로 이득을 취한다. 디지털상의 투명성, 측정 가능성과 비교라는 세계가 완벽한 비즈니스 모델을 가능케 해주기 때문이다. 여기서 규칙을 지배하는 자가 그 어떤 다른 자들보다 막강해진다. 2등에게는 존재의 타당성이 주어지지 않는 까닭이다. 승자가 모든 것을 갖는다. 이와 같은 디지털적 사고방식은 우리의 세계를 측정할 수 있는 객체로 축소하고, 경제적인 성향은 모든 객체에 가격표를 붙인다. 모든 것을 비즈니스 모델로 만들 수 있기 때문에 경제와 디지털 사고 사이의 이와 같은 협정은 한계를 모른다. 심지어 "사랑은 우연이 아니다"라는 슬로건 아래 온라인 파트너 포털이 성업 중이다. 만일 사람이 계산할 수 있는 객체가 되면, 이런 객체는 분류되고 서로 연결도 된다. "디지털이 결혼을 주선해줘서 나는 너희 엄마와 사귀게 되었어. 하지만 그게 업데이트되어서 우리는 헤어졌단다."

이렇듯 복잡하고 다이내믹한 시스템 내부의 상호 협력하는 분야에서 볼 수 있는 세 번째 요소는 어느 정도 종교적이다. 그러니까 종교적 사명

감 같은 것 말이다. 즉 타인이 당신의 신을 받아들일 때까지, 그를 설득하고/압박하고/고문하라는 것이다. 그를 종속되게 만들어라! 16~17세기에 중남미를 정복했던 자들은 십자가를 제외하고 딱 세 가지 혁신적인 물건을 지니고 있었을 뿐이다. 화약, 나침반, 쇠로 만든 무기. 이렇듯 가소로운 기술로 그들은 세계를 정복했다. 토르데시야스 조약(Treaty of Tordesillas: 로마 교황의 중재로 1494년 6월 7일 맺은 조약—옮긴이)으로 인해 1494년 세계는 두 조각으로 나뉘었다. 즉 아프리카 카보베르데(Cabo Verde)섬에서 서쪽으로 대략 1770킬로미터 떨어진 지점에 그은 경계선이 그때까지 잘 알려지지 않았던 지구를 두 지역으로 나누었다. 마젤란의 선박들이 최초로 지구를 항해하기도 전에 노획물을 이미 분배했던 것이다. 다시 말해 경계선 서쪽은 스페인의 몫이 되었고, 동쪽에 있던 모든 나라와 민족은 포르투갈의 손에 들어갔다.

나침반은 이제 검색 도구가 되었고, 화약과 무기는 지적인 사물·센서·장치가 되었다. 이번엔 우리 유럽인이 낯선 사람들이 우리 고향에 그들의 깃발을 꽂는 게 어떤 의미인지 경험하고 있다. 지금은 미국과 중국이 세계를 정복하고 있다. 보이지 않는 그들의 배가 순식간에 디지털 바다를 횡단해 갑자기 유럽 대륙을 완전히 점유하기에 이르렀다. 구글, 아마존, 화웨이, 위챗, 애플, 페이스북, 마이크로소프트 같은 것들이 인터넷의 중요한 부분을 거의 다 차지해버렸다. 디지털 독재자에게 굴복하지 않는 사람은 지루함과 소외라는 벌을 받는다.

유럽과 반대로 미국이나 중국은 수미일관한 전략을 따르고 있으며, 거의 매일 새롭게 합병된 식민지에 대한 소식을 접하고 있다. 예를 들어 구글은 작은 온도계 회사 네스트(Nest)를 사들였다. 이는 구글의 내부자들한테 이상할 게 전혀 없고, 매우 당연한 획득이다. 이를테면 데이터 세계의 거물 구글과 아마존은 조만간 당신의 집 초인종을 누를 것이고, 전등의 스위치를 교환하고, 난방을 켤 것이다. 구글이나 아마존은 각양각색의 앱, 에너지를 절약하는 스마트 패드, 당신 말에 복종하는 자잘한 조수들을 구비해 침투할 것이다. 당신도 그들이 들어올 수 있도록 문을 활짝 열 것이다. 한때 아무것도 예상하지 못했던 원주민이 포르투갈의 선원들을 친절하게 맞이했듯 말이다. 당시 배에서 연대기를 기록한 사람들은 원주민이 낯선 이방인을 맞이할 때 보여준 친절함, 솔직함, 재산에 대한 무관심을 보고 깜짝 놀랐다고 기록했다. 여자들은 옷을 입지 않고 돌아다녔는데, 그들은 "숨길 게 아무것도 없었기" 때문이라고 했다. 오늘날 디지털 시대에는 이런 슬로건이 어울린다. "당신의 삶을 너무나도 쾌적하게 만들어주므로" 많은 사람이 더 이상 숨길 게 없다고 믿게 될 것이다.

여기에서 중간 평가를 내려보자. 이 독일이라는 나라에서 당신이 디지털로 책을 구매하는 곳은 아마존이며, 제품을 구매하는 곳은 이베이(eBay)다. 음악은 아이튠즈(iTunes)에서 듣고, 텔레비전 프로그램은 유튜브와 넷플릭스에서 본다. 이들의 구동 시스템은 바로 미국에서 왔으며, 레스토랑을 선택할 때 충고해주는 구글이나 새로운 소식을 전해주는 구글 뉴스도 마찬가지다. 당신은 구글 스트리트 뷰(Google Street View)를 보며 위치를 알고, 머지않아 앱이 집 안의 스위치도 조종할 것이다. 당신의 집안 살림, 당신이 하는 게임과 보는 영화, 약속, 주소록, 사회 연결망도 앱이 담당할 것이다. 이 모든 게 'made in Germany'가 아니라 'Controlled by the USA'가 될 것이다.

우리는 아직 미국이 전 세계를 접수하는 초기에 서 있으며, 에드워드 스노든(Edward Snowden)이 미국 국가안보국의 도청 활동을 폭로한 이래 권력에 대한 미국의 욕구가 모든 사람에게 분명히 알려졌다. 하지만 독일과 유럽은 이에 대항해 무슨 일을 했던가? 아무것도 하지 않았다! 미국 국가안보국이 세계적 감시를 자행했다는 사실이 폭로되고, 그리하여 우리의 기본권이 심각하게 훼손당했음에도 유럽은 어떻게 반응했던가? 콧대 높은 미국인은 어깨만 들썩였을 뿐이다. 우리의 무지한 정치인들은 미국과 맺은 '노-스파이' 협정이 잘 지켜질 것이라는 순진한 희망만 품고 문서를 작성했다. 미국의 법을 살펴보면 왜 스파이 활동이 근절되지 않는지 알 수 있다. 마이크로소프트에서 한때 개인 정보 전문가로 일했던 카스파 보든(Caspar Bowden)은 미국의 해외정보감시법(Foreign Intelligence Surveillance Act, FISA)을 자세히 살펴본 후 유럽연합에 브리핑을 했다. 미국의 법은 미국 시민이 아닌 사람들의 사적인 정보를 대대적으로 염탐할 수 있게 허락하고 있으며, 법적으로도 이를 허용하고 있다는 것이다. 해외정보감시법은 미국 시민이 아닌 사람들에 대해 어떤 정보든 수집할 수 있는 면허증인 셈이다.

이와 같은 법적 근거에 의하면, 우리 같은 유럽연합 소속 시민들에게는 그 어떤 사생활도 허용되지 않는다는 뜻이다! 미국과 유럽연합 사이에 맺은 세이프-하버(Safe-Harbor) 협약은 클라우드 컴퓨터에서 데이터를 보고하기 위해 체결되었으나 이 역시 종잇장에 불과하다. 해외정보감시법에 반하는 내용이었기 때문이다. 2015년 가을 하버드 대학에서 열린 회의 때 나는 CIA 국장을 역임한 마이클 헤이든(Michael Hayden)에게 질문을 던졌다. 적어도 우리 유럽인이 미국 시민과 동등한 데이터 보호권을 향유할 수 있어야 한다는 점에 대해 이해를 하고 있는지 말이다. 부드러운 목소리에 상당히 친절한 인상을 풍기는 헤이든은 이 질문에 일초도 머뭇거리지 않고, 그들은 미국의 이익을 최우선으로 따른다고 설명했다. 그는 이렇게 첩보 기관이 '다른' 나라의 시민을 도청하고 염탐하는 것을 합리화했다.

다시 한 번 분명하게 말하자면, 스노든이 미국의 도청 사실을 공개적으로 폭로하기 전에도, 미국의 법적 근거에 따르면 유럽인의 데이터 보호는 언제든 무너질 수 있었던 것이다. 하지만 이런 과제를 담당해야 하는 공무원은 그 누구도 문제를 해결하지 않았다. 독일의 여성 총리는 2013년 이렇게 공포했다. “독일 땅에서는 독일 법이 유효하다.” 이는 전 세계적 문제를 효과적으로 해결하려면, 국내 정치가 아무런 힘도 없다는 사실을 인정한 것일 뿐이다. 반대로 구글, 페이스북의 대표들은 국빈처럼 대접을 받고 있다.

폭넓은 사회적 움직임이 있어야만 우리는 디지털 강대국에 종속되지 않을 수 있다. 강대국이 특정 국가이든, 대기업이든 말이다.

하지만 바로 이 지점에서 두 번째이자 한층 근본적인 기회를 만들어낼 수 있다. 즉 시민 의식의 변화가 그것이다.

인터넷의 감춰진 잠재력—대기업 및 비밀 기관의 권력과 상관없이—은 시민의 계발과 발전에 있다. 이 지점에 민주주의를 위한 미증유의 기회가 있으며, 사람들은 이미 많은 영역에서 어떤 길로 나아가게 될지 보고 있다. 만일 우리가 조용하게 소비자로서 위치만 지키지 않고 우리 자신의 창의력을 꽃피우고 뭉친다면, 그 어떤 대기업도 무기력해질 것이다. 오픈 소스(open-source)라는 생각은 지금까지 소수만 승자로 만들어주었던 지극히 경제적인 사고를 직접적으로 공격하는 행위다. 소프트웨어 분야에서는 소수가 이득을 독차지하는 문화의 대안으로 나눔의 문화가 점차 자리를 잡고 있다. 수많은 공용 앱, 프로그램과 구동 시스템이 비 온 뒤 버섯처럼 솟아나고 있다. 아이러니하게도 소프트웨어 대기업이 몰려 있는 미국에서도 마찬가지다.

새로운 나눔 경제(sharing economy)에서는 이윤이 아니라 공유가 중요하다. 크라우드펀딩(crowdfunding: 자금이 필요한 수요자가 온라인 플랫폼 등을 통해 불특정 다수로부터 자금을 모으는 방식)과 크라우드소싱(crowdsourcing: 문제 해결을 다수의 유저에게 맡기는 것)은 엄청난 기회를 내포하고 있다. 여기서 핵심은 공공의 복지다. 이런 경제에서 우리 모두는 나름대로의 권력을 행사할 수 있고, 이렇듯 네트워크의 결합 기능만으로도 대기업을 충분히 제어할 수 있다. 점점 더 많은 젊은이가 '소유 대신 이용'이라는 원칙을 실천하고 있으며, 전통적인 의미의 소비라는 것을 거부한다. 지난 몇 년 동안 젊은 사람들이 신차를 구입하는 경우가 눈에 띄게 줄었는데, 차를 나눠 타자는 제인이 자동차 시장에 변화를 일으켰기 때문이다. 이제 이윤의 최대화가 아니라, 지속성과 공평한 보상이 최고로 중요해진 것이다. 대중 매체에서는 전혀 관심을 두지 않지만, 돈을 하나도 받지 않고 제공하는 학습 플랫폼, 수리하거나 교환하는 카페와 주식 시장이 성업 중이다.

제품에서 소비자로 움직이던 경제는 이제 방향이 바뀌기 시작했으며, 산업계를 정보를 갖춘 소비자에게 서비스를 제공하는 것으로 만들고 있다. 많은 분야에서 지금까지 우리 경제의 기초였던 부분에 미세한 균열이 나타나고 있다. 놀라운 기술 진보와 함께 시장의 법칙은 물론 자동적으로 삶의 조건을 향상시키지 않았다. 이는 역사를 보면 알 수 있다. 예를 들어 증기 기관과 이어서 등장한 산업화는 이를 반대하는 투쟁을 거쳐 새로운 안정을 구축하고 사회주의적 시장 경제를 확립하는, 그야말로 고달픈 자갈길을 걸어야만 했다.

오늘날 우리는 또다시 기술이 놀라울 정도로 발달할 미래를 위해 안정적 해결책을 개발해야 하는 과제를 안고 있다. 어쩌면 이로부터 정말 신경제(new economy)가 나타날 수도 있다. 인터넷은 탐욕스럽고 과도한 하이퍼(hyper) 자본주의를 강화하는 게 아니라, 민주주의 세계를 탄생시키는 조력자가 될 수도 있는 것이다. 이러한 길로 가려면 불신, 염탐, 글로벌 금융 체계를 당연시하는 시스템에 대한 답이 필요하다. 신뢰, 공개성, 공평함이야말로 한층 더 문명화하고 경제적으로도 유리한 길을 지속적으로 나아갈 수 있게 해준다.

이와 반대로 지금 밟고 있는 단계는 국가와 경제를 한층 더 불안하게 만들고 있다. 이는 결국 디지털로 좀더 강력히 무장하게 만들고 우리를 방화벽, 감시, 전 세계적 사이버 전쟁이라는 세계로 몰아넣고 만다. 내가 이 책을 쓰는 동안 워너크라이(WannaCry)라는 나쁜 프로그램으로 사이버 공격이 이뤄졌고, 이로 말미암아 전 세계 150개국에서 20만 대 이상의 컴퓨터가 손상을 입었다. 이 공격은 앞으로 어떤 일이 일어날 수 있는지 최초로 보여주는 사례에 불과하다. 병원, 에너지와 물 공급 시설, 교통 체계와 제품을 생산하는 모든 분야는 인터넷 시대에 새로운 방식으로 타격을 입을 것이다. 이에 대한 반응으로 전 세계에서는 안전에 대한 히스테리가 생겨났고, 이 가운데 일부는 권위적인 성격도 띠고 있다. 이제 상대를 더욱 강력하게 만드는 악순환이 생겨난 것이다. 다시 말해 산업계가 디지털의 공격을 좀더 잘 막아내기 위해 방어 시스템을 구축하면, 이런 방어 시스템보다 더 정교한 공격 무기가 디지털 세계에 나타난다는 얘기다.

과거에 이런 일이 있었다. 즉 냉전 시대에 핵무기를 계속 구축하는 바람에 비용이 폭발적으로 늘어났고, 결국 과도한 비용 때문에 이를 그만둬야만 했다. 오늘날에는 핵폭탄이 결코 현실적 선택이 아니라는 의견에 전 세계가 합의를 보았다. 오늘날의 시각에서 보면 우리는 핵무기로 무장하는 이런 게임을 남한테 선물로 줄 수도 있었을 것이다. 상호 무장하는 방식은 결국 막다른 골목으로 몰고 간다는 사실을 조금만 더 일찍 파악했더라면, 모든 국가가 훨씬 이득을 봤을 게 분명하다. 그러므로 우리는 똑똑한 경제학자들에게 디지털에서 일어나고 있는 불신으로 인해 발생하는 장기적 비용을 미리 계산해보라고 할 수도 있다.

잠시 유토피아와 정반대 사회인 디스토피아의 미래를 살펴보기로 하자. 전체가 네트워킹화한 상태에서 시민 전체를 상대로 감시할 가능성은 잠복해 있다. 이미 중국에서는 '시민 점수(citizen score)' 제도를 통해 모든 시민을 평가할 것이라고 한다.[12] 개인의 성적 계좌는 헌혈을 한다거나 자발적 봉사를 한다거나 혹은 공동체를 위해 적극 활동하는 것처럼 사회에 유익한 행동을 할 때 점수가 더해진다. 이와 반대로 비판적 표현, 신뢰할 수 없는 행동, 교통 신호를 무시한 무단횡단이나 '나쁜' 친구를 사귈 경우 점수가 깎인다. 이러한 점수는 모두에게 공개된다. 그리고 만일 높은 점수를 얻게 되면 대출받을 때 좀더 수월하거나, 취직할 때 간단한 서류 작성으로 가능하거나, 또는 비행기 티켓을 싸게 구입할 수 있다.

요즘도 은행은 다양한 데이터를 갖고 우리의 지불 능력을 판단하며, 항공사는 탑승을 거부하는 '노-플라이(no-fly)' 리스트를 작성해두고 있다. 시민에게 성적을 매기는 이른바 '시민 점수'는 삶의 모든 영역으로 확장될 수 있으며, 전제 군주와 독재자에게만 효과적인 수단이 되는 게 아니다. "사악해지지 말자(Don't be evil)"는 구글의 기업 모토다. 이렇듯 최적화의 논리로 보험 회사는 건강과 관련한 우리의 활동을 기록할 것이고, 자동차 생산자는 우리의 운전 스타일을, 국가를 수호하려는 자들은 우리의 정치적 선호도를 평가할 것이다. 그들 모두는 그렇게 할 수밖에 없는 그럴듯한 이유를 우리에게 들이댈 것이다. 하지만 지속적 관찰을 당하고 있다는 걸 의식함으로써 우리는 점차 우리의 태도를 바꿀 수 있다. 규범적 압박이 가해지면, 우리는 점점 주어진 디지털 프로파일에 적응하지 않을 수 없을 것이다.

2013년 말 율리 체(Juli Zeh: 독일의 여성 법학자이자 작가—옮긴이)와 일리야 트로야노프(Ilija Trojanow: 독일의 작가이자 번역가, 출판업자—옮긴이)를 중심으로 한 일련의 작가 그룹은 '디지털 시대에 민주주의가 방어를 하다'라는 제목으로 성명서를 작성했다.[13] 이 성명문은 80개국에서 562명이 서명을 했으며, 전 세계 30개 신문사에 게재되었다. (내 이름도 제일 먼저 서명한 목록에 들어가 있다.) 취리히 공과대학에서 컴퓨터사회과학을 가르치는 디르크 헬빙(Dirk Helbing) 교수를 비롯한 탁월한 과학자 그룹은 2015년 말 이른바 '디지털 성명서'에서 위협적인 데이터 독재를 조심해야 한다고 경고했다.[14] 하지만 그와 같은 호소에도 변한 것은 별로 없는 것 같다. 비밀 요원을 동원한 대중 감시와 상업적 목적으로 우리의 가장 사적인 활동까지 망보고 엿보는 행위가 거리낌 없이 확산하고 있다. 민주주의를 떠받치던 기둥, 즉 인간의 존엄성이 이로 인해 희생물로 바쳐지고 있다.

우리는 우리의 생각과 대화가 끊임없이 감시당하는 미래에 정말 살고 싶은 것일까? 우리 모두를 범죄 가능성이 있는 혐의자로 몰아가는 과정을 받아들이고 싶은 건가? '안전'을 위한다는 명목으로 개인의 자유를 짓밟는 시스템에서 개인의 자유는 어디에 있다는 말일까? 우리는 의식을 바꾸어야 하고, 바로 이를 위해 지금 싸워야 한다!

07

공포

공포감 조성과 위협을 어떻게 다루어야 할까

시리얼은 모두 먹어버리고 없었다[1]

내가 몇 주 전 방을 예약할 때만 하더라도 아무도 조심하라고 얘기해주지 않았는데, 함부르크에 도착하자 택시 운전사가 신음 소리를 내며 이렇게 말했다. "손님께서 묵는 호텔에서 내무장관들의 회의가 열린답니다!"

그야말로 난리법석이었다. 함부르크 시내의 절반이 차단된 상태였다. 차단용 장벽, 우회로 표시, 교통 정체, 통제하는 사람들……. 택시는 예정보다 늦게 호텔에 도착했다. 알스터(Alster) 호수 대부분을 차지하고 있는 아우센알스터(Außenalster)를 따라서 경찰과 보안 요원들이 주택 입구와 길거리를 순찰하고 있었다. 이렇게 대대적으로 인원을 투입하다니!

호텔 프런트에서 일하는 직원은 불편함을 끼치게 되었다며 사과했다. 로비, 복도, 엘리베이터에도 회색 양복을 입은 남자들이 서 있었다. 어깨가 넓은 이 남자들은 사방을 매우 주의 깊게 살폈다. '경호원'이라고 적힌 녹색 배지를 착용한 그들은 친절했으며 우리에게 농담을 건네기도 했다. "예, 요게슈바어 씨. 여기에서는 당신도 매우 안전합니다."

내 방이 있는 8층에서는 아우센알스터가 한눈에 내려다보였다. 함부르크의 11월 날씨는 춥고, 축축하고, 회색이 만연했다. 도시의 그림자는 정교한 안개에 휩싸였다. 호텔 안내판에는 이렇게 씌어 있었다. "우리 호텔의 손님으로서 아름다운 함부르크의 새로운 전경을 발견하세요!" 나는 위에서 대규모 안전 요원이 투입된 광경을 관찰할 수 있었다. 헬멧과 무전기를 장착한 채 암청색 작업복을 입고 있는 전투경찰, 귀에 이어폰을 착용하고 있는 사복 차림의 경찰, 말을 타고 있는 경찰, 파란색 불이 켜져 있는 값비싼 리무진. 왜 사람들은 이런 회의를 도시 한복판에서 여는 것일까? 주를 관할하는 내무장관들은 배에서 회의를 열어도 될 텐데 말이다. 그러면 이런 곳보다 훨씬 간단하게 안전을 유지할 수 있지 않을까? 하지만 누가 알겠는가, 어쩌면 뱃멀미를 하는 장관이 있을지?

나는 텔레비전 스튜디오에 가야 했다. 택시를 타고? 아니, 호텔 근처에서는 택시를 잡을 수 없었다. 안전 담당 공무원들은 그야말로 친절하게 사과했다. 나는 그들에게 회의를 배 위에서 하는 게 어떠냐고 얘기했다. 그러자 그들도 고개를 끄덕였다. 안전을 유지하기 위해 이곳에 동원된 수많은 인원이 그들로서도 과장된 것처럼 보일 게 분명했다. 경찰과 나는 서로 이해를 했다. 나는 택시를 잡기 위해 호텔에서 동떨어진 '불안한' 세상으로 걸어갔다. 비가 더 많이 내리기 시작했다.

텔레비전 방송국에 도착한 우리는 내 책《사소한 질문에 과학으로 답하다》에 관해 얘기를 나누었다. 이 책은 일상의 질문에 대한 답을 기록한 것이다. 예를 들어 사과는 왜 밑으로 떨어지는지, 여자들의 발은 왜 차가운지 하는 문제 말이다.

택시를 타고 호텔로 갈 수 없다고 했다. 그래서 걸어서 가는데, 경찰 한 명이 나를 불러 세웠다. "어디로 가십니까?"

"호텔입니다."

"어쩌죠? 내무장관들이 그곳에 묵고 계십니다."

나는 경찰에게 내 호텔방 카드를 보여주었다. 그러자 젊은 경찰이 나를 알아보았다. "텔레비전에 나오는 그분이시죠?"

우리는 거리를 차단하고 안전 요원을 대대적으로 동원한 이런 불합리에 대해 얘기를 나누었다. "정치가는 국가에 봉사하는 사람들이잖아요. 우리 시민에게 봉사해야 하는데, 이곳은 완전히 거꾸로예요. 시민, 택시 운전사, 경찰관이 모두 장관한테 봉사해야 하니 말입니다."

경찰이 웃었다. 열린 마음을 지닌 경찰은 무장한 유니폼과 어울리지 않았다. 그는 밤새도록 밖에서 보초를 설 것이다. 이런 추위에 11월의 비를 맞으면서 말이다. "보세요. 인문계 고등학교를 졸업하고도 이런 험한 일을 하다니요!"

우리는 정상적인 시민으로서 솔직하게 대화를 나누었다. 기능이니, 서비스니 하는 것은 중요하지 않았다. 그는 내가 진행자로 있는 프로그램은 물론 과학적인 주제도 좋아했다. 그리고 테러리스트에 대해 사람들이 보이는 히스테리에 대해서도 우리 둘은 생각이 비슷했다. 우리는 잘 가라고 인사를 나누었다. 나는 이 젊은 경찰이 발생할 가능성도 거의 없는 테러 때문에 이렇듯 추운 날 밤을 새는 것이 얼마나 힘들지 상상해보았다. 늦은 밤, 의심스러운 소포 꾸러미가 나미비아(Namibia: 아프리카 남서부 대서양 연안에 있는 나라—옮긴이)에서 발견되었다는 뉴스가 들려왔다. 독일로 가는 비행기 안에서 폭탄을 발견하기라도 한 걸까?

나는 안전 전문가는 아니지만, 솔직히 말해서 이런 뉴스의 폭발력을 믿지 않는다. 타이밍도 어쩌면 이렇게 잘 맞추는지 모르겠다. 내가 머물고 있는 호텔에 내무장관들이 묵고 있는데, 하필이면 지금 독일이 다음 번 테러의 목표가 될 수도 있다는 뉴스가 나오니 말이다. 어딘지 연출한 냄새가 난다.

나는 잠을 이룰 수 없었다. 호텔이 테러의 과녁이 될 가능성도 있었기 때문이다. 만일 암살 행위가 일어난다면, 이곳이겠지! 경찰이 위험에 대해 그렇게 많이 경고했으니 불안할 수밖에. 하지만 정반대 상황이었다. 아우센알스터 호수에는 보트 한 대만 정찰 중이고, 텅 빈 거리에는 추위에 덜덜 떠는 경찰들만 서 있을 뿐이었다.

나는 아내에게 전화를 걸었다. 아이들도 아무 일 없다고 했다. 내 아들은 올해 인문계 고등학교 졸업 시험을 보게 되어 직업 선택에 대한 조언을 들으러 갔다고 했다. 그래서 나는 의미 없이 꽁꽁 얼어버릴 수도 있는 경찰은 안 된다고 했다. 그러자 우리의 대화도 누군가 엿들을 수 있겠다는 생각이 들었다. 안전 요원들은 분명 모든 걸 감시할 게 분명하니 말이다. 아들에게 잘 자라는 인사와 함께 키스를 보냈다. 물론 이는 안전과 전혀 상관없는 일이지만 그래도 어마어마하게 중요한 행동이다.

전화를 끊고 나자 몹시 외로웠다. 텔레비전을 시청하다가 끄고 창밖을 내다봤다.

과학에서는 사람들이 현상을 입증해야만 하고, 그렇게 하지 않는 한 최종적인 증거는 없는 셈이다. 예를 들어 우리 모두는 중력의 법칙을 직접 실험해볼 수 있다. 하지만 테러의 세계에서는 다른 규칙이 지배하고 있는 것 같다. 즉 안전 담당 공무원들이 확실하지도 않은 폭탄을 발견하거나 상당히 높은 위험성에 대해 말하면서 우리 시민에게 돈을 요구한다면, 이는 터무니없는 일이다. 이런 것을 두고 셀프 서비스라고 부른다. 시민 가운데 그 누구도 그것이 맞는지 아닌지 실험할 수 없는 까닭이다. 나는 이처럼 공포감을 조성하는 행위를 좋아하지 않는다. 나는 과학자로서 위험은 양적으로 비교해야 한다고 배웠다. 내가 자동차 사고로 사망할 확률은 독일에서 테러를 당해 사망할 확률보다 훨씬 높다. 그러니 나는 전혀 두렵지 않다. 함부르크에서 근무하는 모든 경찰이 내 침대를 둘러싸고 있더라도 내 머리는 이성을 잃지 않을 것이다. 이곳에서 일어나고 있는 일은 그냥 연출이다. 그래서 나는 잠을 잤다.

다음 날 저녁, 나는 한 영화관에서 내 책을 읽는 행사를 치렀다. 사과가 나무에서 왜 떨어지는지, 편견이 왜 우리에게 영향을 주는지 설명했다. 그리고 자동판매기에 동전을 넣기 전 기계를 문지르는 게 아무런 도움도 안 되는 이유를 설명했다. 함부르크 시민들은 매우 열린 자세였고 친절했다. 우리는 이날 저녁 아주 많이 웃었다. 행사가 끝난 후 나는 또다시 경찰들이 포위하고 있는 호텔로 돌아가야 했다.

다음 날 일어나니 신문 1면에 테러 가방에 관한 기사가 실려 있었다. 나는 기자들의 무비판적 태도가 정말 마음에 들지 않았다. 왜 그들은 안전에 대해 히스테리를 부리는 사람들과 똑같은 짓을 하는 것일까? 들려오는 소식을 그냥 믿는 대신 왜 확실하게 캐보지 않는 것일까?

나는 경찰, 차관, 운전자, 경호원 사이에서 아침을 먹었다. 웨이터가 나에게 식탁을 배정했는데, 하필이면 연방의 내무장관 옆자리였다. 그는 줄무늬 셔츠를 입고 혼자 앉아 신문을 읽고 있었다. 우리는 짤막하게 인사를 나누었다. 나는 그에게 질문했다. 이런 회의를 시골에서 열면 안 되느냐고 말이다. "그건 손님을 초대하는 각 주의 정부가 알아서 할 문제겠지요."

나는 카푸치노 한 잔을 주문하고 뷔페가 차려진 식탁으로 이동했다. 그동안 나는 앉지 말아야 할 자리에 앉아 있다는 느낌이 들었다. 테러에 광적으로 반응하는 행동을 의심하고, 과도한 인원을 동원하는 이런 형태의 안전도 거부하고, 시내 전체를 차단하는 이런 회의를 중요하게 생각하지도 않으면서 안전 국가를 옹호한다는 자들과 함께 앉아 있었으니 말이다.

뷔페 식탁의 시리얼과 과일 샐러드는 모두 동이 나고 없었다. 스포티한 경호원들이야 건강하게 식사를 할 테니, 놀랄 일도 아니지만!

내무장관 바로 옆자리에 있는 게 몹시 불편했다. 그래서 나는 불편함을 떨치고자 테러 가방에 대한 신문 기사를 읽었다. 조사 과정에서 배터리도 발견했고, 전선을 통해 기폭 장치와 시계가 연결되어 있었다고 했다. 나는 이 모든 것을 내무장관은 이미 알고 있었는지 궁금했다. 어쩌면 그는 자신의 이름이 자주 언급되는 걸 자랑스러워하는지도 몰랐다. 그는 현재 한껏 언론의 조명을 받고 있으니까.

호텔 식당을 떠나면서 나는 경호원들의 시선이 바뀌었다는 사실을 감지했다. 처음에 보여주던 의심스러운 눈초리가 사라진 것이다. 아마도 내가 위험한 인물이 아님을 알게 되었는지 모른다. 아니, 무슨 말씀을? 나는 전혀 위험한 인물이 아니올시다! 집으로 돌아가면서, 나는 아주 평범한 시민이라는 사실을 다시 한 번 깨달았다. 택시를 잡을 수 없어 가방을 들고 폐쇄 구역 한쪽에 있는 '안전하지 않은 구역'으로 갔다. 그리고 거기서 장장 20분을 기다려 택시를 탔다.

운전사는 아프가니스탄 출신이었는데, 서구 언론이 자신의 고향에 대해 심히 왜곡된 모습만을 보여준다고 불평을 터뜨렸다. "영국인과 미국인은 탈레반과 협력하는 사이요. 아프가니스탄에는 우라늄을 포함해 지하자원이 많은데, 저들이 그걸 훔치려고 해요. 테러니, 폭격이니 다 헛소리지!"

공항에서는 안전 검사를 더욱 강화했다. 작업복을 입고 무장한 경찰이 많이 늘었다. 내 앞에 텅 빈 유아차가 있었는데, 어쩌면 이런 것은 안전 검사를 하지 않는 듯했다. 비행기 안에서는 우리에게 과자를 서비스했다. 시리얼도 제공했다. 마침내 시리얼을 먹게 되다니!

고글을 착용해야만 해[2]

우리가 두려워해야 할 유일한 것은 두려움 그 자체다.

-프랭클린 D. 루스벨트[3]

2015년 일식. 신문에 다양한 경고가 실렸다. 태양을 절대 쳐다보지 마시오! 쳐다보려면 반드시 눈을 보호하는 고글을 착용하시오! 에너지 회사들은 괜히 사서 걱정을 했다. "이제 전기가 완전히 끊겨 정전이 우리를 위협하는 것 아닐까?" 학교에 다니는 학생은 외출이 금지되었고, 부모는 근심에 싸였다. 언론 매체에서 떠들어대는 과장된 경고는 일식을 마치 점점 다가오는 위협처럼 보이게 했다. 안타까운 일이다!

우리는 특수 안경을 구입할 수 없는 모든 사람을 위해 대안 제공 차원에서 짤막한 비디오를 촬영했다. 해를 직접 보는 게 아니라 등을 돌리고 휴대전화의 카메라를 하늘로 향하게 하면, 일식을 잘 볼 수 있을 거라고 생각했다. 비디오를 찍겠다는 아이디어를 내고 몇 시간 후 언론 매체가 즉각 반응했다. 전문 편집자들이 나에게 이렇게 물었다. 휴대전화 카메라가 불에 타지 않을까요? 우리의 언론 매체는 패닉을 일으킬 만한 사건만 지속적으로 보도해서 그런지 걱정이 너무 과도했다.

정전의 경우. 일식과 관련한 신문 기사는 대충 이러했다. "이제 정전이 우리를 이중으로 위협할까?" "모든 전등이 꺼질까?" "에너지 전환기를 위해 할 수 있는 실험." "독일에 전기 공급이 멈출 수 있을까?" 독일에는 현재 전기를 생산하는 태양광 발전 시설이 아주 많다. 이런 시설에서 생산하는 전기는 대략 3만 6000메가와트가 넘는다. 태양이 빛을 잃고 어두워지면 저장해둔 전기가 줄어들고, 이렇듯 전기량이 줄어들면—그들은 이런 방식으로 경고한다—전기망에 손상을 입힐 수 있다는 것이다.
하지만 전기량은 갑자기 떨어지는 게 아니다. 이는 오랜 시간에 걸쳐 발생한다. 독일에서 일식이 시작되어 끝날 때까지는 기껏해야 2시간이 약간 넘는다. 심지어 일식이 정점에 이르렀을 때조차도 77퍼센트의 빛만 차단될 뿐이다. 이 말은 이런 암흑 상태에서도 태양의 4분의 1은 여전히 빛난다는 의미다. 게다가 이런 변동은 정확하게 계산할 수 있다. 일어날 모든 일을 예견 가능하다는 얘기다. 따라서 일식이 일어나는 동안 비축 전기량을 사용할지 여부를 계획해도 된다. 생각해보면 태양은 매일 지지 않는가? 그러니 이런 종류의 변동은 늘 일어나는 일이라고 봐도 좋다.
결과적으로, 정전이 될지 모른다고 언론에서 떠드는 경고나 공포심 조장은 아무런 근거도 없다!

스마트폰 카메라의 경우. 햇빛을 집중시키면 불꽃을 낼 수 있다. 어린 시절 돋보기로 실험을 해보지 않았던가.
그러나 스마트폰 카메라가 얼마나 작은지 한 번 살펴보라. 모델마다 다르겠지만, 지름이 몇 밀리미터밖에 되지 않는다. 내 스마트폰의 렌즈는 대략 1제곱밀리미터밖에 안 된다. 태양은 1제곱미터당 1000와트를 우리에게 선사한다. 바꿔 말하면 1제곱밀리당 0.001와트다. 이런 양으로는 손상을 입히려 해도 못 입힌다. 이런 간단한 물리학적 계산은 차치하고 폐쇄 장치가 달려 있지 않은 스마트폰 카메라는 햇볕에 직접 노출되는 경우가 자주 있다. 만약 이때 문제가 발생한다면, 생산자에게는 큰 문제일 것이다. 한 대의 스마트폰이 아니라 줄줄이 고장 날 테니 말이다.

결론적으로 말해, 스마트폰 카메라가 망가질지 모른다는 걱정 역시 아무런 근거도 없다.

합리적 논쟁을 통해 구체적 근심을 덜 수는 있으나, 이로써 공포를 이길 수는 없다. 공포, 위험, 책임은 좀더 구체적으로 조사를 해봐야 할 삼각관계에 있다.

내가 몇 십 년 전 처음으로 미국에서 관찰한 것이 그사이 독일에서도 자리를 잡고 있다. 1970년대에 뉴욕의 슈퍼마켓에서 "주의! 바닥이 젖었어요!"라는 안내판을 보고 나는 고개를 갸우뚱했다. 그래서 미국인 친구한테 바닥이 젖은 것을 직접 확인할 수 있는데 왜 그런 안내문을 세워두는지 물어보았다. 친구의 답은 매우 간단했다. "보험과 손해 보상!" 만일 누군가 넘어지면 슈퍼마켓을 상대로 높은 보상금을 요구할 수 있다는 것이었다.

그동안 미국에서는 이런 손해 배상이 그야말로 더 흔해졌다. 우리도 아는 사건이 있다. 스텔라 리벡(Stella Liebeck)이라는 여성이 맥도날드에 손해 배상을 제기해 64만 달러를 챙긴 사건이다. 뜨거운 커피에 뎄다는 게 이유였다. 이런 일이 있은 후 가게, 생산자 그리고 공공 기관은 그런 고소를 당할지 모른다는 두려움 때문에 터무니없는 경고를 하기 일쑤다. "옷을 입은 채로 다림질을 하지 마시오!" 어떤 다리미 사용법에는 이런 내용도 있다. 유아차 생산자는 이렇게 경고하기도 한다. "유아차를 접을 때 아이를 멀리 떼어놓으세요!"

결과적으로 아무도 책임을 떠맡으려 하지 않는다. 무슨 일이 일어나면, 용감한 사람이 책임자가 되는 것이다.

'안전'이라는 말이 등장하자마자, 이를 두고 왈가왈부하는 논쟁은 전혀 일어나지 않는다. 안전에 대한 생각은 우리의 집단적 비겁함을 오히려 강화한다. 일식이 일어나는 동안 교사는 학생들을 운동장에 나가서 놀도록 내버려두지 않는데, 아이들 중 한 명이라도 호기심으로 어두운 태양을 쳐다볼 수 있기 때문이다. 만일 이런 일이 생기면, 누가 책임을 질까? 학교가 안전이라는 히스테리에 사로잡혀서, 그리고 두려움으로 인해 학생들을 어두운 교실에 감금해두는 것이다.

공포·위험·책임이라는 세 가지 삼각관계로 인해 하나의 사업이 등장했다. 집 안에 어항이 없는데도 어항이 깨졌을 경우를 대비해 보험을 드는 것이다. 사고에 직접적으로 관여하지 않음으로써 우리는 자동차를 빌릴 때도 무시무시한 추가 금액을 지불해야 한다. 여행을 떠나기 직전 취소하는 경우를 대비한 보험도 있다.[4] 보험사는 우리 스스로 책임을 떠맡길 혐오하는 현상으로부터 이득을 취하는 것이나. 인도에 있는 한 호텔에서 소화기가 없다는 사실을 깨달은 나는 프런트에 물어보았다. 그러자 지배인은 이렇게 대답했다. "걱정하지 마세요. 우리는 보험에 들어 있답니다!" 사람들은 화재 보험이 도움이 되고, 보험에 들었으니 자동차가 안전하다는 식으로 우리를 믿게 만든다. 공포감이 조성되면 건전한 상식도 힘을 못 쓴다. 그리하여 우리는 안심하고 잠을 자기 위해 온갖 보험료를 지불한다.

그런데 왜 우리는 이런 덫에 걸리는 것일까? 우리가 공포를 비이성적으로 다루는 이유는 왜곡된 지각과 관련이 있다. 예루살렘에 있는 히브리 대학의 심리학 교수 다니엘 카네만(Daniel Kahneman)과 아모스 트베르스키(Amos Tversky)는 1980년대에 수익과 손실 그리고 이와 관련된 위험성에 대한 인식을 테스트하는 일련의 실험을 수행했다.[5] 우리에게 손실은 '수익 없음'보다 훨씬 더 끔찍하다. 사람들은 수익을 내지 않는 것에 대해서는 두려워하지 않지만, 뭔가를 잃어버리는 것에 대해서는 엄청나게 두려워한다. 이 2명의 과학자는 우리가 이성적으로 행동하지도 않고 개연성에 따라 결정하지도 않는다는 사실을 밝혀냈다. 즉 위험을 감수하려고 준비하는 정도는 수익이 눈앞에 보이거나 손실이 위협하느냐에 직접적으로 달려 있다는 것이다. 현재 수익을 내고 있는 상황에서조차 우리는 대부분 안전한 선택을 선호한다. 위험을 조금 더 감수할 경우 통계적으로 더 많은 수익을 올릴 수 있음에도 안전한 선택을 한다는 것이다. 지붕에 있는 비둘기 한 마리보다 손안에 있는 참새가 더 낫다는 속담도 있지 않은가. 이와 반대로 현재 손실이 계속 발생하고 있을 때 우리는 좀더 위험한 대안을 선택한다. 마지막에 아무것도 잃을 게 없는 상황이 되더라도 말이다.

이와 매우 비슷하게 우리가 몸소 '느끼는' 안전과 실제로 통계에 따른 위험 사이에는 큰 차이가 있다. 보험 회사는 바로 이와 같은 상황을 한껏 이용한다. 우리는 느끼고, 보험 회사는 계산을 한다! 지극히 미미한 위험이지만 우리는 이를 대단한 위험으로 지각하며, '안전에 생긴 작은 구멍'을 메우기 위해 많은 돈을 지불한다. 100퍼센트 안전해질 수 있을 것이라고 착각해 덫에 빠지는 것이다.

공포라는 나무에서 자라는 과일은 아주 다양하다. 음식물 섭취도 위험할 수 있다. 즉 소금은 고혈압을 초래한다. 지방은 심장병을, 구운 고기는 암을 일으킬 수 있다. 내가 가장 좋아하는 감자튀김은―아크릴아미드라는 성분으로 인해―건강에 위협적이라고 한다. 방부제, 발암 물질이라는 니트로사민, 알레르기를 일으키는 성분, 포만감을 주는 지방산, 콜레스테롤, 해로운 박테리아나 우리의 음식에 향을 내는 다환식(polycyclic) 탄화수소 물질에 대해 위험하다고 경고하지 않는 날은 단 하루도 없다. 이렇듯 공포심을 조장하는 효과가 나타나고 있다. 다시 말해 음식을 먹을 때 여전히 개인의 기호가 중요하기는 하지만, 오늘날에는 '건강한' 음식보다 더 중요한 것은 없다.

거의 병적으로 '건강한' 음식만 먹으려는 태도를 일컬어 '건강식품 탐욕증(orthorecia nervosa)'이라고 부른다. 잘못된 음식을 먹게 될지도 모른다는 공포로 인해 사람들은 극단적으로 거부하곤 한다. 이를테면 우유, 밀가루, 설탕, 육류, 유당 함유 제품이나 글루텐을 먹지 않는 것이다. 신문에는 '글루텐'과 '유당'이라는 개념이 자주 등장한다. 2005년과 비교하면 2015년엔 열 번이나 더 자주 실렸다고 한다.

글루텐의 경우를 살펴보자. 독일에 사는 사람 가운데 대략 1퍼센트만이 글루텐 처리 효소가 없어서 생기는 셀리악병을 앓고 있다. 이 병을 앓는 사람은 평생 글루텐을 섭취해서는 안 되는데, 약간이라도 먹으면 대단히 위험해질 수 있기 때문이다. 하지만 슈퍼마켓에 나와 있는 글루텐프리 제품을 살펴보면 놀라울 정도로 많다. 요컨대 의학적 이유로 글루텐을 금지해야 하는 사람보다 대략 10배나 많은 사람이 글루텐프리 제품을 선택하고 있다. 심지어 전문가들은 셀리악병에 걸리지 않은 사람에게조차 글루텐 식품을 섭취하지 말라고 권한다.[6]

어떤 성분이 '없는' 제품은 상대적으로 훨씬 비싸다. 그리고 해당 사항이 없는 사람은 구입할 필요조차 없지만, 이런 제품은 상당히 많이 팔리고 있다. 광고에서는 '없는' 제품이 훨씬 건강에 좋다고 떠들어대지만, 결국 제품을 생산하는 회사만 많은 돈을 벌 뿐이다.

우리가 만드는 텔레비전 프로그램 〈쿼크스 앤드 코(Quarks & Co)〉(현재는 〈쿼크스〉 — 옮긴이)에서 지나가는 행인을 대상으로 실험을 한 적이 있다.[7] 실험에 참가한 사람들은 어떤 것이 건강에 더 좋은지 가려내야 했는데, 18퍼센트가 글루텐 없는 제품을 선택했다. 실제로는 없지만 우리가 마음대로 고안해낸 성분으로 실험도 했는데, 8명 중 한 명이 이렇게 말했다. "없는 게 더 낫죠." 음식을 잘못 섭취할지 모른다는 두려움 때문에 우리는 심지어 세상에 전혀 존재하지 않는 성분조차 거부한다!

두려움은 아주 나쁜 충고를 해주는 주인공이다. 우리를 비이성적으로 행동하게 하고, 잘못된 선택을 하게 만든다. 서구 세계에서 가장 큰 공포를 자아낸 사건은 바로 2001년 9·11사태였다. 납치된 비행기가 고층 건물을 향해 날아가는 모습은 그야말로 끔찍했고, 우리 기억 속으로 들어와 활활 불탔다. 그런 공격을 직접적으로 목격한 일은 예전에 없었다. 텔레비전에서 생중계를 해주었기 때문에 전 세계 사람들은 경악할 수밖에 없었다. 그리하여 갑자기 테러에 대한 두려움이 자리를 잡게 되었다.

많은 사람은 그로부터 몇 달 동안 비행기를 타는 대신 자동차를 몰고 여행을 갈 정도로 불안에 떨었다. 테러 이후 무엇보다 수많은 미국인이 비행기 여행을 포기했다.[8] 위험을 연구하는 게르트 기게렌처는 고속도로에서 발생한 사고를 조사했다. 미국 교통국의 데이터에 따르면, 테러가 있은 후 첫 12개월 동안 교통사고로 사망한 사람 수가 눈에 띄게 늘어났다. 교통량이 증가함으로써 교통사고로 사망한 사람도 늘어난 것이다. 기게렌처는 연구 결과를 다음과 같이 소개했다. "무엇보다 비행기를 타는 위험을 피하기 위해 선택한 자동차로 인해 대략 1600명의 미국인이 길에서 사망했다. 이런 사망자 수는 4대의 비행기가 추락해 죽은 승객 256명보다 6배 많은 수치다."[9]

테러리스트들의 비열한 논리가 효과를 보이는 셈이다. 이로 인해 발생한 공포심이 우리 사회를 불안정하게 만들기 때문이다. 공포와 불안은 잘못된 선택을 하게끔 만든다. 공포로 인해 우리가 취하는 행동은 마치 두 번째 암살 같은 효과가 있다. 위협이 아니라 위협적 사건이 발생할 것이라는 공포가 우리를 죽게 만드는 것이다. 2016년 12월 31일 베를린 브라이트샤이트(Breitscheid) 광장에서 일어난 사건으로 12명이 죽었는데, 이는 독일에서 시민을 상대로 이슬람교도가 벌인 최초의 테러였다.[10] 하지만 자동차를 타고 크리스마스 시장으로 향하다 죽을 위험이 크리스마스 시장에서 테러의 희생자가 되는 것보다 엄청나게 더 높다.

그런데도 사람들은 늘 새롭고 비용이 더 드는 안전 조치를 취하곤 한다. 사실 여기에 들어가는 비용의 일부만으로도 매년 독일에서 5000명의 생명을 구할 수 있는데 말이다. 유럽에서 실시한 조사에 따르면, 항생제에 내성을 지닌 세균이 독일에서만 매년 1만 5000명의 목숨을 앗아간다.[11] 이들 가운데 3분의 1인 5000명은 병원에서 감염된 것으로, 병원성(病原性) 세균을 막는 위생을 꾸준히 실천하기만 해도 사망을 막을 수 있다.

살인과 상해로 인한 사망자 수를 모두 합하더라도 자살한 사람이 거의 15배나 더 많다는 사실을 알고 있는가?[12] 어쩌면 더 많은 경찰을 투입할 게 아니라, 심리학자와 정신과 의사를 더 많이 투입하는 게 훨씬 더 이성적인 결정일지도 모른다.

공포가 마구잡이로 퍼지면 우리는 그 공포의 지배하에 들어간다. 예를 들어, 비행장에 가면 우리는 끊임없이 기억하게 된다. "안전을 위한 지시

사항: 여행 가방은 검사받도록 하십시오." 안전에 관한 지침은 끝도 없이 반복된다. 비행장이든, 식품이든, 보험 증서든, 안티바이러스 소프트웨어든 상관없다. 어떤 당에 소속되어 있든 모든 정치가는 선거에 임하면 공포를 불러일으키는 시나리오로 시작한다. 요컨대 유럽이 무너진다는 둥, 외국인이 너무 많아서 걱정이라는 둥의 얘기를 한다. 경기가 후퇴할지도 모른다며 경고한다. 대중 매체는 서로 경쟁하는 까닭에 앞다퉈 그런 불안을 더 키운다. 독일 대형 보험 회사에서 2400명의 시민을 대상으로 정치적, 경제적 그리고 개인적으로 갖고 있는 가장 큰 불안은 어떤 것인지 물어보았다.[13] 테러에 대한 공포가 73퍼센트로 가장 많았다. 테러는 다른 위험에 비해 미미하기 그지없지만 나타난 수치는 기록적이었다. 언론인 토비아스 요흐하임(Tobias Jochheim)은 이를 정확하게 묘사했다. "냉정하게 수학을 통해 테러가 외양만 엄청날 뿐이라고 폭로하는 사람은 테러리스트의 계획을 좌절시킨다. 즉 테러리스트는 우리를 두려움으로 인해 미치게 하고, 안전을 위해 수백 년에 걸쳐 쟁취한 자유마저 스스로 폐기하게 만들기 때문이다. 테러리스트가 우리에게 미치는 힘이 얼마나 한정적인지를 강조하는 사람은 테러리스트에게 희생당한 사람을 조롱하는 게 아니다. 오히려 그 사람은 다음과 같은 말로 테러리스트를 배격한다—우리의 공포가 범인들을 잡아들이지는 못한다."[14]

우리의 공포는 근거가 없다. 독일만 하더라도 역사상 지금만큼 안전한 적이 없다. 이곳에 사는 사람들은 지금처럼 잘 살아본 적이 없다. 유아 사망률은 최소에 머물고, 의료 체계는 상당히 발달하고, 영양 섭취도 과거 어느 때보다 좋은 상태다. 우리는 유럽에서 가장 오랫동안 평화를 향유하고 있다. 그런데 도대체 문제가 뭐란 말인가? 그럼에도 불안은 남아 있고, 위험에 관해 연구하는 사람이나 통계학자는 객관적 자료를 통해 불안을 쫓아내려 시도하지만 실패한다. 이성 하나만으로는 이를 해독할 수 없는 듯싶다.

정당하든 아니든 두려움은 예전부터 사회에서 협력 기능을 맡아왔다. 두려움은 우리의 유전자 속에 들어 있고, 우리가 진화할 때 갖고 있던 본성이다. 왜냐하면 우리 조상은 많은 맹수의 먹이였기 때문이다. 맹수의 먹이인 동물은 무리를 안전하게 지키려 한다. 두려움은 우리를 하나로 엮어주고, 집단적 정체성을 찾게 해주고, 사회를 연결하는 접착제 같은 효과가 있다. 어쩌면 미래에 대한 두려움은 공동체의 안전을 원하는 우리의 욕구를 표현하는 것인지도 모른다. 진보라는 것이 사회의 단결을 무너뜨리려 위협하는 시대에 말이다.

기술적 진보가 우리를 두려움으로부터 해방시킬 것이라는 생각은 궤변으로 드러났다. 예상할 수 없는 미래 자체가 암울한 예측과 과도한 공포를 불러오는 시나리오를 제공하는 까닭이다. 따라서 두려움을 도구화하는 걸 철저하게 따져보는 게 유익하다. 두려움은 늘 훌륭한 비즈니스 모델이었으니 말이다.

15~16세기 유럽에서는 연옥에 대한 두려움을 없애주는 면제부로 두둑한 수익을 올릴 수 있었다. 사람들은 면죄부를 구입함으로써 자신의 죄와 연옥에서 겪어야 할 고통에서 해방될 수 있었다. 사제직과 재정 서비스의 연결은 완벽한 사업이었다. 교회는 면죄부를 팔았고, 이를 통해 예산 적자를 메울 수 있었다. 메디치 가문의 교황이었던 레오 10세는 수익을 남기는 면죄부 판매를 확장해 베드로 성당 건축 자금을 지원했다. 도미니크회 수도사 요한 테첼(Johann Tetzel)이 했던 말은 아주 유명하다. "돈이 들어오는 순간, 영혼이 불에서 튀어 나온다." 이 사업이 점점 터무니없는 형태를 띠자 사람들은 의심을 하게 되었고, 이에 저항하는 세력이 생겼다.

마르틴 루터(Martin Luther)는 95개 조항의 성명서로 개혁을 알렸고, 이로써 면죄부 판매는 막을 내려야 했다. 정확하게 말하면, 마르틴 루터는 다만 사업 모델만 바꿨을 뿐이다. 그는 모든 기독교인은 면죄부가 아니라 진정한 회개를 통해 죄를 용서받게 될 것이라고 공표했다.

오늘날에는 지옥이나 연옥을 더 이상 두려워하지 않는다. 하지만 이민과 높은 실업률, 기후 변화나 새로운 사업 모델을 개발하는 디지털화에 대해서는 두려워한다. 안전 산업, 무기 산업, 제약 회사, 에너지 공급업체나 식품 생산업자는 대중 매체나 인터넷 대기업과 비슷하게 수익을 올린다. 그들은 모두 공포를 성광(聖光)처럼 제시하면서 수익을 창출한다.

만일 우리가 이와 같은 메커니즘을 정확하게 볼 수 있다면, 계몽주의를 완성할 수 있을 것이다. 사실 계몽주의는 사람들을 원초적 두려움으로부터 해방시키려 노력했다. 1934년 집권한 미국 대통령 프랭클린 루스벨트는 걱정에 휩싸여 있던 국민에게 이렇게 외쳤다. "우리가 두려워해야 할 유일한 것은 두려움 그 자체다."

08

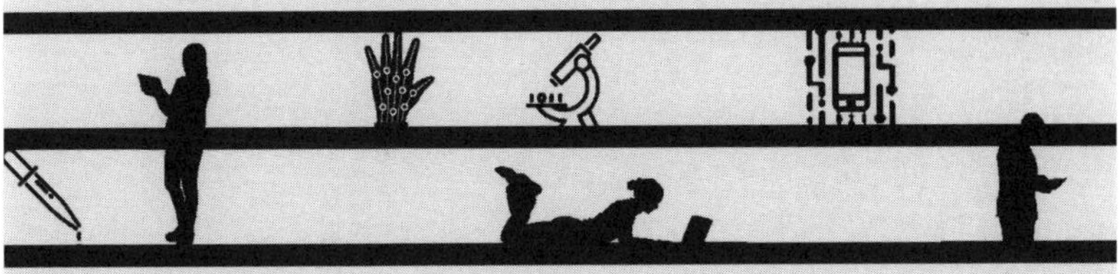

지식

교육과 문화의 역사

우리가 알지 못하는 모든 것[1]

내가 처음 학교에 등교한 날은 그야말로 충격 그 자체였다. 때는 1964년 무더운 여름이었다. 나는 쌍둥이 형제인 피에르(Pierre)와 함께 방갈로르 북쪽에 위치한 잘라할리(Jalahalli)의 클러니 컨벤트(Cluny Convent) 학교에 입학했다. 학교는 파도 모양의 함석지붕을 얹은 초라한 노란색 건물이었다. 그다지 다니고 싶은 느낌을 주는 학교는 아니었다. 학생들은 우선 운동장에서 줄을 서야 했다. 여자 교장 선생님이 우리에게 인사를 하고 연설을 시작했다. 나는 그동안 부모님이 다른 부모님들 사이에 섞여서 가장자리에 서 있는 모습을 보았다. 두 분의 마음은 다른 곳에 가 있는 것 같고, 왠지 불안해 보였다.

이곳은 반드시 밝은 파란색 셔츠와 짧은 회색 바지 교복을 입어야 하는 국립 학교였다. 연설이 끝나자 우리는 지정된 반으로 갔다. 잠시 후 창밖을 내다보니 어머니가 자동차에 올라타는 모습이 보였다. 그때 감당할 수 없는 외로움이 밀려왔다. 내 쌍둥이 형제는 나와 다른 줄에 앉아 있었는

얄라할리에 있는 클러니 컨벤트 학교(수녀님 왼쪽이 필자).

데, 입을 꾹 다문 모습에서 뭔가 억눌린 표정을 읽을 수 있었다.

초라한 교실은 어떤 위로도 주지 못했다. 더러운 벽에는 알파벳과 숫자가 적힌 칠판이 걸려 있었다. 수업할 때 이용하는 것인 듯했다. 선생님이 선 교단 탁자에는 싸구려로 보이는 밝은 파란색의 마리아상이 우리를 향해 팔을 쭉 뻗고 있었다. 교실에는 땀, 석판, 축축한 분필 냄새가 엄청 났다. 이날 나는 생애 처음으로 내가 갇혀 있다는 느낌을 받았다.

학교는 나에게 형무소와 같았다. 나는 더 이상 자유롭게 움직여서도 안 되었고, 얌전하게 앉아 있어야만 했다. 바깥에서는 까마귀들이 한껏 자태를 뽐내며 하늘로 날아올랐다가 밑으로 내려오곤 했는데 말이다. 왜 나는 호기심을 마음껏 펼치면 안 되었던 것일까? 여자 담임선생님은 우리에게 검지를 입에 대고 큰 소리로 "쉬잇!" 하며 조용히 있으라고 경고했다. 보통 같으면 돌아다니며 고함을 질렀어야 할 20명의 아이들은 입을 다문 채 교실에 앉아 선생님의 말에 복종했다. 젊은 선생님의 얼굴은 매우 매끈했다. 우리와 달리 교복이 아닌, 꽃무늬가 그려진 알록달록한 옷을 입고 있었다. 선생님의 치아가 벌어져 있는 게 금세 내 눈에 띄었다. 앞니 딱 중간에 작은 틈이 있었는데, 그 때문에 선생님의 얼굴이 매우 어려 보였다. 선생님은 "쉬잇!" 소리를 아주 쉽게 냈다. 나중에 나는 이 소리를 배우려 했는데, 그 "쉬잇!" 하는 소리가 치아의 벌어진 틈 때문에 나는 것이었는지는 잘 기억나지 않는다. 우리는 첫 수업 시간부터 선생님이 허락한 것만 할 수 있었다. 선생님은 누가 무슨 말을 할지, 그리고 누가 말을 해서는 안 될지를 결정했다. 자유롭게 생각하는 사람에게 이런 행동은 그야말로 무시당한다는 느낌을 안겨준다. 도대체 어떻게 자신의 생각을 다른 사람의 의지에 복종시켜야 한단 말인가? 얼마 후 교장 선생님이 교실에 들어왔을 때, 나는 그야말로 깜짝 놀랄 수밖에 없었다. 수녀님인 교장 선생님은 하얀 옷에 두건을 쓰고 있었다. 범상치 않은 외모만으로도 그 권위가 사방으로 퍼져나갔다. 가슴에 달려 있는 어두운색 십자가는 교장 선생님보다 더 큰 막강한 권력을 암시했다. 우리는 자리에서 일어나 "굿 모닝, 수녀님!"이라고 합창해야만 했다. 하얀색 옷을 입은 수녀님에게 자리를 내주기 위해 담임선생님이 뒤쪽으로 물러나는, 그야말로 복종하는 태도는 학교에 엄격한 위계질서가 있다는 걸 명확하게 보여주었다. 권력의 표현으로서 이와 같은 복종은 나중에 더 자주 경험할 수 있었다. 특정 부처 소속 공무원이나 직원이 장관이나 사장한테 공손하게 비위를 맞출 때 그랬다.

수녀님은 우리에게 기도를 하라고 요구했다! 부모님은 우리를 사랑으로 키웠지만, 신앙심의 흔적은 남겨두지 않았다. 그런데 이제 나는 두 손을 모은 채 누군가가 읽어주는 기도문을 따라해야만 했다. 학교에 등교한 첫날, 자유와 활짝 열려 있던 내 어린 시절은 무너져내렸다. 그 대신 권위, 정적, 훈육, 노력, 공포가 내내 나를 따라다녔다. 그런 것들은 내 호기심을 깨우지도, 지원하지도 못했다. 화요일 10시에는 수학을 배우고, 이어서 한 시간 동안 독일어를 배워야 하는 이유를 아직도 나는 이해할 수 없다. 주어진 시간표에 따라 배우면 열정이 사라진다. 열정이란 자유로운 여유 공간이 필요하기 때문이다.

교장 선생님이 기도를 한 뒤 교실을 나가자, 우리는 다시 자리에서 일어나 "굿바이, 수녀님!" 하고 큰 소리로 외쳤다. 이로써 보이지 않는 권력의 지팡이가 담임선생님에게 넘어갔다. 이윽고 수업이 시작되었다. 하지만 이날을 기억해보면 무엇보다 수많은 지시 사항, 규칙 그리고 학교생활을 온통 메우던 의식만 떠오를 뿐이다.

갑자기 종이 울렸다. 학교 건물이 교실 밖으로 쏟아져 나오는 아이들의 함성으로 가득 차자 나는 깜짝 놀랐다. 교실에서 조용히 앉아 있느라 완전히 꽉 막혀 있던 에너지가 방출되면서 운동장은 소리를 지르며 달리는 아이들로 가득했다. 많은 아이들이 먼지 가득한 운동장을 미친 듯이 달렸다. 친구들을 밀치거나 이유도 없이 하늘에 대고 고함을 질렀다. 몇 분 후 다시 종소리가 나자 이렇듯 살아 숨 쉬던 생동감이 꺼져버렸다. 나는 다른 모든 아이들처럼 교실 의자에 다시 앉아야만 했다.

우리가 맨 먼저 한 공부는 칠판에 글자를 그리는 일이었다. 남인도에서는 영어를 가르쳤으므로 이렇게 읽으면서 썼다. "에이, 비, 시, 디……." 물론 철자를 그리는 일은 재미있었다. 하지만 선생님의 축축한 스펀지 지우개가 내 마지막 자유마저도 앗아갔다. 학교에서는 모두가 똑같이 행동해야 했다. 똑같은 숫자나 철자를 그리고, 똑같은 책을 펴야만 했다. 이렇듯 무의미하게 동일한 행동을 함으로써 사람들은 학급 친구들과 나를 동일한 속도로 수학, 언어 혹은 역사라는 지식의 대륙을 거치도록 몰았다. 그 어떤 성인도 이처럼 경직된 집단의 형태로 책을 읽거나 수학 문제를 풀지 않을 것이다. 하지만 학교에서는 아이들이 이런 방식의 지적인 기본 과정을 끝마치게끔 요구한다.

이날 나의 시선은 내 앞에 꽂혀 있었다. 릴리! 긴 머리의 소녀였다. 길게 땋은 머리 끝부분에는 빨간색 끈이 묶여 있었다. 칠흑같이 검은 머리카락이 반짝반짝 빛났다. 릴리가 나에게 미소를 지었다. 이렇듯 따뜻한 마음이 나를 둘러싸고 있던 조금은 특별한 학교라는 세계를 잊을 수 있게끔 해주었다. 릴리는 곤궁에 빠진 내가 잡을 수 있는 지푸라기였다. 비행기가 추락하거나 배가 난파되는 대재난이 일어났을 때, 사람들은 흔히 우연히 살아남은 생존자 사이에서 특별히 끈끈하게 이어지는 연대감을 발견하기도 한다. 극단적 상황은 생존자를 서로 강하게 이어준다. 그래서 훗날 서로 결혼하는 사이가 되기도 한다. 어쩌면 릴리는 이런 상황에서 나를 구해준 주인공이 아닐까 싶다. 어머니는 몇 년 후 이런 얘기를 들려주었다. 내가 처음 학교를 다녀와서 유일하게 한 말이 이랬단다. "릴리는 정말 예쁜 애야!"

우리 집은 이사를 정말 자주 해서 인도, 룩셈부르크, 독일의 학교로 전학을 다녀야만 했다. 매번 교재를 새로 구입하거나 외국어를 빛의 속도로 빠르게 배워야 했다. 학교 시스템은 다양했으나 기본 구조는 다르지 않았다. 어떤 학교에서든 훈육, 적응, 복종, 근면이 중요했다. 모든 학교는 학생에게 시험을 통해 배운 지식을 토해내라고 요구했다. 어떤 학교에서든 성적에 점수를 매겨 비교했고, 이로써 어린 영혼의 자존감에 상처를 입혔다. 나와 가장 친한 친구 몇몇도 유급을 당하거나 심지어 학교를 떠나야 했다. 그때마다 나는 몰래 그들과 고통을 함께 나누었다. 나와 함께 놀던 아이들 중에서 제일 창의적인 친구들이 엄격한 시스템에 적응하지 못해 탈락해야만 했다.

학교에서 요구한 동일성은 결코 창의력을 키우기에 적절하지 못했다. 나는 이와 관련해 열 가지 넘는 사례도 들 수 있다. 하루는 초등학교를 다니는 내 아들이 집에 와서 자신이 직접 그린 그림을 보여주었다. 그림 옆에는 선생님이 기록한 의견이 있었다. “하늘은 파란색이지!” 내 아들이 하늘을 분홍색으로 그렸던 것이다.

얼마나 많은 학생이 학교를 졸업하자마자 수학책이나 물리책을 영원히 덮어버리는지 보면 정말 끔찍하지 않을 수 없다. 어떻게 변화의 시대를 사는 우리가 배움에 대한 자연스러운 욕구를 그토록 조심성 없이 다룰 수 있단 말일까? 나를 놀라게 하는 것은 당신과 내가 배웠던 얼마 되지 않는 얄팍한 지식이 아니라, 우리가 놓쳐버린 많은 지식 때문이다. 요컨대 우리가 학교라는 시스템에서 배웠지만, 실제로 전혀 이해하지도 못하고 내 것으로 만들지도 못했던 수많은 지식 말이다.

학교에 입학하고 거의 50년이 지난 후, 나는 뒤셀도르프에서 열린 학교장 회의에 강연자로 초대를 받았다.[2] 내 강연은 지식을 전달하는 새로운 방법에 관한 것이었다. 강당은 마지막 자리까지 완전히 찼고, 대략 2500명의 학교장이 모여 있었다. 나는 간단하게 서두를 마치고, 참석한 모든 사람에게 자신의 이름과 학교를 종이에 써달라고 요청했다. 그런 다음 당황한 학교장들에게 지금부터 시험을 치겠노라고 알렸다. 적어도 20년간 학교를 다녔고 대학에서 강의도 들었을 테니, 그들이 무엇을 기억하고 있는지 알고 싶었다. 내 질문은 매우 간단하고, 현실과 직접적으로 연관이 있었다.

첫 번째 질문은 이러했다.

> 내 전체를 들여다보려면 거울은 어느 정도 크기여야 합니까? 거울과 나 사이의 간격이 중요할까요? 답을 종이에 기록해주세요.

잠시 생각할 시간을 준 다음, 두 번째 질문을 던졌다.

> 왜 겨울에는 춥고 여름에는 더울까요?

그리고 세 번째 질문.

> 어떻게 작은 씨앗에서 커다란 나무가 성장할 수 있을까요? 나무는 어디에서 성장에 필요한 모든 성분을 가져올까요?

그야말로 몇 초 만에 강당 분위기가 완전히 가라앉았다. 답안지를 거둘 때는 수군거리는 소리가 들려왔다. 물론 그들에게는 익숙하지 않은 방식이지만, 나는 이런 방법으로 참석자들이 한순간이라도 학창 시절에 경험했던 감정의 세계를 다시금 느껴보도록 만들고 싶었다. 교사가 학생들의 숙제를 거둔 후 나중에—몇 주가 지날 때도 많다—빨간 펜으로 평가해서 돌려주던 세계를 말이다.

"느낌이 어떤가요?" 나는 학교장들에게 물어보았다. "여러분이 지금 경험한 것이 여러분을 압박하고 뭔가 조이는 느낌 아닌가요? 여러분의 학생들은 거의 매일 이런 느낌을 체험하고 있습니다. 이런 것을 바꿔야 한다고 생각하지 않으세요?"

내가 다소 무례하게 실시한 테스트는 놀라운 결과를 보여주었다. 요컨대 학교장들은 학생과 마찬가지로 내 질문에 끔찍한 답을 했다. 대학 졸업자라고 해서 고등 교육을 받지 않은 사람보다 탁월하지 않았다. 또한 젊은 사람과 늙은 사람의 지식을 비교해도 눈에 띄는 차이가 나지 않았다. 단순한 일상적인 질문에도 대답을 잘 못한 것이다. 수업 시간에 '광합성'이라는 얘기를 자주 들었음에도 이 주제를 제대로 이해하지 못했던 것이다.

나무가 필요한 성분을 대부분 공기 중에서 끌어온다는 사실—나무는 탄소를 공기 중에 있는 이산화탄소로부터 얻는다—은 학창 시절 생물 시간에 배우고 또 시험까지 쳤지만 대부분의 사람들에게 낯선 얘기다. 다양한 계절이 있는 원인이 무엇인지 잘 모르듯 말이다. 다양한 계절은 지축의 기울기 때문에 생긴다. 즉 태양을 향해 있는 지구의 반구는 여름이고, 다른 반구는 햇빛이 기울어진 형태로 비쳐 기온도 낮아진다. 그래서 태양을 등지고 있는 반구는 겨울이다. 지축은 팽이처럼 경사를 유지한 채 태양 주위를 돌기 때문에 계절은 반년마다 바뀐다.

거울에 관한 질문은 우리가 학교에서 배운 지식 가운데 지금까지 알고 있는 게 얼마나 적은지를 잘 보여준다. 이 질문은 또한 물리학의 모사 법칙(이를테면 '입사각=반사각' 등등)도 풀어야 한다. 우리가 매일 욕실에서 양치질을 하며 거울을 보고 있음에도 이를 실제 생활에 응용하려면 쉽지가 않다. 거울에서 몸 전체를 보려면 거울은 당신의 키와 비교할 때 정확하게 절반 크기여야 한다. (독자 여러분 중 몇몇은 내 말을 의심하고, 전체는 거울의 간격과 상관이 있을 거라고 주장할지도 모른다. 만일 의심스럽다면 직접 실험해보기 바란다! 실험하고 나면 분명 평생 잊어버리지 않을 것이다.)

우리의 학교 교육이 도대체 어떠하기에 이토록 단순한 질문에조차 답하지 못하는 것일까? 내 생각에는 학습 위주와 성적 위주 사이에 세밀한 차이점이 있는 것 같다.

성적 위주 시스템에서는 가능하면 좋은 성적을 많이 받는 게 제일 중요하다. 훌륭한 성적을 받아 좋은 상급 학교로 진학하는 것이 목표이기 때문이다. 학교에서 배운 것은 단기간 머릿속에 저장해두었다가 시험이 끝나면 빨리 잊어버린다. 시험지에 나오는 질문은 배운 내용을 테스트하는 데 그치고, 실제로 배운 내용을 이해하고 있는지와는 상관이 없다. 중요한 것은 성적을 잘 받는 것이기 때문이다.

학습 위주 시스템에서는 반대로 교육을 실제 삶을 풍부하게 하는 것으로 파악한다. 그래서 배운 내용을 자신의 일상에 적용하게끔 한다. 아주 훌륭한 선생님이 내 딸에게 이런 질문을 한 적이 있다. "창문에서 밖을 내다보렴. 수학을 알아볼 수 있는 곳은 어디니?" 이렇듯 전혀 다른 자세야말로 우리를 발견하는 사람으로 만들고, 모든 아이들이 갖고 있는 자연스러운 호기심을 후원하는 길이다.

나 역시 전기 스위치에 관한 것을 아주 재미있게 가르쳐준 특별한 선생님을 기억한다. 한 번은 내가 콘덴서의 경우 양극과 음극을 주의해야 하는 이유는 무엇인지 물어본 적이 있다. 선생님의 대답은 그야말로 간단했다. "틀린 극으로 직접 실험해보렴!" 얼마 후 큰 소리가 났다. 콘덴서가 폭발해 조각들이 교실 사방으로 튄 것이다. 선생님은 인상을 찌푸리더니 나를 쳐다보았다. "이제 너도 이해했겠구나. 그럼 이제 이 쓰레기들을 치워주렴!" 그런 교육 방식은 효과가 있었다. 직접 발견하고 실험할 수 있는 용기를 나에게 주었기 때문이다.

그 선생님이 얼마나 탁월했는지는 수년이 흐른 후 밝혀졌다. 학교 기념일에 졸업생들이 축사를 한마디씩 할 때였다. 열댓 명이 자신들의 짤막한 글에서 선생님에 대해 언급했다. 통상적인 방법을 벗어난 그의 수업 방식이 기억에 남았던 것이다. 졸업생 몇몇은 여전히 선생님과 연락을 하고 있었다. 선생님은 존경하는 친구였지 잘했다느니 틀렸다느니 하는 식으로 판결을 내리는 판사가 아니었던 것이다.

교육이란 참으로 중요한 일이다. 과거 그 어느 때보다 어쩌면 지금이 더 중요할지 모른다. 우리의 세계는 미친 듯한 속도로 21세기로 넘어왔으나 교육 시스템은 여전히 19세기에 머물러 있다. 우리는 여전히 학습 연구의 기본 지식을 무시하고, 개별 학생의 창의력을 지원하는 대신 구태의연한 순종을 요구하고 있다. 교육의 국가적 기준을 정립하고 매주 학생의 실력을 테스트한다. 하지만 학교에 대한 우리의 태도를 깊이 고민하지 않는다면, 그런 시험 따위는 전혀 도움이 되지 않는다. 학교가 원래의 목적, 그러니까 훗날 봉사할 공무원을 양성할 목적으로 세운 시설이라면 미래의 요구를 해결할 인재를 양성하기에는 지극히 부적합할 수밖에 없다.

분명한 증거도 있고 다른 국가와 비교해봐도 알 수 있지만, 독일에서는 좀더 정의롭게 교육을 제공하지 못하고 있다. 유감스럽게도 독일에서는 늘 학생의 사회적 신분과 교육 기회 사이에 연관성이 존재한다. 상급 학교로 진학해야 한다는 걱정 때문에 초등학교에 들어가는 것도 이미 학생, 부모, 교사에게는 벌을 받는 행위가 된다(독일 교육은 초등학교 4학년 이후 교사가 인문계 학교에 진학할지 직업 학교 등으로 진학할지 학생의 진로를 결정한다—옮긴이). 하지만 이처럼 아이들이 어릴 때 상급 학교에 진학할 학생을 분류하는 게 얼마나 위험한 일인지 우리는 언제 인식하게 될까? 곰팡이가 피어 있는 학교 건물만 하더라도 이미 변화하는 세계를 고려할 때 갖추어야 할 교육

현장이 아님을 보여주는 증거다. 독일의 학교를 수리하는 비용은 2016년에만 340억 유로에 달했다.[3] 그럼에도 변한 것은 별로 없다. 우리는 배우는 아이들에게 틈이 벌어진 창문, 난방도 제대로 되지 않고 벽에는 곰팡이가 피어 있는 교실에서 공부하라고 강요하고 있다.

정치가들은 선거를 앞두고 있으면 교육이라는 주제를 늘 언급한다. 하지만 선거가 끝나면 까마득하게 잊어버리거나, 협회 또는 주의 관할권에 대해 끝없이 논쟁을 펼치기만 한다. 이와 달리 대서양 저편의 다른 국가들에서는 이미 오래전부터 지식을 다른 방식으로 전달하고 있다.

2004년 여름, 당시 28세이던 살만 칸은 사촌 나디아를 도와주었다.[4] 뉴올리언스에 살고 있는 나디아는 수학을 제대로 이해하지 못했다. 살만 칸은 MIT 대학에서 컴퓨터공학과 전자기술을 전공한 뒤 보스턴에 있는 헤지펀드 홀 캐피털 매니지먼트(Wohl Capital Management)에서 일하고 있었다. 사촌의 소식을 접한 살만은 2000킬로미터 떨어져 사는 나디아에게 특별한 과외를 하기 위해 아주 작은 규모의 웹사이트를 개발했다. 살만은 가르치는 능력이 대단했다. 나디아를 위해 처음엔 간단한 메신저 프로그램을 통해 설명과 과제로 이뤄진 온라인 명령 체계를 만들었다. 그는 안정된 목소리로 사촌에게 분수 계산법을 가르쳐주었다. 공통분모 찾는 법과 소인수분해의 비밀도 설명해주었다.[5]

나디아의 성적이 눈에 띄게 향상되자 그녀의 남동생 아르만과 알리 역시 사촌형의 온라인 과외 수업을 들었다. 살만 칸은 자신의 웹사이트를 확장했다. 노트북을 사서 화면을 칠판으로 이용하며 수학을 차근차근 설명했다. 2006년 11월, 그는 최초로 비디오를 제작했다. 자신의 수업을 점점 더 많은 학생들이 듣자 직장을 그만두고 온라인에서 개인별 지도를 해주는 이른바 '새로운 세상'을 만들었다. 그사이 전 세계에서 1000만 명의 학생이 무료로 그의 수업을 들었다. 그의 웹사이트에는 3000개 넘는 비디오가 있다. 현재 살만과 팀원들은 지속적으로 학습 플랫폼을 개발하고 있다. 개인에게 맞춤식으로 과제와 테스트를 제공하는 학습 계획은 그야말로 개별적 학습을 할 수 있도록 해준다. 학생들 앞에서 교사가 일괄적으로 강의하는 방식과 달리 개별 학생의 학습 속도를 고려할 수 있는 것이다. 살만은 이로써 성적 나쁜 학생이 이런 수업을 들으면 확연히 좋아질 수 있다는 사실을 증명했다.

이와 같은 온라인 플랫폼에서 배우면 시간표가 지니고 있는 경직된 특징이 사라진다. 각자가 그날 수학 문제를 더 오랫동안 풀고, 나중에 역사 수업을 듣겠다고 직접 결정할 수 있기 때문이다. 각자 자신의 수업 계획을 따라가면 된다. 배우는 사람은 종종 시험을 통해 자신의 지식수준에 대해 지속적으로 피드백을 받을 수 있다. 학급 전체가 똑같이 배우는 게 아니라 개별적으로 학습할 수 있는 것이다. 그사이 몇몇 학교가 이 플랫폼을 도입했다. 교사들의 과제도 바뀌었다. 보통 대부분의 시간을 수업하는 데 보냈다면, 이제는 개별 학생에게 신경을 쓸 수 있다. 지식을 중개해주는 역할에서 학생들의 지식 습득을 도와주는 역할로 바뀐 것이다.

칸 아카데미(Khan Academy)는 전 세계에서 가장 성공한 온라인 학습 플랫폼에 속한다.[6] 빌 게이츠 같은 억만장자, 그리고 많은 회사와 개인이 이런 온라인 학교의 설립을 위해 엄청난 기부금을 냈다. 프로그래머, 교사, 데이터 분석가로 이루어진 대규모 스태프를 갖추고 있으며 모든 수업을 평가해 부족한 점은 최적화시킨다. 이처럼 생동적인 교환이야말로 교육 시스템에서 하나의 혁명이라고 할 수 있다. 대부분의 학교에서는 중요한 대화가 빠져 있는 까닭이다. 교사는 다른 동료로부터 훌륭하고 비판적인 피드백을 받는 경우가 매우 드물다. 하지만 교사들의 이런 외로움이 점차 사라지고 있다.

학습 플랫폼이 점점 많이 등장하고 있다. 2012년에는 엘리트 대학인 하버드와 MIT에서 온라인 플랫폼 에드엑스(edX)를 구축했다.[7] 이것은 이른바 온라인 공개 수업(Massive Open Online Course, MOOC)을 말한다. 온라인 수업은 강의 비디오와 공개 토론으로 이루어져 있고, 공개 토론에서는 배우는 사람들이 서로 의견을 교환할 수 있다. 에드엑스를 실시한 첫해에 15만 5000명의 대학생이 등록을 했다. 이는 MIT 대학의 150년 역사 동안 등록한 학생들보다 많은 수치다! 그 밖에 이름이 널리 알려진 대학들도 점차 이와 같은 플랫폼을 구축하고 있다. 버클리 대학, 델프트 공과대학, 파리의 소르본 대학, 취리히의 ETH 대학, 독일 아헨(Aachen)의 RWTH 대학 등등.

에드엑스의 교과 과정은 1300개 이상의 강좌로 이루어져 있다. 가상 교실에서는 브라질·미국·인도·한국 출신의 대학생들이 서로 의견을 나누고, 그룹을 만들어 배우고, 스카이프(Skype) 회의에서 수업 시간에 배운 내용에 대해 얘기한다. 인류 역사상 가장 규모가 큰 가상 대학에서 사람들은 가장 탁월한 전문가들로부터 강의를 들을 수 있다. 온라인 교육은 전 세계에서 받을 수 있다. 유전학, 거시경제학이나 1854년의 런던 콜레라에 관한 역사 수업 하나를 듣기 위해 전 세계에 있는 수만 명의 대학생이 몰려든다. 개발도상국의 경우에는 에드엑스 같은 플랫폼이야말로 멋진 기회인데, 이를 통해 가난한 대학생이 학구열을 충족시킬 수 있기 때문이다. 그동안 코세라(Coursera), 유다시티(Udacity), 노보에드(NovoEd)를 비롯한 많은 플랫폼이 생겼다.

위키피디아(Wikipedia)는 한때 전통적인 참고서와 같은 역할을 했으며, 세계에서 가장 규모가 크고 무료로 이용할 수 있는 사전이 되었다. 온라인 학교와 대학은 전 세계에 교육의 기회를 제공함으로써 그와 비슷한 잠재력을 갖고 있다.

물론 모니터가 실제 교실이라는 곳에서 함께 어울려 배우는 상황을 대체할 수 없고, 미래에 각자 떨어진 가상 교실에 앉아 배우기 위해 교실이라는 건물을 헐어버리는 것은 터무니없는 일일지 모른다. 하지만 우리의 학교도 변해야만 할 것이다. 전 세계 사람이 볼 수 있는 수업을 하는 교사는 교실이라는 보호된 공간에만 머물지 않는다. 지식을 전달하는 그의 능력이 시험대에 오를 텐데, 교실 밖에는 경쟁자가 많기 때문이다. 온라인 수업과 수많은 비디오 개별 지도를 보면 놀라울 정도의 재능을 가진 사람도 있다. 많은 온라인 교사는 학생 신분이긴 해도 매우 훌륭하게 가르친다. 학급 친구한테 수학이나 물리를 간략하게 설명할 줄 아는 아이들도 있다. 이들이 보여주는 신선하고 개성 있는 수업 방식은 그야말로 매력적이다. 인터넷은 훌륭한 교사들에게 기회를 제공한다. 이들이 미치는 영향의 범위를 놀라울 정도로 확대할 수 있기 때문이다.

나는 여유가 있을 때면 많은 대학에서 제공하는 강의를 인터넷으로 보는데, 몇몇 교수들의 강의는 거의 중독될 정도다. 한 번은 스탠퍼드 대학의 메흐란 사하미(Mehran Sahami) 교수가 하는 컴퓨터 수업을 들었다.[8] 나는 프로그래밍 방법에 대해 이토록 생동적인 수업은 예전에 한 번도 들은 적이 없고, 사하미 교수가 지극히 다루기 힘든 내용을 너무도 쉽고 분명하게 전달하는 것을 보고 감탄하지 않을 수 없었다. 강의 중간에 사하미 교수는 대학생들에게 과자를 던져주곤 했다. 그래서 나는 그에게 강의실 밖에는 더 많은 학생이 있으니 가짜 과자라도 던져달라고 요청하는 글을 썼다. 그러자 즉각 답이 왔다. '가짜 과자!'

우리는 학교에서만 배울 수 있는 게 아니다. 다시 말해 박물관, 과학센터, 제작 실험실(FabLab), 리페어 카페(repair-cafe) 등은 잠재력이 대단한 곳이다. 우리는 이런 곳에서도 아주 많은 것을 배울 수 있다. 2007년부터 2년마다 독일 하노버에서는 이른바 '아이디어 엑스포'가 열린다. 이때 엑스포가 열리는 장소는 9일 동안 유럽에서 가장 큰 교실로 탈바꿈한다.[9] 이처럼 청소년을 위한 자연과학 및 기술 관련 박람회에서 선생님과 함께 방문한 학생들은 앞으로 자신이 어떤 직업을 선택할지 생생하게 많은 체험을 할 수 있다. 게임, 전시, 워크숍, 지식과 관련한 쇼, 토론도 한다. 자신의 연구에 관한 과학자들의 짤막한 강연도 있다. 대학, 단체, 기업, 학교는 이런 공동 프로젝트에 적극 참여한다. 나 역시 이렇듯 전혀 구태의연하지 않은 행사를 적극적으로 지원하고 있으며, 젊은 친구들의 지식에 대한 욕구가 얼마나 강한지 피부에 와닿을 정도로 체험한다. 교사도 이런 행사에 참여하면 학생들이 교실 밖에서 얼마나 재미있고 열정적으로 이것저것 실험하고 습득하는지 영감을 얻을 수 있다. 5학년 학생이 작은 전기 회로를 조립하고, 놀이를 하듯 로봇에 프로그래밍을 하고, 처음 컴퓨터 프로그램을 만들어보는 희열을 체험한다. 이런 박람회에서 사람들은 모든 걸 시험해볼 수 있다. 3D 인쇄기로 문손잡이의 모형을 떠보는 실험도 할 수 있다. 나는 항상 이렇게 직접 해볼 수 있는 프로젝트가 왜 더 이상 없는지 의문이 든다. 아이디어 엑스포에 대한 폭발적 반응은 사람들이 대안적으로 배울 기회를 얼마나 원하고 있는지 보여주는 증거다. 2017년 9일간 열린 박람회를 방문한 사람은 36만 명이었다!

이런 프로젝트에 대한 찬사가 빗발치면서 학교라는 시스템에서 의미심장한 트렌드가 생겨났다. 즉 우리의 교육은 자유로워야 하며 경제적 관심에 종속되어서는 안 된다는 것이다. 하지만 구글, 마이크로소프트, 애플 같은 대기업은 그동안 노트북과 소프트웨어를 통해 교실을 점령했다.

2012년 기업들이 온라인 플랫폼 코세라로부터 대가를 지불하고 성적 좋은 졸업생에 관한 정보를 받았다는 사실이 알려졌다.[10] 따라서 교육에 대한 우리의 이해는 비판적이고 독립적인 학설로부터 미래의 노동력을 훈련시키고 획득하는 것으로 바뀔 수도 있다.

공립 학교는 성인이 된 시민을 양산하는 곳이지, 말 잘 듣는 노동자를 키우는 곳이 되어서는 안 된다고 나는 생각한다. 심각한 재정 부족으로 인해 교육 분야는 다른 이익 집단에 문을 활짝 열어놓고 있다. 학교가 경제적 후원 단체에 종속되고, 대학 연구소는 점점 산업계로부터 제3의 지원을 끌어들이고 있다. 1995~2012년 제3의 지원이 학교 재정에서 차지하는 비율은 13.6퍼센트에서 29.2퍼센트로 2배 늘어났다. 그중 5분의 1이 경제 분야에서 나온 것이었다.[11] 재단이나 기업으로부터 월급 일부나 전부를 받는 교수, 경제 분야에서 활동하는 사람이 대학의 이사나 고문으로 앉는 일이 늘어나고 있다. 혹은 대학과 산업 분야에서 맺는 협력 관계가 이와 같은 종속성을 더욱 확대하고 있다. 또한 대학이 연구 프로젝트를 선택할 경우에도 기업이나 경제 단체로부터 자금을 지원받기 쉬운 주제를 더 많이 선택하곤 한다.

대학에서 일하는 비판적인 사람들은 대학의 순위나 신용 평점 같은 경제적 범주를 통해 위협받고 있으며, 사립 대학의 폭발적 증가로 인해 힘을 잃고 있다. 독일의 대학 같은 경우에는 여전히 국가로부터 대대적으로 지원을 받고 있지만, 이들 대학의 핵심 역할, 그러니까 비판적 논쟁의 온상으로서 역할을 축소해서는 안 된다.

교육이란 능력을 단순히 습득하는 것 이상이며, 우리를 성숙하게 하고 우리 삶을 풍요롭게 한다. 따라서 모든 학교가 추구해야 할 목표는 독자적이고, 심사숙고하고, 자의식 있는 젊은이를 양성하는 데 있어야 한다.

이렇듯 변화하는 시기에는 특히 배움이란 지속적 과정이다. 우리의 미래는 사회의 학습 능력에 의해 결정될 것인데, 이는 역사상 처음 있는 일이다. 우리 조상 가운데 우리처럼 지식의 지평선을 새롭고 흥분된 방식으로 확장한 세대는 결코 없었다. 우리는 과거 체험했던 학교 형태와 이제 이별해야 한다. 전 세계에 교육 혁명이 일어나고 있는 중이니 말이다.

더 많이 이해하고자 하는 우리의 노력[12]

내 아이들은 그야말로 '디지털 원어민' 세대에 속한다. 그들은 디지털 세계가 제공하는 온갖 편리함을 누리며 자랐다. 인터넷, 내비게이션, 스마트폰 그리고 인터넷에서 무슨 질문이든 하면 답을 해줄 앱이 있다는 독특한 상상을 하는 세대다. 이들은 휴대전화를 많이 사용하는 이른바 '엄지족'에 속하며, 궁금한 것은 물론 친구들과의 대화도 휴대전화로 해결한다. 그들의 세계는 스카이프, 페이스북, 왓츠앱, 유튜브, 위키피디아 혹은 스포티파이이다. 그들 대부분은 자신의 세계가 그리 오래되지 않았다는, 그러니까 겨우 20년 되었다는 사실을 잘 모른다. 기억하건대 2003년에 스카이프를 시작했고, 2004년에 페이스북의 시대가 열렸다. 그로부터 1년 후에는 스티브 첸(Steve Chen)과 그의 동료들이 유튜브를 창립했고, 음악 서비스업체 스포티파이는 2006년부터 온라인에서 서비스를 제공하기 시작했다. 이 세대들이 늘 이용하는 기술처럼 놀라운 발전을 한 분야는 없다. 새로운 것이 오래된 것을 대체하고, 출시한 지 몇 년밖에 안 되었음에도 새로운 소프트웨어가 등장하면 성능이 떨어진다는 이유로 그 컴퓨터를 폐기하곤 한다. 우리의 과거도 미래와 비교해보면 성능이 떨어지는 것일까?

내 딸은 우리의 세상이 어떻게 달라졌는지 경험한 적이 있다. 하루는 벼룩시장에서 낡은 전축을 구입했다. 지금은 손가락으로 다음 곡을 선정해서 들을 수 있지만, 사람들이 케이스에서 레코드를 꺼내고, 먼지를 닦은 다음 조심스럽게 전축에 올려놓고 음악을 듣던 시대가 있었다는 사실을 녀석은 이때 처음 알았다. 지지직거리는 소리, 전축의 픽업에 달려 있는 민감한 바늘을 조심스럽게 다루는 행위, 혹은 한 곡에서 다른 곡으로 빨리 바꿀 수 없는 어려움을 경험했다. 딸아이는 음악을 듣기 위해 천천히 진행되는 이런 과정과 의식이 마음에 든 모양이었다.

우리의 문화는 다운로드, 업데이트, 원거리 조정 시대의 와중에 근본적 변화를 겪고 있다. 우리 각자는 얼마나 빨리 과거와 관련한 의식이 사라지는지 확인하고 있다. 내가 학교 다닐 때 사용했던 계산자와 대수표는 오늘날의 학생들에게 수수께끼처럼 보일 것이다. 이 세상에 있는 특정 지역은 얼마 전까지만 하더라도 믿고 볼 수 있는 지도에조차 없었다. 인식이란 오랜 기간에 걸쳐 흥분되고도 힘든 과정을 거친 뒤 얻는 결과다. 우리의 과거를 살펴보면, 조상 세대들이 오늘날 우리가 제기하는 문제에 대한 답을 찾기 위해 얼마나 노력했는지 알 수 있다.

박물관과 문서 보관실에 들어가면 우리는 늘 현재로 끝나는 시간 여행을 하게 된다. 독일 드레스덴의 츠빙거(Zwinger) 박물관에 있는 '수학-물리학 살롱'의 전시물을 근거로 나는 어떻게 과거, 현재, 미래가 서로 연관되어 있는지 설명해주고 싶다.

번쩍번쩍 빛나는 아스트롤라베(Astrolabe: 고대로부터 내려오는 정교한 천문 도구—옮긴이), 혼천의(渾天儀), 화려하기 짝이 없는 천구와 오래되었으나 경탄을 자아낼 정도로 아름다운 황동 시계는 우리에게 과거의 역사를 이야기해준다. 이런 진열품은 놀라울 정도로 훌륭한 발명품이고 세부적인 것까지 신경을 쓴 흔적이 담겨 있다. 이런 진열품을 좀더 자세히 관찰하는 사람은 그 천재성을 알아차릴 수 있다. 이는 우리 조상의 열정적인 지식욕을 보여준다. 이 시기에는 사실 지구가 우주의 중심이었고, 지식에 대한 욕구는 우리가 살고 있는 이 지구를 측정하는 것에서 시작되었다.

아우구스트(August) 선제후(選帝侯)와 그 후계자들이 1560년부터 과학 기구, 천문 관련 도구와 정교하게 만든 기계를 예술품으로 수집했고, 그 후 1728년 드레스덴의 츠빙거에서 아우구스트 2세(1670~1733: 폴란드의 국왕이자 작센의 선제후—옮긴이) 집권 때 '수학 및 물리 도구를 모아두는 왕실의 전시실'이 독자적인 박물관으로 자리를 잡았다. 이 덕분에 우리는 이런 발전 과정을 추적할 수 있다. 선제후는 1587년까지 수십만 개의 물품을 수집했고, 그중 450여 개가 과학 도구였다.

이런 전시품 가운데 하나가 특히 내 마음에 든다. 13세기 후반에 만들어졌으며, 가장 오래 보존되어 있는 천구 중 하나다. 이것은 오늘날 이란 북부에 위치한 마라가(Maragha) 천문대에서 나온 것 같다. 이 천구에는 48개의 별자리와 1000개의 별이 그려져 있다. 황동으로 된 천구 표면에는 천문학자 무하마드(Muhammad)의 아들 무아이야드 알딘 알우르디(Mu'ayyad al-Din al-'Urdi)라는 이름이 있다. 우르디는 당시 통용되던 프톨레마이오스 체계에서보다 행성의 궤도를 훨씬 더 정확하게 파악할 수 있는 수학 모델을 개발했다. 여기서 놀라운 점은 우르디는 지리적 모델에서 출발했지만, 그가 내린 해석은 가히 근본을 흔드는 파괴력이 있었다는 것이다. 수학적으로 봤을 때 그의 계산은 1543년《천체의 회전에 관하여(De Revolutionibus Orbium Coelestium)》라는 저서를 발표함으로써 천체학의 전환기를 이끈 코페르니쿠스의 주장에 상응했다.

오늘날에는 기독교와 이슬람교 간의 심각한 갈등으로 인해 '악의 축' 같은 표현이 나돌고 있지만, 사실 별을 정확하게 살펴보면 정반대의 현상을 관찰할 수 있다. 그리스-라틴어 이름이 붙은 오리온자리(Orion), 백조자리(Cygnus), 큰곰자리(Ursa Major) 혹은 독수리자리(Aquila) 같은 별이 빛나는 가운데 아랍 이름을 가진 밝은 별들도 빛나고 있다. 알데바란(Aldebaran), 알골(Algol), 알타이르(Altair), 데네브(Deneb) 혹은 리겔(Rigel)처럼. 이렇듯 오래된 천체 지도와 천구가 전하는 메시지는 우리에게 희망을 선물하며 모범을 보여준다. 하늘에서는 2개의 문화가 평화롭게 공존하고 있으니 말이다.

우르디의 천체의로부터 멀리 떨어져 있지 않은 곳에 또 다른 천체의가 있는데, 1515년 밤베르크(Bamberg) 출신의 요한 쇠너(Johann Schöner)가 완성한 것이다. 여기에는 우리가 사는 지구, 아니 좀더 자세히 표현하면 그 당시 알고 있던 지구가 그려져 있다. 이로부터 4년 후 페르디난트 마젤란은 다섯 척의 배와 제대로 된 장비를 갖춘 함대를 이끌고 세비야(Sevilla)를 출발했다. 향료 생산지를 찾기 위해서였는데, 이로써 그는 태평양에 발을 내디딘 최초의 유럽인이자 지구를 한 바퀴 돌아본 사람이 되었다. 요한 쇠너의 천체의는 이와 같은 역사적 발견 여행에 대해 아무것도 모르고 있었다. 태평양을 여행해본 사람이 없어 미국 서부 해안은 완전히 미지의 장소였다. 천체의를 관찰함으로써 우리는 대단한 발견에 동참한다. 그리고 그 작은 표시 하나하나는 인류가 인식의 길로 나아가는 중요한 단계였음을 의미한다.

1568년 뉘른베르크(Nürnberg)에서 완성된 요하네스 프레토리우스(Johannes Praetorius)의 천체의에는 경도의 기준인 본초자오선이 마드리드를 통과하고 있다. 이를 통해 우리는 권력의 중심이 어떻게 움직였는지 체험할 수 있다. 1718년에는 파리가 세계의 배꼽이었지만 1738년부터는 그리니치가 본초자오선이 지나가는 중심이었다.

세계를 측량하는 것은 국가의 권력에 막강한 영향력을 행사할 수 있다. 과학 도구는 어두운 세계에 빛을 가져다줄 뿐 아니라 부와 명예도 안겨준다. 포르투갈과 에스파냐가 한때 나침반을 통해 막강한 제국이 되었듯 오늘날에는 디지털 서버와 플랫폼이 그와 같은 역할을 하고 있다. 이렇게 오래된 물건이 우리에게 보내는 핵심 메시지는 본질적 성격을 띤다. 즉 오늘날의 세계 질서 역시 변화를 거부할 수 없다는 것이다. 위대한 제국도 결국은 멸망해 다른 나라에 자리를 내주었기 때문이다.

천체의를 전시한 방 옆에는 피스톤 진공 펌프들이 있다. 오래된 도시 마그데부르크(Magdeburg)의 시장 4명 중 한 명이던 오토 폰 게리케(Otto von Guericke)는 펌프의 새로운 역사에 몰두했다. 1649년 피스톤 진공 펌프를 발명한 그는 이때부터 진공 기술의 창시자로 여겨졌다. 그리고 1654년에는 레겐스부르크(Regensburg)에서 열린 독일제국 `회의 때 황제 페르디난트 3세와 관중 앞에서 '마그데부르거(Magdeburger) 반구(半球)'라는 것을 선보이기도 했다. 그의 실험은 철학적인 결과를 가져왔다.

신앙심 깊은 유럽은 당시 텅 비어 있는 무(無)를 두려워했다. 아리스토텔레스와 플라톤 학파도 무라는 존재에 대해 믿지 않았다. 이처럼 무를 원칙적으로 거부하는 태도는 바로 '허공에 대한 공포(Horror vacui)'라는 개념에 잘 반영되어 있다. 무는 있을 수도 없으며 있어서도 안 되었다. 왜냐하면 신이 도처에 있기 때문이다. 로마의 숫자 체계에도 이런 성향이 나타난다. 여기에는 0을 의미하는 상징이 없는 까닭이다. 유럽은 아랍의 숫자를 통해 비로소 0을 갖게 되었다. 또한 별들 사이의 공간도 비밀스러운 천공(天空)으로 가득 차 있기 때문에 비어 있어서는 안 되었다.

그런데 한 사람이 등장해 비어 있는 폐쇄 공간을 펌프질했고, 이로써 역사적으로 금기시하던 것을 깨버렸다. 오늘날 우리가 알고 있듯 외부의 기압이 비어 있는 공을 꽉 눌러준다. 이런 실험을 통해 게리케는 기압의 존재를 증명했고, '허공에 대한 공포'는 사라졌다! 17세기 중반 진공 펌프 실험과 시현은 런던과 파리에서 새로 건립한 과학 아카데미에서 행하는 주요 행사였다.

이런 기본적 의문은 오늘날까지 우리를 불안하게 만드는 것 같다. 이를테면 유럽의 CERN에 있는 거대한 원통 모양 가속기가 돌아갈 때, 사람들은 이로 인해 블랙홀이 생길까봐 두려워했다.

놓쳐버린 기회

전 세계가 뛰어들어 펼치는 경쟁에서 혁신이 일어나는 장소에 대한 의문 역시 새로운 게 아니다. 예를 들어 오토 폰 게리케는 진공 펌프를 발명함으로써 오늘날의 관점에서 볼 때 이상 기체 법칙(ideal gas law, 理想氣體法則)을 연구하고 확립하는 실험에 근접했다고 볼 수 있다. 압력, 가스의 부피와 온도 사이의 확고한 관계를 연구하는 것 말이다. 이는 기술적으로 당시의 도구들로 가능했을 수도 있다. 하지만 그런 요소의 근본적 관계를 알아낸 사람은 1662년 아일랜드 사람 로버트 보일(Robert Boyle)이었고, 이는 오늘날까지 보일-마리오트(Boyle-Mariotte)의 법칙으로 잘 알려져 있다. 하지만 왜 작센 출신의 남자 게리케가 아니었을까? 작센에는 당시 상당히 현대적인 도구가 많았지만, 계속 연구하고자 하는 의지가 부족했다. 다시 말해, 인식의 바퀴를 계속 돌리고자 하는 힘이 부족했다. 우리는 여기서 오늘날까지 이어지는 근본적 요소를 본다. 과학이 발전할 수 있도록 돕는 일이 그것이다. 런던의 로열 소사이어티(Royal Society)와 파리의 아카데미 데시앙스(Académie des sciences)—모두 국립 과학 아카데미—는 똑똑한 과학자들이 쑥쑥 자라날 수 있도록 배양했다. 이런 아카데미를 발전시키기 위해 투입하는 국가의 지원을 바탕으로 좀더 나은 지식 경영이 자리를 잡게 되었다. 태양왕 루이 14세는 탁월한 경제부 장관 장 바티스트 콜베르(Jean Baptiste Colbert)와 함께 1666년 프랑스 과학 아카데미를 창립하는 자리에 참석했다. 이러한 국가적 노력과 우신적 지원이 프랑스의 젊은 과학자들에게 중요한 의미와 권위를 부여해준 것이다. 이와 반대로 독일은 이 기간에 작은 나라들로 쪼개져 있었다.

과학이 발전하려면 좋은 도구, 기술적 완성도, 새로운 장비를 조심스럽게 잘 다루는 수공업자가 필요하다. 하지만 창의적 정신, 공개적으로 논쟁을 펼칠 수 있는 분위기, 발전하기 위한 자유도 보호받을 필요가 있다. 로열 소사이어티의 슬로건은 "그 누구의 말도 그대로 받아들이지 말라(Nullius in verba)"였다. 과학적 맥락은 실험으로 드러나지 의견 일치를 통해 나오는 게 아니다. 바로 이 점에서 당시의 독일은 프랑스나 영국과 차이가 있었다. 당시의 가스 법칙 가운데 단 하나도 독일에서는 발견되지 않았다!

300년 후 인터넷이라는 새로운 세상으로 독일이 발전할 수 있을 때, 또다시 국가의 통찰력과 지원은 없었다. '고속 정보망(information highway)'이라는 개념은 독일의 책임 있는 자들로부터 처벌받아 마땅할 정도로 무시당했다. ('초고속 정보망'과 관련해 어떤 생각을 하느냐는 질문에 당시 총리이던 헬무트 콜은 이렇게 대답했다. "고속도로 건설 사업은 기업 외에 주로 각각의 주가 담당해야 하지요!")〔초고속 정보망(Datenautobahn)을 고속도로(Autobahn)로 이해했던 것—옮긴이〕

기억하건대 나는 다른 과학 부문 기자들과 함께 1994년 본에서 열린 과학부 기자 회의에 참석한 전(前) 교육 및 개발 연구 장관에게 인터넷을 구축해야 한다고 요구했다. "이메일을 이용하시죠. 그게 최소한 하나의 신호가 될 것입니다!" 장관은 이렇게 대답하며 우리의 요구가 터무니없다는 듯 고개를 절레절레 흔들었다.

이와 반대로 미국에서는 정치인이 일찌감치 인터넷의 잠재력을 알아차렸다. 부통령 앨 고어(Al Gore)는 '초고속 정보망'을 위해 열정을 바쳤다. 그는 상원의원이던 1991년에 이미 '고성능 정보 처리법(High Performance Computing Act)'[13]을 발의했고, 이어서 또 다른 법안들도 제정했다. 그는 뛰어난 전문가들의 모임을 조직하고, 1994년 1월 11일 캘리포니아 대학에서 이런 강연을 했다. "우리에겐 꿈이 있습니다. ……초고속 정보망에 대한 꿈입니다. 이것은 생명을 구할 수 있고, 새로운 일자리를 창출할 것입니다. 젊었든 늙었든 모든 미국인에게 최고의 교육을 받을 기회를 제공할 것입니다."

'수학-물리학 살롱'의 과학 관련 예술품을 다시 한 번 살펴보면 그것들이 지니고 있는 마법이 드러난다. 황동과 금으로 화려하게 장식되어 있는 이런 물건의 배후에는 우리를 둘러싼 세계를 파악하고자 하는 향수가 숨어 있는 까닭이다. 밤베르크 출신의 요한 쇠너가 만든 천체의를 기억하는가? 지상에 있는 대륙을 표시한 윤곽은 1515년경 부분적으로만 알려져 있거나 아니면 전혀 모르는 상태였다. 여기에 당시와 오늘날 사이의 공통점이 있다. 오늘날 우리는 우주 망원경을 보며 당시와 동일한 질문을 한다. 물질의 속성은 어떠하고, 우주의 구조는 어떠하며, 이런 세계에서 우리는 어떤 역할을 하는가?

이런 물건이 세상을 점차 바꾸어 오늘날 우리가 살고 있는 세상으로 만들었다. 내 딸의 스마트폰 앱들 역시 과거 황동으로 만들었던 장치와 조용히 연결되어 있음을 발견할 수 있다. 과거에 대해 알면 우리는 놀라운 관점을 선물받을 수 있다. 지식과 관련한 역사적 도구와 발견이 현재까지 이르게 된 경위를 관찰할 수 있기 때문이다. 그러면 우리에게 다가올 세상을 좀더 잘 파악하고자 하는 바람이 생겨난다.

우리는 책을 그리워하게 될까[14]

저서 《블랙아웃(Blackout)》에서 마르크 엘스베르크(Marc Elsberg)는 유럽에서 대대적으로 정전이 일어났을 때 생길 수 있는 재난을 묘사한다. 솔직히 말해서 나는 이 책을 읽고 난 뒤 잠시나마 우리 집에도 소규모 비상 전원 장치를 갖춰야 하는 것 아닐까 고민했다. 기술과 관련한 이 스릴러 소설은 우리 모두가 전기, 전화, 인터넷에 얼마나 종속되어 있는지를 흥미진진하게 묘사한 책이다. 이런 간접 자본 시설 가운데 하나가 멈춰도 본질적인 문제를 일으킬 정도로 우리는 이런 것이 없으면 살아갈 수 없다는 얘기다. 따라서 사람들은 정전이 될 경우를 대비해 비상 계획과 백업 같은 해결책을 마련해야 할 필요성을 인식한다.

엘스베르크의 소설이 문외한에게조차 산업 사회의 나약함을 분명하게 보여주었듯 비슷한 방식으로 문화재 손실이 현재 얼마나 위협적인지 얘기해주는 스토리가 필요할지도 모른다. 문화재가 점차 사라지고 있다. 따라서 문화재가 블랙아웃 되는 경우를 준비해야 하지 않을까?

1960년대 중반 이집트에서 댐을 건설했다. 그런데 이 댐으로 인해 람세스 2세의 막강한 권력을 상징하는 아부 심벨(Abu Simbel) 신전이 침수될 위기에 처했다. 댐이 발전을 약속하긴 했지만, 그 대신 수천 년 된 신전을 희생시킬 수는 없었다. 당시 전 세계에서 보호의 목소리가 높았다. 유네스코는 이 신전을 반드시 보호해야 한다고 경고했다. 많은 국가가 이에 호응했고, 그 결과 신전은 자리를 옮기게 되었다. 전 세계에서 여러 엔지니어 회사와 건설 회사—예를 들면 독일에서는 에센(Essen)에 있는 호흐티프(Hochtief)—가 여기에 참여했다. 신전은 1036개의 조각으로 나뉘어 해발 65미터 높이의 장소로 옮겨졌다. 신전의 이전은 전 세계적으로 이목을 끄는 사건이었다. 인류 역사의 한 부분인 신전의 보존이 전 세계적으로 의미가 있었던 것이다. 아부 심벨의 이전 비용은 당시 약 8000만 달러가 들었다. 오늘날의 가치로 환산하면 6억 2000만 달러에 해당한다. 신전을 다시 오픈했을 때, 사람들은 최선을 다했다는 느낌을 받았다. 심지어 자부심마저 느꼈다. 그때 나는 불과 아홉 살이었지만, 부모님이 이 대대적인 프로젝트를 세부적인 사항까지 일일이 확인하고 감탄하던 모습을 기억하고 있다.

2004년에 불타버린 바이마르 소재 '안나 아말리아(Anna Amalia) 남작 부인 도서관'의 재건도 독일 국민에게 그와 비슷한 느낌을 선물해주었다. 우리에게 이런 문화재의 가치와 조상이 남겨준 보물을 지속적으로 잘 보관해야 한다고 느끼게 하려면, 유감스럽게도 대재난이 필요한지 모른다. 당시 폐쇄된 도서관의 기록물 보관실에는 곰팡이가 피었고, 문화재를 보존하기 위해 필요한 재정은 고갈된 상태였다.

수십 년간 적절하지 못한 방법으로 보관하거나 특정 문서를 마구 섞는 행동은 과거의 보물을 보존하려는 노력을 더욱 어렵게 만든다. 빠르게 돌아가며 늘 경제적 기준을 우선적으로 채택하는 우리 사회에서는 문화유산에 적합한 비즈니스 모델이 없다. 문서 보관실과 도서관은 결코 수익을 창출하는 곳이 아니다. 이를테면 오래된 이절판의 대형 서적이나 악보로 사람들은 돈을 벌 수 없다.

디지털화가 우리에게 제공하는 가능성이 이 분야에서 뭔가 도움을 줄 수도 있지 않을까라는 생각은 궤변이나 다를 바 없다. 디지털로 작업한 작품은 물질로 이루어진 문서와 반대로 단 하나밖에 없는 게 아니라—물론 이 점이 디지털의 마법이지만—재생산할 수 있는 특징이 있다. 언제든 복사할 수 있고, 따라서 오리지널이 없다.

그동안 도서관에 있는 보물을 많이 디지털화해 사용자들에게는 편리할 것이다. 마우스만 클릭하면 독특한 문화재를 구경할 수 있으니 말이다. 하지만 디지털화하려면 비용이 많이 들고, 기업은 자금이 부족한 국가의 재정 상태를 자신에게 유리하도록 이용할 수 있다. 우리의 문화재가 점점 디지털 형태를 띠고 외국, 가령 아일랜드나 미국으로 옮겨가는 현상을 보노라면 우려스럽다.

우리는 아직 오리지널을 보유하고 있지만 이것이 언제까지 가능할까? 많은 사람이 작품을 디지털화하면 오리지널 작품과 그걸 관리하는 비용이 들지 않으니 좋지 않느냐고 생각하는데, 이는 오류다. 중세 시대의 필체는 오로지 딱 하나만 전 세계에 존재한다는 점을 고려했으면 한다. 필체의 구조와 글씨를 기록한 종이의 상태, 페이지의 결, 일러스트레이션의 색채, 책으로 엮은 방식, 독자가 책에 써놓은 낙서, 그리고 수천 가지 사소하지만 세부적인 요소는 오리지널에만 있다. 디지털로 복사한 제품은 이처럼 유일한 특징을 가진 작품을 대체할 수 없다.

삭제하면 아무것도 남지 않는 화면과 달리 고무지우개는 항상 의심스러운 흔적을 남긴다. 오래된 문서를 볼 때, 작가가 문장 전체를 어떻게 생각했고, 어디에 줄을 그어 지우고 수정했는지, 혹은 작곡가가 어떤 박자를 실험해보고 마침내 적절한 곡조를 마음에 들어 했는지 발견하면 나는 감동하곤 한다. 이런 문서를 보면서 우리는 바로 창의적 작품의 창조 과정을 목격하고, 그 결과도 보게 된다. 하지만 디지털 세계에서는 마지막 결과물만 볼 뿐이다.

우리는 점점 더 우리의 문화재를 직접적이 아니라 비현실적 방식으로 만나는 데 익숙해지고 있다. 책을 읽고, 음악을 듣고, 그림을 관찰할 때 말이다. 예를 들어 전자책은 개별적 특징이라고는 전혀 없다. 종이책처럼 귀퉁이를 접은 쪽도 없고, 직접 손 글씨로 쓴 부분도 안 보이고, 커피를 쏟은 흔적도 없고, 휴가 가서 읽느라 묻어온 모래도 보이지 않는다. 시간이 지나면서 사람들은 어떤 흔적도 남기지 않는 비물질적인 문화를 이용한 대가를 우리에게 지불하도록 하고, 이런 행동에 익숙해지도록 만들고 있다. 이와 같은 문화는 덧없는 것이며 시간적으로도 한정되어 있다. 그래서 지금 바로 여기에만 존재한다. 늘 현재에 생생하게 있지만 모든 것이 잊힐 수밖에 없다. 이러한 '정액 요금제 문화'는 경제적으로 보면 의미심장할 수 있지만, 우리를 근본적인 방식으로 바꿔놓는다. 그러나 비경제적 목적을 우선하며 오래된 전통을 자랑하는 도서관의 경우, 투자 수익이 어디에서 나오는가? 지식은 파는 게 아니라 나누는 것이다. 디지털 사업으로 난리법석인 시대에 이 무슨 시대착오적인 생각이란 말인가! 열린 도서관은 나름대로 존재할 이유가 있다. 더 나은 사회를 돌아가게 하는 시스템을 만들기 때문이다.

몇 년이 지나면 아버지와 어머니는 자식들에게 더 이상 책을 물려주지 않을 것이다. 아이디나 비밀번호조차도 전해주지 못할 것이다. 이로써 우리는 우리의 정체성, 다시 말해 우리만이 갖고 있던 유일무이한 것을 상실하고 만다. 죽음은 고무지우개의 흔적을 남기지 않고 디지털 방식으로 삭제된다.

디지털은 그로 인해 도래할 멋진 세상을 떠벌리지만, 그래도 우리는 오리지널이다. 우리만이 오리지널인 것이다! 어쩌면 이런 점이 원본을 좋아하게 만드는 것인지도 모른다. 즉 예술품 경매 시장에서는 오리지널 작품이 어마어마한 금액에 팔린다. 완벽한 복제 기술이 있음에도 원본은 하나밖에 없는 까닭이다. 사람들은 바이마르에 있는 괴테 하우스를 방문하면 직접 계단을 오르면서 감동을 받곤 한다. 한 번이지만 이 천재 작가가 오르내렸던 계단을 밟았기 때문이다.

런던의 대영박물관 관장 닐 맥그리거(Neil MacGregor)는 몇 년 전 매혹적인 프로젝트를 시작했다. '100가지 물건으로 세상의 역사를 이야기하기(A history of the World in 100 Objects)'라는 프로젝트가 그것이다. 맥그리거는 대영박물관에 있는 전시품 가운데 몇 가지, 예를 들면 니네베(Nineveh: 고대 아시리아의 수도—옮긴이)에서 출토된 토판, 알렉산더 대왕의 얼굴이 찍혀 있는 고대 동전, 찰스 다윈이 탔던 영국 해군의 측량선 비글호, 그리고 라이프치히에서 혁명을 축하하기 위해 찍은 100년 전의 전단지 등등을 선별해서 인류 역사를 이야기한다.

이런 물건은 우리에게 자신의 역사를 대변하며, 지나간 세상을 상상할 수 있게 허락한다. 그리하여 모자이크와 비슷한 세계 역사의 그림이 나온다. 하지만 우리는 초기 인류 역사에 관해 아는 게 별로 없다. 우리 역사 가운데 95퍼센트 이상이 아무런 증거도 없다. 오로지 시간을 잘 견뎌온 몇 개의 돌만 있을 뿐이다.

따라서 글로 남긴 문화재는 특별한 역할을 한다. 그것은 과거를 들여다볼 수 있는 가장 정확한 창문이다. 이와 같은 문화유산은 보물이며, 이것을 지키는 것은 우리의 의무이기도 하다. 요컨대 세대를 이어서 전해줘야만 하는 일종의 문화 릴레이 경기다. 문화는 오직 이와 같은 방법을 통해서만 살아남을 수 있기 때문이다. 그러나 우리는 충분히 주의를 기울여 문화재를 다루지 않고 있다. 수십 년 전부터 전문가들은 우리가 더 이상 머뭇거리지 말고 문화재를 보호하기 위한 행동을 해야 할 때라고 충고해왔다. 엄청나게 많은 역사 자료를 보관하고 있는 수많은 기록물 보관소와 도서관이 위험에 처해 있다면서 말이다. 독일 도서관에서 보관하고 있는 6000만 종의 문서가 이미 손상을 입고 있다. 심지어 그중 3분의 2는 매우 심각한 상태다.

과거가 죽어가고 있지만 우리는 아무런 행동도 취하지 않고 물끄러미 바라보기만 한다. 내가 바이마르 도서관을 방문했을 당시 미하엘 크노헤(Michael Knoche) 관장은 코페르니쿠스의 초판본을 보여주었다. 이는 1543년에 인쇄한 것으로, 인류사의 전환점이었다. 2004년 도서관 화재 때도 겨우 살아남았다. 책에는 불에 탄 흔적이 남아 있었는데, 작은 회색 종이 상자에 담긴 채 손상된 부분이 어떻게든 복구되길 기다리고 있을 따름이었다.

머지않아 수천 종의 이절판 대형 서적, 인쇄 도구나 역사적인 편지가 사라지면 어떻게 될까? 그렇듯 사회가 기억할 것들 가운데 중요한 부분을 상실하면, 우리 사회는 어떻게 반응할까? 이런 상실에 대해 목 놓아 울고 이 같은 기억상실증을 역사적인 대재난으로 표현할까? 과거 없는 문화도 있을 수 있을까?

문화재의 블랙아웃은 갑작스럽게 전기가 끊겨버리는 정전 사태보다 훨씬 더 미묘한 결과로 나타날지 모르지만, 우리 사회는 문화를 보존하기 위한 끈을 손에서 놓쳐버릴 수도 있다. 과거로 연결해주는 중요한 이 다리는 우리의 세계관을 마련하고 사회를 하나로 뭉쳐준다. 생생한 과거는 거대한 함선에 있는 평형추 및 무거운 모래와 비슷하다. 보이지 않지만 바람이 불면 배의 균형을 잃지 않도록 함으로써 안전하게 해준다. 과거를 모르는 척하는 문화는 폭풍우에 그대로 노출될 수밖에 없다. 바람이 불지 않을 때는 알아차릴 수 없지만, 일단 폭풍이 불기 시작하면 자연의 힘은 배를 뒤집을 수 있다.

우리의 문화재는 이른바 '가지고 있으면 좋은 것'이 아니다. 또한 저녁 때 입고 나갈 새로운 외출복에 알맞은 알록달록한 핸드백 같은 액세서리가 아니다. 우리 사회는 어제와 오늘이라는 획기적인 기로에 서 있다. 이때 우리에게 방향을 제시할 좋은 길잡이가 정말 중요하다. 문화재는 바로 이런 역할을 하며, 우리 사회의 문화적 안전장치다.[15] 우리는 위협적인 문화의 블랙아웃에 대비해야 한다. 우리는 이 보물을 잘 지켜내야 하고, 다음 세대에 이를 전달해야만 한다.

09

교환

현실은 어떠한가

무거운 장미: 그림의 미래[1]

〈무거운 장미(Heavy Roses)〉는 에드워드 스타이컨(Edward Steichen, 1879~1973: 룩셈부르크 태생의 미국 사진작가—옮긴이)이 제1차 세계대전이 발발하기 전 프랑스에서 찍은 마지막 사진으로 알려져 있다. 이 작품은 1914년 프랑스 볼랑지(Voulangis)에서 탄생했는데[2] 감각적인 장미꽃이 점차 죽어가는 모습은 제1차 세계대전을 맞이한 세계의 상징이었다.

이 사진은 회화를 생각나게 한다. 실제로 스타이컨은 이 사진을 찍을 즈음 화가가 될 생각이었으나 전쟁이 끝난 후 당시에는 완전히 새로운 분야인 사진 예술가로 등장했다. 애초 사진을 생산하는 일은 비용이 많이 들었다. 사진사는 툭 튀어나온 카메라와 무거운 삼각대가 필요했다. 그뿐만 아니라 약간의 빛에 노출되어도 민감하게 반응하는 유화액, 빛에 오랫동안 노출해야 하는 점, 필름이 지닌 조건 같은 요소로 말미암아 사진을 찍는 주제를 선택하는 데도 제약이 있었다. 결과물은 항상 세상의 단면이었다. 움직이는 물체는 오랫동안 빛에 노출됨으로써 희미해져버렸기 때

에드워드 스타이컨, 〈무거운 장미〉, 프랑스, 1914.

문이다. 그리하여 최초의 사진들은 항상 정물화나 사진에 등장하는 사람이 사진을 찍는 동안 전혀 움직이지 않아야 하므로 무표정한 초상화가 대부분이었다. 이런 사진은 많은 경우 회화를 떠오르게 한다. 실제로 어원을 살펴보더라도, 그리스어에서 나온 '포토그래피'는 '빛으로 그리기'라는 의미를 갖고 있다.

사진기는 우리보다 더 많이 본다

그런데 사진을 찍는 기술이 점차 발전했다. 카메라는 점점 작아졌고, 새로운 전자 사진기 센서는 점점 더 적은 양의 빛으로도 충분했다. 사진 촬영은 현실에 더 가까워졌고, 사진기는 심지어 우리 눈에 보이지 않던 세상도 보게끔 해주었다. 사진기는 미시적인 우주에 잠입해 우리에게 박테리아의 세계를 보여주거나 혹은 지극히 짧은 노출로 한순간을 포착하곤 한다. 떨어지는 물방울을 고속 촬영 기법을 통해 볼 수 있다. 이 과정에서 정점은 물방울이 떨어지는 바로 그 순간이다. 사진기는 그때까지 전혀 보지 못했던 세계를 볼 수 있는 눈을 우리에게 열어주었다.

적외선 카메라를 개발함으로써 밤도 낮이 되었다. 밤하늘도 공개되었다. 우주 망원경 허블은 20일이라는 노출 시간이 지난 뒤 우주 깊은 곳에서 빛나는 수천 개의 은하계를 찍었다.[3] 호모 사피엔스가 우주를 그렇게 깊게 들여다본 적은 지금껏 없었다. 먼 곳에서 비치는 빛은 우주 초기에 형성된 것으로 우주 탄생에 대한 우리의 상상에 도움을 준다. 이 기술은 100년도 채 되지 않아 우리의 감각을 능가했다. 이런 장치는 우리보다 더 많은 것을 본다. 우리는 이 장치로부터 나오는 결과를 더 이상 시험하지 않는다. 세계에 대해 보통 사람이 묘사해주는 것을 믿는 눈먼 사람처럼 그걸 믿어야 한다.

20세기 말까지 사진기는 특별한 일이 있을 때 들고 나가거나 사진을 전문으로 하는 사람들이 사용하는 도구였다. 하지만 21세기 들어 스마트폰에 작은 카메라를 장착했고, 이를 전환점으로 사진은 당연한 것이 되었다. 우리 모두가 언제든 들고 다니는 물건이 된 것이다. 전문가들의 보고에 따르면, 2016년에만 1조 3000억 장의 사진을 촬영했는데, 그중 대부분은 스마트폰으로 찍은 것이라고 한다. 1조 3000억 장의 사진—분당 240만 장—을 밤낮으로 촬영한 것이다.[4] 인류가 생각을 하면서부터 이렇듯 많은 사진을 찍은 것도 처음이다. 사물 인터넷과 자동 센서의 시대가 열리면서 시각 정보는 앞으로 폭발적으로 늘어날 것이다. 사진의 수는 우

로마의 베드로 광장: 2005년 교황이 선종한 후 밤을 지새우는 사람들.

리의 감각으로 소화 가능한 양보다 훨씬 많을 수 있다. 그러면 최초로 생산과 수용이 배치되는 상황이 벌어질 것이다.

자기 사진을 찍는 걸 지극히 좋아하는 이른바 셀피 마니아는 전 세계에 퍼져 있다. 우리는 결코 경험해보지 못했던 시각화, 즉 자신에 대한 시각화를 체험하고 있다. 모든 것을 고정해둘 수 있다. 레스토랑에서 주문한 음식, 새로 구입한 옷, 여행 기억, 콘서트, 연애 사건 등등. 언제든 흥미롭게 여겨지면, 우리는 사진을 찍고 그것을 전 세계가 다 볼 수 있게 보낸다. 르네 데카르트의 말을 빌려 오늘날을 표현하자면 이렇다. "나는 사진을 찍는다. 고로 존재한다." 이렇듯 우리는 사회와의 네트워크를 우리 자신의 시각적 전기(傳記)로 가득 채운다. 우리는 디지털 에고를 충족하기 위해 사진을 찍고, 하나의 장면을 고정시키기 위해 정작 실제로 체험할 수 있는 마법 같은 순간을 파괴한다.

로마 베드로 광장에서 두 가지 중요한 행사가 진행되었을 때 신자들의 태도를 비교해보자. 2005년과 2013년, 교황이 선종한 날과 새로운 교황을 공표하는 날이다. 2005년에는 광장에 있는 거의 모든 사람이 제단을

2013년 새 교황을 공표하는 날.

바라보고 있다.[5] 이로부터 2년 후 최초의 스마트폰이 시장에 등장했는데, 그로부터 6년도 채 지나지 않은 시점에 새로운 교황을 공표하는 자리에 참석한 사람들은 자신의 스마트폰과 태블릿 PC를 높이 쳐들고 있다. 마치 새로운 시대의 성체라도 되는 양 말이다. 공식은 이러하다. 사진이 없으면, 사건도 없다. 우리 존재의 확인은 바로 사진인 것이다. 만일 사진이 없으면, 우리는 아무것도 하지 않은 셈이다. 그루초 막스(Groucho Marx, 1890~1977: 미국의 배우이자 엔터테이너—옮긴이)가 잊을 수 없는 영화 〈식은 죽 먹기(Duck Soup)〉에서 언급했듯 말이다. "너는 누구를 믿니? 나야, 아니면 네 눈이야?"

디지털로 사진을 작업함으로써 우리는 실제 모습을 수정·보완하고 우리의 감각을 조작한다. 현실을 모사한 사진으로부터 우리가 상상하는 환상의 설계가 나온다. 완벽한 거실과 거리의 장면이 컴퓨터에 등장하고, 이로써 이상적인 세계에 대한 우리의 향수는 더욱 강렬해진다.

사진은 관찰하는 사람을 변화시킨다

또한 우리도 갑자기 디지털 아바타처럼 보이고 싶어 한다. 여자 가수는 주름살을 펴고, 정치인은 치아를 가지런하게 교정받고, 뉴스 진행자는 머리를 염색한다. 시각적 인상이 중요하기 때문이다. 1970년대 선거 캠페인과 오늘날의 선거 캠페인을 비교해보면 변화는 명백해진다.

사진을 찍는 게 이렇게 쉬운 적은 예전에 한 번도 없었다. 이렇게 많은 '사진사'가 존재한 적도 없었다. 언론 매체도 변화하고 있다. 요컨대 오늘날에는 사진과 비디오를 제공하는 리포터가 더 이상 필요 없다. 우연히 현장을 지나가던 목격자들이 사진을 제공한다. 방송사는 점점 더 그와 같은 사진을 많이 보여준다. 패러다임이 바뀌고 있다고 보면 된다. 다시 말해, 정보의 이동 방향이 바뀌고 있다는 얘기다. 원래는 사건을 해석하고 정리해주는 것이 언론 매체의 전통적 과제였다. 이때 사진은 오로지 보도를 보충할 뿐이었다. 하지만 그동안 사진은 놀라운 속도로 퍼져나갔다. 사진 자체가 보도 내용이 되었다. 그리하여 전반적으로 무슨 사건인지 정확하게 모를 경우도 흔히 있다. 폭격하는 사진이나 비행기 추락 사진이 배경에 대한 정보나 해설 없이 등장하곤 한다. 뭔가를 보기는 하지만 실제로 무슨 일이 일어났는지는 이해 못하는 것이다. 우리는 사진으로 사건을 추측하는 일에 참여하는 사람이 될 뿐이다.

우리의 부모와 조부모는 특별한 날, 그러니까 결혼식, 가족 모임, 여행이나 대규모 정치적 사건을 사진으로 찍었다. 그리고 이런 사건은 사진에 담을 정도로 중요하다며 더욱 큰 의미를 부여했다. 우리는 오래된 사진에서 이런 특별한 느낌을 발견할 수 있다. 가족사진은 더 이상 우리 곁에 없는 사랑하는 사람을 대신한다. 심지어 우리는 사진을 어루만질 때도 많다. 마치 사진이 사람인 것처럼 말이다. 이런 사진은 시간이 흘러도 아무런 영향을 받지 않은 것처럼 보인다. 늘 이런 사진을 보는 사람이 있다. 이런 사진은 특별한 순간이라는 엑기스를 간직하고 있으며, 상세한 부분까지 눈길을 주게 만든다. 프랑스 철학자 롤랑 바르트(Roland Barthes)가 표현했듯 "사진 한 장이 우리의 눈에 보여주는 것은 그리고 그 사진이 어떻게 만들어졌는지는 영원히 보이지 않는다. 사람이 보는 것은 사진이 아니다".[6]

하지만 우리의 후손은 자신들이 사랑한 사람을 찍은 엄청난 양의 사진 가운데 보관할 가치가 있는 것을 어떻게 고를까? 옛날 사진—선별된 순간의 촬영—은 평생 우리에게 중요하다. 아침에 먹는 달걀 프라이를 수백 장 찍었는데, 이런 사진으로 무엇을 할 수 있을까? 이럴 경우에도 도움을 줄 뭔가가 있긴 할 것이다. 이를테면 디지털 조수가 앨범을 훑어보고 선택할 만한 가치가 있는 것으로 고를 수는 있다. 하지만 사진을 선별할 권리를 갖게 된 자는 우리의 인생에 대해, 구매 태도에 대해, 우정에 대해, 정치적 확신에 대해, 연애에 대해 자동적으로 통찰력을 갖게 된다. 이런 점을 생각해보라. 만일 당신이 다른 사람에게 당신의 앨범을 볼 수 있게 허락한다면, 그것으로 당신을 읽을 수 있도록 허락한 셈이다! 컴퓨터 프로그램이 내용물의 비밀을 풀어버리면, 사진의 개인적 특징은 사라져버린다. 하지만 알고리즘이 과연 우리의 가장 깊은 내면을 건드리는 게 무엇인지 파악할 수 있을까?

장치가 사진을 해석한다

사진을 자동 인식하는 기능은 매우 유용하다. 이미 오늘날에도 현대적 기술을 이용해 가령 비행장에서 사람들의 건강 문제를 체크하거나, 대중에게 위험인물인지 혹은 경찰에서 수배 중인 인물인지를 확인할 수 있다. 안면 인식 프로그램은 10초 안에 범인을 확인할 수 있는데, 과거의 수배 방식과 비교하면 참으로 엄청나게 발전한 것이 분명하다.[7] 무수한 사진이 있는 이 새로운 세계에서는 독특한 시각의 사진이나 미적인 빛이 들어간 사진은 더 이상 중요하지 않다. 사진은 기계에 의해 분석되고 중요한 정보, 이를테면 번호, 이름, 인원수, 장소 등을 제공한다. 이렇게 걸러진 정보는 저장 및 중개되고, 불러올 수 있으며 다른 정보와 연결할 수도 있다. 대기업에는 사진 그 자체가 중요하지 않다. 사진으로부터 내릴 수 있는 경제적 해석이 중요할 뿐이다. 이로써 대기업은 우리의 태도를 갈수록 정확하게 예측하고 이를 통해 우리에게 영향을 줄 수 있다.

사진은 점점 더 인간이 아니라 기계에 의해 찍히고, 시험 및 분석된다는 사실을 우리는 직시해야 한다. 미래에는 차가운 장치에 달려 있는 전자 눈이 우리를 향하게 될 것이다. 지적인 프로그램은 주변 센서를 읽어내고, 장소를 확인하고, 패턴과 구조 혹은 움직임을 인식하고 이것들을 거대한 데이터 뱅크에서 분석할 것이다.

장치가 우리를 지켜본다

머지않아 우리의 도시와 집은 인공 눈을 장착할 것이며, 센서가 우리의 일상을 점령하고 사생활까지 밀어닥칠 것이다. 우리는 본질적 원칙이 뒤바뀌리라는 사실을 분명하게 알아야 한다. 즉 사진을 찍는 건 더 이상 우리가 아니다. 우리는 사진에 찍히고, 이런 사진의 의미를 누군가가 읽게 될 것이다. 물밀 듯 들이닥치는 시각 정보의 초점이 우리를 향하면, 우리에 대해 결정을 내리는 주체도 바로 이런 사진이 될 것이다.

기계는 숨을 쉬지 않아요: 목소리의 미래

내가 목적지를 말했을 때, 택시 운전사는 고개를 절레절레 흔들었다. "미친 사람들을 위한 페스티벌이죠!" 때는 1979년의 흐릿한 11월이었다. 나는 친구들과 함께 택시를 타고 메스(Metz) 시내를 통과했다. 프랑스 북동쪽에 위치한 이 도시는 관리를 소홀히 한 탓에 건물이 낡고 상당히 오래돼 보였다. 그래도 석탄과 철강으로 유명세를 떨쳤던 과거의 영광을 알아볼 수 있는 건물은 많았다. 그러나 이제 그런 시대는 지나갔고, 낡은 건물들은 연회가 끝난 뒤 사람들이 남겨둔 잔해 같았다.

내가 사는 룩셈부르크에서 자동차로 1시간 거리에 있는 메스는 모든 게 달라져 있었다. 색깔과 냄새, 거리에서 들려오는 소리, 보행자의 몸짓, 신호등의 색깔마저. '현대 음악 국제 모임'[8]은 동시대의 음악을 위한 페스티벌로 작곡가, 음악 애호가, 출판업자, 아방가르드를 좋아하는 사람과 기득권 음악을 비판하는 사람이라면 반드시 가봐야 한다. 이 무렵 메스는 페스티벌의 도시였다. 나는 당시 스무 살 청년이었다. 특이한 작곡가들이 들려주는 특이한 소리는 물리학을 공부하는 내가 직면해야 했던 이해할 수 없는 양자역학의 세계와 잘 어울렸다. 나는 새로운 것이 보여주는 극단적 측면, 미지의 것을 찾기 위해 확고한 영역을 떠나는 용기에 상당히 끌렸던 것 같다. 며칠에 걸쳐 음악 공연, 회의와 해프닝이 벌어졌다. 어떤 것은 엉뚱했고, 또 어떤 것은 내 능력으로는 이해할 수 없었다. 하지만 메스 극장의 빨간 벨벳 의자에 앉아 있을 때 불이 꺼지면 절대 지루하지 않았다.

마우리치오 카겔(Mauricio Kagel, 1931~2008: 아르헨티나의 작곡가, 지휘자, 연출가—옮긴이)은 불길에서 나오는 소리를 배수관으로 받아내려 했는데, 극장이 거의 불에 탈 뻔했다. 무대의 불이 퍼포먼스의 일부가 아니라는 사실을 관중이 알아차릴 때까지 놀라울 정도로 오랜 시간이 걸렸다. 많은 사람이 거친 몸짓과 소리를 지르는 예술가도 전체 예술 작품의 일부로 간주했던 것이다. 몇 분이 지나서야 놀란 관중은 상태의 심각성을 파악했다. 거의 불이 날 뻔할 때까지 관중이 아무런 대응도 하지 않았다는 사실은 새로운 예술이 얼마나 개방적이고 무정부주의적인지를 보여준다. 사람들은 어떤 일도 일어날 수 있다고 예상했다. 야호!

소프라노 캐시 버베리언(Cathy Berberian, 1925~1983: 미국의 가수이자 작곡가—옮긴이)은 이혼한 남편 루치아노 베리오(Luciano Berio)의 작품을 초연할 때 너무나 격렬하게 목소리를 높였다. 이혼한 이 부부가 벌이는 논쟁이 정상 수준을 넘어서 잔인하다는 생각까지 들 정도였다. 이혼한 아내를 악보로도 죽일 수 있으니까! 이런 예술은 그야말로 끝장을 보고, 냉혹한 언행은 이루 말할 수 없었다. 기차역의 레스토랑에서 열리는 아침 공연은 전설적인 작곡가 존 케이지(John Cage)가 퍼포먼스를 할 예정이었다. 수많은 관중이 몰려들자 케이지는 레스토랑 중앙에 있는 식탁 몇 개를 홀의 끝으로 밀기 시작했다. 이 대가(大家)는 자신의 예술을 보여주기 위해 충분한 자리가 필요하다고 믿는 것 같았다. 그래서 많은 관중이 그를 도왔다. 출판업자, 기자, 우리처럼 콘서트를 구경하러 온 사람들은 식탁을 가장자리로 밀었다. 케이지도 친절하게 눈을 깜박이며 함께 작업했다. 몇 분 후 레스토랑 중앙에 충분한 공간이 마련되었다. 기대감에 부푼 순간이었다. 그런데 케이지가 밀어둔 식탁 쪽으로 천천히 걸어가더니 그것들을 원래 있던 자리로 옮기는 것 아닌가. 하나, 둘, 셋. 순간, 웃음이 터져나왔다. 이날 아침 우리 모두는 존 케이지의 초연에 적극 동참했던 것이다. '날카로운 소리를 내는 식탁'이 바로 동시대 예술의 한 부분이었다.

이 기간 동안 메스는 내 마음에 드는 음악을 공연하지 않았지만, 모든 콘서트는 하나의 기적처럼 보였다. 음악가는 허접한 잡동사니를 마구 두들기는가 하면, 심포니 오케스트라가 연주할 수 없을 것 같은 악보를 연주했다. 관중도 어떤 때는 열광적으로 박수를 쳤지만, 휘파람으로 공연장이 가득 찰 때도 있었다. 사실 나는 관중이 들은 음악과 반응 사이의 맥락을 이해할 수 없었다. 많은 예술가들이 거의 사과하듯 허리를 굽혀 인사하는가 하면, 반대로 카를하인츠 슈토크하우젠(Karlheinz Stockhausen, 1928~2007: 독일 작곡가—옮긴이) 같은 예술가는 관중을 겨우 견뎌내는 것 같았다.

한 강연에서는 몇 년 전 파리에서 설립된 IRCAM(음향학과 음악 연구소)을 소개했다. 파리 시민 대부분은 IRCAM이 퐁피두센터 가까운 곳에 있음에도 이 연구소를 잘 몰랐다. 물론 거리에서 들려오는 소음을 제거하기 위해 연구소를 지하에 마련하기는 했다. 연구소 사람들은 디지털 합성 소리로 실험을 했다. 수학적 정교함으로 소리를 내거나 흉내를 내게 한 것이다. FM 합성 과정이 바로 여기에서 개발되었다. 훗날 팝 음악에서 사용한 키보드 사운드도 바로 이런 과정을 통해 만들어졌다.

공연은 인상적이었다. 사람들은 컴퓨터 프로그램으로 종소리, 북소리나 현악기를 흉내 냈다. 불이 반짝이는 기계에서 클라리넷이나 피아노 소리가 들렸는데, 실제 악기에서 나는 소리와 구분하지 못할 정도였다. 공연이 끝날 즈음 인위적인 목소리를 관중에게 들려주었다. 낮은 베이스 음에서 점점 올라가더니 제일 높은 곳에 다다르자 소프라노 소리가 울려 퍼졌다. 목소리가 남녀를 오가는 듯했다. 남자에서 여자로, 낮은 음에서 높은 음으로 말이다. 관중은 숨을 죽였다. 이렇듯 인간의 목소리를 놀랍게 흉내 내는 것이 바로 컴퓨터 프로그램과 마이크로프로세서의 결과란 말인가? 이 기술은 모든 생물학적 한계를 뛰어넘었다! 심지어 지극히 정교한 뉘앙스, 요컨대 진동·음색·음질마저도 연구소에서는 몇 개의 버튼을 누름으로써 충분히 만들어냈다. 예술이 기계에 숨어 있는 것 같았다.

기계가 얼마나 뛰어난지 보여주기 위해 사람들은 모차르트의 '마법의 피리'에 나오는 '밤의 여왕의 아리아'를 연주했다. 이 곡은 모든 소프라노를 테스트해볼 수 있는 곡이다. 왜냐하면 화려한 선율이 폭풍처럼 흘러나온 뒤 F음이 세 번 등장하지만 대부분의 소프라노는 이 부분을 부를 수 없다. 하지만 기계는 그렇지 않았다! 기계는 한 번도 실수하지 않고, 결코 들어보지 못한 순수함과 정교함조차 담고 있었다. 만일 커튼 뒤에서 연주했더라면, 누구도 이 음악이 기계로부터 나온다는 사실을 알아차리지 못했을 것이다. 합성된 음악이 지금껏 존재했던 그 모든 음악을 능가했다.

이날 오후 음악에 관심 있는 관중에게는 새로운 시대가 열렸다. 합성 음악의 수준은 탁월했다. 인간과 기계를 더 이상 구분할 수 없었다. 기계 덕분에 인간이 할 수 없는 것을 연주할 수 있었다. 시연이 있은 후 관중

사이에서 앞으로 다가올 예술계의 변화, 해석의 역할과 작곡의 새로운 가능성에 대한 활발한 논쟁이 펼쳐졌다. 미래에는 인간의 손가락으로는 연주 못하지만 기계는 할 수 있는 작품이 등장할까? 현재에도 컴퓨터는 원칙적으로 모든 악기, 요컨대 피콜로와 플루트에서부터 콘트라베이스에 이르기까지 모든 악기를 대신할 수 있다. 그렇다면 오케스트라에 속하는 모든 악기를 기계로 대체하게 될까? 지금도 기계가 작곡가의 정교한 상상에 따라 거의 완벽하게 예술 작품을 시연할 수 있는데, 우리는 인간의 음악적 해석을 더 이상 체험하지 못하게 될까?

대화 도중 나도 의견을 발표했다. "컴퓨터에서 나오는 소리는 그야말로 완벽합니다만, 제가 생각하기에는 뭔가 부족합니다. 기계는 숨을 쉬지 않아요!"

의도와 달리 내 의견 때문에 웅성거리는 소리가 들렸다. 거친 말싸움에 이어 우레 같은 박수 소리도 들렸다. 많은 관중이 소리를 지르며 기술자들을 비난했다. 맨주먹으로 기계를 부수려는 사람도 있었다.

"너희는 프랑켄슈타인이야! 파괴자들!" 한 여성이 소리를 지르더니 자리를 박차고 나갔다.

사심 없이 내뱉은 "기계는 숨을 쉬지 않아요"라는 말이 도화선이 되었던 것이다. 자리에서 일어나려는데 한 노인이 내 어깨를 톡톡 두드리며 말했다. "젊은이 말이 맞아. 맞고말고……. 예술이 몸통을 잃어버렸으니 얼마나 끔찍한 일인가!"

그로부터 40여 년이 지난 후 인공적인 소리가 우리에게 고속도로의 위치를 가르쳐주고, 생선 전문 요리점을 추천한다. 전화선을 통해 들려오는 듣기 좋은 젊은 여성의 목소리도 알고 보면 자동 기계에서 나온다. 이들 역시 숨을 쉬지 않지만, 우리는 경청을 하며 그들이 추천하는 대로 따른다.

라디오에서 흘러나오는 팝 가수의 목소리 역시 소프트웨어로 교정을 했다는 사실을 우리는 받아들인다.[9] 모든 특이한 소리를 강조하거나 줄여주고, 음의 높낮이를 교정하는 기술이 그동안 음악 밴드에 기준으로 자리 잡았다. 우리는 완벽하게 노래하는 가수의 음악을 듣지만, 그 목소리는 실제와 인공을 구분할 수 없을 정도로 적정화시킨 것이다. 음악 제작 과정에 수정 소프트웨어를 도입하면 많은 시간과 비용을 절약할 수 있다. 가장 듣기 좋은 곡을 조합하기 위해 노래 한 구절을 여러 차례 반복하는 대신 소프트웨어는 이를 금방 수정할 수 있기 때문이다. 많은 예술가들이 이와 같은 수정 작업에 대해 침묵하고 있다. 하지만 아이콘이라 할 수 있는 브리트니 스피어스(Britney Spears)처럼 거칠고, 꾸미지 않은 채 녹음해서 자신의 약점을 대중한테 과감히 드러내는 경우도 종종 있다.[10] 달콤한 딸기 요구르트를 먹다 보니 원래 아무것도 넣지 않은 플레인 요구르트의 신맛이 낯설게 여겨지듯 우리는 그사이 믹스 음악에 적응해버렸다.

게다가 새로운 인공 목소리는 한층 세련되어졌다. 스스로 학습하는 뉴런 형태의 네트워크를 투입함으로써 컴퓨터는 언어도 배운다.[11] 물론 우리는 정확하게 발음을 해야만 한다. 즉 'Sprechen'이라는 단어를 발음할 때, 첫 번째 e는 'ä'로, 두 번째 e는 'ehhh'로 발음해야 한다. 동일한 알파벳이라 하더라도 발음은 문맥에 따라 달라진다. 우리도 어린 시절 이런 것을 구분하지 못해 '읽다'라는 뜻의 동사를 '레젠(lesen)'이 아니라 '레에젠(leesen)'으로 읽곤 했다.

뉴런 형태의 네트워크는 살아 있는 아이처럼 작업한다. 즉 이 시스템에 실제 언어를 먹이처럼 집어넣으면, 컴퓨터가 이를 따라한다. 처음에는 아무런 의도 없이 옹알거리는 것처럼 한다. 그러다 우연히 어떤 발음이 정확하면, 이런 시도는 보상을 받는다. 소프트웨어가 뉴런 형태의 네트워크에 상응해 적응하는 것이다. 시스템은 이런 방식으로 학습하고, 시간이 갈수록 알고리즘은 문맥에 따라 달라지는 발음을 지속적으로 수정해나간다. 이 분야의 개척자 중 한 사람인 신경학자 테렌스 세즈노브스키(Terrence Sejnowski)는 일찍이 1980년대 말에 자신의 시스템 네트토크(NetTalk)로 이런 방향의 연구를 시도했다.[12] 운 좋게도 나는 그의 강연을 들을 수 있었다. 테렌스는 처음엔 옹알거리다 점차 단어가 나오는 단계를 보여주었다. 놀라운 점은 이 시스템의 배우고 깨우치는 과정이 아이와 너무나 비슷하다는 것이었다. 당시 사용 가능한 컴퓨터의 성능은 제한적이었으나 그동안 방법 또한 한층 정교해졌다. 구글 딥마인드의 시스템 웨이브네트(WaveNet) 역시 디지털 뉴런 형태의 네트워크에 바탕을 두고 있으며, 영어 발음을 배우고 있다.[13] 그 밖에 웨이브네트는 중국어도 배운다. 중국어 발음은 훨씬 더 난해한데, 4성으로 인해 높낮이가 다른 모음이 전혀 다른 뜻을 갖기 때문이다.[14]

연구자들은 자세한 정보를 전혀 제공하지 않은 채 500명을 상대로 웨이브네트의 인공 목소리가 얼마나 사람 목소리와 비슷한지 평가하는 실험을 해보았다. 점수는 1점(실제와 다름)에서 5점(실제와 매우 같음)으로 정했다. 그 결과 컴퓨터는 4.21점(영어)과 4.08점(중국어)을 받았다. 항상 완벽하게 발음하지 못하는 사람들의 점수는 이보다 약간 높은 4.55점(영어)과 4.21점(중국어)이었다. 연구자들은 여기서도 거의 무한한 학습 과정을 목격할 수 있었는데, 컴퓨터는 심지어 사람처럼 숨소리와 삼키는 소리까지 냈다. 내가 프랑스 메스에서 새로운 체험을 한 뒤 40년이 지난 지금의 상황은 이러하다. 기계도 숨을 쉬어요!

스스로 배우는 뉴런 형태의 시스템은 마법 같은 블랙박스와 비슷하며 언어의 학습에만 한정되지 않는다. 과학자들은 자신의 시스템에 클래식 피아노 음악을 집어넣었는데, 여기서도 비슷한 과정이 펼쳐졌다. 즉 청각 신호를 모델로 만들고, 시스템은 배운다. 결과는 놀라웠다. 나는 강연 도중 관객에게 두 가지 피아노 음악을 들려주었다. 하나는 내 딸이 멘델스존의 '네 손을 위한 피아노곡'을 연주한 음악(그래, 아빠는 네가 너무 자랑스러워!), 다른 하나는 웨이브네트로부터 가져온 음악. 나는 이 두 가지를 여러 차례 틀어준 다음 의견을 물었다. A와 B 중 어느 것이 기계 음악일까? 관중은 확신을 갖지 못했다. 음악의 중간까지만 들려주었기 때문이다. 분명한 것은 적어도 음악을 잘 모르는 아마추어에게는 인간과 기계를 구분하기가 더욱 어려웠을 것이라는 점이다. 그렇다면 이것이 예술의 종말? 우리는 곧 듣기 좋은 합성 음악만 선호하게 될까?

나는 그렇게 생각하지 않는다. 다른 영역에서 우리는 이미 일종의 사려분별을 되찾고 있다. 예를 들어 식품의 경우, 지난 수십 년 동안 놀랄 만한 반전이 일어났다. 식품업계가 우리의 음식을 온갖 합성 향기, 첨가물, 방부제로 채웠던 시기는 지나고, 마침내 바이오 식품에 대한 트렌드가 생겨난 것이다. 오늘날에는 점점 더 많은 사람이 첨가물이 전혀 들어 있지 않은 식품을 원하고 있다. 그사이 화학은 향기를 완벽하게 흉내 낼 수 있게 되었지만, 우리는 원재료를 원하고 자연에서 수확한 바닐라를 요구하고 있다.

콘서트를 가더라도 가수들은 점점 기계를 사용하지 않고 등장할 때가 많으며, 팬들도 방부제가 들어가지 않은 음악의 진짜 소리를 사랑한다. 기술적으로 완벽하겠다는 노력을 함으로써 우리 인간은 처음으로 인간의 특징과 약점의 한층 심오한 의미를 의식하게 되었다. 기계를 통한 실험은 우리 인간이 도대체 무엇으로 인해 인간이라 할 수 있는지 가르쳐주었다.

음악은 인간이 인간에게 들려주기 때문에 감동적인 것이다.

"가슴에서부터 다시 가슴으로 이어지기를"이라고 베토벤은 자신의 '장엄미사' 서두에 썼다.

GPS에서 나오는 목소리는 앞으로 우리의 호흡까지도 배우고, 이 인공적인 목소리는 우리의 일상을 늘 따라다닐 것이다. 하지만 아무리 똑똑하더라도 이 차가운 기계는 결코 우리 가슴으로 이어지는 출구를 발견하지 못할 것이다.

거짓말하는 언론: 정보의 미래

미디어 매체는 늘 사회와 우리의 자의식을 만들고 형성한다. 그리하여 대중 매체에 변혁이 일어날 경우 '시민', '자유정신' 혹은 '세계 시민'과 같은 형상들이 나타나는데, 새로 등장한 정보 기술이 우리의 문화에 단호하게 영향을 미치기 때문이다. 이렇듯 정보 변혁의 시기에는 지배와 자유, 개인과 그룹, 재미와 정보 사이에 긴장감이 발생한다. 이런 변혁을 역사적으로 관찰하면, 오늘날 트위터와 페이스북의 시대에 우리가 체험하는 것과 비슷한 반응 패턴을 인식할 수 있다.

구텐베르크는 15세기 중반 활자 인쇄술을 발견했고, 이로써 최초의 대중 매체를 위한 기반을 닦았다. 최초로 인쇄한 성경은 180부였다. 이로부터 반년도 채 지나지 않아 260개 유럽 도시에서 1120여 종의 인쇄물이 나왔다. 1500년에는 4만 종의 책이 1000만 부 넘게 인쇄되었다.[15] 인쇄술의 급격한 발전은 질적 변화를 가져왔다, 즉 사람들은 읽기를 배웠다. 학자들의 해석에만 의지하지 않아도 되었다는 뜻이다. 이와 같은 새로운 능력은 스스로 해석할 여지를 주었고, 교회와 권력자가 독점했던 교육이 무너졌다. 루터가 성경을 이해할 수 있는 언어로 번역한 것은 혁신을 이끈 원동력이었다. 그리고 95개조의 반박문을 발표함으로써 마침내 교회는 무너졌다.

사람들은 책의 출현으로 언어가 어떻게 변화했는지 도처에서 관찰할 수 있었다. 라틴어로 책을 집필하는 경우가 점점 줄어들었기 때문이다. 베네치아는 이탈리아 인쇄술의 중심이 되었다. 모든 것을 인쇄했다. 의학 논문, 악보, 회계 장부, 사전, 약초학, 점술, 통속 문학 등등.[16]

피에트로 아레티노(Pietro Aretino, 1492~1556: 이탈리아 르네상스 시대의 작가이자 시인—옮긴이)는 인쇄술로 인해 유명 인사가 되었다. 그가 1535년에 쓴 《라기오나멘티(Ragionamenti)》는 창녀의 입을 통해 로마 권력자들의 도덕적 해이를 이야기한다. 《신적인 피에트로 아레티노의 대화》를 읽는 사람은 그가 얼마나 상세하게 성관계를 묘사하는지 보고 깜짝 놀랄 것이다.[17] 아레티노는 또한 《왕자의 징벌》에서 코미디, 드라마, 편지, 비극을 선보였다. 책이 팔리자 그는 부자가 되었고, 화가 친구인 티치안(Tizian)은 그를 모델로 그림을 그렸다. 이 초상화를 보면 아레티노가 금목걸이를 두르고 있는데, 프랑스 왕이 당시 대중 매체의 거물이라 할 수 있는 그에게 선물한 것이다.

심지어 베네치아의 인쇄업자들은 '아랍-터키' 시장을 공략하기 위해 코란을 인쇄하기도 했으나, 오토만 제국의 성직자들은 이런 코란은 신도가 아닌 자들의 손에서 나온 것이라며 금지했다.[18]

최초의 책이 출연하고 얼마 지나지 않아 이러한 새로운 매체를 누가 통제할지를 놓고 경쟁이 벌어지기 시작했다. 출판에 대한 권리를 나눠준 다음, 특권과 인허가에 대한 체계가 생겨났다. 상법은 당시 베네치아 바같에서 찍은 작품의 수입을 보호했다. 단 한 명의 출판업자가 수입을 통해 막강한 힘을 갖지 못하도록 여러 출판업자에게 권리를 나눠준 것이다. 16세기에는 로마가 나섰다. 성경의 내용이 문맥상 개혁적 혹은 반개혁적으로 흘러가지 않을까 걱정한 나머지 배타적 권리를 부여했다. 심지어 교황들은 베네치아의 인쇄업자들에게 제명시키겠다는 위협까지 했다. 새로운 책과 인쇄물이 권력자들을 위협했기 때문이다. 1580~1596년 베네치아의 인쇄소 3분의 2가 사라졌다. 로마는 주도권을 잡았고, 이후로는 교회 조사단에서 허가한 책들만 베스트셀러 목록에 올라갔다.

오늘날에도 우리는 많은 국가에서 비판적 보도가 얼마나 억압받는지 알고 있다. 매년 전 세계의 동향을 알려주는 '국경 없는 기자회'[19]에 따르면, 언론의 자유는 결코 모든 국가에서 합의된 게 아니다. 많은 국가에서 인쇄물에 대한 검열을 한 지 500년이 지났지만, 지금도 뉴스를 못 나가게 막고 마음에 들지 않는 기자나 작가를 위협하고 감금한다. 독일은 나치의 지배를 받던 시절, 군중을 대상으로 펼친 선전을 통해 이를 씁쓸하게 경험한 바 있다. 언론의 자유는 기본법 5조에 근거한다.

"모든 사람은 자신의 의견을 말, 글, 그림으로 자유롭게 표출하고 널리 퍼뜨리며 일반적으로 통용되는 방식으로 방해받지 않고 알릴 권리가 있다. 언론의 자유와 방송이나 영화를 통해 보도할 수 있는 자유를 보장한다. 검열은 없다."

비록 이런 구절을 당연시하고 있지만, 우리는 이렇듯 자유롭게 의견을 표출할 권리를 보호하는 것이 100년도 채 되지 않았다는 사실을 잊어서는 안 된다. 오늘날에도 우리는 기자를 공공연하게 적대시하거나 방송위원회 등을 통해 정치적 영향력을 행사하고자 끊임없이 시도하는 모습을 볼 수 있다. 하지만 가장 큰 위협은 대중 매체의 구조가 변하는 것이다.

텔레비전과 라디오는 1980년대까지 '공영' 방송국이 독점했다. 그런데 이와 같은 모델은 다중 방송 시스템을 도입함으로써 변화했다. 1984년 1월 1일 상업 방송 SAT.1이 전파를 내보냈고, 그다음 날에는 RTL plus가 닻을 올렸다. 그동안 지역 방송국에서 내보내는 TV 채널 수는 400개가 넘었다.[20] 종합 편성, 전문 채널, 뉴스 방송, 홈쇼핑 채널과 유료 텔레비전 채널이 속한다. 독일은 대중 매체가 가장 치열하게 경쟁하는 국가 중 하나며, '공영' 방송에 상업적 영향력이 확실하게 미치고 있다.

나는 텔레비전 언론인으로서 시청률이라는 독재자가 프로그램을 얼마나 강력하게 장악하는지 체감하고 있다. 상업적 경쟁으로 인해 공영 방송인 ARD와 ZDF의 영향력이 줄어들었다. 심지어 공영 방송의 책임자는 자체 방송이 중요성을 상실해 어느 날 '공영' 방송 시스템이 과연 존재해야 할 필요가 있을까라는 문제를 스스로 제기하게 될 날이 오지 않을까 두려워하고 있다. 따라서 프로그램의 구도가 바뀌었다. 흥미롭지만 시청률이 나오지 않는 방송은 주요 저녁 시간 프로그램에서 빠지고, 시간이 지날수록 시청률을 위한 노력이 방송의 내용을 솎아낸다. 과학 같은 프로그램은 주요 시간대에서 빠지고, 문화와 다큐멘터리는 늦은 시간에 편성된다. 어떤 PD는 "우리는 시청자에게 맞춰야 합니다"라고 말했다. 언론인의 과제란 사람들이 방향을 잘 잡게 도와주는 역할을 하는 것임에도 말이다.

"텔레비전은 사람들 전체의 수준을 따졌을 때 딱 중간치 정도에 해당하는 시청자들이 볼 수 있는 프로그램을 내보낸다. ……시청자(수준이 높지도 낮지도 않은 중간 수준의 시청자—옮긴이)는 자신과 닮은 주인공이나 출연자가 인기를 누리는 모습을 보고, 공인으로 칭찬받는 모습도 본다."[21] 이는 작고한 작가이자 철학자 움베르토 에코(Umberto Eco)가 일찍이 1961년 《퀴즈 대가들의 현상학》에서 한 얘기다.

늘어나는 케이블 방송으로 인해 상대를 서로 죽이고자 하는 잔인한 행동이 벌어지고, 그리하여 우리 모두는 시청자의 관심을 얻기 위해 우스꽝스럽게 전투를 벌이는 모습을 목격하고 있다. 채소 시장에서 일하는 상인들이 경쟁이 심해지면 더욱 큰 소리로 고함을 지르는 것처럼 말이다. 텔레비전의 많은 변화와 방송에 기여하는 사람들이 사용하는 언어를 살펴보면, 나는 시청률로 인해 겪는 압박감이 얼마나 무거운지 감지할 수 있다. 이를테면 나는 오랫동안 고속도로를 운전하면서 '가장 생생한' 교통방송을 듣곤 하는데, 독자 여러분에게 기꺼이 묻고 싶다. 생생한 뉴스보다 더 생생한 게 가능할까? 많은 리포터가 사용하는 언어는 드라마에서 나올 법한 표현으로 가득하다. 마치 나비를 연구하는 평범한 과학자가 위험한 삶을 사는 것처럼 말이다. 우리는 이미 오래전부터 '슈퍼스타'와 '슈퍼 탤런트'를 찾는 데 익숙하며, 축구가 사이비 종교의 행사처럼 대대적인 이벤트가 된 것에도 익숙하다. 금으로 도금한 우승컵은 마치 금으로 된 성물(聖物)처럼 합창 소리와 함께 수여되곤 한다. 과장과 과도한 연출을 하는 경향이 있는 트렌드는 일종의 도와달라는 신호다. 즉 "채널을 고정해주세요!"라고 간청하는 외침일 수 있다. 그러한 연출을 해야만 등을 돌린 시청자를 다시 불러들일 수 있기 때문이다. 여러 채널을 돌리던 중 나는 잠깐 동료 한 사람을 보았는데, 그는 단출한 가건물 옆에 서 있었다. "광고가 끝난 후에 뵙겠습니다. 여기는 핵이 붕괴하고 있습니다!"

오락을 위주로 하는 대형 방송국은 그동안 순전히 비즈니스로 돌연변이를 했고, 비용과 시청률이라는 법칙에 복종하고 있다. 즉 스튜디오 진행자는 방송국을 바꿔가면서 출연하는 게 일상이 되었다. 한 팀으로 이루어진 패널은 여러 방송국의 퀴즈쇼를 전전한다. 비용이 많이 드는 조명을 달고, 프로그램 개시 시그널도 하고, 밟으면 소리가 나는 양탄자를 깔아 놓기도 하지만 이런 부류의 프로그램은 거의 비슷하다. 한때 토요일 저녁이면 볼 수 있었던 〈내기할까요?〉 같은 대규모 쇼는 이제 더 이상 볼 수 없다. 과거에는 재미와 오락거리였던 것이 이제는 시간을 때우는 기능으로, 특별한 순간이었던 방송이 이제는 갖가지 대중적 상품으로 채워진다. '대단한 텔레비전'의 시대는 대중 매체의 난립으로 멀어지고, 수많은 블로그와 유튜브 채널 같은 단편적인 세계로 쪼개졌다. 텔레비전이라는 왕국은 거기에 속했던 왕과 공주, 의식과 규칙, 전주곡 및 휴식 시간과 함께 사라져버렸다.

진지하다고 자처하는 저널리즘 역시 이런 흐름에서 예외는 아니다. 즉 프로그램마다 할당이 있어 우리는 방송에서 의도하는 핵심 시안, 추가 방송과 특별 방송을 자주 본다. 많은 경우 이런 프로그램을 내보내는 진정한 의도가 무엇인지 알 수 없다. 방송을 보더라도 뉴스에서 본 것을 넘어서는 내용을 전혀 얻지 못한다. 정치적 문제를 얘기하는 토크쇼는 점점 오락 같은 토론장으로 변할 때가 많고, 패널들만 보더라도 어떤 쇼인지 가늠할 수 있다. 코메디아 델라르테(commedia dell'Arte: 정형화한 등장인물이 출현하는 이탈리아 전통극—옮긴이)처럼 악한 사람이 선한 사람 곁에 앉아 있고, 광대 같은 사람이 진지한 사람 곁에 앉아 있다. 사건이나 사물을 항상 단순한 말로 설명하고, 그러면 감정이 폭발한 당사자들이 대화를 하는 식이다. 토크쇼에 등장하는 사람들은 싸우기는 잘하지만 제대로 된 논쟁을 펼치지는 못한다. 시청자들은 이런 토크쇼를 통해 진정으로 통찰력 있는 출연자를 볼 수 없다. 어떤 문제에 대해 상대방의 주장을 충분히 듣고 자신의 의견을 깊이 고민하며 새로운 의견을 갖는 출연자도 결코 찾아볼 수 없다. 출연자는 말다툼이나 실컷 하고, 난투극의 불길이 사그라질 조짐이 보이면 또다시 진행자는 선동적인 안건을 내놓아 불을 붙인다. 방송이 끝나면 주인공들은 무대에서 내려가고, 며칠 뒤 다른 방송에 등장해 또 논쟁을 한다.

토크쇼에서 다루는 주제는 주로 현재 주목하는 사건들이다. 모든 쇼가 몇 주 동안 동일한 주제를 다루곤 한다. 한 가지 주제가 마치 전염병처럼 퍼져나가는 것이다. 이 방송 저 방송에서 동일한 주제를 다루면 그것이 아주 중요한 문제로 부상한다. 모두가 언급하면 중요한 문제일 수밖에 없다고 생각하기 때문이다. 이와 반대로 사회적으로 중요한 주제는 오히려 무시한다. 그 이유는 주제의 중요성을 전달하려면 너무 많은 수고를 기울여야 하기 때문이다.

독일 대통령을 역임한 볼프강 티에르제(Wolfgang Thierse)는 이런 현상을 적절하게 지적했다. "토크쇼는 히스테리 반응을 보이는 독일 정치의 본질적인 한 부분이다. 무엇이 옳고 이해할 수 있는지 짚어주는 게 아니라, 제목이나 진행에서도 극단적인 것, 이를테면 두려움, 부정적인 기대, 불안 같은 것을 강조한다. 이런 토크쇼는 불안과 두려움을 잠재우지도 못하고, 포퓰리즘을 퇴치하지도 못한다."[22]

2016년에 방영한 정치 토크쇼 141회를 모두 조사해보니, 기후 변화나 에너지 전환 같은 주제는 단 한 번도 다루지 않았다고 한다.[23]

하지만 우리는 이것이 우리의 지각에 미치는 영향을 과소평가하고 있다. 영국의 시장 조사 회사 입소스 모리(Ipsos MORI)는 33개국에 사는 2만 5000명을 대상으로 의견을 물었다. 자신들이 느끼는 현실이 실제 사실과 얼마나 다른지에 대해 말이다.[24] 예를 들어 독일 사람들은 자국에 살고 있는 이민자를 실제보다 2배나 더 많다고 추측했다. 이와 반대로 독일에서 과체중인 사람의 수는 실제보다 훨씬 적게 추측했다. 그들에게 14세이하의 아이들과 청소년이 인구 중 어느 정도를 차지하고 있는지 묻자, 실제보다 2배나 더 많은 수치로 대답했다. 이처럼 우리가 인지하고 있는 것은 실제와 상당히 다르다.

대중 매체에서 이루어지는 논쟁은 항상 그때그때 가장 큰 이슈가 되는 상황을 비판한다. 물론 우리의 조상들도 우리처럼 현실을 제대로 파악하지 못했다. 하지만 우리에게만 닥친 새로운 현상이 하나 있다. 즉 인터넷과 SNS는 지금까지의 대중 매체를 완전히 뒤집어놓고 있다. 대중 매체가 말 그대로 대중의 매체가 된 것이다. 오늘날 우리 모두는 디지털 네트워크를 통해 수백만 명에게 가닿을 수 있다. 내 손안에 있는 유용한 미디어와 방송이 한때 미디어업계에서 독점적 위치를 점했던 대중 매체를 와해시키고 말았다. 이와 함께 그들이 마련한 규칙과 가치도 사라졌다. 우리는 기존의 기관과 위계질서에 공공연하게 의문을 제기하거나 거부하는 상황을 체험하고 있다. '거짓 언론', '윗선' 같은 슬로건이나 다분히 비하하는 용도로 사용하는 '엘리트', '글로벌', '문화' 따위의 개념은 그와 같은 변혁의 목격자이기도 하다.

사실에 대한 신뢰도 사라졌다. 시스템 자체가 의문시되고 있기 때문이다. 몇 달 전 나는 이런 현상에 대해 경찰국장과 얘기를 나눈 적이 있다. 그녀의 대답은 참으로 황당했다. "통계를 살펴보면, 중범죄가 줄어들었다는 게 분명하게 나타납니다. 그런데 정치가들은 우리 말을 믿지 않고, 그런 통계는 틀렸으며 우리가 거짓말을 한다고 주장합니다!"

'독립성'이라는 것 또한 의문시되고 있다. 전문가, 언론인, 정치인, 과학자에게도 그러하다. 삼권분립과 전문화에 대해 말하자면, 지금까지 내려온 사회적 합의는 상호 신뢰에 바탕을 두었다. 그리고 이런 방식이라야 개별 과정의 복잡성을 다룰 수 있다는 통찰에 기초했다. 과거에도 물론 항상 비판과 반대만 하는 전문가들이 있었다. 그러나 지금은 전문성 자체가 부패한 '엘리트'의 사기 행각으로 여겨지곤 한다.

이런 현상이 얼마나 드라마틱한지는 2명의 대통령에 대한 이야기에서 알 수 있다. 독일 대통령 크리스티안 불프(Christian Wulff)는 터무니없는 언론의 마녀 사냥으로 인해 대통령직에서 물러났고, 나중에 법정에서 무죄 판결을 받았다. 미디어는 죄를 범했으나 그들의 권력은 결정적으로 중요했다. 또 다른 대통령 도널드 트럼프를 보자. 그는 이런 과정을 완전히 뒤집은 사람처럼 보인다. 그가 개인적으로 트위터에 올리는 메시지가 언론에 대서특필되고, 그의 대통령 취임은 기존 대중 매체에 그들의 무능함을 보여주었다. 역사상 최초로 대통령이 기자회견 동안 기사들 앞에서 "모든 게 거짓 뉴스입니다. 모든 게 거짓 뉴스라고요"라고 야단치는 일이 일어났다.[25] 어떤 대통령은 언론에 의해 물러나야 했고, 다른 대통령은 언론을 쥐고 흔들고 있다. 트럼프는 언론인의 무기 앞에서도 전혀 주눅이 들지 않는 것처럼 보인다. 셀 수 없이 많은 부정적인 보도가 쏟아져도 대통령과 그 측근들은 끄떡도 하지 않는다. 미국에서 꽃핀 것이 독일에서도 예외는 아니다. SNS는 대중주의를 지향하는 포퓰리스트와 갖은 음모를 만들어내는 이론가들에게 상당히 매혹적인 수단이기 때문이다.

대중 매체, 정치와 사회 사이의 권력 구조라는 문법은 오늘날 다시 쓰이고 있다. 폴란드의 사회학자이자 철학자 지그문트 바우만(Zygmunt Bauman)은 이와 같은 역사적 변형 과정을 유동적 현대성(liquid modernity)이라고 불렀다. "사회의 미디어는 우리의 대화 능력을 지원하지 않는데, 논쟁을 피하기란 너무나 간단하기 때문이다. ……대부분의 사람은 사회의 미디어를 이용하는 목적이 공통점을 강화하기 위해서도 아니고, 견해의 지평을 넓히기 위해서도 아니다. 자신들의 목소리에 대한 반향과 호응을 듣고, 자신들이 보는 모든 것이 자신들의 얼굴을 반영해주는 안전한 곳에 숨어 있기 위해서일 뿐이다."[26]

역사상 최초로 사회적 합의를 이끌어내야 할 필요성이 무너졌다. 디지털 포럼과 플랫폼이라는 무한한 공간에서는 아무도 자신의 자리를 두고 다툴 필요가 없기 때문이다. 한때 정치와 문화에서는 어떤 주제와 우선순위를 두고 격렬한 토론을 벌이곤 했는데, 이는 민주주의 사회에서 함께 생동적으로 살아가는 표현이기도 했다. 그러나 이제 그런 무대는 자그마한 방으로 쪼개지고, 이 작은 방에서 각자는 자신만의 진리만 강력하게 주장하며 상대방의 주장에는 귀를 닫고 만다. 대중 매체가 그야말로 대중의 매체가 되어버린 것이다. 사회를 위협하는 이와 같은 단편화는 전제군주와 지배에 중독된 사람들이 만든 작품이 아니라, 우리가 항상 원한 자유로부터 나온 결과다. 의견이 분분했던 기본권, 요컨대 "모든 사람은 자신의 의견을 말, 글, 그림으로 자유롭게 표출하고 널리 퍼뜨릴 수 있다"는 기본권은 디지털 대중 매체의 빛으로 보면 트로이의 목마와 비슷하다.

이렇듯 요동치는 세상에서 우리가 신뢰할 수 있는 것은 어디에 있을까? 만일 건강에 관한 포털이 제약 회사로부터 지원을 받고, 지속 가능성에 관한 포럼의 운영자와 SNS를 방문하는 사람이 누구인지 정확하게 알 수 없다면 이는 결코 작은 문제가 아니다. 상업적 미끼가 아닌 순수한 정보를 우리는 어디에서 찾을 수 있을까? 광고 산업이 네트워크를 밀고 들어오는 동안, 전통적인 저널리즘은 무너지고 있다. 더 이상 재정난을 감당할 수 없기 때문이다. 확실한 조사와 실험, 교정하고 준비하는 일 등은 사람의 손을 거쳐야 한다. 따라서 엄청난 비용이 들고, 이런 일에서 적절한 비즈니스 모델도 찾아볼 수 없다. 무료로 제공하는 온라인 세상에서 독립적이며 좋은 정보를 읽고 이에 대해 돈을 지불할 사용자가 몇 명이나 될까?

신문이 사라지고 있다. 광고 수입이 끔찍할 정도로 줄어들어 더 이상 운영이 안 되는 탓이다. 대형 출판사는 새로운 디지털 사업 모델을 통해 생존을 모색하고 있다. 그러다 보니 과거에 했던 광고 업무를 버리고 상업적 플랫폼, 구직 사이트, 부동산 포털을 구축한다. 또는 사용자의 개인적 관심을 반영하는 알고리즘으로 이루어진 뉴스를 제공하는 웹사이트를 운영한다. 하지만 한때의 핵심 사업은 점점 사라지고 있다. 모순적으로 보일 수도 있는데, 디지털 정보 사회가 한창 진행 중인 가운데 정작 독립적인 저널리즘은 무너지고 있다!

이 말은 저널리즘의 종말을 의미하는 것일까? 나는 아니라고 본다. 어떤 사회도, 경제나 정치도 유효한 정보와 비판적 생각을 포기할 수는 없기 때문이다. 민주주의는 그와 같은 포럼이 필요하다. 비록 이로 인해 불편해하는 개인이 있겠지만 말이다. 어쩌면 독립 언론의 가치를 깨닫기까지는 시간이 필요할지도 모른다.

심지어 여기에 기회가 있다. 이와 같은 저널리즘이 더 잘 될 수 있는 기회 말이다. 이런 저널리즘은 사람들로부터 주목받기를 그만둠으로써 세간을 들썩이는 사건에 덩달아 춤추지 않을 것이다. 이런 언론은 시끄러운 세상에서 명정하고 고요한 잣대가 되어 우리에게 피상적인 대서특필이 아니라 조사를 거친 내용을 선물할 것이다. 새로운 저널리즘은 복잡한 세상에 방향을 잡도록 도움을 주고, 오래전에 하고자 했던 역할을 마침내 맡을 수도 있다. 계몽의 가장 훌륭한 도구라는 역할이 바로 그것이다.

10

진화

반짝이는 물고기와 기계 인간에 대하여

두 번째 본성

자연은 점차 변화하고, 인간은 이 변화를 자신에게 유리한 방향으로 이끌어간다.

-찰스 다윈

규칙적으로 교회에 가지 않는 사람일지라도 '다 찬양하여라' 같은 찬송가는 들어봤을 것이다. 가사는 17세기 독일 뒤셀도르프 인근에 살았던 신학자 요아힘 네안데르(Joachim Neander)가 썼다. 그런데 200년쯤 뒤 진화 이론 역사상 유명해진 계곡을 하필이면 그의 이름에서 따와 붙였다. 1856년 당시 뒤셀도르프 근처에 있던 네안데르 계곡, 즉 네안데르탈은 낭만적인 동굴로 유명했다. 수백만 년에 걸쳐 이곳에는 대략 50미터에 달하는 석회암 협곡이 형성되었다. 폭포, 동굴, 절벽이 있고 문명의 손이 닿지 않은 자연 환경에서 풍부한 동식물이 서식했다. 이 매력적인 계곡은 19세기 독일에서 자연의 기적을 볼 수 있는 곳으로 여겨졌다. 시민과 예술가들은 이 계곡의 동식물에 감탄을 금치 못했다.[1]

19세기 중반, 산업화로 인해 석회를 채굴하기 시작했는데, 격렬한 반대에도 계곡의 일부를 무너뜨리는 작업을 시도했다. 1856년 여름, 이탈리아 노동자 2명이 16개의 뼈 조각을 발견했는데, 그중엔 비교적 큰 해골도 있었다. 처음에는 이것이 동굴에 살던 곰의 것이라고 가볍게 생각했다. 그러나 사람들은 교사이자 자연 연구가이던 요한 카를 풀로트(Johann Carl Fuhlrott)에게 조언을 구했다. 그는 뼈 조각을 보더니 원시인의 것이라고 주장했다. 이는 당시 상당히 용기 있는 견해였다. 다른 전문가들은 풀로트의 주장을 의심했다. 심지어 베를린의 유명한 병리학자 루돌프 피르호(Rudolf Virchow)는 뼈 조각이 과거 인류의 것일지도 모른다는 견해를 단호하게 묵살했다.[2]

이로부터 3년 후 다윈의 획기적인 저서 《종의 기원》이 출간되었다.[3] 그는 자신의 진화론을 발표할 때까지 20년을 주저했다. 서문에서 그는 독자들에게 사과 비슷한 말을 했다. "나는 독자들이 이 책의 내용으로 인해 나라는 사람을 용서해주길 바란다. 책의 내용은 내가 서둘러서 결론을 내리지 않았다는 사실을 보여줄 게 분명하다."

인간이 원숭이로부터 진화했다는 사실은 교회 관련자에게 경악을 불러일으켰다. 옥스퍼드의 주교는 다윈을 이단으로 내몰았다. 격렬한 논쟁은 시간이 가면서 점점 식었다. 유전 이론, 염색체 연구, 그리고 훗날 유전자의 비밀이 풀리면서 진화론이라는 개념이 확고한 지위를 차지할 수 있었기 때문이다.

1996년 네안데르탈인의 DNA가 뮌헨 분자생물학연구소에서 일하던 진화유전학자 스반테 페보(Svante Pääbo: 스웨덴의 의학자이자 고인류학자—옮긴이)에 의해 최초로 밝혀졌다. 오늘날 우리가 알고 있듯 진화가 이뤄지는 동안 계보는 두 가지로 나뉘었다. 호모 사피엔스인 우리는 호모 네안데르탈렌시스의 직계 후손이 아니라 곁가지다. 좀더 상세하게 유전자를 분석함으로써 과학자들은 분자의 시간 여행을 다녀왔으며, 그리하여 인간이라는 종이 진화하는 과정에서 어떻게 나뉘었는지를 시간별로 정리할 수 있었다.

오늘날 우리는 모든 개인이 부모로부터 물려받은 생식세포 계열(germ line)에서 새롭게 생겨나는 돌연변이가 50개 정도라고 본다. 그러니까 모든 세대마다 게놈에 50개의 변화가 추가로 생겨난다는 얘기다. 이와 같은 지식을 바탕으로 우리는 대략 25년마다 세대가 이어진다고 예견할 수 있고, 이로써 초기의 분기점을 시간대별로 정확하게 분류할 수 있다. 이때 변화한 수는 분자시계로 사용된다. 따라서 2000세대 이전, 다시 말해 5만 년 전 아프리카에 살던 현생 인류가 이동해 유럽의 네안데르탈인을 점차 쫓아냈다는 사실을 증명할 수 있다. 아마 두 종족이 함께 살던 시기도 있었을 것이다. 두 인종이 성적 관계를 가졌다는 것이 유전자 조사를 통해 밝혀졌기 때문이다. 우리의 게놈에는 네안데르탈인의 DNA 흔적도 있다.[4]

고유전학에서 나온 또 다른 지식은 다음과 같은 사실을 전해준다. 즉 8000년 전, 근동 지방에 살던 인종이 이동함으로써 유럽에 살던 수렵·채집인의 유전자 조합도 변화했다. 신석기 시대의 이와 같은 변혁은 서서히 진행된 문화의 변천 때문이 아니라, 이동의 직접적 결과인 것이다. 그 결과 유럽인은 정착해 경작을 하고 가축을 기르기 시작했다. 이동이 없었더라면 유럽인은 오늘날까지 원시적인 사냥과 수집을 했을지 모른다.

2009년부터 70명의 과학자로 이뤄진 그룹이 쾰른 대학의 '공동 연구 806'에 참가했다. 여기서 연구한 내용은 바로 아프리카에서 유럽으로 이동한 현생 인류와 신체 구조상 그 현생 인류가 번져나간 경과였다. '유럽으로 가는 우리의 길'이라는 이 프로젝트는 자국과 타국을 구분해서 국가주의적 노력을 기울이는 사람들에게 분명한 메시지를 전한다. 다시 말해, 유전자적 입장에서 보면 국가란 자신들만의 자주적 국민으로 이루어진

게 기준은 결코 아니라는 얘기다.[5] 오히려 이 연구는 우리 모두가 얼마나 가까운 친척인지 증명해준다.

물론 진화는 서서히 이뤄지는 과정이다. 자연선택은 새로운 특징이 생겨나 계속 이어질 때까지 많은 세대가 필요하기 때문이다. 하지만 20세기 이래로 새롭고도 광범위한 변화가 시작되고 있다. 즉 인간이 직접 적극적이고 체계적으로 생물학적 과정에 개입하기 시작한 것이다. 인간은 이미 오래전부터 식물과 동물을 재배하고 사육했지만, 다윈이 강조했듯 자연적 과정을 이용했다. "인간은 실제로 변종을 만들어낼 수 없다. 우연히 생명체를 새로운 조건으로 옮겨놓고, 그런 뒤 자연이 생명체의 조직에 영향을 줘서 변화가 일어난다."[6]

하지만 그동안 식물과 다른 생명체는 우리의 의도적 개입에 의해서 변화해왔다. 개별 유전자는 유전자 기술을 거쳐 유전 형질에 잠입한다. 예를 들어 제초제에 저항하는 목화나 콩 혹은 옥수수 유전자를 심으면, 이들 식물은 제초제에 면역이 생기고, 이로써 잡초를 제거하는 일이 훨씬 수월해진다. 제초제를 뿌리면, 잡초는 죽지만 반대로 저항성 있는 유용식물은 전혀 해를 입지 않는다. 전 세계적으로 1억 헥타르 이상의 면적에서 제초제에 저항력 있는 식물을 재배하고 있다.[7] 어쩌면 당신이 입고 있는 티셔츠도 유전자 변형 목화로 만든 것일 수 있다. 인슐린이나 암 환자를 위한 특별한 약도 유전자를 변형한 조직에서 얻는다. 독일에서만 하더라도 현재 유전자 변형을 한 110가지 성분으로 만든 150가지 약품을 허용하고 있다.[8]

몇 년 전 나는 바하버(Bar Harbor: 미국 북동부 메인주 남부의 항구 도시—옮긴이)에 있는 잭슨 랩(Jackson Laboratory)을 방문한 적이 있다. 이곳은 실험생쥐의 유전자를 변형시키는 일을 전문으로 하는 연구소다. 연구원들은 이미 오래전부터 생쥐를 대상으로 작업했다. 생쥐의 유전질 가운데 95퍼센트가 인간의 유전질과 동일하기 때문이다. 생쥐는 인간과 비슷한 질병을 앓는다. 암에도 걸리고, 동일한 독에 반응하고, 특정 성분에 인간처럼 알레르기를 일으킨다. 생쥐의 유전질에 인간의 유전자를 심으면 약품을 실험하기에 좋은 이식 유전자를 가진 동물이 나온다. 요컨대 이 동물은 인간 유전자 중 일부를 갖고 있어 인간을 위한 하나의 모델이 되는 것이다. 잭슨 랩에는 잘 구분해둔 9000종의 유전자 변형 생쥐가 있다. 전 세계에서 온 암 전문 의학자, 신경생물학자와 면역학자가 이 동물을 이용해 치료법을 연구하고 있다. 이는 훗날 사람을 위한 약품 개발에 도움을 줄 것이다.

연구소 사람들은 보호복을 착용한 나를 기다란 홀로 안내했는데, 이곳에는 수천 개의 우리가 있었다. '녹아웃(knockout) 생쥐'라고 부르는 많은 생쥐의 경우는 특정 유전자를 차단했다. 나는 어떤 우리에서 보통 생쥐에 비해 거의 3배나 더 살이 찐 생쥐들을 봤다. 사람들이 이들 생쥐에게서 지방을 관장하는 유전자를 차단해버린 것이다.[9] 그러자 생쥐들은 식욕을 억제하는 호르몬인 렙틴을 더 이상 생산하지 못해 마음껏 먹어대면서 뚱뚱해졌다. 그런 녹아웃 생쥐가 수천 마리나 있었다. 다이어트나 관절염을 실험하는 생쥐도 많았고, 특정 바이러스에 저항력이 있거나 유전자 변형으로 인해 특정 암에 걸려 고통받는 생쥐도 있었다. 발가벗은 생쥐들의 경우는 자체 면역 체계를 완전 차단했다. 이들 동물은 특별하게 조정한 온도와 멸균 박스 안에서 의학적 연구라는 여행을 떠나기 위해 대기하고 있었다. 나는 마음이 어수선했다. 한편으론 이와 같은 연구 방식이 마음을 무겁게 억눌렀고, 다른 한편으론 나와 내 자식들이 결국은 이런 실험의 혜택을 보게 될 터였기 때문이다. 동물 실험은 문제가 다분히 많은 분야이므로 단순하게 찬성하거나 반대만 할 수는 없다.[10] 나는 수년 동안 동물을 대상으로 연구했음에도 여전히 양심의 가책으로 힘들어하는 과학자를 많이 알고 있다.

2004년 시애틀에서 열린 미국과학진흥회(American Association for the Advancement of Science, AAAS) 연례 모임에서 나는 전혀 다른 체험을 했다. 미국과학진흥회는 전 세계에서 규모가 가장 큰 과학 학술 단체이며 유명한 전문 잡지 〈사이언스(Science)〉의 발행인이기도 하다. 한국의 수의사 황우석이 개막식에서 강연을 했다. 그는 관중 앞에서 자신이 세계 최초로 인체 세포에서 배아를 추출해 이로부터 줄기세포를 얻는 데 성공했다고 밝혔다. 황우석은 강연 도중 이 연구를 위해 자발적으로 난자세포를 기증한 여성들에게 감사를 표하기도 했다.

이 소식은 마치 폭탄처럼 충격을 주었다. 수백 명의 기자가 이에 관한 소식을 전송했고, 다음 날 전 세계에서 내로라하는 대형 신문사와 텔레비전 방송국은 한국의 복제 전문가가 수행한 실험을 대대적으로 보도했다.

강연이 끝나자 나는 곧장 연단으로 달려가 황우석에게 메모지를 보여 달라고 부탁했다. 놀랍게도 그는 나에게 연설문을 건네주었다(부록 참조). 그런데 연설문에 눈에 띄는 점이 있었다. 즉 연설문 전체를 컴퓨터로 작성했으나 윤리적 측면을 다루는 문장은 자필로 쓴 것이다. 나에겐 이 점이 참으로 이상했다. 어쨌거나 이런 발표를 한 타이밍도 절묘했다. 요컨대 미국과학진흥회는 황우석의 강연을 통해 전 세계의 이목을 집중시킬 수 있었다. 회의를 시작할 때 이보다 더 주목받을 주제는 없었을 테니 말이다.[11]

그다음 주에 나는 과학 분야 방송을 같이하는 동료들과 함께 〈사이언스〉에 실린 황우석의 논문을 자세히 살펴봤다. 우리는 특히 윤리위원회에 대해 놀라움을 금치 못했다. 이렇듯 논란의 소지가 많은 실험을 허락하고 곁에서 지켜주기까지 했기 때문이다. 독일에서는 당시 줄기세포에 대해 논쟁은 했지만, 그와 같은 실험은 결코 생각조차 할 수 없었다.

〈쿼크스 앤드 코〉 제작팀 동료인 일카(Ilka)와 함께 좀더 정확한 정보를 얻기 위해 한국행 비행기를 탔다. 서울대학에 있는 황 박사의 연구실부터 매우 인상적이었다. 이곳은 내가 알고 있는 다른 대학의 연구소와 확연히 달랐다. 장비는 지극히 현대적이고, 부족한 게 없었다. 그야말로 돈 많은 연구소였다. 우리는 보호복을 착용하고 여러 곳을 구경할 수 있었다. 이때 새로 태어난 복제 돼지도 봤다. 이 돼지는 멸균 인큐베이터에서 적외선 불빛을 쬐고 있었는데, 정말 유령처럼 보였다. 또 어떤 책상에는 대여섯 명의 여성 연구원이 앉아 도살된 돼지의 자궁에서 난세포를 추출하고 있었다. 또 다른 실험실에서는 연구원이 현미경을 들여다보며 난세포의 핵을 제거했다.

재생산된 클론(복제 생물이나 세포)의 경우에는 세 가지 단계가 있다. 우선 동물이나 사람에게서 체세포를 추출한다. 복제 양 돌리의 경우는 양의 유방에서 추출한 세포였다. 이 세포에서 유전질을 포함하고 있는 핵을 빼내어 이것을 앞서 핵을 제거한 난자와 결합한다. 그리고 배양액에서 흔들거나 전기로 자극을 주면, 복제된 세포는 마치 수정된 난자처럼 분할된다. 배아는 이제 세 번째 단계에 접어든다. 대리모의 자궁 안으로 이식하는 이 단계를 배반포(blastozysten)라고 부른다. 후손은 유전적으로 세포핵을 제공한 기부자와 동일하다. 따라서 돌리는 '세포핵 어머니'의 복사인 셈이다. 실제로는 모든 단계에서 복잡한 질병이 발생하는데, 클론은 결코 단순한 게 아니기 때문이다. 예를 들어 복제 양 돌리는 277회의 시도 중 단 한 번 성공한 경우였다. 인간의 줄기세포로 실험한 황 박사의 경우도

185개의 기부받은 세포를 대상으로 복제를 시도했다고 한다.

"돼지를 어떻게 복사하는지 보고 싶으시죠?" 황 박사가 부드러운 목소리로 우리에게 말했다. 얼마 후 우리는 서울 시내를 떠나 눈에 잘 띄지 않는 돼지우리로 향했다. 차를 타고 가는 동안 일카는 계속해서 나를 쳐다보았다. 황 박사의 거만함과 지배욕을 간과할 수 없었다. 게다가 모든 게 그의 마음에 들 만큼 신속하게 진행되지는 않는 것 같았다. 나는 그와 같은 과학자를 한 번도 만나본 적이 없었다. 이윽고 우리는 돼지우리에 도착했다. 황 박사는 돼지 한 마리를 마취시킨 후 그 대리모에게 실험실에서 가져온 배반포를 이식했다. 그의 방식에는 뭔가 폭력적인 요소가 있었다. 그리고 계속 "빨리, 빨리" 하며 고함을 질러댔다. 눈 깜박할 사이에 일을 마친 그는 우리에게 근처 울타리에 있는 복제 돼지들을 보여주었다. 동물들은 아직 어린데도 늙은 것처럼 보였다. 나는 어렸을 때 농부를 도와준 적이 있어 동물의 나이를 웬만큼 가늠할 수 있다. 그런데 이곳에는 어린 할아버지와 할머니 같은 동물이 특이하게 혼합되어 있었다. 복제 동물의 경우 나이를 추정하기가 간단치 않다. 이식한 유전질에서 새로운 생명체가 나오기 전에 이미 나이 든 상태이기 때문이다. 복제 양 돌리도 태어난 지 6년이 지난 후 심각한 폐 질환으로 인해 죽었다. 일반적인 양들의 수명은 12~20년인데 말이다.

다시 서울로 돌아온 우리는 복제 실험 과정을 감시하는 윤리위원회 사람들을 만나고 싶다고 청했다. 하지만 우리의 요구는 계속 무시당했고, 연구소에 일하는 그 누구도 우리 편이 되어주지 않았다. 일카와 나는 점점 의심이 들었다. 겨우겨우 한국생명윤리위원회 송상용 위원장과 연락이 닿았다. 우리는 다음 날 그를 찾아갔다. 그런데 그는 물론이고 국내에 있는 그 어떤 위원회의 위원조차도 황 박사의 실험에 대해 조언을 해달라는 부탁을 받지 않았다는 사실이 드러났다. 일카와 나는 이 복제 실험이 뭔가 이상하다는 느낌을 갖게 되었다. 나는 송 회장에게 공식적인 글을 하나 써달라고 요청했다. 왜냐하면 복제 실험과 관련해 윤리위원회를 운영 중이라는 말이 순전히 허구라는 확신을 가졌기 때문이다.

독일로 귀국한 나는 〈네이처〉의 편집주간 필립 캠벨(Philip Campbell)에게 연락했다. 우리는 예전에 몇 번 만난 적이 있던 터라 솔직하게 말했다. "필립, 이 실험은 뭔가 이상해!" 2004년 5월 10일, 나는 필립에게 송 위원장의 글을 메일로 보냈다. 그렇게 몇 주 몇 달이 흘렀다. 그리고 마침내 복제 실험의 실상이 만천하에 드러났다. 독립적인 많은 과학자들이 실험 내용을 세부적으로 검토해 한국의 복제 실험이 현대의 과학사에서 희대의 사기극이라는 걸 밝혀낸 것이다. 2005년 11월 황 박사는 모든 직책에서 물러났다. 황 박사와 그 밑에서 일한 몇몇 연구원은 공직자로서 의무 태만에 대한 조사를 받았고, 세간의 이목을 끈 재판에서 스타 과학자이던 황 박사는 징역 1년 6개월에 집행유예 2년을 선고받았다. 무엇보다 재판 과정에서 드러난 사실에 따르면 그가 한 실험 대부분이 가짜였으며, 심지어 실험을 하기 위해 러시아 마피아를 통해 영구 동토층에 있는 맘모스의 조직을 불법으로 구했다고 한다.

한편 황 박사는 현재 개인이 투자한 연구소에서 계속 일하고 있으며, 지불 능력이 뛰어난 고객들에게 기르던 개를 복제해주겠다고 제안한다. "수암 바이오테크(Sooam Biotech)는 이미 죽어버린 당신의 개와 더 오래 살 수 있게 해드립니다. ……우리는 개만 복제하는 것이 아니며, 상처받은 당신의 마음을 치유해드립니다." 이 회사의 인터넷 사이트에는 이렇게 쓰여 있다.[12]

그동안 점점 더 많은 동물을 복제했지만, 개인이 설립한 실험실에는 비판적인 눈을 가진 기자의 출입이 너무 어렵다. 이런 연구소에서 일하는 직원에 따르면, 많은 백만장자가 탁월한 말이나 낙타를 복제하기 위해 많은 돈을 투자하고 있다고 한다.

여하튼 복제 실험으로 인해 다윈이 연구했던 진화가 새로운 방향으로 나아가고 있다는 사실이 분명해졌다. 사람들은 가령 유전자 조작으로 빛을 발하는 물고기를 구입할 수 있다. 새천년이 시작되자 싱가포르 국립대학교에 재직하는 과학자들은 녹색 형광빛을 내는 해파리의 유전자를 물고기 제브라다니오(zebrafish: 푸른색 몸에 흰줄 무늬가 있어 얼룩말, 즉 '제브라'라는 이름이 붙었음—옮긴이)한테 이식하는 데 성공했다. 이 물고기는 어두운 곳에 있으면 녹색으로 빛이 난다. 이어서 노란색과 빨간색도 이식할 수 있었다. 원래는 물의 형광 변화를 실험하려 했으나 이로부터 사업 모델을 떠올린 것이다. 지금은 전기 녹색(electric green)부터 은하계 보라색(galactic purple)까지 6개의 형광 빛을 내는 물고를 구입할 수 있다. 생산자 글로피시(GloFish)의 인터넷 사이트에는 이렇게 쓰여 있다. "눈부시게 태어났어요!"[13] 온라인에서도 이렇게 반짝거리는 물고기를 당연히 주문할 수 있다. 현재 이런 물고기의 사육과 판매는 유럽연합에서 공식적으로 금지되어 있다. 하지만 이런 금지 사항을 모두가 지키는 것 같지는 않다.[14] 시간이 지나면서 우리는 이렇듯 새로운 생명체에 익숙해지고 있다. 스위스의 작가 마르틴 주터(Martin Suter)는 소설 《코끼리》에서 분홍색으로 빛나는 작은 코끼리에 관해 묘사한다.[15]

생명체의 조직에 인간이 개입하는 일은 제2의 진화의 특징이다. 그동안 우리는 시험관 아기, 세포질 내 정자 직접 주입술, 그리고 난자 냉동기법을 수용했다. 유럽에 사는 부부 중 10~15퍼센트가 불임인데, 이들에게 현대적인 기술은 그야말로 축복이다. 전 세계에서 100만 명의 아이가 이와 같은 방식으로 태어났고, 이 수치는 계속 늘어나고 있다. 독일만 하더라도 매년 약 5만 명의 여성이 시험관 아기 시술을 받으며, 1만 6000명의 여성은 난자를 냉동한다. 지난 20년 동안 제왕 절개 횟수는 2배 넘게 늘었고, 임신은 많은 경우 여러 가지 분석과 양수 검사 같은 진단을 고려해 이루어진다. 출생 시 사망률이나 유아 사망률이 현저히 줄어든 것은 물론이다.

다윈이 획기적인 저서를 출간할 당시, 유아 사망률은 25퍼센트 정도였다. 4명의 아이가 태어나면 그중 한 명은 탄생할 때 혹은 다섯 살 안에 죽었다. 독자 여러분도 자신의 가족을 살펴보면 분명 그와 같은 비극적인 일을 발견할 수 있을 것이다. 신진국의 경우는 임산부를 돌보는 주산기(perinatal period, 周産期: 신생아 분만 전후, 즉 임신 22주에서 생후 1주까지의 기간—옮긴이) 의학이 발달한 덕분에 유아 사망률을 현저하게 줄일 수 있었다. 현재 독일의 영아 사망률은 1000명당 5명에 불과하다.

새로운 방식은 또다시 획기적인 전환기를 약속하고 있다. 바로 유전자 가위 기법(CRISPR/Cas)이다. 간단하게 크리스퍼라고 부른다. 2명의 여성 과학자, 곧 에마뉘엘 샤르팡티에(Emmanuelle Charpentier)와 제니퍼 다우드나(Jennifer Doudna)는 몇 년 전 바이러스의 공격을 받은 박테리아의 면역 체계를 연구했다. 우리와 달리 지극히 단순한 생명체인 박테리아는 복잡한 면역 체계가 없다. 그런데 바이러스가 자신의 유전질을 박테리아의 DNA에 구축한 것이다. 기존의 텍스트에 낯선 단어 하나를 끼워 넣은 걸 상상하면 된다. 박테리아는 자신을 방어하고, 심지어 이 '단어'를 축출할 수도 있다. 이때 박테리아는 '탐색 담백질'과 함께 가위 담백질을 이용해 단어를 끼워둔 '문맥'을 정확하게 찾아 그걸 잘라버린다. 이 원칙은 내가 이 책을 쓰면서 사용하는 텍스트 작업 프로그램과 비슷하게 작동한다. 나는 간단하게 긴 문맥에서 특정 단어를 찾아내고, 이것을 오려내 다른 단어로 대체할 수 있다. 이렇듯 놀랍고도 간단한 방식, 즉 생화학적으로 오려내 붙이는(cut-and-paste) 과정을 통해 박테리아는 바이러스를 막아내는 것이다.

이런 과정을 지켜본 과학자들은 이 크리스퍼 방식을 유전자 띠를 바꾸는 데 사용할 수 있겠다는 데 생각이 미쳤다. 2명의 여성 과학자가 2012년 〈사이언스〉에 자신들의 연구 결과를 발표하자,[16] 전 세계 과학계에서 지진에 맞먹는 반응이 일어났다. 얼마 후 MIT 소속 생명공학자 장펑(張鋒)은 조금 더 확장된 연구를 발표하면서, 이 방식을 어떻게 다른 생명체에 응용할 수 있는지 보여주었다.

크리스퍼의 유전적 장점은 단순함인데, 그때그때 표준화되어 있는 가위로 간단하게 유전자를 편집할 수 있기 때문이다. 이 새로운 방식에 대한 전 세계의 관심은 어마어마하다. 샤르팡티에, 다우드나, 장펑이 연구 결과를 발표하고 몇 달 만에 전 세계에 있는 다른 연구소들도 앞다퉈 같은 시도를 했다. 2016년에는 이 분야에 관한 논문이 1000편 이상 나왔다. 이는 크리스퍼가 유전자 연구에서 얼마나 중요한지를 보여주는 증거다. 물론 산업은 이게 큰 사업이라는 낌새를 알아차렸고 즉시 이 주제에 몰두했다. 골드러시 때처럼 모든 기업은 의도를 숨기려 노력한다. 그러는 동안 전 세계적으로 수백 개의 특허를 등록했고, 이를 발견한 과학자와 그들이 몸담고 있는 연구소조차 누구에게 권리가 있는지, 크리스퍼 방식으로 성공을 거둘 경우 어느 정도의 할당을 받을지를 놓고 격렬한 논쟁이 벌어지고 있다. 전문가들은 이 연구 분야에서 노벨상 수상자가 나올 것이라는 걸 아무도 의심하지 않는다.

이제는 완전히 새로운 종의 슈퍼 식물도 생각할 수 있다. 크리스퍼를 이용하면 한 개 혹은 여러 개의 유전자를 이식해 지금보다 면역력을 훨씬 높일 수 있고, 질병에서 보호할 수 있고, 비타민 함량도 끌어올릴 수 있고, 특정 알레르기를 일으키는 물질을 억누르거나 성장을 촉진할 수도 있다. 가축에서도 비슷하다. 원하는 특징을 과거와 달리 동물에게 이식할 수 있기 때문이다.

물론 사람의 경우에는 완전히 새로운 선택이 열려 있다. 뒤센 근이영양증(Duchenne muscular dystrophy)은 아이들에게서 가장 흔히 나타나는 근육성 유전 질환으로 주로 소년들에게서 발병한다. 신경학자 기욤 뒤센(Guillaume Duchenne)이 발견해 병의 이름도 그의 이름을 따라 지었다. 뒤센은 19세기에 전기 자극을 줄 때 근육의 변화에 대해 연구한 인물이다. 이 질병을 앓는 환자들의 근육에서는 디스트로핀(dystrophin)이라는 단백질이 부족하고, 이로 인해 근육이 감소한다. 환자들은 장차 더 이상 걷지도 못하고, 계단을 오르지도 못하고, 호흡 근육도 쇠약해져 기침도 제대로 할 수 없다. 그리고 심장 근육도 약해진다. 이들의 수명은 보통 사람에 비해 현저히 짧다. 독일에서는 1500~2000명의 소년과 성인 남자들이 근이영양증을 앓고 있다.

단백질 디스트로핀이 생성되도록 하려면, 우선 그에 상응하는 '뒤센-유전자'를 유전질에서 읽어내야 한다. 환자들의 경우 여기에 멸실(滅失) 부분이 있는데, 이 부분에서 읽는 과정이 진행되지 않는다. 크리스퍼 방식을 사용해 이렇듯 유전질에서 멸실 부분을 제거하고, 이를 통해 신체는 다시 디스트로핀을 생성해낼 수 있는 것이다. 처음에는 생쥐를 대상으로 실험해 성공을 거두었고,[17] 언젠가 크리스퍼 방식을 사람에게도 적용할 수 있을 것이다. 이 방법이 성공한다면 의학 분야에서는 일종의 혁명이라 할 수 있다. 의학계에 알려진 이 유전병 환자만 대략 6000명인데, 지금까지 95퍼센트가 치료를 할 수 없었기 때문이다.

전 세계에서 크리스퍼 방식을 도입한 새로운 회사가 도처에 생겨나고 있다. 예를 들면 엑소닉스 세러퓨틱스(Exonics Therapeutics)[18]나 보스턴의 스타트업 회사 에디타스 메디신(Editas Medicine)이 있다. 후자의 경우에는 구글과 빌 게이츠가 수백만 달러를 투자하기도 했다.[19] 에디타스의 홈페이지에는 지극히 낙관적인 내용이 소개되어 있다. "과학이 한때 생각할 수 없는 문제를 가능하게 만들어 우리를 깜짝 놀라게 하는 순간은 드뭅니다. 지금이 바로 그 순간입니다!" 솔직히 말해, 나는 너무 빨리 치료를 약속하는 태도는 삼갔으면 한다. 약품 하나를 허가받으려면 160만 달러가 필요한데, 시험관으로 실험한 뒤에도 비용이 많이 드는 실험을 여러 번 해야 하는 것은 물론 세 단계에 걸쳐 병원에서 실험을 해야 하기 때문이다.[20] 맨 먼저 약품의 성분을 투입했을 때 그것을 잘 견뎌낼 수 있는지 실험하고(1단계), 이어서 선별된 환자를 대상으로 실험하고(2단계), 마지막으로 대중을 상대로 이 새로운 약품을 실험해야 한다. 새로운 약품은 실험실에서 약국으로 갈 때까지 대략 13년이라는 긴 세월이 필요하며, 실험단계에 있는 약은 10개 가운데 단 하나만 기준을 통과한다. 크리스퍼 같은 유전자 방식을 실험하기 위해서는 더 많은 비용이 들지만, 이 분야는 현실적으로 충분히 가능성이 있다고 여겨진다.

우리의 유전질을 어느 날 크리스퍼 방식을 이용해 정교하게 편집할 가능성이 열린다면, 이는 그야말로 의학계에서 여러 단계를 건너뛰는 엄청난 발전이 될 것이다. 진화의 역사도 아마 다시 쓰이게 될 것이다. 자주 인용하는 "너 자신을 알라"는 "너 자신을 바꾸어라"가 될지도 모른다. 이로써 호모 사피엔스는 직접적으로 진화에 관여할지도 모른다. 생식세포계열(Germline)에 의도적으로 유전자를 이식함으로써 유전적 결함을 수정할 가능성도 있고, 이렇게 되면 후손 세대에까지 더 이상 유전적인 질병이 전해지지 않을 수 있다. 이는 의학이 현재뿐 아니라 미래에도 개입할 수 있다는 의미다.

그러면 '질병'이라는 정의가 불분명해질 수 있다. 요컨대 유전자 개입을 함으로써 작은 키 혹은 낮은 지능에 영향을 준다면 어떻게 될까? 만일 자식이 더 나은 기회를 가질 수 있다면, 당신은 이런 기회를 잡지 않을까? 결함을 보완하려는 동기는 과연 무엇일까? 그리고 그 종착역은 어디일까?

오늘날에도 우리는 다른 영역에서 유전자 개입 기술이 어떤 방향으로 나아갈지 읽어낼 수 있다. 어린 소년 파울을 한 번 상상해보라. 이 녀석은 생동적이고 명랑한 소년으로, 지금은 초등학교 5학년에 다니고 있다. 파울은 꿈이 많다. 교과서보다는 다른 것에 더 관심을 많고, 수업 시간이면 다른 생각을 할 때가 많다. 그래서 담임선생님은 자주 파울에게 주의를 줬고, 심지어 지난주에는 자리를 바꿔야만 했다. 왜냐하면 옆자리에 앉은 토마스와 수업 시간에 잡담을 너무 많이 했기 때문이다. 숙제도 안 해갈 할 때가 많았다. 그래서 담임은 밖에 나가서 노는 것을 좋아하는 파울의 숙제장에 세 번이나 긴 문장으로 의견을 달아놓기도 했다. 어제는 수학 시험지를 돌려받았는데 낙제점을 받고 말았다. 파울의 어머니는 4주 전에 담임과 얘기를 나누었다. 파울이 수학 시간에 전혀 집중하지 않는다는 게 이유였다. 어머니는 지인으로부터 파울이 주의를 기울이는 데 어려움이 있는 아이, 그러니까 주의력 결핍/과잉 행동 장애를 앓고 있을지도 모른다는 얘기를 들었다. 파울은 이미 오래전부터 수업을 듣는 데 문제가 있는 아이였기에 어머니는 가슴이 쿵 내려앉았다. 만일 이런 식으로 계속 간다면 학교도 졸업 못할 것 같다. 그러면 파울은 어떻게 될까? "파울은 미래를 망치고 있어. 그러니 무슨 짓이든 해야 해." 파울의 아버지는 이렇게 생각했다.

5주 후 파울은 교실 의자에 차분하게 앉아 있다. 녀석은 예전보다 성실하게 공부하고, 담임은 여러 번 파울을 칭찬하기까지 했다. 파울의 성적은 희망을 가져도 될 만큼 향상했다. 집에서도 스트레스가 줄었다. 몇 주 전부터 파울은 아침을 먹을 때 알약을 복용하고 있다. 이 약에는 메틸페니데이트(methylphenidate)라는 성분이 5밀리그램 포함되어 있다. 어머니가 파울을 데리고 정신과 의사를 찾아가 처방받은 것이다. 오렌지 색깔의 이 약은 부엌 찬장 서랍에 들어 있다. 포장지에는 '리탈린(Ritalin)'이라고 적혀 있다.

1993년 독일 전역에서 처방해 소비된 메틸페니데이트의 양은 34킬로그램 정도였다.[21] 기적을 일으키는 이 약은 오로지 성공 가도만을 달렸다. 지금은 연간 소비량이 독일에서만 1.8톤에 달한다! 이는 매일 6000만 통의 약을 소비했다는 의미다. 따라서 파울 혼자만 이 약을 먹은 게 결코 아닌 것이다. 매일 15만 명 이상의 학생이 좀더 잘 집중하고 잘 배우기 위해 이 기적의 약을 복용했다.

메틸페니데이트는 그야말로 수십억 달러에 달하는 산업이 되었다. 그런데 전문가들은 이 약을 너무 쉽게 처방하고 있다며 한탄한다. 스위스 대학 세 곳이 연합해 6275명의 대학생을 상대로 연구를 수행했다.[22] 그 결과 7명 가운데 한 명이 시험 기간 동안 이른바 신경각성제인 이 약을 복용했다고 한다. 특히 화학과, 언론학과, 건축학과 학생이 많이 소비했다. 복용한 이유는 스트레스와 성적에 대한 압박감이었다.

우리는 힘든 상황을 견뎌내기 위해 뇌를 마비시킨 채 그 배후에서 작용하는 힘이 자연스러운 삶의 과정을 어떻게 망가뜨리는지 감지 못하고 있다. 우리는 놀랍고도 복잡한 삶의 다양성을 경제라는 일차원적인 것으로 축소한다. 강자가 살아남는다는 다윈의 이론을 성과, 보수, 이윤이라는 현대적 표현으로 해석하는 사람은 그를 오해하고 있는 것이다. 다윈이 상상한 진화에서 우리는 항상 복잡하고 다양한 세계를 관찰하는 사람이었다. 자신만의 마법 같은 규칙에 복종하는 세계 말이다. 그런데 숨이 막힐 정도로 놀랍게 발전한 장치와 기술은 이러한 세계를 우리 자신의 규칙에 맞게 변화시키며 오도한다. 진화 2.0은 사물의 자연스러운 과정을 분리하게 될까? 하지만 도대체 그런 진화의 계획은 무엇이란 말인가?

다윈은 그와 같은 시도가 불가능하다는 걸 일찌감치 알고 있었다. 《종의 기원》 3장은 지극히 현명한 글로 끝을 맺는다. “어떤 형태에 다른 형태를 통해 장점을 부여해주겠다고 생각하는 것은 좋다. 아마 우리는 성공을 위해 무엇을 할 수 있는지 단 한 가지의 경우도 모를 수 있다. 그와 같은 시도는 살아 있는 모든 생명체 사이에서 오가는 상호 관계에 대한 우리의 무식을 다시 한 번 확신하게 해줄 것이 틀림없다. 매우 도달하기 힘든 확신이기는 하지만 말이다.”[23]

모든 원시림과 대양은 “상호 관계에 대한 우리의 무식”이라는 압도적 감정으로 우리를 가득 채우곤 한다. 우리는 숨을 쉴 수 없을 정도의 다양성이라는 감동적인 개념으로 자연과 깊이 연결되어 있음을 감지한다. 그 어떤 인위적인 창조물도 다양성으로 가득한 우주를 대체할 수 없다. 비록 우리가 이런 상호 관계의 법칙과 규칙을 들여다보지 못할지라도 한 가지는 알고 있다. 우리도 이런 상호 관계에 속해 있다는 사실.

나는 로봇이 아닙니다

우리는 약간만 앞을 예견할 수 있다.

-앨런 튜링24

인터넷을 사용할 때면 "나는 로봇이 아닙니다"라는 문장을 자주 클릭해야만 한다. 가령 뉴스를 올리거나 내가 진짜 사람이라는 사실을 증명하기 위해 그림에 나열된 일련의 알파벳을 기입할 때 말이다.

이런 것은 일종의 가상 문지기로, 스팸 프로그램이나 다른 자동 실행을 차단하기 위함이다. 이른바 '캡차(captcha) 프로그램'은 인터넷을 사용하는 것이 사람인지 기계인지 구분한다.[25] 캡차는 'Completely Automated Public Turing Test To Tell Computers And Humans Apart(사람과 기계를 구분하기 위해 자동 실행되는 튜링 테스트)'의 앞 글자를 딴 말이다. 자동 소프트웨어가 해결하기에는 부담이 될 수 있는 과제를 인간에게 해결하라고 제시하는 알고리즘이다. 찌그러진 알파벳을 인지해야 할 경우도 있고, 사진 모자이크에서 고양이나 개를 클릭하라는 요구를 받을 때도 있다. 이런 테스트 아이디어를 만든 사람은 바로 천재 수학자 앨런 튜링(Alan

Turing)이다. 그래서 튜링-테스트라고 부르기도 한다.[26] 만일 어떤 사람이 기계와 대화를 나눌 때 상대가 인간인지 아닌지 확신할 수 없다면 컴퓨터는 테스트에 합격한 셈이다.

튜링은 일찍이 1950년에 상당히 도발적인 의문을 품었다. 기계는 생각을 할 수 있을까? 이에 대해 그는 확신을 갖고 말했다. "우리는 기계가 모든 지적인 분야에서 일하는 남자들과 경쟁하는 걸 예상할 수 있다." 그는 옳았다(물론 오늘날에는 "남자들"이라는 표현이 웃기게 들리지만). 컴퓨터가 최고로 손꼽히는 인간 고수들과 체스 또는 바둑 게임을 벌여 이기고 있으니 말이다. 로봇이 점점 더 독자적으로 자동차를 완성하고 있다. 로봇이 주변 상황을 인식하고 외부 자극에 반응하며, 심지어 양로원에 사는 많은 노인을 위로하기도 한다. 일본에서 발명한 이 제품은 독일에서도 볼 수 있다. 베이비 로봇에는 다수의 센서가 장착되어 있어 빛이나 소음과 접촉하면 이에 반응한다. 이들은 지느러미를 움직이거나, 소리를 내거나, 눈을 깜빡거림으로써 대답한다. 치매에 걸린 노인들은 이 '동물'에 반응하며 쓰다듬고 말을 걸기도 한다. 어쩌면 치매 노인들은 이 같은 기계에서 살아 있는 생명체를 보는 것인지도 모른다.

과학 픽션 영화 〈엑스 마키나(Ex-Machina)〉는 알렉스 가랜드(Alex Garland) 감독의 작품으로, 주인공이자 탁월한 컴퓨터 프로그래머 칼렙은 기절할 정도로 예쁜 로봇 여자 에이바를 만난다. 칼렙은 아름다운 로봇 여자에게 반해 그녀가 재프로그래밍되는 것을 막음으로써 기존의 안전장치를 무력하게 만들려 한다. 하지만 결국 에이바는 냉정하게 계산하는 장치일 뿐이라는 사실이 드러난다. 그녀는 인간의 관심을 자신이 탈출하고자 하는 목적으로만 사용한다. 인간은 이렇듯 전도된 튜링 테스트에 패하고 기계가 주도권을 쥔다.

이런 픽션에서는 사람과 기계 사이를 분명하게 구분하는 경계선이 존재한다. 그리하여 인공지능과 살아 있는 인간이 서로 싸운다. 그와 같은 줄거리는 지루한 서부 영화와 비슷하다. 카우보이와 인디언의 싸움, 흑인과 백인의 싸움처럼. 하지만 경계가 흐릿해진다면, 요컨대 경쟁자들이 잡종(hybrid)이거나 혼합된 형태라면 어떻게 될까?

100년 전 의사들은 환자의 심장이 멈추면 사망증명서를 교부했다. 당시 의학에 따르면 심정지는 바로 죽음을 의미했다. 하지만 오늘날 종합병원의 중환자실에서는 사망 진단을 받은 사람이 살아나는 경우가 종종 있다.[27] 이런 사람은 인공 심박조율기(pacemaker)로 계속 생명을 유지한다. 이식된 장치—또 다른 예로는 인공 와우(cochlear implant)와 지속적 피하 인슐린 주입(continuous subcutaneous insulin infusion, COII)이 있다—는 병든 신체 부위를 대체한다. 독일에서만 매년 약 18만 개의 인공 고관절과 10만 개의 인공 심박조율기를 이식한다.[28] 생각만으로 움직이는 의족이나 의수도 있다. 신호를 뇌에 전달하는, 빛에 민감한 센서로 생체공학 눈을 실험하기도 하고, 이식한 뒤 손가락 끝의 감각을 돌려주는 인공 손도 실험 중이다.[29]

손상을 입은 기관이나 사지를 보완하는 데 집중해 인공 의수와 의족을 제작하는 동안, 또 다른 분과에서는 생각만으로 장치를 통제하는 방법을 연구하고 있다. 눈을 움직이기만 해도 기계를 통제할 수 있는 방법이 개발되었고, 우리의 뇌에 자극을 주는 새로운 방법을 계속 찾고 있다. 이에 페이스북 같은 기업은 자판 없이 생각만으로 텍스트와 뉴스를 볼 날이 올 것이라고 주장한다.[30]

특히 필라델피아 소아과 병원의 과학자들이 개발한 인공 자궁은 상당한 주목을 끌고 있다. 바이오백(biobag)은 양수 안에 양(羊)의 태아가 자라고 있는 투명한 인공 팩이다.[31] 사람으로 치면 23주 정도에 해당하는 크기로 자란 양의 태아는 4주간의 실험 동안 특별한 문제 없이 잘 자랐다. 의사들은 어쩌면 이런 방식으로 아주 일찍 태어난 갓난아이들이 살아날 기회가 더 많아지길 희망한다.

인공 자궁과 전기 기계 이식 외에 조직을 배양하는 과학자도 있다. 줄기세포를 이용한 실험실에서는 작은 조직을 배양하는 데 성공했다. 작은 유리관 안에서 심장 근육세포와 아주 작은 위(胃)를 배양한다.[32] 2009년 면역학자이자 분자유전학자 한스 클레베르스(Hans Clevers)는 인간의 줄기세포로부터 무한하게 유사 장기(organoid, 類似臟器)를 만들 수 있는 혁명적 방법을 개발했다. 그동안 전 세계에서는 200개 넘는 실험실에서 정말 작은 위와 신장, 난쟁이 같은 간을 배양하고 있다.

나는 2016년 유럽의 과학을 위해 수여하는 쾨르버상(Körber-Preis)을 받기 위해 함부르크에 온 한스 클레베르스를 만나 그가 하는 연구의 가능성에 대해 얘기를 나누었다.[33] 이때 그는 놀라운 얘기를 들려주었다. 생물학자들은 오랫동안 줄기세포는 노화할 수 있고 원할 때마다 분할하지 못한다고 알고 있었다. 언젠가 우리 몸에 있는 세포는 자연 분할 과정이 멈추고 죽어버린다. 위트레흐트(Utrecht) 대학에 있는 실험실에서 쥐의 줄기세포로 실험한 결과, 그는 이 설치류가 7년 후에도 계속 세포 분열을 한다는 사실을 발견했다. 쥐는 사실 7년도 채 살지 못하는데 말이다. 이로써 놀라운 예측이 가능하다. 요컨대 의학은 언젠가 우리에게 신선한 세포와 조직을 공급할 수 있을 거라는 것이다. 그러면 우리는 죽지 않는다! "500년 후에도 우리가 다시 볼 수 있는 건가요?" 내가 묻자 한스는 약간 머뭇거리더니 이렇게 답했다. "기술적으로는 가능합니다. 하지만 정말 그렇게 되길 원하시나요?"

영원한 삶에 대한 꿈은 시종일관 우리의 문화를 관통하고 있다. 지금까지 가장 오래 산 것으로 알려진 사람은 프랑스 여성 잔 칼망(Jeanne Calment)이었다.[34] 1997년 122세의 나이로 사망한 그녀는 14세 때 파리에 있는 미술용품 가게에서 일했으며, 빈센트 반 고흐에게 연필을 팔기도 했다. 노동자들이 에펠탑을 세우는 광경도 보았고, 두 차례의 세계대전도 겪었다. 100세 이상 사는 사람, 이른바 슈퍼센티네리언(supercentenarian)이 점점 늘어나고 있다. 지난 수십 년 동안 선진국 사람들의 수명이 더 늘어났듯 말이다.

뉴욕에 있는 알베르트 아인슈타인 대학의 의대 교수 얀 페이흐(Jan Vijg)는 총 38개국의 최대 수명에 대해 연구했다.[35] 무엇보다 1940~1980년 극적으로 늘어났으나 1980년대부터는 최대 수명이 눈에 띄게 변하지 않았다. 통계상으로는 115세 정도가 최고령 나이인 듯싶다. 하지만 이 수치도 지금까지 의학이 거둔 성공을 반영한 것이다. 그러나 몇 년 후 미니 로봇이 혈관에 들어오고 인공 기관을 이식한다면 어떻게 될까?

시간이 지나면서 자연적 노화 과정이 점점 둔화된다면 우리는 기꺼이 그렇게 할 것이다. 로마 제국 시절에 평균 수명은 30세 이하였다. 대부분의 사람이 젊어서 죽었다는 얘기다. 이와 반대로 우리는 늙어가는 신체가 유효 기간에 이르렀음을 감지한다. 선진국의 경우 60세가 되면 치아의 3분의 1을 잃고, 이로부터 20년이 지나면 10명 가운데 4명은 치아가 하나도 없게 된다. 우리의 뼈는 시간이 지날수록 부서지기 쉽고, 혈관은 딱딱해지고, 근육은 사라지고, 머리카락도 흰머리가 많아지며 빠져서 숱이 줄어들고, 귀도 잘 들리지 않는다. 건강하게 먹고 운동하더라도 시간이라는 톱니가 우리를 갉아먹는 것이다. 의사 아툴 가완디는 멋진 저서 《어떻게 죽을 것인가》에서 이처럼 점차 쇠락하는 과정을 깜짝 놀랄 정도로 자세하게 묘사한다. 시간의 흐름과 함께 우리의 몸은 쇠약해진다. 요컨대 당신과 나를 기다리는 것은 결코 아름다운 이야기가 아니다! 하지만 이런 과정을 멈추게 한다면, 미래 의학이 이런 쇠락으로부터 우리를 보호해준다면 어떻게 될까?

내가 방문한 기업 중 가장 끔찍한 곳 중 하나는 바로 애리조나주 스코츠데일(Scottsdale)에 있는 앨코어(Alcor)였다. 건물 입구 커다란 간판에는 '앨코어 생명연장재단'이라는 파란색 글자가 쓰여 있었다. 이 회사는 최근 스코츠데일로 이사를 왔는데, 나를 안내해준 사람은 이곳을 고심 끝에 골랐다고 설명했다. 이곳은 지진이나 다른 재난이 닥친 적이 없어 안전하다는 얘기였다. 앨코어처럼 장기적인 계획을 세우는 회사라면, 이런 안전 기준이 중요할 것이다. 핵 쓰레기를 매립하는 장소를 결정하듯 말이다. 앨코어는 죽은 사람을 냉동시켜 액체 질소로 채운 커다란 탱크에 보관했다가 먼 미래에 다시 깨울 계획을 갖고 설립한 재단이다. 앨코어 직원들은 의학이 발전해 그들이 보관한 사람의 몸을 다시 깨울 수 있을 거라고 확신했다.

카메라맨과 나는 우리를 안내하는 직원에게 '이고르(Igor)'라는 이름을 붙여주었는데, 이날 이후 며칠 동안 그는 '영생'이라는 얼토당토않은 꿈으로 우리를 인도했다. 죽은 사람도 훗날 훨씬 발전할 의학의 도움을 받으면 오랫동안 다시 살 수 있다는 얘기였다. 심장병, 감염, 암 같은 모든 질병과 합병증도 몇 십 년 안에 더 이상 우리를 죽게 만들지 못할 것이라고 했다. 앨코어에서 일을 처리하는 과정은 간단하다고 이고르는 말했다. 요컨대 20만 달러를 재단에 지불하고, 일련의 서류를 작성하면 죽은 뒤 영원히 보존된다는 것이다. 사람이 숨을 거두면 앨코어 팀은 곧장 냉동 상태에서 부패를 방지하는 다양한 재료와 성분으로 시신의 혈관을 세척

한다고 한다. 이런 성분은 체세포의 예민한 세포막이 얼음 결정으로 훼손당하지 않도록 해준다고 하는데, 정말인지는 확인할 수 없다. 세척이 끝난 신체는 영하 296도에서 보관된다. 그리고 액체 질소가 들어 있는 거대한 얼음 탱크 안에서 꽁꽁 언 채 언젠가 부활할 날을 기다린다는 것이다.

지불한 금액의 이자로 해동할 때까지 직원들 임금과 액체 질소를 규칙적으로 채워 넣는 비용을 충당한다. 이고르는 조금 더 저렴한 선택도 있다고 설명했다. "머리만 하는 것은 어때요?" 이런 선택을 하면 머리만 절단해서 냉동한다. 점점 더 많은 회원이 이런 선택을 한다고 한다.

나는 옆에 있는 거대한 강철 탱크를 쳐다보았다. "여기에 머리와 죽은 신체가 보관되어 있다는 말씀인가요?"

그러자 이고르가 말했다. "우리는 환자님들이라고 표현합니다."

저녁에 나는 샐리라는 이름의 여성과 만나기로 약속했다. 이 젊은 어머니는 비교적 넓은 집에 살고 있었는데, 자신의 거실에서 인터뷰를 허락했다. 샐리와 그녀의 남편은 몸 전체가 아닌 선택, 그러니까 머리만 보관하는 선택을 했다고 한다. 물론 몇 년 뒤 몸 전체를 냉동하는 선택을 할 수도 있다고 했다. 샐리는 이렇듯 환상적인 가능성에 대해 잔뜩 들떠 얘기하며, 남편과 자신이 어떻게 이런 선택을 하게 됐는지 설명했다. 그런데 나는 그 얘기를 듣는 동안 샐리의 머리가 질소 탱크 안에서 둥둥 떠다니는 상상을 했다.

나는 다시 깨어나는 것을 어떤 식으로 상상하느냐고 물어보았다. 그것은 샐리에게 고민거리도 아니었다. 즉 미래에 개발될 하이테크 의학이 우선 자신의 머리를 특수 용액에 담근 다음, 지능 로봇이 뇌를 컴퓨터와 연결할 것이라고 했다. 이 순간부터 그녀는 외부 세계와 다시 의사소통이 가능해진다고 했다.

"그러면 당신의 몸은 어떻게 하죠?" 이것 역시 전혀 문제 되지 않았다. 미래에는 기술이 충분히 발전하기 때문에 자신에게 맞는 인공 신체를 제작할 수 있다고 했다. 충분히 가능할지도 모른다. 순전히 뇌만 살아 있는 그녀가 카탈로그에서 자신에게 어울리는 새로운 몸을 선택할 수 있을 테니 말이다. 어쩌면 지금보다 뱃살이 없고 가슴은 큰 몸을 고를 수도 있을 것이다.

그날 밤 나는 스코츠데일에 있는 호텔 방에서 불안에 떨며 잠이 들었다. 그리고 잘려나간 목과 피가 하나도 없는 죽은 몸에 대한 꿈을 꿨다. 샐리와 그녀의 남편이 앞으로 자신의 몸이 될 여러 가지 모델을 놓고 언쟁을 벌이는 꿈도 꾸었다. 다음 날, 이고르는 어떤 재판에 관해 얘기해주었다. 캘리포니아의 한 수학자가 몇 년 전 뇌종양에 걸렸다. 암은 점점 그의 뇌를 위협했고, 의식이 파괴될 위험에 처했다. 그래서 수학자는 자신의 머리를 냉동시키기 위해 자연적인 죽음이 다가오기 전에 좀더 일찍 생을 마감하기로 했다. 하지만 자살 후 경찰이 앨코어 팀에게 냉동 보관을 허락하지 않을 터였기 때문에 수학자는 법원에 이 문제를 공식적으로 제기했다. "그는 더 오래 살기 위해 자살을 하려 했던 겁니다. 이해하시겠습니까?" 캘리포니아 법원은 수학자의 의도를 거절했고, 다행스럽게도 종양은 더 이상 자라지 않았다고 한다.

유감스럽지만 거대한 인체 냉동 보존 탱크를 들여다볼 기회는 주어지지 않았다. 그래서 이 모든 환상적인 이야기가 실제로 일어나고 있는지 의심할 수밖에 없었다. 앨코어는 재단에 가입한 회원이 1000명 이상이며 이미 150명의 '환자님'들이 부활을 기다리고 있다고 자랑스럽게 말하고 있다. 하지만 이 모든 게 사기일지 누가 알겠는가.[36] 샐리와 그녀의 남편처럼 잘 믿는 사람들이 영생을 확신하며 수십만 달러를 지불하지만, 알고 보면 대단한 쇼일 수도 있지 않겠냐는 얘기다.

하지만 정말 영원한 삶이 어느 날 기술적으로 가능해진다면 어떨까? 레이 커즈와일처럼 미래를 잘 예견하는 사람들은 기계가 장차 우리의 뇌를 읽게 될 것이고, 그러면 우리는 가상의 존재로서 영원히 살 수도 있을 것이라고 확신한다.[37] 그의 책과 강연을 보면 컴퓨터 기술이 진보하는 시대에 그런 특이점의 순간을 특별히 강조한다. 그에 따르면 언젠가는 기술 시스템이 의식을 갖고 있는 슈퍼 조직에 녹아들어 우리는 마법과 같은 장치의 일부가 된다. 커즈와일과 트랜스휴머니즘(transhumanism)을 대표하는 사람들은 마침내 우리 인간에게 영생을 부여할 발전 단계가 오길 희망하고 있다. 이 지점에서 우리는 종교와 기술 사이의 독특한 유사성을 확인한다. 즉 기술로 구축한 유토피아가 우리에게 낙원을 약속하고 있는 것이다.

기술적으로 무엇이든 만들 수 있다고 생각함에도 원칙적 질문을 해야겠다. 우리는 정말 불멸을 원하는 것일까? 언젠가는 죽어야 하는 게 우리 자신의 본질적 부분이 아닐까? 프랑스 철학자 시몬 드 보부아르(Simone de Beauvoir)는 자신의 소설 《모든 인간은 죽는다》에서 레몽 포스카라는 인물의 허구적 이야기를 다룬다.[38] 1279년에 태어난 그는 이탈리아 도시 카르모나(Carmona)의 제후가 된다. 어느 날 한 거지가 영원히 살 수 있는 명약을 건네자 포스카는 주저하지 않고 이를 삼킨다. 영생을 얻은 그는 권력을 확장하고, 세월이 흘러 아내와 자식들이 죽는다. 이후 그는 고독에 사로잡혀 온갖 일을 겪는다. 미국을 발견해 인디언들과 살기도 하고, 카를 5세가 지배하는 제국의 고문이 되기도 하고, 프랑스 혁명을 직접 체험한다. 그야말로 역사의 부침을 몸소 함께한다. 하지만 그는 노력하고 실패하는 과정이 반복되는 것을 견딜 수 없다. 항상 사랑하는 사람을 잃고 혼자만 남는 까닭이다. 500년 후 그는 마리안이라는 여자를 만나 사랑에 빠진다. 하지만 그가 죽지 않는다는 사실을 알자 그녀는 소스라치게 놀란다. 평생을 그에게 바쳐도 영원을 사는 그에게 자신은 작은 에피소드에 불과하기 때문이다.

보부아르가 이 소설을 통해 전하고자 하는 것은 오늘날에도 유효하다. 즉 죽음은 결코 사악한 것이 아니며, 우리 삶과 행동에 의미를 부여하는 것은 바로 영원히 살지 못하는 덧없음 덕분이다. 오늘날 컴퓨터와 관련해 밝은 미래를 예견하는 모든 약속과 어느 정도 의심스러운 실험으로 불멸의 창문을 열고자 하는 예언가들은[39] 우리 인간의 덧없음이 갖고 있는 구원의 의미를 제대로 모르고 있다.

PS: 어쩌면—순전히 가설이기는 하지만—몇 백 년 후 이 책이 샐리라는 이름의 아름다운 여인 손에 들어갈지도 모른다. 수백 년 동안 얼음같이 차가운 질소에 갇혀 있다가 새롭게 태어난 여인이다.

사랑하는 샐리, 만일 당신이 이 글을 읽게 된다면, 내가 당신의 말을 믿지 않은 오류를 범한 것입니다. 하지만 걱정하지 마세요. 나는 내 유한함을 하루도 빠지지 않고 매일 즐겼으니까요!

11

행동하기

안정성과 변화

우리에겐 딱 하나의 행성밖에 없다

점 한 개. 이것이 바로 '여기'다.
이것이 '집'이다. 이것이 '우리'다.[1]

-칼 세이건(Carl Sagan)

1990년 2월 14일은 특별한 날이었다. 무인 우주 탐색기 보이저 1호가 이날 지구로부터 64억 킬로미터 떨어진 곳에서 지구를 바라본 것이다. 보이저 1호는 우리의 태양계를 사진으로 찍었다. 최초로 찍은 '가족사진'인 셈이다. 요컨대 태양과 그 태양을 둘러싸고 있는 행성들의 사진이다. 기다란 관 모양의 비디콘(Vidicon) 카메라가 지구에 보낸 마지막 사진이었다. 총 60장의 사진에는 목성, 금성, 토성, 천왕성, 해왕성도 담겨 있었다. 수성과 화성은 무인 우주 탐색기의 위치에서 봤을 때 태양과 너무 가깝고, 그래서 태양으로부터 과도한 빛을 받았다. 카메라의 해상도는 800×800픽셀밖에 되지 않았다. 이는 오늘날 중간급 휴대전화에 달려 있는 카메라 해상도와 맞먹는다. 게다가 무인 탐사선은 흑백 사진을 보내와 다양한 컬러 필터로 사진을 겹쳐야만 컬러로 볼 수 있다.

태양으로부터 나오는 역광으로 반사와 분산이 일어난다. 커다란 행성

'창백하게 파란 점', 지구. 무인 우주 탐색기 보이저 1호 촬영.

인 목성과 토성은 쉽게 카메라 렌즈로 잡을 수 있다. 다른 사진을 자세히 보면 먼 곳의 아주 작은 점을 확인할 수 있는데, 개별적으로 찍은 다른 행성의 점과 비교하면 거의 10분의 1 크기에 불과하다. 더럽혀진 얼룩이나 오류로 인한 점처럼 보일 수도 있지만, 이 파란색 작은 부스러기처럼 생긴 것이 바로 우리 지구다. 현재 우리가 살고 있는 행성 말이다.[2] 우주에 있는 하나의 점, 미미한 먼지덩이 같은 이곳이 우리의 꿈과 희망의 무대이자 우리 아이들과 부모님이 태어난 곳이며, 어떤 민족은 전쟁을 치르고 또 다른 민족은 서로 온기를 나누는 곳이다. 바로 이곳에서 새들이 아침 이슬을 마시고 반 고흐 같은 화가나 슈만 같은 작곡가가 활동했다. 우주에 있는 단 하나의 점이 모든 것을 품고 있다. 전쟁까지 치를 수 있는 사악함부터 아이가 짓는 첫 미소를 보고 행복에 겨워하는 어머니의 모습에 이르기까지 말이다. 이 책에서 얘기하고 있는 모든 것이 다른 곳이 아니라 바로 여기에서 일어나고 있다.

앞으로 인류의 생존 여부는 행성들과 은하계의 운행을 전혀 바꾸지 못한다. 행성들과 은하계의 무한함에 비추어보면 우리의 존재는 속눈썹을 한 번 깜빡이는 것에 불과하다. 우리가 더 이상 존재하지 않는다 하더라도 그 누구도 우리를 그리워하지 않을 것이다. 우리의 멸망을 막기 위해 나설 존재도 없다. 우리는 혼자다. 이 거대한 무(無)의 세계에 오직 우리만 있다.

피폐해진 이 행성을 떠나 다른 행성으로 옮기면 되지 않느냐고 생각하는 사람도 많다. 하지만 우주의 크기만 놓고 보더라도 그런 선택은 불가능하다. 우리의 조상들이 막 직립보행을 시작했을 무렵 많은 별들에서 나온 빛이 여행을 시작했다. 우주의 먼 곳에 떨어져 있는 별들에서 나오는 흐릿한 빛은 사실 지구가 생겨난 역사보다 더 오래전부터 우주를 돌아다니고 있다. 물론 우리는 우리의 운명을 결정해줄 친절한 외계인이 있으면 좋겠다고 생각할 수 있지만, 이런 희망은 꿈에 불과하다. 우리는 혼자이며, 주변을 샅샅이 찾아다니면 다닐수록 이 작은 점 지구가 정말 특별하고 하나밖에 없는 행성임을 더 잘 알 수 있다. 지구는 그야말로 완벽하다. 요컨대 너무 따뜻하거나 너무 춥지도 않다. 35억 년 전만 하더라도 지구의 대기는 살기에 적합하지 않았다. 독성을 띤 암모니아, 이산화탄소, 질소, 메탄이 가득했다. 계속된 악천후에 번개가 치면 생겨나는 유황가스로 인해 안개가 끼고 바다가 차가운 행성을 뒤덮었다.

초기 지구의 바다에는 시아노박테리아(Cyanobacteria)가 분주하게 돌아다녔다. 이 박테리아는 지구상에서 가장 오래된 생명체이며, 햇빛을 이용해 공기 중에 있는 이산화탄소를 산소로 바꾸는 광합성 작용을 했다. 이 모든 것이 어떻게 진행되었는지는 오늘날까지 수수께끼로 남아 있다. 하지만 어쨌거나 이와 같은 일련의 비옥한 조건 속에서 버섯과 해초, 단세포 생물과 선충류, 곤충과 코끼리·하마 같은 후피류(厚皮類), 살쾡이와 참새 그리고 마침내 인간이 생겨났다.

이 행성은 선물이며, 차갑게 죽어 있는 우주 공간 한가운데에서 생명체가 살아갈 수 있는 유일한 섬이다. 하지만 우리는 마치 크리스마스 선물을 받은 어린 아이처럼 행동하고 있다. 즉 선물 꾸러미를 찢어 내용물을 꺼내고는 이것저것 시험해보고 실패한 다음에야 비로소 사용법을 읽기 시작하는 아이와 같다. 우리는 지금 이 단계에 있다. 우리는 뭔가 바뀌어야 한다는 사실을 알아차리고 있다. 우리의 태도가 지속적으로 우주를 파괴하기 때문이다. 우리가 받은 선물은 이미 고통에 휩싸여 있다. 우리는 주의하지 않고 많은 숲을 파괴했다. 기후가 변하고 많은 동식물이 사라지고 있다. 하지만 우리는 완전히 파괴되기 전에 우리 집을 지킬 기회가 있다. 이제야 비로소 체계적으로 크고 작은 생활권(생명 서식 공간—옮긴이)을 탐색하기 시작했다. 오늘날에도 우리는 새로운 종을 발견하고 전에는 알지 못했던 생활권을 만나고 있다.

지구 표면의 70퍼센트가 바다로 덮여 있다. 바로 이 바다에 지구에 사는 모든 생명체의 4분의 3이 살고 있으며, 지극히 작아서 현미경으로 확인해야 하는 플랑크톤부터 지구상에서 가장 큰 동물도 살고 있다. 바다는 오늘날까지 거의 연구되지 않은 생활권이다.

2011년 나는 노르웨이 해안에서 연구용 독일 잠수 보트 야고(Jago)에 탑승해 비밀스러운 심해를 내 눈으로 직접 보는 행운을 얻었다. 아주 좁은 잠수 보트는 온갖 장치로 가득 차 있었다. 플렉시 유리(Plexiglas)와 강철로 만든 2센티미터 두께의 잠수 보트가 위르겐 샤우어(Jürgen Schauer)와 나를 엄청난 수압으로부터 보호해주었다. 야고는 우주선과 비슷했다. 그래서인지 내가 마치 미지의 행성으로 여행하는 우주비행사 같았다.

100미터 밑으로 내려가자 우리 위에 있는 바다가 희미한 녹색을 띠고 있다는 걸 알아차릴 수 있었다. 밑으로 내려가면 갈수록 점점 어두워져 마침내 우리는 완전한 어둠에 둘러싸였다. 심해에서는 영원히 밤이었다.

나는 아직도 바다 밑으로 내려갔을 때의 그 믿을 수 없는 고요함을 기억한다. 우리와 마주친 많은 생명체는 스스로 빛을 발산했다. 우리 곁을 지나가는 유즐동물(Ctenophora, 有櫛動物: 빗해파리류를 가리키는 말—옮긴이)은 컬러 무늬로 보여 다른 세계에서 온 동물 같았다. 밑으로 내려갈수록 우리가 탑승한 탐사 보트는 점점 차가워졌다. 그 정도의 바다 깊이의 온도는 7도에 불과하기 때문이다.

"바닥까지 가려면 20미터 남았어요." 동행한 위르겐이 레이저 탐지기를 확인하고서는 말했다. 바닥을 비추는 교차 광선을 통해 그는 240미터 깊이에서 바닥까지의 거리를 좀더 잘 확인할 수 있었다. 탐조등의 빛을 통해 본 광경은 한마디로 장관이었다. 해저는 알록달록한 심해 산호충 군락으로 이뤄진 이국적인 광경으로 뒤덮여 있었다. 그 사이로 셀 수 없이 많은 물고기, 게, 조개 따위가 살아가고 있었다. 탐사선 보트에서 나오는 빛 때문에 열 마리 넘는 바다 연어가 우리에게 다가왔다. 녀석들은 플렉시 유리 앞에서 호기심에 차서 빙빙 돌아다녔다. 이렇듯 차갑고 깜깜한 해저에서, 그렇듯 다양한 생명체를 만날 거라는 상상을 나는 한 번도 해본 적이 없었다. 우리는 자그마한 탐사선 안에서 생명체들이 벌이는 숨 막힐 정도로 매혹적인 향연을 목격했다.

1990년대 중반에 이르러서야 이런 산호를 체계적으로 연구하기 시작했다. 이 생명체는 적극적으로 영양을 섭취한다. 즉 촉수를 이용해 요각류처럼 지극히 작은 생명체를 잡아먹는다. 그동안 노르웨이 북쪽 끝부터 서아프리카 해안 앞까지 심해 산호충 암초가 뻗어 있다는 사실이 밝혀졌다. 이 암초는 해안—파도가 심해서 먹이가 잘 떠내려오는 곳—을 따라 형성되었고, 지극히 다양한 심해 생태계에 속해 있다. 이 암초들은 대구와 바다 연어 같은 상업 어종의 부화 장소이자 생활 공간이기도 하다. 하지만 우리는 그물로 바닥까지 훑는 저인망 어획 방식으로 고기를 잡음으로써 바다를 사막으로 만들고 있다.

산호는 석회를 만드는 생명체로서 점점 심각해지는 바다의 산화로 인해 피해를 입고 있다. 전 세계의 바다는 대기 중의 이산화탄소를 3분의 1가량 흡수한다. 바다는 기후 변화의 충격을 완화해주지만 이산화탄소가 물과 작용해 탄산으로 변하고, 이를 통해 바다가 산성화하는 것이다. 이는 복잡하게 엉켜 있는 바다 생명체에 심각한 결과를 가져온다. 산(酸)은 바다에 살고 있는 지극히 작은 생명체의 석회질 골격을 공격할 뿐 아니라 생명체의 신진대사도 바꾸어버린다. 수중 탐험 대장 울프 리베젤(Ulf Riebesell)은 나중에 현미경을 통해 이렇게 산화되었을 때의 효과를 보여주었다. 그는 심해 산호초가 대부분 8000년가량 되었지만, 21세기 말이면 그중 3분의 2가 죽을 것 같다고 우려했다. 나는 이날 지금까지 거의 연구되지 않았던 세계를 목격했으며, 동시에 우리가 정말 중요한 생태계를 얼마나 파괴했는지 목도할 수 있었다.

바다 위에서 이뤄지는 우리의 삶이 바다 밑에 있는 소중한 세계에 영향을 준다. 이런 방식으로 계속 살아간다면, 나의 손자는 지구에서 지극히 멋진 생명체들을 더 이상 보지 못할 가능성도 있다.

나는 수많은 탐험과 촬영 여행을 통해 엄청난 기적과도 같은 자연을 직접 체험하는 행운을 얻었다. 하지만 북극 지방의 파란 얼음부터 아시아의 원시림 깊숙한 곳까지, 나미비아의 사막부터 오스트레일리아 북부의 강줄기까지 항상 똑같은 것을 마주했다. 우리 인간이 지구를 파괴하고 있다는 사실이 그것이다.

우리는 팜유를 얻을 수 있는 종려나무를 심기 위해 수마트라의 장엄한 원시림을 벌채하고 있다. 이로써 값싼 피자를 먹을 수는 있지만 그 대신 자유롭게 살아가는 오랑우탄의 마지막 피난처를 파괴하고 있는 것이다.

코스타리카 서부 해안에서 나는 우리가 버린 플라스틱 쓰레기가 장수거북을 어떻게 죽이는지 보았다. 해파리를 먹고 사는 바다 동물은 둥둥 떠다니는 비닐을 해파리로 착각한다. 그래서 거북은 죽을 때가 되어서야 자신이 먹은 게 무엇인지 알게 된다. 장수거북은 알을 낳기 위해서만 육지로 나오는데, 어느 날 생물학자 네이선 로빈슨(Nathan Robinson)은 거북의 코 안에서 플라스틱 빨대를 발견했다. 네이선은 나에게 그 빨대를 보여주었다. 20년 전만 하더라도 네이선이 이끄는 팀은 단 한 시즌에만 수천 마리의 장수거북을 발견할 수 있었지만, 2016년에는 겨우 열 마리 정도만 보았다고 한다. 장수거북이 멸종하고 있는 것이다. 나는 어쩌면 마지막까지 겨우 살아남은 장수거북을 본 것일지도 모른다. 장수거북은 공룡 시대도 견디며 수억 년을 이 지구에서 살아왔다. 그런데 아무런 생각 없이 버린 플라스틱 빨대가 바다에서 가장 오랫동안 살아온 이 동물을 죽이고 있다.

우리는 오늘날까지도 많은 동물과 식물에 대해 알지 못한다. 사람의 손이 닿지 않는 미지의 원시림에서 처음으로 시도하는 탐험, 또 얕건 깊건 바다를 탐사하는 일은 우리의 무지가 어느 정도인지 깨닫게 해준다. 많은 것을 모르는 채 시간은 흘러간다.

〈사이언스〉는 거의 1000편에 달하는 기후 관련 논문의 내용을 대대적으로 비교하는 작업을 진행했다.[3] 이로부터 기후 변화는 인간에 의해 발생한 결과라는 결론을 내렸다. 이를 의심할 만한 과학적 근거가 없음에도 로비스트들은 거짓 정보를 퍼뜨림으로써 철저한 조치를 취하지 못하게 방해한다. 과학사를 전공한 하버드 대학의 나오미 오레스케스(Naomi Oreskes)는 '의심을 파는 상인들'을 자세히 파헤쳤다.[4] 나오미는 나와의 인터뷰에서 석유 산업에 종사하는 로비스트들이 대중의 의견과 미국의 정치에 얼마나 비열하게 영향을 미치고 있는지 설명해주었다.[5] 그들은 많은 돈으로 의심을 양산해내고, 사이비 전문가를 모아서 연구소의 전문가를 공격하고, 자신들의 논점을 자유와 복지를 보호하기 위한 목적이라고 연출한다. 나오미는 이와 비슷하게 활동하는 정치계 로비스트도 발견했다. 그들은 수많은 자료를 기반으로 동일한 전략을 펼친다. 심지어 기후 변화와 관련해 오존층에 뚫린 구멍, 산성비 그리고 담배의 유해성을 부인한다.

많은 세월이 흐르고 수많은 협상을 거친 끝에 마침내 2015년 말 총 195개국이 파리에서 유엔 기후 협약에 서명했다. 이 협약의 목표는 일련의 구체적 조치를 통해 지구 평균 기온 상승 폭을 산업화 이전 대비 섭씨 2도 이상 낮추는 데 있었다. 기후 변화를 부정하는 악명 높은 전략가들이 어떻게 행동했는지는 2017년 6월에 드러났다. 미국 대통령이 파리 기후 협약을 일방적으로 깨버린 것이다. 미국 대통령은 그보다 몇 달 전 석탄 노동자들에게 둘러싸여 상징적인 협약에 서명했다. '석탄과의 전쟁'에 종지부를 찍는 법령에 서명한 것이다. 탐욕에 가득 찬 산업계를 위해 일하는 로비스트는 이로써 자신들의 이익을 관철시키는 데 성공했다. 소수의 이득을 나머지 국민의 이익보다 우선시한 것이다.

그러나 미국도 기후 변화의 영향을 받을 수밖에 없다. 2016년 8월 루이지애나주에 폭우가 내려 홍수 재해가 발생했다. 14만 채 넘는 주택이 부분적으로 파손되고, 손해액은 100억 달러에 달했다. 그로부터 2개월 후 나는 현지를 방문해 홍수가 가져온 막대한 피해 상황을 직접 눈으로 확인했다. 학교와 유치원은 여전히 폐쇄된 상태였고, 길거리에서는 곰팡이 냄새가 코를 찔렀다. 나는 특별히 피해가 심한 주도(州都) 배턴루지에서 모든 것을 잃은 주민들과 이야기를 나눌 수 있었다.

존은 자동차 기계공이었다. 홍수는 그의 집을 무너뜨리고 모든 재산을 쓸모없게 만들었다. 가구, 매트, 책과 옷 등 모든 것이 녹슬고 곰팡이가 피었다. 그 광경은 그야말로 처참했다. 집 앞에는 거대한 쓰레기 더미가 쌓여 있었다. 그는 자신이 소유하던 거의 모든 것을 버려야만 했다. 삶 전체가 거리에 나앉게 된 것이다. 존은 '홍수 보험'은 물론 어떤 보장 보험에도 들지 않았다. 그렇게까지 심각한 홍수가 일어나리라고는 그때까지 누구도 예상하지 못했기 때문이다. 직장도 하룻밤 사이에 사라졌다. 홍수가 존이 일하던 작업장을 덮쳤기 때문이다. 존은 국가에서 제공한 구제금 500달러를 거절했다. 이를 주기 위해 방문한 공무원을 집 앞에서 내쫓았다. 존은 실질적 도움이 전혀 안 되는 이른바 '상징적 정치'로부터 아무것도 받고 싶지 않다고 털어놓았다.

모든 차원에서 생각을 바꾸려면 기후 변화로 인한 희생자, 그러니까 존 같은 사람이 더 많아져야 할지도 모른다. 지금도 우리는 전 세계에서 일어나는 기후 재난 때문에 다른 나라로 이민을 떠나는 사람들을 종종 볼 수 있다. 가뭄, 극단적 열대성 폭풍우와 늘어나는 사막화가 많은 사람의 생활 공간을 파괴하고 있다. 물 부족 때문에 고통받는 주민도 많다. 당연히 고향을 떠날 수밖에 없는 상황인 것이다. 독일 정부의 과학자문단에 따르면, 오늘날 전 세계 이민자 가운데 10~25퍼센트는 기후 변화의 결과 때문이라고 한다. 그 수치는 2500만~6000만 명에 달한다. 유엔 난민기구 같은 다른 조직은 심지어 기후 변화로 인한 이민자 수가 훨씬 더 많다고 추정한다.[6]

진행 중인 기후 변화는 갑자기 일어난 일이 결코 아니다. 어느 날 갑자기 쾰른 대성당이 물에 잠기는 것은 아니라는 얘기다. 이런 현상은 점차

적으로 확인할 수 있다. 요컨대 극지방의 얼음이 서서히 녹고, 알프스 빙하가 점차 줄어들고, 극단적 기후 사건이 점점 늘어난다. 처음에 우리는 보험 지불금이 올라가는 사실을 받아들인다. 우리가 대규모 산불에 대해 자주 듣거나 겨울 스포츠를 즐기는 장소에서 부족한 눈을 보충하기 위해 인공 눈을 점점 더 많이 투입한다는 사실을 알아차리더라도, 그런 것이 우리를 불안에 빠뜨리지는 않는다. 처음에는 기후로 인해 도망친 난민을 받아들이지 않으려고 울타리를 칠 것이다. 어쩌면 우리는 이런 사건이 일어날 때마다 자체적인 설명이나 사과를 시도할 것이다. 폭풍이 치고 폭우가 퍼부어도 이런 표어는 찾아볼 수 없기 때문이다. "원인은 기후 변화 때문입니다." 우리는 둑을 점점 높게 쌓아 해안을 보호하려 할 것이고, 수확 감소로 인해 생필품 가격이 올라간다고 화를 낼지도 모른다.

그러나 우리는 시간이 흐르면서, 이렇게 많은 개별 사건이 서로 연관되어 있다는 사실을 깨달을 수도 있다. 한쪽에서는 기후 변화를 여전히 체계적으로 부인하고 자연 파괴를 경시하는 반면, 또 다른 부류는 우리의 탐욕이 저지른 상처를 치료하기 위해서 언젠가 신과 같은 존재가 나타날지도 모른다고 믿는다. 하지만 이런 종류의 희망은 착각에 불과하다. 그 어떤 낯선 힘도 우리 지구를 고쳐주는 일을 감행하지 않을 것이며, 인간의 가장 혁신적 기술조차도 점차 파괴되는 우리의 생활권을 변상해줄 수 없을 것이다. 유감스럽게도 우리에게는 대안이 없다. 지구 2.0은 없다. 인위적인 생활권을 구축해 마법처럼 문제를 해결할 수도 없다. 새로운 우주 공간으로 우리를 데려다줄 우주선 따위는 없다는 얘기다.

우리는 집에 머물러야 한다. 우리의 행성인 이 작고 푸른 점에서 살아야 한다. 무한한 우주에서는 못 보고 지나칠 수도 있는 점과도 같은 이 행성에서 말이다.

“당신들은 시계가 있고, 우리는 시간이 있지요”

겉으로 안전해 보이는 것에 속지 않고, 맨 먼저 변화하는 방향을 예견하는 사람이 현명한 사람이다.

-아르투르 쇼펜하우어

물리학자들은 대체로 선구자를 다른 안경으로 관찰한다. 일상적인 생각과 확실하게 차이 나는 점은 예를 들어 하나의 과정을 의식적으로 추상화하는 것이고, 과정을 분석하고, 특정 규칙과 작용을 탐구하는 데 있다. 아이작 뉴턴의 천재적 공로는 사과가 떨어지는 법칙과 달의 운행 궤도가 동일한 힘에 의해 결정된다는 것을 인지했다는 데 있다. 두 경우 중력의 법칙이 작용한다. 이렇듯 기본 법칙을 보편적으로 확립한 뉴턴은 사과와 땅이라는 시스템뿐만 아니라 달과 지구라는 시스템을 설명한다.

물리학적 사고에서 아주 많은 경우에 안정성이라는 개념이 중요한 역할을 한다. 사람들은 여러 실험을 통해 하나의 시스템이 외부의 방해에 어떻게 반응하는지를 밝혀내려 한다. 원래의 상태로 다시 돌아오는지, 아니면 과도한 반응을 하게 되는지? 안정성과 평형은 매우 밀접한 연관이 있는데, 자연은 항상 이런 조건을 만족시키는 상태가 되려고 애쓰기 때문이다. 안정적인 시스템이 평형을 이루고 있는 가운데 만약 누군가 이를 방해하면, 그것은 원래의 안정적인 상태가 되려 한다. 이와 반대로 불안정한 시스템은 아주 사소한 방해를 받더라도 궤도에서 이탈하고 다른 평형점에서 안정을 찾거나, 그렇지 않으면 무질서하게 반응한다. 이와 같은 경우에는 사소한 변화일지라도 예측하기 어려운 결과를 가져올 수 있다.

이론물리학에서 사람들은 늘 수학적 도구를 이용해 추상적 시스템의 안정성을 검사한다. 말하자면 무슨 일이 일어나는지 관찰하기 위해 시스템을 '흔들어놓고' 평형 상태를 방해함으로써 실험을 한다. 이를 이른바 방해 이론이라고 부른다. 이 방법으로 과학자들은 비행기가 측면에서 부는 바람이나 소용돌이에 유연하게 반응하는지 계산할 수 있고, 또는 당신이 가령 신맛 나는 레몬즙을 마셨는데도 화학적 완충 작용으로 인해 혈액에 문제가 없는 이유를 상세하게 이해할 수 있다. 이런 과정을 거치면서 하나의 시스템이 얼마나 안정되어 있는지 검사할 수 있다.

이렇듯 추상적인 물리의 세계를 잠시 소개하는 걸 이해해주기 바란다. 이 기회에 나는 이 책에서 설명하고 있는 발전뿐 아니라 경제 및 생산 시스템의 기본 특징이 안정적인지 검사하고 싶다. 경제학자, 금융 관련 관리와 정치가들은 근거도 없이 안정이라는 개념을 자주 사용하곤 한다. 안정화 조치라든가 금융계에 안정을 가져올 조치를 취했다는 말을 듣지 않는 날이 하루도 없을 정도다.

흥미롭게도 많은 국가의 헌법은 그 헌법이 안정적 평형을 유지할 수 있는 기초를 구축해줘야 한다고 명시한다. 국가에 작용하는 다양한 힘은 균형이 잡혀야 하며, 미리 정해둔 절차나 규칙을 통해 극단적 사건을 예방하고자 한다. 이렇듯 독일 기본법에서는 안정화를 도모하는 중요한 규칙을 발견할 수 있다. 예를 들면 권력을 행정부, 사법부, 입법부에 분산해놓은 게 그것이다. 그 밖에 경제 분야에서 독점을 방지하기 위한 카르텔 권리도 보장하고, 특정 기관에 종속되지 않고 보도할 수 있는 미디어 권리도 보장하고 있다. 봉쇄 조항(비례대표제에서 일정 비율 이상 득표한 정당에만 의석을 배분하는 규정—옮긴이) 혹은 '5퍼센트 봉쇄 조항(의석을 분배받으려면 전체 투표자의 5퍼센트 이상 득표하거나 3개 이상 지역구에서 승리를 해야 한다는 조항—옮긴이)'은 국회가 산산조각 분열되는 것을 방지하기 위한 선거법이다. 또 연방헌법재판소는 헌법 기관으로서 독일이 안정적으로 유지되도록 봉사해야 하며, 민주주의가 독재주의로 전락하는 것을 막아야 한다. 따라서 헌법을 바꾸는 일은 항상 특별한 문제로 대두한다. 이를 수정하면 국가의 운영 체계가 달라지기 때문이다.

경제나 금융과 관련해서도 안정화를 위한 조항이 있다. 반덤핑법은 예를 들어 독점 업체가 등장하는 것과 시장에 참여한 다른 기업이 무너지는 것을 막는다. 통화 정책과 이자 정책 역시 안정성을 위해 마련해둔다. 따라서 국가가 차지하는 위치, 경제, 정치 등등으로 형성된 복잡한 형태는 세부적으로 마련한 조항이 잘 작동할 수 있도록 제정한 많은 규칙으로 이뤄진 거대한 기계와 비슷하다.

하지만 지난 몇 년 동안 이와 같은 기계가 제대로 돌아가지 않는 것처럼 보인다. 글로벌화와 디지털 혁명은 기본적인 규칙을 바꾸어놓았다. 즉 디지털 인터넷 경제는 소수의 대기업으로 대표되는 독점화의 길로 나아가더니 다양한 경쟁을 지향하던 고전적인 개념을 무력화시켰다. 인터넷 경제를 한 번 주시해보라. 사실 단 하나의 검색 엔진 구글, 단 하나의 소셜 네트워크 페이스북(뉴스를 보도하던 왓츠앱을 합병했다), 단 하나의 비디오 채널 유튜브, 단 하나의 숙박 플랫폼 에어비앤비, 3개의 운영 체계 공급회사 마이크로소프트·애플·구글, 단 하나의 짤막한 소식 전달 매체 트위터, 단 하나의 온라인 상점 아마존이 있다.

독점화한 원인은 디지털 논리에서 찾을 수도 있고 시스템 그 자체에서 찾을 수도 있다. 요컨대 네트워크에서 직접 사용한 후 비교해보면 항상 좋은 품질의 제품이 이길 수밖에 없다. 인터넷 초기에는 예를 들어 검색 엔진이 알타비스타(AltaVista)나 야후처럼 여러 개 있었다. 그러나 구글은 가장 효율적인 알고리즘을 소유했고, 이것이 통했다. 승자는 '규모의 경제(economics of scale: 투입 규모가 커질수록 장기적으로 들어가는 평균 비용이 줄어드는 현상—옮긴이)' 효과를 통해 폭발적으로 성장하며 빠르게 경쟁자들을 몰아낸다. 그야말로 빠른 시일 내에 2등 자리가 없어지고, 공존할 공간도 없으며, 승자의 규모에 의해 그걸 능가하기란 거의 불가능해진다.

미국 기업 애플의 주가 총액은 2016년 6175억 9000만 달러에 달했다.[7] 이 단 하나의 기업이 독일 자동차 기업 BMW에 비해 10배나 더 가치 있고, 스웨덴 국가 전체의 경제력을 능가한다.[8] 구글, 애플, 마이크로소프트만 합해도 독일 주식 지수(DAX)에 등록된 30개 기업 전체보다 가치가 높다.

애플, 구글, 아마존이 연구를 위해 투자하는 금액은 그동안 독일의 교육부 예산만큼 늘어났다.[9] 따라서 이들 기업은 그만큼 막대한 자원을 운영해 사업 영역을 확장하고 많은 다른 분야에 참여할 수 있다. 예를 들어 무인 자동차 개발, 우주선 개발, 드론 개발, 현대적인 커뮤니케이션 기술과 인공 지능 개발, 사물 인터넷이나 바이오과학과 유전자 연구 영역에까지 발을 뻗고 있다. 자동차나 공작기계를 제작하던 전통적인 산업 분야와 달리 인터넷업계에서는 많은 분야에 걸쳐 공격적으로 사업을 확장하고 있다. 그러다 보니 한때 성공을 거두었던 스타트업 회사 네스트(Nest)와 딥마인드는 눈 깜박할 사이 대기업에 합병되고 말았다.

'승자 독식'이라는 슬로건에 따라 게임의 규칙이 변해버렸다. 이와 동시에 글로벌 대기업인 이들은 세금을 적게 내기 위해 조세 회피처를 이용하거나 수익을 교묘하게 분할하는 방식을 활용한다. 예를 들어 2016년 애플의 사내 유보금은 2568억 달러나 되었는데,[10] 그중 93퍼센트 이상이 미국이 아닌 다른 나라에 있어 어마어마한 세금을 내지 않아도 되었다. 세계의 다양한 지역에 여러 기업을 두는 방식을 통해 '합법적' 방식으로 수십억 달러에 달하는 세금을 회피하는 것이다. 2016년 유럽위원회는 애플한테 아일랜드에 130억 유로를 추가적으로 지불하라고 요구했다. 그런데 애플이 세금을 적게 내는 낙원으로 이용하고 있는 아일랜드는 정작 그런 요구에 반대했다. 내 작은 고향이기도 한 룩셈부르크 역시 비슷하게 반응하고 있다. 애플의 자회사 아이튠즈가 룩셈부르크에 소재지를 두고 몇 년 동안 쥐꼬리만 한 세금을 내도 즐거워한다. 작은 나라 처지에서는 글로벌 대기업이 자국에 입주만 해도 매력적이다. 다른 국가와 비교해 지극히 적은 세금일지라도 이 작은 나라에는 여전히 선물이나 마찬가지이기 때문이다.

그러나 전반적으로 볼 때 이런 소액의 세금은 사회를 불안하게 만드는 효과가 있다. 이런 글로벌 기업은 사회적 책임을 회피하며 경제 구조를 위험에 빠뜨리는 까닭이다. 국가는 세금이 부족해 도로, 사회 간접 시설, 학교나 도시를 건설할 재원을 마련할 수 없다. 사회적 시장 경제의 기본 개념은 개인의 행복과 일반 복지 사이의 균형을 유지하는 데 있지만 이것이 이기적인 자본주의 원칙에 의해 대체되고 있는 것이다. 오래된 규칙이 제대로 먹히지 않고 있다.

성장이라는 신조는 우리의 번영을 보증해준다고 여겨졌다. 경제가 성장하면 이로부터 모두가 이득을 챙길 수 있다고 믿은 것이다. 1957년에 출간된 《모두를 위한 복지》는 '독일 경제 기적의 아버지'라고 부르는 루트비히 에르하르트(Ludwig Erhard)가 쓴 책이다. 그런데 그동안 우리는 경제 성장과 전체 국민 복지의 거리가 점점 멀어져가고 있음을 확인하고 있다. 1980년대부터 OECD와 국제통화기금은 임금이 지속적으로 하향 곡선을 그리고 있음을 지적했다.[11] 디지털화와 자동화를 통한 기술적 발전은 분명하게 노동자와 회사원으로부터 기업가와 자산가에게로 돈이 옮겨가도록 만들고 있다. 이러한 효과는 자본주의와 성장률 사이에 적절한 균형이 깨어짐으로써 더욱 강화되고 있다.

파리경제학교의 교수 토마 피케티(Thomas Piketty)는 20개국의 데이터를 철저하게 분석한 끝에 18세기부터 시작된 이른바 '경제 수치'라는 것을 관찰했다.[12] 자본에 의한 이득이 성장률을 앞선다는 사실을 입증한 것이다.

자본 수익(r)이란 1년에 투자한 평균 자본금으로 획득한 수익을 퍼센트로 표시한 것이다. 배당금, 이자, 임대료와 그 밖의 다른 자본에 의한 수익을 말한다. 만일 당신이 연초에 100유로를 투자해 연말에 105유로를 받는다면, 5퍼센트 자본 수익을 올린 셈이다. 이것이 마음에 들면, 그런 식으로 돈이 스스로 일하게 내버려두면 된다.

성장률(g)이란 소득과 생산의 상승으로 이해할 수 있다. 여기에서는 당신이 노동을 통해 그 열매를 얻는다.

$r > g$

만일 어떤 나라에서 자본 수익이 성장률보다 더 크다면, 재산이 소득보다 빨리 늘어난다는 뜻이다.

대부분의 사람은 실제 경제로부터 금융 파생 상품 같은 투기의 형태로 돈이 엄청나게 증가하는 것을 분명하게 깨닫지 못한다. 원래 돈이란 실물 경제가 잘 돌아가도록 하는 '윤활제' 역할을 해야 한다. 사람들은 투자를 통해 좋은 아이디어에 날개를 달아주고 산업의 건설과 성장을 돕는다. 따라서 금융 분야는 봉사하는 기능을 가지고 있으며, 적어도 그래야만 한다. 그런데 금융 산업은 더 이상 경제에 봉사하지 않고, 직접 달리는 선수가 되고 말았다. 주식, 외환, 차용, 선물이나 옵션 같은 파생 상품을 거래함으로써 훨씬 많은 돈을 벌고 있다. 이는 규칙이 바뀌어버린 게임이다. 즉 이제는 실질적 가치를 창출하는 게 중요하지 않다. 어떤 기업의 복지와 장기적인 존립 같은 것도 중요하지 않다. 오로지 투기를 통한 이득만이 중요할 뿐이다. 간극이 얼마나 벌어졌는지는 두 가지 수치를 보면 알 수 있다.

전 세계의 경제력, 그러니까 생산된 모든 제품과 서비스의 총합은 1년에 대략 75조 달러에 달한다. 실물 경제의 모든 것이 여기에 포함된다.

모든 금융 파생 상품의 가치, 그러니까 미래를 겨냥한 투기적인 가치의 규모는 705조 달러에 달한다.

이는 파생 상품이 세계의 경제력에 비해 거의 10배나 많다는 의미다!

이렇듯 투기사업의 끝은 가치를 실제로 창출하는 게 아니라, 화폐의 양을 재분배하고 부풀릴 따름이다. 수학적으로 볼 때, 카지노에서 하는 룰렛처럼 제로섬 게임과 비슷하다. 많은 사람이 잃음으로써 소수는 부자가 된다. 하지만 카지노에서와 달리 금융자본주의에서는 게이머들의 불평등이 드러난다. 전문가는 가치를 평가할 좀더 훌륭하고 빠른 수단을 가지고 있고, 게임도 점점 더 복잡한 금융 도구로 확장할 수 있다. 따라서 그들이 이길 가능성은 훨씬 많다. 돈이 가난한 사람에게서 부자에게로 재분배되는 이런 경향은 전체 세계 경제의 불안정으로 귀결된다.

간단하게 말해, 많은 돈을 소유하고 이를 투자하는 사람은 힘들게 노동해서 소득을 얻는 사람에 비해 더 많은 수익을 올린다. 만일 게임이 이런

방식으로 계속 진행된다면, 재산은 이자와 복리이자의 효과를 통해 더욱 늘어난다.[13]

지난 20년 동안 매달 받는 월급은 소비 물가의 증가를 통해 올라갔다. 1992부터 2012년까지 독일의 실질 임금은 심지어 1.6퍼센트 줄어들었다.[14] 이런 결과는 재산의 불평등이 점점 심각해지기 때문이다. 최상위 부자 10퍼센트가 전체 재산의 절반을 소유한 반면, 하위 40퍼센트의 국민은 심지어 저축을 전혀 못하고 있다. 이는 장기적으로 보면 시한폭탄과 다름없다. 이런 사람들은 질병 같은 힘겨운 날을 위해 보험을 들 수도 없으며, 노후 계획을 세울 때도 문제가 많다. 아이들의 교육에도 적절하게 투자하지 못한다.

자산가들의 돈은 점점 새로운 금융 노구, 가령 초단타 매매 또는 이른바 '비공개 기업 투자 펀드'를 통해서 늘어나고 있다. 비공개 기업 투자 펀드 기업은 거액의 자본으로 기업을 구매해 이득을 남기고 팔기 위해 구조 조정하는 것을 말한다. 이미 이윤을 올리고 있는 기업이지만 구조 조정을 하면 더 많은 이윤이 남는 경우도 많다. 이렇게 이윤이 더 남을 수는 있지만 부작용도 만만치 않다. 극단적으로 기업을 구조 조정하는 과정에서 많은 직원을 해고해야 하는데, 이에 따르는 높은 사회적 비용을 무시한다. 기업을 최적화하는 유일한 목적은 바로 이윤 극대화이기 때문이다.

심지어 주거 공간도 투자 대상이 되고 있다. 임대료와 토지 가격은 몇몇 도시에서 극단적으로 상승하고 여기에서도 재분배가 이뤄진다. 가난한 사람들은 도시에서 살 만한 돈이 없어 변두리로 밀려난다. 그러는 사이 투자자와 투기꾼은 건물과 주택의 가격을 점점 더 올린다. 임대료를 마음대로 올리지 못하는 법을 제정해 이런 상황에 대처하려 하지만 많은 도시에서 아무런 효과도 없다.[15]

이와 반대로 전 세계적으로 담벼락, 감시 카메라, 관리인과 출입구 통제를 통해 다른 시민과 격리되는 이른바 부자들만의 거주지나 아파트 단지가 점점 더 많이 생겨나고 있다.

가난한 사람과 부자 사이에 나타나는 이런 경향은 거의 모든 산업 국가에서 대두하고 있다. 2017년 3월 미국 대통령 도널드 트럼프는 의회 연설 도중 예산 부족에 대해 언급했다. "나는 미래의 한계를 명시하기 위해 지난 수십 년 동안 이어졌던 오류를 허용하지 않을 것입니다. 우리는 너무 오랫동안 중산층이 축소되는 모습을 지켜봤습니다. 우리가 일자리와 부를 외국으로 옮겼기 때문이지요. 우리는 전 세계에 프로젝트를 구축하고 재정 지원을 했지만 정작 시카고, 볼티모어, 디트로이트에 사는 우리 아이들의 운명은 무시하고 있었습니다."[16]

비록 그의 진단은 옳다고 할 수 있으나 이를 위한 해결책은 틀렸다. 불안정한 사회적 상황을 흔히 포퓰리즘과 국수주의 같은 트렌드로 다루는 것은 참으로 역사의 비극이 아닐 수 없다. 복잡한 세계를 위험할 정도로 단순한 처방전으로 설명하며, 적을 설정하고 갑자기 자유가 전면에 등장하는 것이다. 유럽연합 내에서도 활짝 열려 있던 경계가 닫히고 울타리가 세워진다. 수십 년 동안 오로지 경제 성장에만 집중하던 발전 방향에 대한 복수가 시작된 것이다. 미국은 자유 무역 협정을 폐기하겠다고 통보하고, 영국은 유럽연합에서 탈퇴했다. 아울러 이민자나 다른 종교를 가진 자들을 전혀 이해할 수 없다는 편협함이 무섭게 증가하고 있다. 시민의 불안은 터무니없을 만큼 퇴보하는 형태로 나타나고, 과거의 인민당은 위축되고, 극단주의가 늘어나고 있다. 세계가 불안정해지고 있는 것이다.

민주주의라는 시스템은 예외지만 역사적으로 그런 상황은 항상 있어왔다. 그리고 이런 불안정한 상태가 지속되면 대부분 독재자들이 등장하고 전쟁이 일어났다. 지극히 독특한 예외는 1929년 세계 경제 대공황이 일어났을 때 미국이 보인 반응이었다. 1933년 3월 4일 루스벨트 대통령은 취임식에서 이렇게 말했다. "여러분은 오로지 이기주의자들 세대의 법만을 알고 있습니다. 그들은 미래를 그려보는 힘도 지니지 않았으며, 미래상을 그려볼 수 없는 사람들은 망하기 마련입니다. 환전상(money changer)은 그들이 차지하고 있던 높은 지위에서 문명의 사원으로 피신했습니다. 이제 우리는 이 사원을 과거부터 내려오는 진리에 돌려줄 수 있게 되었습니다. 우리가 이 과제를 어느 정도 성공하게 될지는 돈으로 얻을 수 있는 이득보다 더 고상한 사회적 가치를 우리가 얼마나 창조하느냐에 달려 있겠지요. 행복은 돈을 소유하는 데 있는 게 아닙니다. 행복은 이뤄낸 성과와 창의적 작업을 했을 때 얻는 기쁨 속에 있습니다. 노동을 통해 얻는 기쁨과 윤리적 원동력을 오로지 이윤만 미친 듯 좇아다니는 헛된 사냥으로 인해 더 이상 망각해서는 안 될 것입니다."

루스벨트 대통령은 뉴딜 정책을 통해 무엇보다 자본 수익과 성장률 사이의 균형을 다시금 회복해놓았다. "우리가 지금보다 더 의미심장하고 덜 불공평한 소득 분배를 이뤄내지 못한다면, 이 과제는 중장기적으로 달성할 수 없을 것입니다. ……언젠가 노동에 대한 보수는—평균적으로—지금보다 더 높아져야 하며, 재산으로 인한 수익, 특히 투기적 재산은 더 적은 수익을 올려야 할 것입니다."[17]

경제의 핵심이 성장 중심에서 안정으로 옮겨갔으며, 시민의 자유를 폐기하지 않고서도 이와 같은 변화를 이뤄낸 것은 바로 루스벨트 대통령의 역사적 공로라 할 수 있다.

당시의 상황과 오늘날의 상태를 비교해보면, 우리는 한층 더 막대한 요구에 직면해 있다. 즉 경제적 안정 외에도 우리는 생태학적 균형 또한 이뤄내야 한다. 전 세계에서 일어나고 있는 자원의 남용, 생물 다양성의 급격한 소멸과 온난화는 근본적 변화를 하지 않으면 안 된다는 것을 의미한다. 안정과 지속성을 지향하는 방향으로 변화해야만 한다.

지금까지 경제 성장과 자원 남용은 서로 연관되어 있었다. 하지만 그동안 이런 길을 계속해서 가면 언젠가 대재난이 일어나고 말 것이라는 점을 책임자들이 인식하게 되었다. 지구는 우리 삶의 변화를 더 이상 극복할 수 없다. 세계자연보호기금(WWF)과 글로벌 풋프린트(Footprint) 네트워크 같은 조직은 몇 년 전부터 우리의 '생태 발자국'을 전해준다. 요컨대 물, 숲, 원자재와 에너지를 얼마나 많이 사용했는지 정확하게 계산한다. 예를 들어 우리는 1년 동안 성장하는 나무보다 더 많은 나무를 소비하고 있다. 원자재와 에너지를 너무 많이 사용해 지구 자원이 점차 소진될 정도다. 현재의 라이프스타일을 안정적으로 유지하려면 지구보다 1.6배 큰 행성이 필요할 것이라는 얘기도 있다. 따라서 전 세계적 패러다임이 바뀌어야 한다. 원자재를 적절하게 소비해야 할 뿐만 아니라 사회적 불평등도 바로잡아야 하는 것이다. 이런 말은 매우 단호하게 들리고, 주변 여건도 분명해 보인다. 하지만 우리는 어떻게 구체적으로 이런 하강 곡선을 무너뜨릴 수 있을까?

많은 사람이 옛 시스템에 갇혀 그와 같은 급격한 변화를 한낱 꿈이나 유토피아라 무시할지라도 선택 가능한 옵션이 있다. 요컨대 신속한 혁신 덕분에 재생 에너지원의 생산량이 향상되었다. 태양광과 풍력 에너지의 성능이 그동안 일반 에너지원과 비교해 뒤처지지 않을 정도로 좋아졌다. 재생 에너지는 곧 화석 에너지보다 저렴해질 것이라고 한다. 중국만 하더라도 2020년에는 화석이 아닌 에너지 설비를 위해 3430억 유로를 사용할 예정이다.

유동성 패턴도 달라지고 있다. 다시 말해, 점점 더 많은 사람이 자동차를 소유하는 대신 카 셰어링 시스템을 이용하고 있다. 이렇게 함으로써 도시 삶의 질을 향상시킬 수 있다. "소유하는 대신 이용하자"가 하나의 표어로서 새로운 삶의 자세로 점점 자리매김하고 있다. 미디어 영역에서는 스포티파이처럼 음성이나 동영상을 실시간 재생하는 기술인 스트리밍 서비스가 음악계에 혁명을 일으켰다. 인터넷 덕분에 빌려주고 교환하는 플랫폼과 포털이 점점 더 확산하고 있다. 구입하는 대신 사람들은 옷, 이사용 박스, 자전거, 유아차나 가구를 빌려서 사용한다. 가장 흔한 물건은 바로 드릴이다. 당신이 평생 드릴을 사용하는 시간은 평균 13분이다. 그런데 왜 이런 도구를 구입해야 할 필요가 있겠는가?[18] 도서관을 설립할 때 가졌던 아이디어, 그러니까 빌려주고 나눠준다는 아이디어가 한층 많은 삶의 영역으로 확산하고 있다.

여러분의 집에 있는 물건 중 사용하지 않고 내버려둔 것은 몇 개나 되는가? 1년 내내 한 번도 사용하지 않는 이런 물건이 갑자기 사라진다고 상상해보라. 그 물건을 다시 찾고 싶을까? 아니면 사라져서 오히려 홀가분할까? 소비는 자연의 법칙이 아니며, 근본적 필요성 같은 것도 없다는 사실을 우리는 망각하고 있다. 만일 그게 아니라면, 우리는 광고와 구매를 자극하는 말들의 폭격을 맞지 않을 것이다. 따라서 우리는 '혁신'이라는 말에 비판적으로 접근해야 한다. 이 물건이 진짜 필요할까? 이런 제품이 내 삶을 풍요롭게 해줄까? 아니면 단지 잠시 동안 자극만 주고 사라질까?

나는 몇 년 전 취재 도중 부시먼족(Bushman)을 만날 기회가 있었다.[19] 지구상에서 가장 오래된 민족에 속하는 부시먼은 아프리카 나미비아의 몇몇 지역에서 살고 있다. 이들은 사냥과 채집 문화를 영위하고 있으며,

사회 질서는 평등에 바탕을 두고 있다. 무리를 이끄는 우두머리도 없고 위계질서도 없다. 부시먼족은 소유물을 나눠 갖고, 거래가 무엇인지도 모른다. 모든 물건은 그룹 내에서 선물받거나 빌리면 된다. 그들과 함께 있자 매우 강렬한 영감이 생겼다. 우리와는 또 다른 방식으로 공동체 문화를 살아가는 모습을 직접 목격할 수 있었기 때문이다. 부시먼족은 문을 잠그지 않으며, 울타리도 없다. 자신과 타인의 재산을 분리하지도 않는다. 이렇게 했을 뿐인데도 갈등이 거의 사라졌다. 부시먼족은 생계를 이어가기 위해 매일 2~4시간만 일한다. 따라서 이들은 아주 많은 시간을 함께 보낼 수 있다. 내가 방문했을 때, 갓난아이와 아이들의 울음소리가 들리지 않았다. 이들로부터 몇 가지 배울 게 있을 것 같았다.

우리가 살고 있는 소비 사회에서는 많은 사람이 40시간 혹은 그 이상을 일하고 있다. 노동을 덜어주고 힘들지 않게 하려고 기계도 개발했다. 그런데 우리는 여전히 시간이 별로 없다. 케냐의 속담에 이런 게 있다. "당신들은 시계가 있고, 우리는 시간이 있지요."

요즘 '일과 삶의 균형'이라는 표현을 자주 듣는다. 많은 사람이 우선순위를 새롭게 정하고자 하는 바람을 품고 있다는 걸 분명하게 보여주는 말이다. 물질적 부를 누리고 있으면서도 사람들은 뭔가 부족하다고 느낀다. 만일 우리가 자원을 지금처럼 다룬다면, 얼마나 소중한 시간을 얻어낼 수 있을까? 우리는 전혀 필요하지 않고 심지어 잠시 후에 버릴 물건을 구입하기 위해 노동 시간의 일부를 투자하고 있다.

1998년 세탁기의 평균 사용 기간은 12년이었다. 그런데 오늘날에는 최대 6년 반이며, 싼 제품은 심지어 3년이면 고장이 난다.[20]

독일에서는 식품을 생산해 소비하는 단계까지 1800만 톤의 재료가 사라진다.[21] 이는 우리가 소비하는 식품 중 거의 3분에 1에 해당하는 수치다. 아울러 우리가 구입한 과일, 채소, 빵 가운데 5분의 1이 쓰레기통으로 들어가고 있다. 우리가 이런 터무니없는 행동을 하지 않는다면 경작지 260만 헥타르를 절약할 수 있다. 식량 생산을 위해 들어가는 에너지와 이와 관련한 자원은 차치하고 말이다. 지구상에서 굶주리는 사람이 8억 명가량 되는데 이보다 2배나 많은 사람들, 그러니까 19억 명이 체중 과다로 고생하고 있다.

행복하기 위해 우리에겐 이산화탄소 몇 킬로그램이 필요할까?

어쩌면 이런 질문이야말로 지속성과 안정으로 나아가는 길에 해결책을 제시해줄 수 있다. 물질의 과잉과 소비 지향적 사고는 우리를 막다른 골목으로 인도할 뿐이다.

만일 우리가 패러다임을 바꿀 수 있다면, 해결책을 반드시 찾을 수 있다고 나는 확신한다. 지금처럼 좋은 기회가 주어진 적이 예전에는 없었다. 우리는 각종 혁신적인 기술을 가지고 있으며, 오늘날 이런 사고의 전환에 대한 조짐을 엿볼 수도 있다. 포기하라는 것이 아니다. 우리에게 진정한 발전을 위한 역사적 기회가 왔다는 얘기다.

맺음말: 찾고 발견하는 것에 대하여

1668년 네덜란드 화가 얀 페르메이르(Jan Vermeer)는 〈천문학자〉라는 그림을 그렸다.[1] 연구 중인 젊은 학자를 그린 이 그림은 오늘날 파리의 루브르 박물관에 걸려 있다. 예술사학자들은 그림의 모델이 페르메이르와 동시대인이던 젊은 안톤 판 레이우엔훅(Anton van Leeuwenhoek, 1632~1723)이라고 추측한다. 현미경을 발명한 사람으로 알려진 레이우엔훅은 페르메이르처럼 델프트(Delft)의 시민이었으며, 당대에 가장 유명했던 과학자 중 한 사람이었다. 학자들은 항해학, 천문학, 자연과학에 대한 그의 지식을 칭송했다. 〈천문학자〉가 막 그려졌을 무렵 레이우엔훅은 36세였는데, 그림에서 묘사한 남자의 나이도 비슷해 보인다.

프랑크푸르트의 슈테델 미술관(Städel Museum: 독일에서 가장 유명한 미술관 중 하나로, 중세부터 현대 미술에 이르기까지 4000점 넘는 그림을 소장—옮긴이)에는 페르메이르의 또 다른 작품(목록 번호 1149)이 있다. 1년 후인 1669년 화가가 그린 〈지리학자〉[2]다. 우리는 두 그림이 쌍을 이룬다는 사실을 즉시 알아차릴 수 있다. 동일한 방, 동일한 인물, 천체의 등. 두 그림은 동일한 관점에서 본 각각의 장면을 포착하고 있다.

얀 페르메이르, 〈천문학자〉, 1668.

〈천문학자〉에서 과학자는 천체의를 관찰하고 있으며, 그 앞에는 책 한 권이 있다. 이와 달리 〈지리학자〉에서는 컴퍼스를 쥔 채 지도 위로 몸을 숙이고 있다. 배경으로 있는 천체의는 인도양을 가리키고 있다. 당시 인도양은 결정적으로 중요한 곳이었다. 왜냐하면 네덜란드는 당시 전성시대를 구가하고 있었기 때문이다. 네덜란드공화국은 1만 5000척의 무역

얀 페르메이르, 〈지리학자〉, 1669.

선을 소유했고, 식민지와의 사업은 어마어마한 부를 선물해주었다. 동인도회사는 세계에서 가장 큰 상업 조직이었으며, 이전에 포르투갈이 누렸던 우세한 지위를 종식시켰다. 과학이 꽃을 피웠다. 크리스티안 하위헌스(Christiaan Huygens)가 추시계를 발명하자 사람들은 일상의 계획을 달력으로 짜기 시작했다.[3] 같은 시기에 영국인 아이작 뉴턴은 기적과도 같은 발명으로 수학과 물리학의 혁명을 일으켰다. 붐처럼 일어난 해외 무역, 주식 거래와 주식 시장의 확고한 위치, 새로운 장치와 기술, 이 모든 것이 사회를 철저하게 바꾸어놓았다. 페르메이르는 이 두 장의 그림에서 17세기 시대정신의 변화를 담았다. 순수하게 관찰하는 〈천문학자〉로부터 적극적으로 만들어나가는 과정인 〈지리학자〉로 변화하는 모습이 그것이다.

이는 우리 시대와도 공통점이 있다. 우리 역시 과도기를 체험하고 있기 때문이다. 이 책에서 나는 이러한 변화 가운데 몇 가지를 상세히 서술하려 애썼다. 디지털 네트워크를 통한 변혁, 미디어와 교육에 미치는 인터넷의 결과, 에너지 전환기의 효과, 유전자 기술에서 현재 진행되고 있는 변화, 자립적인 기계와 지능적인 알고리즘이 점점 발달함으로써 생기는 발전 등등. 이 모든 혁신은 상호 영향을 주며 우리 사회를 완전히 바꾸고 있다. 나는 각각의 영역에서 의미심장한 갱신과 비판적 잠재력을 알아볼 수 있지만, 여기서 중요한 것은 이를 바라보는 시각이다. 과거의 시각에서 보면 많은 것의 손실을 의미하지만, 새로운 전망을 기회로 보면 엄청난 가능성을 발견할 수 있다.

눈에 띄는 점은 우리가 이런 미래를 받아들이고 이를 새로운 정상으로 인정하는 속도다. 그리고 변화하는 단계에서 흔히 볼 수 있듯 변하지 않으려는 힘에도 불구하고 속도는 주목할 만하다. 나는 의식적으로 미래를 상세하게 서술하는 것을 포기했다. 이와 반대로 자극을 분석하고 그 배경에서 진행되는 프로세스가 나에게는 더 중요했다. 이것을 알아야 때때로 우리가 영향력을 행사할 방향을 알아차릴 수 있기 때문이다. 하지만 나는 현실에서 맹렬하게 도피하는 사람을 많이 보았다. 그들은 사물과 세상에 대해 의문을 제기하고 직접 그 내용을 찾아보는 걸 포기한다. 많은 사람이 가상현실 같은 환상의 세계에 빠지든가, 그렇지 않으면 소비에 중독되어 끊임없이 나오는 새로운 제품을 구매하는 재미로 살아간다. 그러나 계몽된 사회에서는 개인의 적극적이고 비판적인 역할이 근본적으로 중요하다. 그렇게 하지 않으면 왜곡된 현실이 생겨날 것이다.

예를 들어 많은 사람이 대다수 인류가 불행하다고 확신한다. 조사 결과에 따르면, 우리는 자기 주변 사람 중 45퍼센트가 불행하다고 여긴다고 한다.[4] 그런데 행복에 대한 질문을 하자, 요컨대 "행복하다고 느끼십니까?"라고 당사자들에게 직접 물어봤더니 84퍼센트가 '그렇다'고 대답했다. 이는 우리가 생각하는 것보다 2배는 더 많은 사람이 행복해한다는 뜻이다. 아울러 이는 우리가 세상을 어둡게 본다는 뜻이기도 하다. 이런 현상은 굳이 독일에서만 나타나는 것은 아니다. 연구에 참여한 40개국의 국민 모두에게서 나타난 현상이다.

어쩌면 이런 현상은 미디어에서 내보내는 부정적 기사 때문인지도 모른다. 불안을 자아내는 나쁘고 끔찍한 뉴스를 더 강력하게 수용하는 것은 우리 인간의 특색이기도 하다. 우리는 사회에서 차지하고 있는 미디어의 특별한 역할을 잘 인식하고 이들이 상업적 목적에서 탈피할 수 있도록 도와야만 한다. 시청자와 구독자로부터 더 많은 주목을 받기 위해 그들이 세상을 보는 우리의 시각을 왜곡하게 내버려둘 수는 없다. 클릭한 횟수와 판매 부수가 진실성과 내용상의 중요도를 판단하는 기준이 될 수는 없다. 민주주의는 공개 토론하고 서로 교환하는 문화가 필요하다. 좋은 논쟁과 생각이 기준이 되어야 하며, 시장판에서 공격적으로 지르는 고함이 기준이 되어서는 안 된다. 우리는 그 어느 때보다 분명하게 비(非)경제적인 영역을 확정지어야 한다. 시장 규칙이 모든 것에 적절한 수단은 아니기 때문이다. 문화재 보존, 개인의 건강, 자연의 놀라운 다양성, 공교육은 절대 비즈니스가 아니며 특별히 보호할 필요가 있다. 우리는 이런 본질적인 부분이 우리 사회에 얼마나 중요한지 깨달아야 한다.

나에게 또 흥미로운 현상은 몇몇 영역에서 볼 수 있는 사리 분별이다. 미래라는 것이 던지는 모순일지 모르지만, 옛것의 가치를 의식하게끔 해 주는 게 바로 새로운 것이다. 《어린 왕자》의 우화에 이런 내용이 있다. 상인이 어린 왕자에게 목이 마를 때 먹는 알약을 파는 에피소드다. 알약을 삼키면, 일주일 내내 목이 마르지 않다는 것이다. 그러면 일주일 동안 54분이라는 시간을, 즉 물을 마심으로써 소비하는 시간을 절약할 수 있다는 얘기였다. 상인이 남는 시간을 어디에 사용하고 싶은지 묻자 어린 왕자는 유유자적하며 시원한 샘물을 마실 수 있는 곳을 찾으러 가는 데 쓸 것이라고 대답한다. 이와 같이 앞을 향해 뒤돌아가는 방식이야말로 우리가 누리는 자유의 성격을 잘 말해준다. 그리고 의미가 있다면 발전을 거부하는 것도 우리의 중요한 자유다. 진정한 진보는 결코 강요가 아니다. 상인이 우리에게 진보가 더 나은 선택이라며 아무리 강권해도 마찬가지다.

우리는 몇몇 영역에서 함께 새로운 규칙과 협약을 찾아야 할 것이다. 혁신이 일어날 때는 항상 탈선과 과도한 반응이 생겨나는 게 정상이지만, 시간이 지나면 새로운 규칙이 자리를 잡는다. 축구의 역사를 살펴보더라도 그렇다. 잉글랜드와 스코틀랜드가 최초로 공식 경기를 할 당시에는 심판이 없었다. 여러 차례 파울과 싸움이 벌어진 후에야 비로소, 그러니까 2년이 지난 1874년에야 경기 상황을 공정하게 판단할 심판이 등장했다. 최초로 생산한 자동차 역시 처음에는 무슨 길이든 마구 돌아다녔다. 1920년대 들어 자동차 사고가 점점 빈번해지자 운전 규칙과 거리 표지판을 도입했다. 그리고 자동차를 발명하고 거의 40년이 지난 1924년에야 베를린에 있는 포츠담 광장에 독일 최초의 신호등이 생겼다. 당시 사람들은 새로운 발명품에 대한 규정이 만들어질 때까지 시간을 충분히 줄 수 있었다. 그런데 오늘날에는 진보의 속도가 너무 빨라 이런 것이 더 이상 가능하지 않다.

모든 것에 대한 규칙을 미리 만들고자 하는 사람은 모든 창의성이 꽃을 피우기도 전에 숨을 막아버린다. 예를 들어 무인 차량을 연구할 때 얼마나 많은 발전을 하게 될지 그 누구도 자세히 알지 못한다. 따라서 오늘날 모든 것을 미리 고려하는 것은 불가능하다. 이렇게 심하게 요동치며 변하는 세상에서 우리는 안목을 가져야 하고 프로세스에 기회를 제공해야 한다. 신속한 변화를 따라갈 수 있도록 법적 절차도 바꿀 필요가 있다. 현재 일어나고 있는 디지털 정보의 광범위한 수집 행위, 알고리즘으로 내리는 평가, 유전자 개입 가능성 등의 모든 발전은 실험을 거쳐야 한다. 현대의 기술은 우리 세계를 놀라울 정도로 향상시키거나 혹은 악화시킬 잠재력을 갖고 있다. 최악의 경우 네트워크화한 세계는 정치적 독재자와 경제적 독재자가 탄생하는 온상이 될 수도 있다. 또 네트워크가 잘 이뤄진 세계는 지구상에 있는 모든 사람의 삶을 본질적으로 향상시킬 수도 있다. 따라서 우리는 미래가 어떻게 발전할지에 대해 안정적이고 의미 있는 방향을 제시해야 한다. 미래의 발전이 우리 사회에 진보를 가져올까, 아니면 단지 소수에게만 이득을 주게 될까? 우리 모두는 이 질문에 대한 대답을 찾는 과정에서 책임감을 의식하고 적극적으로 이를 중요한 논의 사항으로 채택해야 한다. 경계선이 보이고 기본적 가치가 손상을 입는 지점에 봉착하면, 우리는 이 부분에 진심을 다해 관여해야 한다. 우리는 앞으로 흥분된 시간을 겪게 될 것이다. 열정적으로 찬반을 표하고 논쟁을 벌여야 하기 때문이다. 그리고 몇몇 플레이어는 이를 악물고 자신의 이익만을 대변하게 될 것이다.

팀 버너스리는 1990년대 초반 유럽의 CERN에서 월드와이드웹을 발명했다. 1993년 4월 30일 CERN의 집행부는 이 월드와이드웹 기술을 모두가 자유롭게 사용할 수 있도록 할 것이라고 천명했다. 특허권 없이 말이다! 이와 같은 놀라운 개방성, 지식을 공유하고 근시안적 이윤을 포기하겠다는 결단력이 없었다면 인터넷은 지금처럼 괄목할 정도로 성장하지 못했을 것이다. 공유하겠다는 자세가 승리를 거두었고, 무료로 사용하라는 내용이 적힌 문서는 나에게 일종의 새로운 시대의 대헌장이나 다름없다(부록 참조). 상업적 행위가 꽃을 피우고 있음에도 인터넷의 진정한 잠재력은 과거나 지금이나 많은 사람이 자유롭고 개방적으로 연계를 맺고 있는 데 있다. 이 기술은 창의적 공통점을 허용한다. 위키피디아 같은 프로젝트나 개방적인 교육 플랫폼은 시작에 불과하다. 인터넷에서는 온갖 경제적인 생각이 있지만 우리는 그와 같이 개방된 공동체를 보호해야만 한다. 우리의 문화는 경제적이지 않으며, 가치 있는 문화재의 보존은 나에게도 매우 소중하다.

나의 인도 할아버지 S. R. 랑가나탄(Ranganathan)은 열정적인 도서관 학자였으며 지식을 공개적으로 다루는 법에 평생을 바쳤다. 현대의 디지털 세계에서도 우리 모두는 역사적 의무감을 가지고 있다. 세계의 문화적 유산을 후손에게 물려줘야 하는 의무가 바로 그것이다. 박물관, 콘서트홀, 도서관은 결코 이윤을 챙기는 센터가 아니고 항상 사회로부터 지원을 받아 운영된다. 우리는 이런 규칙을 오늘도 내일도 마찬가지로 잘 지켜야 한다.

전쟁, 테러, 환경 재난에 관한 사진을 보고 당혹해하며 우리는 세계가 실제로 훨씬 좋아졌다는 사실을 간과한다. 우리는 숙명론을 버려야 한다. 데이터는 다른 이야기를 해주고 있는 까닭이다.

스톡홀름의 카롤린스카 연구소(Karolinska Institut)의 국제 건강 분야에서 일하는 한스 로슬링(Hans Rosling) 교수와 그의 아들 막스(Max)는 검증된 통계 자료를 통해 세계에 대한 우리의 상상과 실제가 얼마나 차이 나는지 보여준다. 그 자세한 내용은 인터넷 사이트 '데이터로 보는 우리의 세계(Our World in Data)'에서 직접 확인할 수 있다.[5]

- 기대 수명은 지난 수십 년 동안 놀라울 정도로 향상되었다. 내가 태어났을 때, 인도의 기대 수명은 40세 정도였다. 그런데 이제는 25년이나 늘어났다. 독일은 같은 기간 동안 인도보다 10년(총 35년)이 더 늘었고, 중국에서는 2세대 만에 2배나 올랐다!
- 권력 구조 또한 긍정적으로 변했다. 지구상에서 민주주의는 내가 살아 있는 동안 3배가 늘어난 반면, 독재 체제는 줄어들었다.
- 1970년에만 하더라도 독일에서 맞아 죽거나 살해당하는 사람이 10만 명당 1.4명이었다. 이런 폭력은 3분의 2가 감소했고, 이는 전 세계적인 경향이기도 하다.
- 1950년에는 전 세계에서 3명 가운데 한 명이 읽고 썼지만, 오늘날에는 10명 가운데 8명이 읽고 쓰기를 한다.
- 경제 성장에는 차이가 있고 부 또한 여전히 불평등하게 분배되지만, 어디든 예전보다는 더 잘 살게 되었다. 극단적인 가난, 요컨대 하루에 1.90달러 이하로 살아가는 사람의 수가 지난 30년 동안 늘어났는지 묻는다면, 대다수가 "예"라고 대답할 것이다. 그러나 실제로 극단적으로 가난하게 사는 사람은 역사상 그 어느 때보다 빨리 감소하고 있다. 인도와 방글라데시에서는 30년 만에 절반으로 줄어들었다.

따라서 오늘날의 세계는 많은 관점에서 과거보다 향상되었으며, 이런 트렌드가 지속될 요인도 많다. 우리 앞에는 일련의 과제가 있다. 즉 경제 시스템은 많은 부분 조정을 해야 하고, 원자재 소비도 장기적으로 지속성을 유지하는 방향으로 나아가야 한다. 이 부분에 대한 의식 또한 높아지고 있다. 함께 살아가기 위해 새로운 우선순위를 설정하는 데 성공하더라도, 이런 목표는 중기적으로 봤을 때 도달 가능하다. 지능 로봇이 인간을 지배할 것이라는 시나리오에 나는 그다지 동의하지 않는다. 인간이 죽지 않을 것이라는 미래상에 그다지 동의하지 않듯 말이다. 기술이 모든 것을 할 수는 없다. 우리는—널리 알려진 바와 달리—과학이 이해하는 부분은 여전히 적다는 사실을 깨달아야 한다. 삶에서 많은 과정은 우리에게 여전히 비밀이며, 자연의 놀라운 상호 작용은 미래에도 오랫동안 수수께끼로 남아 있을 것이다.

나는 새로운 '우리-사회'라는 힘을 믿는다. 서로 나누고 전달하고자 하는 바람은 장기적으로 볼 때 이기적으로 자기의 이익만 챙기려는 태도보다 훨씬 더 커질 것이다. 인간은 널리 받아들이고 있는 것처럼 그렇게 이기적인 존재가 아니다. 진정 우리를 움직이는 것은 사랑과 결속을 갈구하는 향수다. 미래에도 이는 변하지 않을 것이다.

그럼에도 여러분 가운데 많은 사람은 미래를 불안하게, 혹은 아무런 희망도 없이 바라볼지 모른다. 이 책 서두에서 나는 독일 사람 중 4퍼센트만이 세상이 좋아질 것이라 믿는다고 언급했다. 선호하는 습관을 버려야 하는 고통과 믿을 수 있는 환경을 버려야 하는 고통이 마음속 깊은 곳에 자리 잡고 있는 것이다. 변화는 항상 우리에게 잘 알려진 것의 상실을 의미하고, 앞으로 다가올 것에 대한 걱정을 의미한다. 우리는 자주 어떤 역할이 우리에게 주어질지 모를 때가 많다. 아울러 우리가 배제되거나 잉여

신세로 전락할지 모른다는 두려움을 갖고 있다. 우리는 멈춤 표시조차 없는 미래에 길을 잃은 자신을 본다. 그런 순간이면 우리는 역사의 시계를 멈추려 한다. 어린 아이를 귀여워하고 행복한 순간이 멈추길 바라는 부모처럼 말이다. 하지만 멈추지 않고 늘 움직이는 것이 바로 우리 세계의 본질이다.

우리의 현재는 과거에 시도했던 계획과 변화의 결과다. 흔히 우리는 과거에 대해 잘 모르는 경우가 많다. 우리 조상이 안락한 구역에서 빠져나갔을 때 견뎌야 했던 의심과 두려움을 잘 못 보곤 한다. 우리는 감행하고 두려움을 극복해야 하는 끔찍한 고리 가운데 마지막 부분에 있다. 이제 우리 차례가 돌아왔으니 역사라는 릴레이에서 바통을 이어받아야 한다. 이런 가운데 우리는 내일을 향해 출발하기 위해 닻을 올렸던 모든 조상과 우리가 연결되어 있다는 것을 감지할 수 있다. "내외적으로 존재하는 모든 새로운 인식에 대해 개방적인 태도: 이것이야말로 현대적 인간의 본질이다. 놓쳐버릴 것 같은 두려움 속에서도 새로운 가능성을 잡은 은총을 경험하게 되는 현대적 인간 말이다."[6]

우리는 내일을 두려워해서는 안 된다. 그 어떤 때보다 우리는 가장 흥분되는 시대를 살고 있는 까닭이다. 그러니 우리는 무엇을 기대하는가? 우리의 미래는 시작되었다…….

감사의 글

과학자, 기자, 친구와의 토론, 그리고 탐사 여행과 연구소 및 대학 방문은 내가 이 책을 쓰는 데 많은 자극과 영감을 선물해주었다. 많은 아이디어는 오랜 시간에 걸쳐 숙성되었고, 이 과정에 참여한 모든 사람의 이름을 명시하기란 불가능하다. 오랜 기간 함께 지낸 친구들과 〈쿼크스 앤드 코〉를 함께한 기자들, SWR 방송국의 기자들, 그리고 바바리아 엔터테인먼트(Bavaria Entertainment)의 팀에 특별히 감사의 뜻을 전하고 싶다. 우리는 많은 촬영 여행을 통해 특이한 세계를 볼 수 있었다. 마법의 세상 같았던 원시림부터 방사선에 노출되어 있던 파괴된 핵발전소에 이르기까지 그야말로 최단거리에서 체험할 수 있었다. 이런 직접적인 경험이 나를 보기 드물 정도로 풍부하게 만들어주었다.

나는 아이들로부터 배운 것도 있다. 아이들은 우리 세계를 열린 눈으로, 호기심 어린 눈으로 인식하고 보이지 않지만 중요한 세부적인 것들에 주의를 기울인다.

그럼에도 이 책을 쓰는 일은 고독한 시도였다. 내 아이디어를 반영하면서 나는 너무나 일찍 저 세상으로 떠나버린 내 친구 프랑크 시르마허가 그리웠다. 나는 오랫동안 서로 아이디어를 나누며 성장한 그에게 이 책을 바친다.

내 원고를 멋지게 봐준 편집자 루츠 두르스트호프와 출판사에서 일하는 다른 동료들, 특히 헬게 말초브 사장님께 감사를 드린다. 그분은 이런 책을 쓸 동기를 제공하고, 열정적으로 이 책이 나올 수 있게 힘을 보태주었다.

마지막이자 처음으로 아내에게 고맙다는 인사를 전하고 싶다. 그녀는 미래로 떠나는 여행에 적극적으로 동참해주었다. 친구이면서 똑똑한 충고를 아끼지 않은 아내는 내가 힘든 순간이면 명료한 시각으로 내 의심과 의문을 해결하는 데 도움을 주었다. 미래를 그녀와 함께할 수 있다는 사실이 나를 행복하게 해준다.

부록

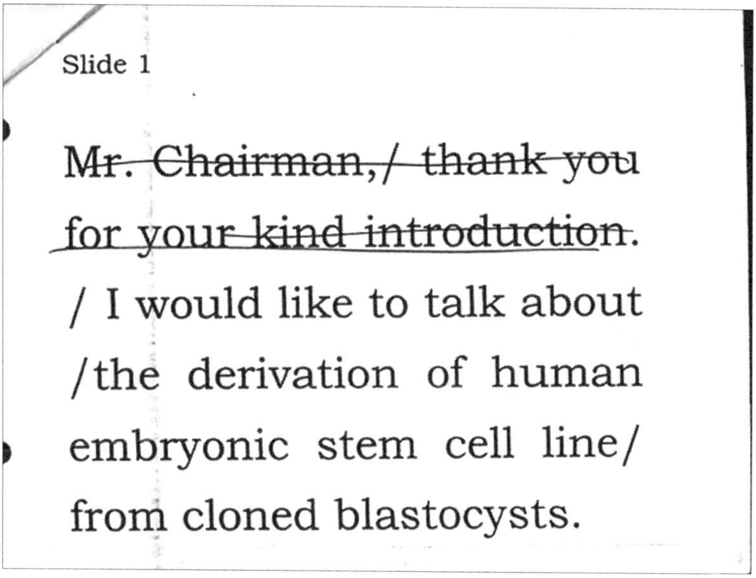

Slide 1

~~Mr. Chairman,/ thank you for your kind introduction~~.

/ I would like to talk about /the derivation of human embryonic stem cell line/ from cloned blastocysts.

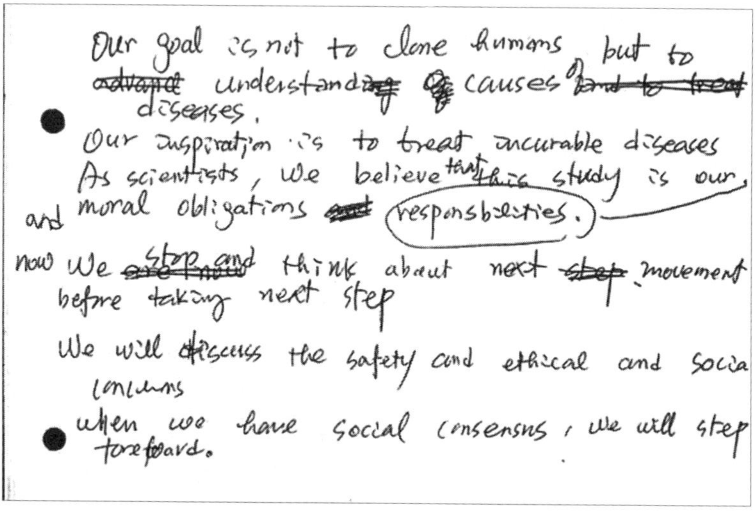

Our goal is not to clone humans, but to ~~advance~~ understanding ~~of~~ causes ~~and to treat~~ diseases.

Our inspiration is to ~~treat~~ incurable diseases

As scientists, we believe that ~~this~~ study is our, and moral obligations ~~and~~ responsbilities.

now We ~~are now~~ stop and think about next ~~step~~ movement before taking next step

We will discuss the safety and ethical and social concerns

when we have social consensus, we will step foreward.

2004년 시애틀에서 열린 미국과학발전협회 연례 모임 때 했던 황우석 박사의 연설문 일부.

930430

ORGANISATION EUROPEENNE POUR LA RECHERCHE NUCLEAIRE
CERN EUROPEAN ORGANIZATION FOR NUCLEAR RESEARCH

STATEMENT CONCERNING CERN W3 SOFTWARE RELEASE INTO PUBLIC DOMAIN

TO WHOM IT MAY CONCERN

Introduction

The World Wide Web, hereafter referred to as W3, is a global computer networked information system.

The W3 project provides a collaborative information system independent of hardware and software platform, and physical location. The project spans technical design notes, documentation, news, discussion, educational material, personal notes, publicity, bulletin boards, live status information and numerical data as a uniform continuum, seamlessly intergated with similar information in other disciplines.

The information is presented to the user as a web of interlinked documents .

Acces to information through W3 is:

- via a hypertext model;
- network based, world wide;
- information format independent;
- highly platform/operating system independent;
- scalable from local notes to distributed data bases.

Webs can be independent, subsets or supersets of each other. They can be local, regional or worldwide. The documents available on a web may reside on any computer supported by that web.

...

CERN의 집행부가 1993년 4월 30일 월드와이드웹 기술 사용에 관해 공표한 설명서.

2.

Declaration

The following CERN software is hereby put into the public domain:

- W 3 basic ("line-mode") client
- W 3 basic server
- W 3 library of common code.

CERN's intention in this is to further compatibility, common practices, and standards in networking and computer supported collaboration. This does not constitute a precedent to be applied to any other CERN copyright software.

CERN relinquishes all intellectual property rights to this code, both source and binary form and permission is granted for anyone to use, duplicate, modify and redistribute it.

CERN provides absolutely NO WARRANTY OF ANY KIND with respect to this software. The entire risk as to the quality and performance of this software is with the user. IN NO EVENT WILL CERN BE LIABLE TO ANYONE FOR ANY DAMAGES ARISING OUT THE USE OF THIS SOFTWARE, INCLUDING, WITHOUT LIMITATION, DAMAGES RESULTING FROM LOST DATA OR LOST PROFITS, OR FOR ANY SPECIAL, INCIDENTAL OR CONSEQUENTIAL DAMAGES.

Geneva, 30 April 1993

W. Hoogland
Director of Research

H. Weber
Director of Administration

ORGANISATION EUROPÉENNE POUR LA RECHERCHE NUCLÉAIRE
DIVISION DES FINANCES
CERN

1990년대 초반 유럽 CERN의 팀 버너스리가 발명한 기술을 특허 없이 모두가 사용할 수 있다는 내용.

그림과 사진 출처

134, 260, 395쪽: Privatarchiv Ranga Yogeshwar

146쪽: Diözese Innsbruck/Hölbling

147, 381쪽: akg-images

296쪽: © VG Bild-Kunst, Bonn 2017

298쪽: Luca Bruno/picture alliance/Heritage Images

299쪽: Michael Sohn/picture alliance/Heritage Images

356쪽: EOS Project Science Office, NASA Goddard Space Flight Center

380쪽: picture alliance/Heritage Images

396/397쪽: CERN

주

1. 1966년 10월 31일에 한 발언. 출처: Conversations with Samuel Beckett and Bram van Velde, ed. Charles Juliet, Dalkey Archive, London and Champaign 2009, p. 59. 다음도 참조. https://en.wikiquote.org/wiki/Bram_van_Velde.

머리말

1. https://d25d2506sfb94s.cloudfront.net/cumulus_uploads/document/z2knhgzguv/GB_Website.pdf. 혹은 다음을 참조. https://ourworldindata.org/about/.
2. Aleida Assmann: Ist die Zeit aus den Fugen? Aufstieg und Fall des Zeitregimes der Moderne, München 2013.
3. http://www.edlman.de/news-pressemitteilungen/edelmantrust-barometer-2015-die-deutschen-haben-angst-vor-innovationen-vertrauen-in-wirtschaft-ngos-und-medien-schwindet.

01 새로운 것: 미래—시각의 문제

1. Walter Isaacson, Steve Jobs, Kindle Edition, Position 2955 von 12955.
2. 뮌헨에 있는 도이치박물관 전시물: 가정에 전기가 들어온 결과.
3. "When Government was the Solution". 출처: *New York Times*, 2007.5.21. 미국의 지방에 전기가 도입된 것은 1930년대 뉴딜 정책 덕분이다. 오늘날에도 여전히 전 세계에서 13억 명의 사람이 전기 없이 살고 있다. 인도에서만 3억 명이나 되는데,

이는 인도 전체 인구의 24퍼센트에 달하는 수치다.
4. OECD: Key Issues for Digital Transformation in the G20, Berlin 2017, p. 136. https://www.oecd.org/g20/key-issues-for-digital-transformation-in-the-g20.pdf.
5. Aleida Assmann: ibid.
6. 2015년 6월 *DB mobil*에 실린 기사를 바탕으로 함.
7. The IBM Strategy, 2013 Annual Report, p. 21.
8. Ibid.
9. http://www.theatlantic.com/technology/archive/2010/10/googles-ceo-the-laws-are-written-by-lobbyists/63908/#video.
10. http://www.fp7-caper.eu.
11. http://www.sueddeutsche.de/geld/neues-krankenversicherungsmodell-generali-erfindet-den-elektronischen-patienten-1.2229667.
12. Thomas de Padova: Leibniz, Newton und die Erfindung der Zeit.
13. http://sowi.st-ursula-attendorn.de/tp/tpsmid01.htm.
14. 다음을 참조. Matthias Horx, Zukunftsreport 2017, http://www.horx.com/Downloads/Zukunftsreport-2017-Preview.pdf.
15. http://www.theguardian.com/technology/2011/feb/09/ken-olsen-obituary.
16. https://de.wikipedia.org/wiki/Digital_Equipment_Corporation.
17. http://articles.latimes.com/2000/jan/24/business/fi-57038.
18. "Mächtig gerechnet", 출처: *Der Spiegel*, 2009.5.20. http://www.spiegel.de/wirtschaft/statistik-trick-in-der-autoindustrie-maechtig-gerechnet-a-625945.html.
19. 2013: 개인 승용차, 영업용 차량, 2륜차, 캠핑카, 자동차 거래 및 타이어 같은 자동차 부속품을 광고하는 비용은 22억 유로나 되었다.
20. http://www.retro-futurismus.de/sammelalben_zf.htm.
21. Gregory Gromov: "Silicon Valley—History and Future", http://www.netvalley.com/silicon_valley_history.html.
22. https://venturebeat.com/2012/10/15/how-indians-defied-gravity-and-achieved-success-in-silicon-valley/.
23. http://www.thefamouspeople.com/profiles/sundar-pichai-6439.php.
24. Christoph Keese: Silicon Valley, München 2014.

25. Oxfam: An economy for the 99%, 2017.1.16. https://www.oxfam.de/system/files/sperrfrist_20171016-0101_economy-99-percent_report.pdf.
26. Chrystia Freeland: Die Superreichen. Aufstieg und Herrschaft einer globalen Geldelite, Frankfurt/Main 2013.
27. GS1 General Assembly(GS1: 비즈니스 커뮤니케이션을 위한 글로벌 기준을 개발하고 유지하는 것을 목표로 삼는 비영리단체—옮긴이) 2014, http://www.gsl.org/events/2014/ga.
28. 1990년부터 기민당과 사민당의 당원 수 변화, Bundeszentrale für politische Bildung, 2015.9.1. http://www.bpb.de/politik/grundfragen/parteien-in-deutschland/138672/mitgliederentwicklung-cdu-und-spd.
29. 독일 노르트라인-베스트팔렌 주 정부의 총리에게 보낸 랑가 요게슈바어의 편지 참조. 편지의 일부는 2000년 8월 30일 주 정부의 설명에 인용되었다. 뒤셀도르프 주 의회, 2000.8.30, 기록 13/5.

02 발견: 지식의 한계는 있을까

1. Essig, C.F. and Lam, R.C.: "Convulsions and hallucinatory behaviour following alcohol withdrawal in the dog", 출처: *Arch, Neurol*. 18(1968), pp. 626-632.
2. 이 내용은 〈달〉이라는 전시회 오픈 때 한 강연을 바탕으로 했다. Wallraf-Richartz Köln, 2009.3.25.
3. Ray Kurzweil, "Die Intelligenz der Evolution" 서문, *Homo S@piens* 신판, Köln 2016.
4. 드레스덴 미래 포럼, http://www.faz.net/aktuell/feuilleton/digitale-zukunft-das-internet-wird-nie-verstanden-werden-1994665.html. 혹은 다음을 참조. http://www.dresdner-zukunftsforum.de/blog/tag/ranga-yogeshwar/.
5. http://www.kurzweil.net/images/How-My-Predictions-Are-Faring.pdf.

03 잘못된 길: 원자—어제의 미래

1. 백과사전 《브로크하우스(Brockhaus)》에 나오는 내용을 바탕으로 함: 인류의 이정표.
2. http://de,wikipedia.org/wiki/Liste_von_Kernwaffentests.
3. 이 내용은 2016년 2월 내 페이스북-블로그를 바탕으로 했다.
4. 이 보고가 처음 실린 것은 *Frankfurter Allgemeine Sonntagszeitung*, 2014.11.3.

5. "Defaunation in the Anthropocene", 출처: *Science*, Vol. 345, Issue 6195, 2014. 7.25, pp. 401-406.

04 더불어 살기: 자국민 및 외국인과 함께

1. 2014년 대중 매체에서 언어 문화에 공을 세운 사람들에게 2년마다 시상하는 상(Medienpreis für Sprachkultur)을 수상했는데, 이에 대한 감사의 연설을 바탕으로 했다. 2014.5.31.
2. Thomas Jefferson: Notes of the State of Virginia, Chapter 15: Equality; http://press-pubs.uchicago.edu/founders/documents/v1ch15s28.html.
3. Sabine Scholl: "Die Frem den be stau nen", 출처: *Die Zeit*, 2016.10.31.
4. Pamela Newkirk, Spectacle: The Astonishing Life of Ota Benga, New York 2015. 혹은 다음을 참조. http://de.wikipedia.ord/wiki/Ota_Benga.
5. Progress of The World's Women 2015-2016. Transforming Economies, Realizing Rights. UN Women—United Nations Entity for Gender Equality and the Empowerment of Women.
6. http://www.firstpost.com/india/breaking-traditions-vrindavan-widows-celebrate-holi-inside-ancient-gopinath-temple-2688118.html.
7. http://sz-magazin.sueddeutsche.de/texte/anzeigen/40755/2. 또한 다음을 참조. http://www.emma.de/artikel/gesetzgebung-vorher-nachher-265857.
8. Jerry Bergman: "Darwin's Teaching of Women's Inferiority", Northwest State College, Ohio. http://www.icr.org/article/darwins-teaching-womens-inferiority/. Charles Darwin: The Descent of Man and Selection in Relation to Sex, New York 1896.
9. 연설문 원본은 미국 연방 문서실에 있다. 이에 관해서는 다음 사이트 검색. http://www.archives.gov/files/press/exhibits/dream-speech.pdf.
10. 이 내용을 처음으로 소개한 곳은 잡지다. 다음을 참조. "Was erhoffen/erwarten Sie sich von Frauen heute?", 출처: 30 *Jahre Emma* 2017.

05 마법: 디지털 마법에 대하여

1. Beyond think tank meeting, 2017년 4월, München.

2. 자율 주행하던 테슬라 자동차는 과속을 했다. Tagesschau, 2016.7.26. 다음을 참조. http://www.tagesschau.de/wirtschaft/tesla-unfall-untersuchungsbericht-101.html.
3. 다음을 참조. Hermann Winner et al.: Handbuch Fahrerassistenzsysteme, 2쇄, Wiesbaden 2012, p. 30.
4. WHO Global status report on road safety 2015. 또한 다음을 참조. http://docs.dpaq.de/9791-2015_who_sicherheit_stra_enverkehr_pdf.
5. http://moralmachine.mit.edu. 또는 다음을 참조. http://www.media.mit.edu/research/groups/10005/moral-machine.
6. 다음을 참조. Jean-François Bonnefon, Azim Shariff, Iyad Rahwan: "The social dilemma of autonomous vehicles", 출처: *Science*, Vol. 352, Issue 6293, 2016.6.24, pp. 1573-1576.
7. Neal E. Boudette: "5 Things That Give Self-Driving Cars Headaches", 출처: *New York Times*, 2016.6.4.
8. Wendell Wallach: A Dangerous Master—How to Keep Technololy from Slipping Beyond Our Control, New York 2015. 또한 다음을 참조. http://backchannel.com/we-need-a-law-bans-killer-robots-56b8425b241d.
9. http://www.stopkillerobots.org/call-to-action/.
10. Human Rights Watch: Mind the Gap—The Lack of Accountability for Killer Robots, 2015.4.9. http://www.hrw.org/report/2015/04/09/mind-gap/lack-accontability-killer-robots.
11. 이에 관해서는 다음을 참조. Kenneth J. Carpenter: The History of Scurvy and Vitamin C, Cambridge 1986. 혹은 다음을 참조. http://www.logos.li/2009/02/skorbut-und-die-ernahrung-der-matrosen.html.
12. James Lind M.D.: A Treatise on the Scurvy, Edinburgh 1753, pp. 191-196. 혹은 다음을 참조. http://www.jameslindlibrary.org/lind-j-1753.
13. http://de.wikipedia.org/wiki/Henle-Koch-Postulate.
14. Atul Gawande: Being Mortal. New York 2014.
15. http://spiegel.de/lebenundlernen/job/10-cm-2000-euro-grosse-maenner-verdienen-mehr-a-296853.html.
16. http://t3n.de/news/codezeilen-facebook-windows-software-546933/. 그리고 다

음을 참조. http://docs.google.com/spreadsheets/d/1s9u0uprmuJvwR2fkRqxJ4W5Wfomimmk9pwGTK4Dn_UI/edit#gid=5.
17. http://www.dkriesel.com/blog/2013/0802_xerox-workcentres_are_switching_written_numbers_when_scanning.
18. "Mastering the game of Go with deep neural networs and tree search", 출처: *Nature* 529, 2016.1.28, pp. 484-489.
19. 이에 관한 내용을 좀더 광범위하게 소개한 것은 다음을 참조. http://deeplearning4j.org/1stm.html. 그리고 다음도 참조. http://de.wikipedia.org/wiki/Künstliches_neurales_Netz.
20. Eike Kühl: "Meine Freundin ist kein Gorilla", http://www.zeit.de/digital/internet/2015-07/google-fotos-algorithmus-rassismus.
21. Adam Rose: "Are Face-Detection Cameras Racist", 출처: *Time*, 2010.1.22. http://content.time.com/time/business/article/0,8599,1954643,00.html.
22. http://www.kreditech.com/what-we-do/.
23. Jon Krakauer: In eisige Höhen. Das Drama am Mount Everest, München 2004.
24. http://zephoria.com/top-15-valuable-facebook-statistics/.
25. http://www.absatzwirtschaft.de/wir-smartphone-junkies-schon-nach-dem-aufwachen-am-handy-71961/.
26. "Psycho-Informatics: Big Data Shaping Modern Psychometrics", 출처: *Medical Hypothesis*, http://dx.doi.org/10.1016/j.mehy.2013.11.030.
27. Lars Weisbrod: "Wisch dir ein Date", 출처: Zeit Online, 2014.4.3. http://www.zeit.de/2014/15/dating-app-tinder.

06 사생활: 낡은 콘셉트인가

1. Investigating the style of self-portraits(selfies) in five cities across the world, selfiecity.net.
2. http://www.parkinsonsvoice.org.
3. Mirjam Hauck: "Zocken für die Alzheimerforschung", 출처: *Süddeutsche Zeitung*, 2016.5.4. 또는 다음을 참조. http://www.sueddeutsche.de/digital/smartphone-

spiel-sea-heor-quest-zocken-fuer-die-alzheimerforschung-1.2979145.
4. Kai Biermann: "Mächtige Sensoren", 출처: Zeit Online, 2014.5.28. 또는 다음을 참조. http://www.zeit.de/digital/mobil/2014-05/smartphone-sensoren-iphone-samsung/seite-2.
5. http://www.bosch-sensortec.com/bst/products/all_products/bme680.
6. ibid.
7. Kai Biermann, ibid.
8. 2013년 10월 28일자 〈프랑크푸르터 알게마이네 차이퉁(Frankfurter Allgemeine Zeitung)〉에 실린 기사를 바탕으로 했다.
9. 이 텍스트의 일부는 2014년 3월 17일자 〈프랑크푸르터 알게마이네 차이퉁〉에 실렸다.
10. 다음과 비교. 1983년에 최고 성능의 컴퓨터 Cray-XMP는 1초당 2억 개의 부동소수점을 자랑했다. 그런데 오늘날의 노트북(예를 들어 애플사 제품)은 1초당 부동소수점이 700만 메가에 달한다!
11. http://newsroom.cisco.com/feature-content?type=webcontent&articleId=1208342.
12. http://www.economist.com/news/briefing/21711902-worrying-implications-its-social-credit-project-china-invents-digital-totalitarian. 혹은 다음을 참조. https://boingboing.net/2015/10/06/reputation-economy-dystopia-c.html. 또는 다음을 참조. https://www.techinasia.com/china-citizen-score-credit-system-orwellian.
13. https://www.change.org/p/die-demokratie-verteidigen-in-digitalen-zeitalter.
14. Das Digital Manifest, 2015.12.17. 다음을 참조. http://www.spektrum.de/news/wie-algorithmen-und-big-data-unsere-zukunft-bestimmen/13759333.

07 공포: 공포감 조성과 위협을 어떻게 다루어야 할까

1. 이 글은 2010년 10월 21일자 일간신문에 처음으로 소개되었다.
2. 2015.3.20. Facebook-Post.
3. 1933년 3월 4일, 대통령의 신년 연설에서. 다음을 참조. https://www.archives.gov/files/education/lessons/fdr-inaugural/images/address-1.gif.
4. https://www.allianz-reiseversicherung.de/reiseversicherung/reiseversicherungspakete/last-minute/.

5. "Risiko nach Maß. Psychologie der Entscheidungspräferenzen", 출처: Spektrum der Wissenschaft, 1982년 3월.
6. "Long term gluten consumption in adults without celiac disease and risk of coronary heart disease", 출처: The BMJ, 2017.5.2. http://www.bmj.com/content/357/bmj.j1892.
7. Quarks & Co: Gesund ernähren—wie geht das? Sendung vom 2017.5.23, WDR-Fernsehen.
8. Gerd Gigerenzer: "Dread Risk, September 11, and Fatal Traffic Accidents", 출처: *Psychological Science*, 15(4), 2004, pp. 286-287.
9. Gerd Gigerenzer: Risk Savvy. How to Make Good Decisions, New York 2013.
10. Tobis Jochheim: "Wir fürchten uns vor dem Falschen", 출처: *Rheinische Post*, 2017.5.17. http://www.rp-online.de/politik/wir-fuerchten-uns-vor-dem-falschen-aid-1 6825809.
11. 베를린 자선병원의 병원 내 감염 감시를 위한 국가 센터의 페트라 가스트마이어(Petra Gastmeier)가 한 발언. 다음을 참조. http://www.nrz-hygiene.de/vorstellung/. 다음도 참조. Cassini A et al.: "Burden of Six Healthcare-Associated Infections on European Population Health: Estimation Incidence-Based Disability-Adjusted Life Years through a Population Prevalence-Based Modelling Study", 출처: PLoS Med 13(10), 2016: e1002150, http://doi.org/10.1371/journal.pmed.1002150.
12. Tobias Jochheim, ibid.
13. R+V Versicherung: Die Ängste der Deutschen im Langzeitvergleich, 2016.7.12. http://www.ruv.de/presse/aengste-der-deutschen/aengste-der-deutschen-langzeitvergleich.
14. Tobias Jochheim, ibid.

08 지식: 교육과 문화의 역사

1. 일부 내용은 내가 2006년 4월 26일 뒤셀도르프에서 한 'NRW에서 최고의 학교'라는 제목의 강연에서 발췌했다.
2. http://www.news4teachers.de/2015/03/yogeshwar-auf-dem-deutschen-

schulleiterkongress-schule-braucht-prioritaet/.
3. https://www.gew.de/aktuelles/detailseite/neuigkeiten/marode-schulen-34-milliarden-euro-sanierungsbedarf/.
4. Bryant Urstadt: "Salman Khan: The Messiah of Math", 출처: Bloomberg Businessweek, 2011.5.19. 다음을 참조. https://www.bloomberg.com/news/articles/2011-05-19/salman-khan-the-messiah-of-math.
5. 만일 당신이 소인수분해가 무엇인지 모른다면, 살만이 잘 설명해줄 테니 다음을 참고하기 바란다. https://www.khanacademy.org/math/pre-algebrag/pre-lagebra-factors-multiples/pre-algebra-prime-factorization-prealg/v/prime-factorization.
6. https://www.khanacademy.org.
7. https://www.edx.org.
8. Stanford Engeneering Course CS106 A. 다음을 참조. https://see.stanford.edu/Course/CS106A.
9. http://www.ideenexpo.de.
10. Jeffrey R.Young: "Providers of Free MOOC's Now Charge Employers for Access to Student Data", 출처: Chronicle of Higher Education, 2012.12.4. 다음을 참조. http://www.chronicle.com/article/Providers-of-Free-MOOCs-Now/136117.
11. Michael Hartmann and Horst Hippler: "Werden die Hochschulen zu Sklaven der Wirtschaft?", 출처: *Die Zeit*, 2015.3.26.
12. 여기에 기록한 많은 생각은 2013년 4월 13일 드레스덴 국립 미술관에서 '수학-물리학 살롱'을 새롭게 오픈한 기념으로 내가 했던 강연의 내용과 같다.
13. http://en.wikipedia.org/wiki/High_Performance_Computing_Act_of_1991.
14. '안나 아말리아 남작 부인 도서관'의 관장이었던 미하엘 크노헤가 퇴직 때 했던 연설 내용이다. Weimar 2016.
15. 다음도 참조. Klassik Stiftung Weimar, Weimarer Appell—Schriftliches Kulturgut bewahren;. https://idw-online.de/en/news601216.

09 교환: 현실은 어떠한가

1. 이 내용은 2016년 9월 19일 쾰른에서 개최된 '포토키나 2016'의 개회식 행사 때 내

가 했던 연설의 골자다.

2. 나는 이 사진을 런던에 있는 빅토리아 & 앨버트 박물관(Victoria & Albert Museum)에서 봤다. 다음을 참조. http://www.preusmuseum.no/eng/layout/set/print/Discover-the-Exhibitions/Education/Image-of-the-week/A-rose-is-a-rose-is-a-rose.
3. http://www.spacetelescope.org/science/deep_fields.
4. 다음을 참조. https://www.nytimes.com/2015/07/23/arts/international/photos-photos-everywhere.html?_r=0.
5. Luca Bruno/AP, 2005. Michael Sohn/AP, 2013. http://photoblog.nbcnews.com/_news/2013/03/14/17312316-witnessing-papal-history-changes-with-digital-age?lite.
6. 독일 철자법을 적용했다.
7. http://www.technologydecisions.com.au/content/gov-tech-review/news/nt-police-wins-iaward-for-face-recognition-project-1295826849#axzz4hRC9BpGn.
8. http://www.larousse.fr/encyclopedie/musdico/Metz/169117.
9. 가령 오토튠(Autotune)이 있다. 이 소프트웨어는 미국의 가수 겸 배우인 셰어(Cher)에게 그녀의 독특한 로봇 목소리를 선사한다.
10. http://www.theverge.com/2014/7/9/5884649/untouched-britney-spears-vocal-track-no-autotune.
11. 디지털 뉴런 네트워크에 관해서는 5부 '마법'의 '인과관계의 끝'에서 세부적으로 다루었다.
12. Terrence J. Sejnowski and Charles R. Rosenberg: "NetTalk: A Parallel Network That learns to Read Aloud"(Technical Report JHU/EEC-86/01.), Johns Hopkins University, Baltimore 1986.
13. "WaveNet: A Generative Model for Raw Audio", Google DeepMind, London 2016. "Fast, Compact, and High Quality LSTMRNN Based Statistical Parametric Speech Synthesizers for Mobile Devices", Google. http:/static.googleusercontent.com/media/research.google.com/en/pubs/archive/45379.pdf. Adi Robertson: "Google's DeepMind AI fakes some of the most realistic human voices yet", 출처: *The Verge*, 2016.11.9.

14. 문장 "Māma mà má mă ma?"는 4성이 모두 포함되어 있으며 이런 의미다. "어머니가 말의 먹이인 마에 대해서 불평을 터뜨리는 거야?" 이에 관해서는 다음을 참조. https://de.wikipedia.org/wiki/Töne_des_Hochchinesischen.
15. Christine Schulz-Reiss: Wer war das? Forscher und Erfinder 1, Hörbuch, eingesprochen von Ranga Yogeshwar, Hamburg 2008.
16. Margarethe Rehm: Information und Kommunikation in Geschichte und Gegenwart. Handbuch der Bibliothekswissenschaft, Humboldt-Universität Berlin, 2003.
17. 이 책은 그동안 구텐베르크 프로젝트의 일부가 되었다. 이에 관해서는 다음을 참조. http://gutenberg.spiegel.de/buch/-4745/1.
18. Angela Nuovo: "The Book Trade in the Italien Renaissance: Structure and Regulation", Univers ità di Udine, 46th Annual Erasmus Lecture, Toronto, 2010.10.21.
19. https://www.reporter-ohne-grenzen.de.
20. 민영 라디오와 텔레비전 협회의 2016년 데이터. http://www.vprt.de/thema/marktentwicklung/marktdaten/content/keyfacts-fernsehen.
21. Umberto Eco: Platon im Strip tease-Lokal, München 1993.
22. http://www1.wdr.de/daserste/monitor/sendungen/talkshows-102.html.
23. Ibid.
24. Ipsos MORI, Perrils of Perception 2015. http://www.ipsos.com/ipsos-mori/en-uk/perils-perception-2015. 또는 http://www.ipsos.com/sites/default/files/migrations/en-uk/files/Assets/Docs/Polls/ipsos-perils-of-perception-charts-2015.pdf. Ashley Kirk: "What are the world's most ignorant countries?" 출처: *The Telegraph*, 2015.12.10. http://www.telegraph.co.uk/news/worldnews/12043708/ What-are-the-worlds-most-ignorant-countries.html.
25. 도널드 트럼프 기자 회견, 2017.2.16.
26. http://elpais.com/elpais/2017/01/10/inenglish/1484037730_759492.html.

10 진화: 반짝이는 물고기와 기계 인간에 대하여

1. Stefan Maurer and Ingmar Zechlin: Neanderlandsteig, Rother Wanderführer,

Oberhaching 2017, pp. 21-23. 다음도 참조. Johann Heinrich Bongard: Wanderung zur Neandershöhle—Eine topographische Skizze der Gegend von Erkrath an der Düssel, Düsseldorf 1835.

2. Carola Nathan: "Der Irrtum des Rudolf Virchow", 출처: Monumente Magazin für Denkmalkultur 6/2006. http://www.monumente-online.de/de/ausgaben/2006/6/der-irrtum-des-rudolf-virchow.php#.WS_OsFL5wUE.
3. 번역된 1쇄. http://de.wikisource.org/wiki/Entstehung_der_Arten.
4. Quarks & Co: Wie viel Neandertaler steckt in uns?, 2010.12.7, WDR-Fernsehen.
5. http://www.sfb806.uni-koeln.de.
6. Charles Darwin, Die Entstehung der Arten, Kapitel 14.
7. GM crops: A story in numbers, 출처: *Nature* 497, 2013.5.2, pp. 22-23.
8. VfA, 연구하는 의약품 생산자 협회: 독일에서 판매가 허락된, 유전자 변형으로 생산한 약품과 백신의 목록, VfA 12/2012.
9. Y. Zhang et al.: "Positional cloning of the mouse obese gene and its human homologue", 출처: *Nature* 372(6505), 1994, pp. 425-432.
10. Ranga Yogeshwar: "Animal testing TV or not TV?" 출처: *Nature*, Vol. 470, pp. 457-459, 2011.2.24.
11. Deutschlandfunk: Gefälschte Klone. http://www.deutschlandfunk.de/gefaelschte-klone.740.dehtml?dram:article_id=111412.
12. Sooam Biotech: Dog cloning at Sooam. http://en.sooam.com/dogcn/sub01.html.
13. https://www.glofish.com.
14. "Verbotene Leuchtfische in Deutschland aufgetaucht", 출처: Spiegel Online, 2007.3.19. http://www.spiegel.de/wissenschaft/mensch/gentechnik-verbotene-leuchtfische-in-deutschland-aufgetaucht-a-472468.html.
15. Martin Sueter: Elefant, Zürich 2016.
16. "A Programmable Dual-RNA-Guided DNA Endonuclease in Adaptive Bacterial Immunity", 출처: *Science* 337, Issue 6096, 2012.8.17, pp. 816-821.
17. Long, C., McAnally, J.R., Shelton, J.M., Mireault, A.A., BasselDuby, R., and Olsen, E.N.: "Prevention of muscular dystrophy in mice by CRISPR/Cas9-

mediated editig of germline DNA", 출처: *Science* 345, 2014, pp. 1184-1188.

18. http://exonicstx.com.

19. http://www.editasmedicine.com/company-overview.

20. Natuer Reviews Drug Discovery 9, 2010, pp. 203-214. 혹은 다음을 참조. "Lessons from 60 years of pharmaceutical innovation". 출처: *Nature Reviews Drug Discovery* 8, 2009. 11, p. 959-968.

21. Methylphenidat-Verbrauch in Deutschland 1993-2013, 출처: Der Lehrerfreund. http://www.lehrerfreund.de/schule/1s/methylphendat-verbrauch-deutschland-1993-2013/4229. 또는 다음을 참조. https://de.statista.com/statistik/daten/studie/375281/umfrage/adhs-anzahl-der-verordnungen-ausgewaehlter-psychostimulanzien/.

22. Larissa J. Maier et al.: "To Dope or Not to Dope: Neuroenhancement with Prescription Drugs and Drugs of Abuse among Swiss University Students", 2013.11.13. 또는 다음을 참조. https://doi.org/10.1371/journal.pone.0077967. Universität Zürich: http://www.media.uzh.ch/de/medienmitteilungen/archive/2013/jeder-siebte-student-hat-schon-gedopt.html. 또한 다음도 참조. "European Students use of smart drugs is said to rise", 출처: *The New York Times*, 2014.6.6.

23. Charles Darwin: "On the Origin of Species", Faksimile der Ausgabe von 1859. http://darwin-online.org.uk/converted/pdf/1861_OriginNY_F382.pdf.

24. 튜링의 논문 "Computing Machinery and Intelligence"은 이렇게 끝을 맺는다. 출처: *Mind* 49, 1950, p. 433-460.

25. https://developers.google.com/recaptcha.

26. A.M. Turing: "Computing Machinery and Intelligence", loc.

27. https://de.statista.com/statistik/daten/studie/314441/umfrage/anzahl-ausgewaehlter-herzoperationen-in-deutschland/.

28. Statista 참조. "Anzahl der operativen Herzschrittmacher-Eingriffe in Deutschland", https://de.statista.com/statistik/daten/studie/36520/umfrage/herzschrittmacher-anzahl-der-eingriffe-in-deutschland-seit-2004/.

29. EPEL Lausanne: "Amputee Feels Textur with a Bionic Fingertip", Science

Daily, 2016.3.8. https://www.sciencedaily.com/releases/2016/03/160308084937.htm. 또한 다음도 참조. https://www.medgadget.com/2014/12/the-best-medical-technologies-of-2014.html.
30. 2017년 F8-페이스북 개발 회의에서 한 연설을 참조. 또한 다음도 참조. http://www.zeit.de/digitql/internet/2017-04/soziales-netwerk-facebook-gedankenlesen.
31. "An extra-utrine system to physiologically support the extreme premature lamb", 출처: *Nature Communications* 2017. http://www.nature.com/articles/ncomms15112.
32. "Modelling human development and disease in pluripoint stemcell-derived gastric organoids", 출처: *Nature* 516/18, 2014.12.25.
33. https://www.koerber-stiftung.de/koerber-preis-fuer-die-europaeische-wissenschaft/bisherige-preistraeger/2016.html.
34. https://de.wikepedia.org/wiki/Jeanne_Calment. 또한 다음을 참조. Max Planck Institut für Demogra fische Forschung: Jeanne Calment—ein Rätsel der Langlebigkeit, 2015.2.21. http://www.demogr.mpg.de/de/news_presse/news/news/jeanne_calment_ein_raetsel_der_langlebigkeit_4031.htm.
35. Xiao Dong, Brandon Milholland & Jan Vijg: "Evidence for a limit to human lifespan", 출처: *Nature* 2016. http://dx.doi.org/10.1038/nature 19793. *Nature*의 다음도 참조. http://www.nature.com/news/human-age-limit-claim-sparks-debate-1.20750.
36. https://www.alcor.org/AboutAlcor/membershipstats.html.
37. Ray Kurzweil: The Singularity is near, New York 2005.
38. Simone de Beauvoir: Alle Menschen sind sterblich, Reinbek bei Hamburg 2004.
39. Jocelyn Kaiser: "Young blood antiaging trial raises questions", 출처: *Science*, 2016.8.1.

11 행동하기: 안정성과 변화

1. Carl Sagan: Speech at Cornell University, 1994.10.13.
2. https://visibleearth.nasa.gov/view.php?id=52386.
3. "The scientific consensus on climate Change", 출처: *Science,* 306, Issue 5702,

2004.12.3, p. 1686. http://science.sciencemag.org/content/306/5702/1686.

4. Naomi Oreskes: Die Machiavellis der Wissenschaft: Das Netzwerk des Leugnens (원제목: The Merchants of Doubt), Weinheim 2014.

5. Naomi Oreskes와의 인터뷰: Die perfiden Methoden der Klimaleugner, 2015.11.24. http://www1.wdr.de/fernsehen/quarks/sendungen/klima-lobbyisten-b-100.html.

6. Nicholas Stern: The Economics of Climate Change. The Stern Review. HM Treasury, London 2006. UNHCR: Climate Change, natural disasters and human displacement: A UNHCR perspective, 2008. Kobo Warner: In search of shelter. Mapping the effects of climate change on human migration and displacement, United Nations High Commissioner for Refugees 2009. Acketoft, Tina: Report: Environmentally induced migration and displacement: a 21st century challenge, Council of Europe. Parliamentary Assembly Doc. 11785, Strasbourg A policy paper prepared for the 2009 Climate Negotiations, Bonn, 2008.

7. 자료는 〈슈타티스타(Statista)〉에서 볼 수 있다. 또한 다음을 참조. http://www.finanzen.net/index/DAX/Marktkapitalisierung.

8. 스웨덴의 GDP는 2016년 5110억 달러였다. 이에 관해서는 다음을 참조. https://de.statista.com/statistik/daten/studie/14414/umfrage/bruttoinlandsprodukt-bip-in-schweden.

9. 연구 및 개발을 위한 지출 비교: 2016년 독일연방교육연구부의 예산 145억 달러. 2016년 연구 및 개발을 위한 지출: 알파벳(구글) 123억 달러, 아마존 125억 달러, 마이크로소프트 120억 달러.

10. http://www.manager-magazin.de/unternehmen/it/apple-steigert-gewinn-a-1145835.html.

11. In It Together: Why Less Inequality Benefits All, OECD Publishing, 2015, Paris. http://dx.doi.org/10.1787/9789264235120-en. IMF: The World Economic Outlook(WEO) Update, 마지막 버전 2017년 1월.

12. Thomas Piketty: Das Kapital im 21. Jahrhundert, München 2014.

13. 우리 대부분은 이런 효과에 대해 잘 느끼지 못하므로 간단한 예를 하나 들어보겠다. 당신이 100유로를 9퍼센트 이자를 받는 곳에 투자하면, 8년 후 2배, 즉 200유로가 된다. 그 후 또 8년이 지나면 400유로가 계좌에 들어 있고, 또 8년이 지나면

800유로가 된다. 24년 후에 당신의 재산은 8배로 늘어난다!
14. 실질 임금과 명목상의 임금 변화, 정치 교육, 수치와 사실에 관한 연방 센터의 자료. http://www.bpb.de/nachschlagen/zahlen-und-fakten/soziale-situation-in-deutschland/61766/lohentwicklung.
15. http://www.zeit.de/wirtschaft/2017-05/studie-mietpreisbremse-fehlerhaft-miete.
16. 도널드 트럼프의 연설 전체를 보려면 다음을 참조. http://edition.cnn.com/2017/02/28/politics/donald-trump-speech-transcript-fulltext/index.html.
17. Ronald Edsforth: The New Deal: America's Response to the Great Depression (Problems in American History), Hoboken 2000, p. 55.
18. "Welcome to Sharing Economy", *The New York Times,* 2013.7.20.
19. Quarks & Co: Der Buschmann in uns. Auf Spurensuche beim ältesten Volk der Welt, 2012.8.28, WDR—Fernsehen.
20. http://www.elektro.at/ARGE/Abfallvermeidung/Ressourcenschonung/und/nachhaltige/Entwicklung/GmbH/geplante/Obsoleszenz/murks/nein/danke/12.12.2012-Eingebautes-Ablaufdatum.html.
21. WWF-Studie 2015: Das große Wegschmeißen. https://www.wwf.de/fileadmin/fm-wwf/Publikationen-PDF/WWF_Studie_Das_grosse_Wegschmeissen.pdf.

맺음말: 찾고 발견하는 것에 대하여

1. http://www.louvre.fr/oeuvre-notices/lastronome.
2. Städelsches Kunstinstitut und Städtische Galerie: Johannes Vermeer, Der Geograph und der Ast ronom nach 200 Jahr en wieder vereint, Frankfurt am Main 1997. https://sammlung.staedelmuseum.de/de/werk/der-geograf.
3. Thomas de Padova: Leibniz, Newton und die Erfindung der Zeit, München 2013.
4. http://perils.ipsos.com. 2016년 40개국에 걸쳐 실시한 연구에 따르면 각국의 국민은 많은 오류를 범했다.
5. https://ourworldindata.org/about/. 그 밖에도 나는 한스 로슬링 교수의 전설적인 TED-토크를 추천하고 싶다. https://www.ted.com/talks/hans_rosling_shows_the_best_stats_you_ve_ever_seen?language=de.
6. 사뮈엘 베케트(Samuel Beckett)와 브람 반 벨데(Bram van Velde)의 대화. ibid.

찾아보기